Daniel Stelter

unter Mitarbeit von:
Veit Etzold, Ralf Berger und Dirk Schilder

Die Billionen-Schuldenbombe

Daniel Stelter

unter Mitarbeit von:
Veit Etzold, Ralf Berger und Dirk Schilder

Die Billionen-Schuldenbombe

*Wie die Krise begann und
warum sie noch lange nicht
zu Ende ist*

WILEY

WILEY-VCH Verlag GmbH & Co. KGaA

1. Auflage 2013

© 2013 Wiley-VCH Verlag & Co. KGaA, Boschstr. 12, 69469 Weinheim, Germany

Bibliografische Information der Deutschen Nationalbibliothek
Die Deutsche Nationalbibliothek verzeichnet diese Publikation in der Deutschen Nationalbibliografie; detaillierte bibliografische Daten sind im Internet über http://dnb.d-nb.de abrufbar.

Printed in the Federal Republic of Germany

Gedruckt auf säurefreiem Papier.

Umschlaggestaltung Torge Stoffers Graphik-Design
Satz inmedialo Digital- und Printmedien UG, Plankstadt
Druck und Bindung CPI – Ebner & Spiegel, Ulm

Print ISBN 978-3-527-50747-4

Inhaltsverzeichnis

Nicht verzweifeln – handeln!   *9*

Prolog: Daniel und das Menetekel   *11*

1   Kapitalismus als Kettenbrief   *17*
1.1   Schulden sind gut ...   *17*
1.2   Von Rom nach Manchester   *18*
1.3   Vom Eigentum zu Schulden   *20*
1.4   Vom Kredit zum Zins   *22*
1.5   Vom Zins zu Geld und Banken   *25*
1.6   Die Krisen im System   *28*
1.7   Ohne Druck lebt es sich leichter   *30*

2   Wie das System auf die schiefe Bahn geriet   *33*
2.1   Das Gegenteil von gut ist gut gemeint   *33*
2.2   Häuser statt Bildung   *35*
2.3   Der Staat fördert die Schwachen   *37*
2.4   Der Greenspan Put – runter mit den Zinsen   *39*
2.5   Aufwärts ohne Ende   *42*
2.6   Die Kreditgeber I: Die Banken   *44*
2.7   Die Kreditgeber II: Die Hypothekenbanken   *48*
2.8   Die Kreditgeber III: Vertrieb über
       Drückerkolonnen   *51*
2.9   Aus den Augen, aus dem Sinn: Die Verbriefung
       von Krediten   *51*
2.10   Absicherung, die keine war   *55*
2.11   An allen Hebeln wurde gedreht   *56*

3   Es musste knallen *59*
3.1   Rückblick: Die Party und ihr Ende   *59*
3.2   Die ersten Zweifler   *61*
3.3   Die Crash Zone ist erreicht   *63*
3.4   Die drei Irrtümer   *65*
3.5   Alles kein Problem!   *67*
3.6   Der Crash, Akt I: Die Banken kriegen kein Geld mehr   *68*
3.7   Der Crash, Akt II: Das Ende von Bear Stearns   *71*
3.8   Der Crash Akt III und der Blick in den Abgrund:
      Lehman Brothers   *74*
3.9   Der Crash, Akt IV: AIG oder versichere nur,
      was du verstehst!   *77*
3.10 Geld für alle   *80*
3.11 Die Krise erreicht Deutschland   *80*
3.12 Von wegen nur Finanzkrise: Die Realwirtschaft
      stürzt ab   *83*
3.13 2009: Das Jahr der Konjunkturprogramme   *85*
3.14 Die Banken spielen weiter   *90*
3.15 2010: Die Staaten verheben sich   *92*
3.16 Der Druck musste weg – und kam zurück   *95*

4   Der Kaiser ist nackt   *97*
4.1   Des Kaisers neue Kleider   *97*
4.2   Das Ticken der Schuldenbombe   *98*
4.3   Alles kommt wieder   *102*
4.4   Keine Depression 2.0   *105*
4.5   Aber zu welchem Preis?   *107*
4.6   Wer rettet uns?   *109*
4.7   Zentralbanken und Zombiebanken   *121*
4.8   Das Schlimmste kommt erst noch?   *124*

5   Die Bombe tickt weiter   *125*
5.1   Der größte Kettenbrief der Geschichte   *125*
5.2   Ungedeckte Versprechen   *126*
5.3   Weniger Menschen = weniger Wachstum   *132*

5.4 Weniger Produktivitätsgewinn = weniger Wachstum   134
5.5 Wer hält jetzt die Bombe?   149

6 Weg mit den Schulden!   151
6.1 Der Seher aus Basel   152
6.2 Wege aus der Krise (I): Sparen und Zurückzahlen   154
6.3 Wege aus der Krise (II): Herauswachsen   161
6.4 Wege aus der Krise (III): Die Schulden
    abschreiben – zurück nach Mesopotamien   164
6.5 Wege aus der Krise (IV):
    Schuldenentwertung durch Inflation   173
6.6 Was wird passieren?   194

7 Sorgenkind Eurozone   197
7.1 Griechenland gehört dazu   197
7.2 Wohlstand für (fast) alle auf Europäisch   200
7.3 Die zwei Probleme der Eurozone   201
7.4 EFSM, EFSF, ESM: Eine kleine Lehre der Schirme   203
7.5 SMP, LTRO, OMT: EZB, bitte übernehmen Sie!   206
7.6 Was nun?   213
7.7 Was wird passieren?   245

8 Wenn wir dürften ...   253
8.1 Großreinemachen: Die ungedeckten
    Verbindlichkeiten einkassieren   254
8.2 Die Effizienz des Staates erhöhen   255
8.3 Das Arbeitskräftepotenzial mobilisieren   257
8.4 Eine kluge Einwanderungspolitik verfolgen   260
8.5 In Bildung investieren   263
8.6 In den Kapitalstock investieren   265
8.7 Den Ressourceneinsatz verbessern   266
8.8 Globale Zusammenarbeit   269
8.9 Die nächste Kondratjew-Welle anschieben   271
8.10 Aus der Krise lernen!   273

9   Bis hierhin – und wie weiter?   279

Danksagung   289

Literaturverzeichnis   291

Die Autoren   297

Index   299

Nicht verzweifeln – handeln!

Dieses Buch erklärt die Überschuldung der westlichen Welt. Aus der Situation, in die wir uns gebracht haben, gibt es keinen schmerzlosen und einfachen Ausweg. Wir alle werden mit den Konsequenzen in den kommenden Jahren leben müssen: geringere Sozialleistungen, längere Arbeitszeiten, höhere Steuern und Verluste für die Sparer. Keiner wird ungeschoren davonkommen.

In der Psychologie unterscheidet man fünf Phasen des menschlichen Umgangs mit Lebenskrisen. Gut möglich, dass Sie diese auch bei der Lektüre dieses Buches durchlaufen:

- Leugnen: »Es kann doch gar nicht sein, dass die Staaten Pleite machen und ich mein Geld verliere!«
- Zorn: »Das haben uns gierige Banker und unfähige Politiker eingebrockt!«
- Verhandeln: »Gibt es nicht doch einen für mich schmerzfreien Weg aus der Misere?«
- Depression: »Wir werden im wirtschaftlichen und politischen Chaos versinken!«
- Akzeptanz: »Ich kann das ohnehin nicht ändern.«

Während die Politik in den ersten drei dieser Phasen verharrt, möchten wir Sie zu einem anderen Umgang mit dieser Krise animieren: Handeln Sie!

Dieses Handeln muss über Eigenvorsorge hinausgehen. Natürlich kann jeder versuchen, sein Geld zu retten. Doch das wird schwerlich gelingen und greift zu kurz. Was nützt es, wenn Sie selbst recht gut durch die Krise kommen, Ihr Umfeld sich aber deutlich verschlechtert? Wichtiger ist, dass wir alle aktiv werden und die Politik fordern und unterstützen, entschiedene Maßnahmen zu ergreifen, um endlich Vorsorge für unsere Zukunft zu treffen und Schaden von uns abzuwenden. Welche Maßnahmen ergriffen werden müssen, damit wir wieder von Getriebenen zu Handelnden werden, beschreiben wir in diesem Buch. Die Politik wird sich nur dann trauen, das Notwendige zu tun, wenn wir, die Bürger, das fordern und sie zu unpopulären Maßnahmen ermutigen.

Gerade im Wahljahr 2013 müssen wir diese wichtigen Themen nach dem Motto »Schuldenbombe – nein danke!« in die politische Diskussion einbringen.

Prolog: Daniel und das Menetekel

»Wer die Dynamik einer Krise oder einer
Revolution in sich fühlt, dem stehen die
kommenden Dinge klar vor Augen.«

Felix Somary[1]

Im Alten Testament lesen wir die Geschichte vom Propheten Daniel, der zu Gast war am Hofe von König Nebukadnezar, dem Herrscher des antiken Babylon.[2]

Babylon heißt übersetzt das »Tor Gottes« und ist der Ort, der auch den berühmten Turm zu Babel hervorgebracht hat. Dieser Turm gilt als *das* Symbol für menschliche Hybris und muss bis heute als Vergleich für übermäßig große Immobilienprojekte herhalten, wie einst das World Trade Center oder jetzt der Burj Al Khalifa in Dubai.

Nebukadnezar träumte schlecht. Er träumte von einem gigantischen Standbild mit einem Kopf aus Gold, einer silbernen Brust, kupfernen Hüften, eisernen Beinen und tönernen Füßen. Er sorgte sich um die Zukunft seines Reiches und beauftragte unterschiedliche Seher, seinen Traum zu deuten. Doch alle scheiterten, bis auf Daniel.

Daniel deutete den Traum so: Der Kopf aus Gold, so Daniel, war das babylonische Großreich, die Brust war das persische Reich, die Hüften waren Griechenland, und die Beine und Füße aus Eisen und Ton sollten das römische Imperium sein. Es war das Fundament, auf

---

1 In: Felix Somary: *Krise und Zukunft der Demokratie*,
TvR Medienverlag, Jena 2010
2 Siehe dazu: Buch Daniel 2, 29 ff.

dem der Koloss stand und aus dem einmal der Westen und Europa entstehen sollten.[3]

All diese Reiche, so prophezeite Daniel dem König, würden nacheinander untergehen. Das geflügelte Wort vom Koloss, der auf tönernen Füßen steht, kommt aus dieser Prophezeiung.

Nebukadnezar warf sich vor Ehrfurcht vor Daniel nieder und beschloss, den Gott Daniels, den Gott des Alten Testaments, anzubeten.

Als Nebukadnezar starb, wurde sein Sohn Belsazar König. Dieser kümmerte sich nicht um die Weissagung Daniels und feierte trotz der Belagerung Babylons durch die Perser ein rauschendes Fest in einem seiner gigantischen Paläste. Da erschien plötzlich eine flammende Schrift an der Wand.[4] Keiner seiner Schriftgelehrten konnte die Schrift lesen. So ließ der junge König nach Daniel schicken. Und wieder konnte Daniel die Zeichen lesen, wie es ihm schon gelungen war, den Traum von Nebukadnezar zu deuten.

Was also sagte die Schrift an der Wand?

Die Schrift an der Wand lautete:

Mene Mene, Tekel, U-Parsin.

Daniel übersetzte dem König die Bedeutung. Die Worte hießen:

Gezählt, gezählt, für zu leicht befunden, den Persern übergeben.

---

3 Die Idee von den vier Weltreichen zog sich durch die Jahrhunderte hindurch, auch wenn die Fachwelt darüber streitet. So war zum Beispiel ein Grund für die Namensgebung »Heiliges Römisches Reich Deutscher Nationen« der Glaube, dass nach dem Fall des vierten Reiches (Rom) der Antichrist kommen würde. Siehe dazu: http://de.wikipedia.org/wiki/Heiliges_Römisches_Reich. Daher durfte Rom nicht untergehen und sein Name wurde auch im 800 n.Chr. gegründeten Reich

Karls des Großen weitergeführt. Siehe dazu auch: Wullen, Schauerte, Strzoda: *Babylon – Mythos und Wahrheit, Band I: Mythos*, Katalog zur Ausstellung, Staatliche Museen zu Berlin, 2008, S. 47, 48

4 Die gewaltsame Zerstörung Babylons, wie sie in der Bibel mehrfach erwähnt wird, zuletzt in der Offenbarung, ist historisch nicht eindeutig belegt. Sicher ist allerdings, dass die Stadt nach der Eroberung durch die Perser unter König Kyros II. (539 v. Chr.) ihre einstige Bedeutung verlor. Ebd., S. 105

Noch heute steht »Menetekel« für eine unheilvolle Warnung und als ein Omen drohender Gefahr.

Gott hatte das babylonische Großreich gewogen und für zu leicht befunden. Babylon war in der alttestamentarischen Überlieferung und in der Offenbarung des Johannes im *Neuen Testament* die Stadt des Größenwahns, die Stadt der Sünde und die Stadt der Übertreibung. Gott hatte einen Kassensturz durchgeführt und sich entschieden, dass, um in der Sprache der Insolvenzberater zu sprechen, die Fortexistenz der Unternehmung Babylon sich nicht mehr lohnte. Dass die künftigen Sünden viel höher als die künftigen Tugenden, die künftigen Kosten viel höher als der künftige Ertrag waren. Ein Großreich war am Ende und wurde von einem jungen, aufstrebenden Großreich abgelöst. Babylon sollte vernichtet werden und an die zweite Großmacht übergehen, das persische Großreich. Dieses Großreich war der silberne Torso aus dem Traum des Nebukadnezar, der dem goldenen Kopf von Babylon nachfolgte.

Manch einer möchte die Warnungen nicht hören, auch wenn sie noch so eindringlich hervorgebracht werden. Manch einer möchte die Zeichen nicht lesen, auch wenn es Worte sind, die, frei nach Nietzsche, geeignet sind, Blinde sehend zu machen. Manch einer stellt sich taub und muss am Ende dafür bezahlen.

Wie der König von Babylon.

Noch in derselben Nacht wurde Belsazar von seinen Knechten erschlagen.

Babylon wurde erobert und dem Erdboden gleichgemacht.

Heute stehen wir vor einem neuen Babylon.

Seit dem Zweiten Weltkrieg ist die Verschuldung der westlichen Länder stetig angestiegen. Vor allem seit 1980 hat sie sich deutlich erhöht. Der Bank für Internationalen Zahlungsausgleich (BIZ) zufolge ist die Gesamtverschuldung der Staaten, der privaten Haushalte und der Nichtfinanzunternehmen – also aller Unternehmen außer den Banken und Versicherungen – in Westeuropa, Nordamerika, Australien und Japan von 160 Prozent des Bruttoinlandsproduktes im Jahr 1980 auf 322 Prozent im Jahr 2010 in die Höhe geschnellt.[5] Das

---

5 Stephen G. Cecchetti, Madhusudan Mohanty, Fabrizio Zampolli, *The Real effects of Debt*, BIS Working Paper No. 352, September 2011.

Bruttoinlandsprodukt zeigt, wie viel Bürger und Unternehmen in einem Jahr erwirtschaftet haben. Die Schulden liegen also bei mehr als dem Dreifachen des Jahreseinkommens dieser Volkswirtschaften.

Real – also bereinigt um die Inflation – hat sich die Schuldenlast der Staaten seit 1980 mehr als vervierfacht, diejenige der privaten Haushalte mehr als versechsfacht und die der Nichtfinanzunternehmen mehr als verdreifacht.[6] Gleichzeitig ist die Bilanzsumme der Banken beispielsweise in den USA von 54 Prozent auf über 80 Prozent des Bruttoinlandsproduktes gestiegen; in der Eurozone ist sie seit Einführung des Euro von unter 250 Prozent auf fast 350 Prozent gestiegen.[7]

Im Jahre 2013, nach dem Ausbruch der schwersten Finanzkrise seit der Großen Depression in den 30er Jahren des vorigen Jahrhunderts, steht auch der Westen vor einer Wand. Und die Zeichen an der Wand sind eindeutig. Die Party ist zu Ende, ein 30-jähriger Schuldenzyklus stößt an seine Grenzen. Wir werden gewogen und laufen Gefahr, für zu leicht befunden zu werden.

Mark Twain sagte, dass sich die Vergangenheit zwar nicht wiederholt, aber dass sie sich reimt. Und wir müssen uns fragen, ob Europa und die USA, die selbst auf tönernen Füßen stehen, es schaffen werden, die tickende Bombe ihrer Billionen hohen Schulden zu entschärfen. Oder ob die Bombe diesmal explodiert, mit verheerenden Folgen für uns alle.

Ziel dieses Buches ist es zu erklären, wie es zu den Schulden gekommen ist, die die westliche Welt angehäuft hat, und zu beschreiben, was nun getan wird und was getan werden sollte. Die ernüchternde Erkenntnis ist, dass es keine einfachen Lösungen und auch keinen Sündenbock gibt, bei dem man alles abladen kann. Denn die »bösen Märkte«, die angeblich an allem schuld sind, gibt es nicht. Wir alle sind Schuldner und Gläubiger zugleich. Egal ob wir eine Hypothek, einen Investmentfonds oder eine Lebensversicherung haben: Wir alle sind Teil des Systems. »Die Hölle, das sind die anderen«, sagte Sartre. Doch der Markt, das sind wir. Wir können daher nicht

---

6 Ebd.
7 Daten basieren auf Veröffentlichungen der Federal Reserve, dem US Bureau of Economic Analysis, der EZB und Eurostat

etwas beschuldigen, was wir selbst sind. Wir können nicht vor etwas davonlaufen, was wir selbst sind. Das macht die Situation nicht einfacher. Und die Lösungen nicht bequemer.

Doch fangen wir ganz von vorne an. Bei den Schulden. Und schauen, ob das System namens Kapitalismus überhaupt ohne Schulden auskommen kann.

1
Kapitalismus als Kettenbrief

>»Ein Mensch, der kein Eigentum erwerben
darf, kann auch kein anderes Interesse
haben, als so viel wie möglich zu essen
und so wenig wie möglich zu arbeiten.«
>
> *Adam Smith, über die Natur und die*
> *Ursachen von Nationalreichtümern*[8]

>»Es ist gerecht, jedem seine Schuld zu
bezahlen.«
>
> *Simonides von Keos (griechischer Dichter,*
> *557/556-468/467 v. Chr.)*[9]

1.1 Schulden sind gut ...

Dieses Buch handelt von Schulden. Vielen Schulden. Sehr vielen
Schulden, die zu einem guten Teil wohl nicht mehr zurückgezahlt
werden und wenn, dann nur mit entwertetem Geld. Bevor wir dazu
kommen, müssen wir jedoch erst mal erklären, warum es überhaupt
Schulden, Zins und Geld gibt. Nur dann ist zu verstehen, was passiert ist – und zu erahnen, was noch passieren wird. Die politische
Diskussion der Krisenursachen und der Lösungsansätze geht wieder
einmal, wie schon so oft in der Vergangenheit, am Kern des Problems
vorbei. Das ist nicht neu in der Geschichte, und wir können getrost
davon ausgehen, dass es auch bei der nächsten Schuldenkrise nicht
anders sein wird.

Doch lassen Sie uns mit einer einfachen und zugleich vielleicht
überraschenden Feststellung beginnen: Schulden sind **gut**. Erst die
Existenz von Schulden ermöglicht anhaltendes Wachstum einer

---

8 Adam Smith: *Untersuchungen über die Natur und die Ursa-*
chen des Nationalreichthums, Zweyter Band, Breslau 1794,
S. 206
9 David Graeber: *Schulden: Die ersten 5000 Jahre*, Klett-Cotta,
Stuttgart 2012, S. 173

Volkswirtschaft, zunehmende Produktivität – also effizientere Nutzung von Ressourcen – und technischen Fortschritt. Der Grund dafür ist einfach: Schulden führen zu Druck. Der Schuldner muss hart arbeiten und sich etwas einfallen lassen, wenn er die Schulden wieder zurückzahlen möchte. Das klingt überraschend, und es lohnt sich, darauf detaillierter einzugehen.

1.2 Von Rom nach Manchester

Die Gründungsgeschichte Roms ist bekannt: Die beiden Zwillinge Romulus und Remus, eigentlich Kinder von Gott Mars und der jungfräulichen Priesterin Rhea Silvia, werden von einer Wölfin großgezogen. Im Jahre 753 vor Christus gründen sie Rom an einer Stelle, an der es bereits seit Jahrhunderten Siedlungen gegeben hat, und Romulus ermordet seinen Zwillingsbruder Remus, nachdem sich dieser über die Abgrenzungsmauern lustig macht, die Romulus zwischen den einzelnen Grundstücken errichtet hat. Das war eine schwere Missachtung des Gesetzes, denn die Grenzmauer galt als heilig. Und dieser Übertritt wurde hart bestraft. So weit die Sage.

Was folgt, ist der beispiellose Aufstieg einer anfangs armen Gesellschaft zur unbestrittenen Weltmacht. Wir können uns fragen: Wie war das möglich?

Auch in der Wiege der Demokratie, Griechenland, vollzog sich praktisch zeitgleich innerhalb weniger Jahrhunderte die Entwicklung von einem armen Fleckchen Erde zu wohlhabenden Stadtstaaten, den sogenannten Polis, deren prächtige Ruinen wir heute noch bewundern. Wieder fragen wir uns: Wie kam es dazu?

Mehr als 2000 Jahre später entwickelt sich England, weder von seiner Randlage in Europa noch von Bodenschätzen in irgendeiner Form bevorteilt, von einem rückständigen Agrarland im 15. Jahrhundert, zur Wiege der industriellen Revolution und zum Weltreich des 19. Jahrhunderts. Wiederum, was war passiert?

Diese Fragen haben sich auch zwei Wissenschaftler von der Universität Bremen seit den 1980er Jahren gestellt: Gunnar Heinsohn und Otto Steiger.[10] Sie fragten sich: Wie konnten Weltreiche aus dem Nichts entstehen und warum funktionierte dies in einigen Fällen, in anderen aber nicht? Vor allem interessierte sie auch, weshalb das sogenannte »kapitalistische« System so ungemein dynamischer und innovativer war als alle anderen Gesellschaftsformen, vor allem der damals noch real existierende Sozialismus. Um das herauszufinden, stiegen sie tief ein in die Geschichte der Menschheit. Sie studierten die Erkenntnisse von Altertumsforschern und Archäologen und kamen zu einer eigentlich einleuchtenden, für manchen Ökonomen nach wie vor revolutionären Erkenntnis. Die Antwort in allen vier Fällen lautet: *Privateigentum.* Mit allen damit verbundenen Chancen und Risiken.

Wenn man die Menschheitsgeschichte analysiert, lassen sich drei Grundformen des menschlichen Zusammenlebens unterscheiden[11]:

- Die *Solidargemeinschaft* des Stammes, in dem jeder für jeden einsteht und alles gleich geteilt wird. Dies findet sich heute noch in entlegenen Gegenden des Amazonas, war aber über Jahrhunderte hinweg die dominierende Form des Zusammenlebens.
- Die *Befehlsgesellschaft* des Feudalismus und des Realsozialismus, in denen eine kleine Minderheit über die Ressourcen, vor allem Grund und Boden, verfügt und die Mehrheit auf Befehl Arbeit erbringt. Dabei gibt es keinen Unterschied zwischen der DDR und früheren Königreichen, wobei Letztere wenigstens eine Reihe geschmackvoller Kulturgüter hinterlassen haben.
- Die *Eigentumsgesellschaft* der Freien, in der jeder für sein eigenes Schicksal verantwortlich ist, und damit alles, was er erwirtschaftet, behalten kann, aber auch kein Kollektiv im Rücken hat, das ihm hilft.

Rom, die griechischen Stadtstaaten und England im 15. Jahrhundert besitzen eine entscheidende Gemeinsamkeit: In allen drei Ge-

---

10 Die nachfolgenden Ausführungen basieren auf verschiedensten Publikationen von Gunnar Heinsohn und Otto Steiger. Besonders empfehlenswert sind: *Privateigentum, Patriarchat und Geldwirtschaft, Eine sozialtheoretische Rekonstruktion zur Antike*, Suhrkamp, Frankfurt am Main 1984; *Eigentum, Zins und Geld*, Metropolis Verlag, Reinbek bei Hamburg 1996; und *Eigentumsökonomik*, Metropolis Verlag, Marburg 2006. Siehe auch Daniel Stelter: *Deflatioräre Depression*, Deutscher Universitätsverlag, Berlin 1991

11 Gunnar Heinsohn, Otto Steiger *Eigentumsökonomik*, Metropolis Verlag, Marburg 2006, Seite 17

sellschaften gab es eine erfolgreiche Revolution der Leibeigenen gegen die zuvor bestehende Feudalherrschaft. Während es in Rom und vermutlich auch in Griechenland zu einer gleichmäßigen Aufteilung von Grund und Boden auf die Revolutionäre kam, behielt der Adel in England die Ländereien, konnte jedoch nicht mehr, wie vor der Revolution, auf Zwangsarbeiter zurückgreifen, sondern musste diese für ihre Arbeit bezahlen. Die Arbeiter bekamen praktisch das »Eigentum an sich selbst« wieder zurück.

Die Entwicklung der Eigentumsgesellschaft war also Folge eines fundamentalen Wandels in der Gesellschaft durch Revolution.[12] Und nur so kann man den Mord des Romulus an seinem Bruder Remus verstehen: Er hat allen gezeigt, dass es eben nicht eine Stammeswirtschaft oder gar eine neue Feudalstruktur ist, die aus der Revolution hervorgeht, sondern eine Gesellschaft, in der jeder für sich alleine steht. Das Land wurde in gleichgroße Stücke quadratisch geteilt (»Roma quadrata«) und unter den Revolutionären verlost. Ab dann hatte jeder Eigentum an Grund und Boden, welches er nutzen konnte, um sich und seine Familie zu ernähren, welches er aber auch gegen andere verteidigen musste und durfte. Romulus machte dies durch den Mord für alle deutlich. Was die Revolutionäre freilich nicht ahnten, war, dass sie damit einen Mechanismus in Gang gesetzt hatten, der zu einer ungemeinen wirtschaftlichen Dynamik führt. Denn Eigentum führt zu **Schulden, Zins und Geld** – und zwar in dieser Reihenfolge. Und diese Zusammenhänge muss man verstehen, wenn man die heutige Krise verstehen will.

1.3 Vom Eigentum zu Schulden

Die erfolgreichen Revolutionäre, die neuen Eigentümer, genossen nicht mehr die Sicherheit des Kollektivs mit gemeinsamer Lagerhaltung und gegenseitiger Hilfe. Sie waren plötzlich auf sich alleine

---

12 Jahre später kam es in Preußen zur Revolution von oben. Die Stein-Hardenbergschen Reformen schafften 1807 das Privateigentum. Zusammen mit der Gewerbefreiheit (1810) legten sie damit die Grundlage für den Aufstieg Preußens zur führenden deutschen Industriemacht. Gunnar Heinsohn, Otto Steiger: *Eigentum, Zins und Geld*, Metropolis Verlag, Reinbek bei Hamburg 1996, S. 430 f.

gestellt, sich und ihre Familie zu ernähren. Sie waren gezwungen, individuelle Vorsorge für den Fall von Notlagen wie Missernten und Krankheit zu treffen, weshalb sie begannen, eigene Vorräte anzulegen. Durch diese Absicherung von existenziellen Risiken kam es zum ersten Mal in der Geschichte zur systematischen Produktion von Überschüssen. Zwar haben auch Stämme und Feudalgesellschaften Rücklagen gebildet, doch wuchsen diese in der neuen Form des Wirtschaftens deutlich an.

Nun ist es aber so, dass nicht alle Eigentümer gleichermaßen erfolgreich wirtschaften. Schon in der Bibel gibt es das Gleichnis von den anvertrauten Talenten, aus denen man entweder etwas machen kann oder nicht.[13] Das »Talent« war im Altertum noch eine Währungseinheit und wurde erst später zu einem Synonym für Können, was wieder einmal den Zusammenhang zwischen Geld und Fähigkeit unterstreicht. Einige schaffen es mit Fleiß und Talent, gute Erträge aus ihrem Grund und Boden zu ziehen, oder sie kommen auf die Idee, das Land anders zu nutzen. So wie die Landherren in England, die statt weiterhin Getreide anzubauen auf die Schafzucht umstellten. Diese war mit weniger Arbeitskraft zu bewerkstelligen, die ja nunmehr bezahlt werden musste. Die Schafzucht legte die Grundlage für die Textilindustrie, einen neuen und sehr profitablen Wirtschaftszweig.

Andere hingegen stellen sich weniger geschickt an oder haben schlichtweg Pech.

Geriet ein Privateigentümer in Not, so konnte er sich von einem anderen Saatgut und Lebensmittel leihen. Doch anders als in der Stammes- und Feudalwirtschaft war es keine »Leihe« mehr, die gutmütig gegeben wurde, sondern in Wirklichkeit ein Kredit! Es bestand ein Risiko für den Kreditgeber, dass sein Schuldner auch im folgenden Jahr nicht besser wirtschaftet oder wieder Pech hat und er seinen Kredit nicht zurückzahlen kann. Um dieses Risiko abzudecken, musste der Schuldner einen Teil seines Grundstücks verpfänden. Hier zeigt sich die wesentliche Eigenschaft des Eigentums: Man kann es frei verkaufen, aber auch belasten und verpfänden.

---

13 In: *Matthäus 25*; in diesem Gleichnis wird dem, der aus
seinem Geld nicht mehr Geld macht, auch das Geld
genommen, das er hat. Eigentum scheint auch hier die
Grundlage des Geschäftserfolgs zu sein.

In der Tat zeigen alte Kreditvereinbarungen aus Mesopotamien – wo schon lange vor Griechenland und Rom ähnliche Verhältnisse geherrscht haben –, dass das Pfand der Fläche entsprach, die für die Erzeugung der entliehenen Menge Saatguts und Lebensmittel erforderlich war.

Voraussetzung für einen Kredit ist das Vorhandensein von Eigentum. Auch heute ist es nur im Bereich der Überziehungskredite möglich, ohne Verpfändung von Eigentum einen Kredit zu bekommen. Allerdings haftet der Schuldner mit allem, was er hat, und seinem zukünftigen Einkommen für einen solchen Kredit. In allen anderen Fällen verlangt der Kreditgeber, üblicherweise eine Bank, Sicherheit in Form von einem Anrecht, das Eigentum des Kreditnehmers in Besitz zu nehmen. Eine Hypothek ist im Grundbuch vermerkt, und auch bei Unternehmenskrediten sind solche Sicherheiten üblich, indem beispielsweise Maschinen, Anlagen und Forderungen verpfändet werden.

Schuldenkrisen, wie wir sie heute erleben, sind in Solidargemeinschaft und Befehlsgesellschaft nicht möglich, weil es keine echten Schulden gibt. Was natürlich anders ist, wenn sich solche Gesellschaften im Ausland verschulden. Dann kann man sehr wohl bankrottgehen, wie wir am Schicksal der DDR beobachtet haben.

Kreditgeber, die einen Teil ihres Eigentums als Kredit herausgeben, haben ein großes Interesse, ihr Eigentum zurückzubekommen. Um die Rückzahlung zu gewährleisten, benötigen die Gläubiger deshalb eine Sicherheit in Form des Pfandes. Umgekehrt ist es im Interesse der Schuldner, ihr verpfändetes Eigentum zu behalten. Sie wollen die Schulden ordnungsgemäß bedienen, um ihr Eigentum nicht zu verlieren. Man gibt normalerweise nur dann einen Kredit, wenn man das Pfand – beispielsweise eine Immobilie – für entsprechend werthaltig hält, und man leiht sich nur dann Geld, wenn man davon ausgeht, den Kredit tilgen zu können. Das ist wichtig zu verstehen, wenn wir uns dem Thema der Überschuldung der westlichen Welt nähern.

1.4 Vom Kredit zum Zins

Der Kreditgeber kann sich mit der Sicherheit alleine nicht zufriedengeben. Denn selbst, wenn er das ausgeliehene Saatgut wieder zurückbekommt, so kann er doch in der Zwischenzeit nicht frei über sein Eigentum verfügen. Wenn er selbst in Not gerät, muss er sich wiederum von jemand anderem einen Kredit gewähren lassen. Hinzu kommt, dass der Kreditgeber damit rechnen muss, dass das Saatgut zum Zeitpunkt der Rückzahlung weniger wert ist, zum Beispiel, weil auf ein Dürrejahr eine sehr gute Ernte gefolgt ist. Er braucht also eine Entschädigung: den Zins. Die Bedeutung der Erfindung des Zinses kann gar nicht genug betont werden, denn er schafft die Grundlage für eine völlig neue Dynamik in der Gesellschaft. Der Schuldner muss nicht nur um sein Eigentum fürchten, wenn er seine Schulden nicht bedient. Er muss zudem noch ein *Mehrprodukt* erzeugen, also mehr Getreide zurückgeben als er geliehen hat. Dabei waren die Zinsen im Altertum hoch – nicht zuletzt wegen des Preisrisikos für den Gläubiger. Das Getreide konnte im nächsten Jahr viel weniger wert sein. 30 Prozent Zinsen pro Jahr waren daher durchaus normal.[14] Dieser Druck für den Schuldner führt dazu, dass er mehr arbeitet und zudem erfindungsreicher wird. Durch Innovation – wie zum Beispiel die Erfindung eines Pfluges – kann er seine Ernte steigern und damit besser den Kredit zurückzahlen. So verwundert es nicht, dass das Rad in Mesopotamien erfunden wurde, das Land, aus dem die ersten Kreditverträge der Menschheit überliefert sind. Doch nicht nur die Schuldner geben sich mehr Mühe. Auch alle anderen trachten immer mehr danach, ihre eigene Sicherheit zu erhöhen, indem sie immer größere Vorräte anlegen und Grund und Boden hinzuerwerben. Das müssen sie auch, weil die Innovation der anderen zugleich das eigene Vermögen relativ entwertet. Wenn der andere schneller wird, wird man selbst verhältnismäßig langsamer. Und damit relativ teurer. Neuere Maschinen helfen nicht nur den Schuldnern, sondern erhöhen für alle den Druck.[15] Wer nicht konstant besser wird, scheidet irgendwann aus dem Markt aus und verliert sein Eigentum.

14 Gunnar Heinsohn, Otto Steiger: *Eigentum, Zins und Geld*, Metropolis Verlag, Reinbek bei Hamburg 1996, Seite 242. Zinsen auf Gerste betrugen in altbabylonischer Zeit 33 Prozent p.a., für Kontrakte, die in Silber abgewickelt wurden, immerhin noch 20 Prozent, was auf ein durchaus hohes Risiko für die Kreditgeber schließen lässt.

15 Gunnar Heinsohn, Otto Steiger: *Eigentum, Zins und Geld*, Metropolis Verlag, Reinbek bei Hamburg 1996, Seite 342

Alle Schulden erfordern einen Zins, der durch ein *Mehr-Produkt* zu erwirtschaften ist. Das geht aber nur, wenn auch wieder *Mehr-Nachfrage* da ist. Diese ergibt sich aber nur dann, wenn Gläubiger mehr konsumieren, also ihr Erspartes verbrauchen, oder neue Schuldner hinzukommen. Das System erfordert ein kontinuierliches Wachstum an Schulden, wollen die Schuldner in der Lage sein, ihren Verbindlichkeiten nachzukommen.[16] Manche Beobachter gehen gar so weit, das System der Eigentumswirtschaft, das wir gemeinhin als »Kapitalismus« bezeichnen, und welches wohl eher »Schuldenwirtschaft« genannt werden sollte, als einen Kettenbrief zu sehen: Nur durch Mehr-Schulden gibt es keine Krise![17]

Dieses konstante Wachstum der Schulden bedeutet aber keineswegs einen Anstieg der Schulden*quoten,* also des Verhältnisses von Schulden zu Einkommen. Jeder neue Kredit führt letztlich zu einer *Mehr*leistung und damit auch zu mehr Einkommen und – indirekt – mehr Eigentum in Form von Vorräten und produktiverem und damit wertvollerem Land. Problematisch wird es dann, wenn der Schuldner diese Mehrleistung nicht erbringt.

Der Wert des Eigentums basiert letztlich auf den Einkommen, die man mit ihm erzielen kann, und dem Zins, den man bezahlen muss. Bei gleichem Einkommen führen höhere Zinsen zu einem tieferen Wert und umgekehrt.[18] So lässt sich erklären, dass die realen, also inflationsbereinigten, Immobilienpreise in den USA in den mehr als 100 Jahren zwischen 1890 und 1997 regelmäßig um den gleichen Wert schwankten. Andere Studien zeigen, dass das Gesamtvermögen eines Landes um die Größenordnung von rund 400 Prozent des Nationaleinkommens schwankt. Dabei kommt es zu Abweichungen

---

16 Daniel Stelter: *Deflationäre Depression,* Deutscher Universitätsverlag, Wiesbaden 1991, Seite 107 ff.

17 Hierzu kann man die Lektüre des in den 1980er Jahren als »Crash-Guru« charakterisierten Paul C. Martin durchaus empfehlen. Trotz des zuweilen reißerischen Tons wurde darin die Arbeit der Herren Heinsohn und Steiger für die nicht volkswirtschaftlich

vorgebildete Allgemeinheit gut verständlich aufbereitet. Empfehlenswert ist Paul C. Martin, Walter Lüftl: *Der Kapitalismus – ein System, das funktioniert,* Langen-Müller/Herbig, München 1986.

18 Gunnar Heinsohn, Otto Steiger: *Eigentumsökonomik,* Metropolis Verlag, Marburg 2006, S. 110 f.

nach oben wie nach unten.[19] Abweichungen nach oben folgen regelmäßig Anpassungskrisen, weil die auf den hohen Werten eingegangenen Schulden nicht mehr bedient werden können, was dann zwangsläufig zu einer Phase der Unterbewertung führt, weil Schuldner in ihrem Bemühen, Geld zu mobilisieren, Notverkäufe tätigen müssen.

Ein kontinuierlicher Anstieg von Schulden, wie wir ihn in den letzten Jahrzehnten in der westlichen Welt beobachten konnten, ist in einer solchen Wirtschaftsordnung eigentlich undenkbar. Außer man hält sich nicht an die Regeln und nimmt Kredite auf, ohne mehr zu leisten – was die Kreditgeber nur so lange mitmachen, wie sie daran glauben, dass das Eigentum der Schuldner noch mehr wert ist als die Schulden. Die Überbewertung von Immobilien, wie wir sie in den USA, aber auch in Spanien und Irland in den letzten Jahren erlebt haben, ist die Voraussetzung für Schuldenkrisen aller Art, weil Eigentum zu überhöhten Werten beliehen wurde. Nach dem Rückgang der Preise erkennen die Kreditgeber, dass das Pfand weniger wert ist als gedacht, während die Schuldner merken, dass sie den Kredit nicht ordnungsgemäß bedienen können.

1.5 Vom Zins zu Geld und Banken

Mit zunehmender Kreditvergabe stieg das Bedürfnis nach Dokumentation und Beurkundung durch einen neutralen Dritten, eine Aufgabe, die meist den Priestern übertragen wurde und so zu einem Aufgabenwandel der Tempel beitrug. Immer mehr übernahmen die Tempel die Aufbewahrungsfunktion für die Privateigentümer, die sich so von der Vorratsbewirtschaftung entlasten konnten. Die Tempel waren es auch, die eine Verwertung der eingelieferten Tilgungen und Zinszahlungen übernahmen. Damit war die Grundlage für eine neue Branche gelegt: die Banken. Und obwohl es private Banken bereits im Altertum gab, haben die Tempel immer mehr an Marktan-

19 Thomas Piketty; Gabriel Zucman: Capital Is Back: Wealth-Income Ratios in Capital-Rich Countries 1870–2010, Präsentation an der Paris School of Economics im Oktober 2012 (abrufbar unter http://www.parisschoolofeconomics.eu/docs/zucman-gabriel/pikettyzucman2012slidesoctober.pdf); Robert S. Shiller: *Irrational Exuberance*, Princeton University Press, Princeton 2006

teilen gewonnen, sicherlich auch dank der Verbindung zur Religion und dem Vertrauen auf die Priester, die aufgrund ihrer Stellung einen großen Vertrauensvorschuss genossen. Es verwundert nicht, dass selbst in heutiger Zeit die eine oder andere Bank architektonisch an einen Tempel erinnert.

Die wachsende Lagerhaltung der Tempel/Banken führte wegen der Verderblichkeit der gelagerten Güter zu steigenden Kosten. Man brauchte also einen Ersatz. Schon zuvor hatte man einen »Geldstandard« eingeführt, zum Beispiel Silber, um die Kredite zu bewerten. Dies diente meist nur der Dokumentation und es wurde noch in Getreide bezahlt.

Nun ging man einen Schritt weiter: Man erfand das eigentliche »Geld«. Münzen wurden geprägt, um damit einen Anspruch auf das Vermögen der Bank zu dokumentieren. Wer Geld weitergibt, zum Beispiel weil er etwas kauft, überträgt folglich eine Forderung, ein Anrecht auf Eigentum. Die Prägung diente dazu, Rechtssicherheit zu schaffen und Fälschungen zu erschweren. Diese Münzen hatten einen Wert, weil sie eine Forderung gegen das Eigentum der Bank darstellten, welches wiederum zu einem guten Teil aus Forderungen gegen andere Schuldner bestand, die mit deren Eigentum, zumeist Grund und Boden, besichert waren. Noch heute heißt es auf US-Dollar-Noten, dass diese als »gesetzliches Zahlungsmittel für öffentliche wie private Schulden gelten« – ein klarer Hinweis auf die dahinterliegenden Kreditkontrakte, die das Entstehen von Geld erst ermöglichen. Der Wert dieser Münzen ergibt sich nicht nur daraus, dass sie aus Silber oder Gold geprägt wurden. Dies wurde gemacht, um die Fälschungssicherheit zu erhöhen, weil diese Metalle knapp waren – also ähnlich dem Wasserzeichen auf den heutigen Banknoten –, und um dem Gläubiger direkt Sicherheit an die Hand zu geben. Der Goldstandard ist somit nur eine Unterform der Besicherung von Geld und keineswegs erforderlich, um stabiles Geld zu schaffen. Stabiles Geld setzt lediglich voraus, dass die kreditgebenden Banken nur gegen gute Sicherheit Kredite gewähren.[20]

20 Eine detaillierte Diskussion würde den Rahmen hier sprengen. Siehe stattdessen: Gunnar Heinsohn, Otto Steiger: *Eigentumsökonomik*, Metropolis Verlag, Marburg 2006, Seite 117 ff.

Die Beleihung von breiter definiertem Eigentum, also Grund und Boden, Maschinen und auch Patenten, also »immateriellen Gütern«, ermöglicht das nachhaltige Wachstum einer Wirtschaft und ist keineswegs unsolide. Unsolide wird es erst, wenn die Zentralbank Geld herausgibt, ohne derartige gut besicherte Schulden anzukaufen, sondern Schulden mit geringeren oder gar keinen Sicherheiten in Form von Eigentum. Dies ist der Fall, sobald von Seiten der Zentralbanken in eine umfangreiche Finanzierung des Staates eingestiegen wird, weshalb die Staatsfinanzierung durch die Notenbank zu Recht in vielen Notenbankgesetzen verboten wird. Wir werden noch sehen, ob sich die Notenbanken heute daran halten.

Hier zeigt sich erneut der fundamentale Unterschied zwischen der Eigentumsökonomie und der Stammesgesellschaft und den Feudalstrukturen: Geld gibt es nur in der Eigentumswirtschaft. Bei den Inka war Gold und Silber als Schmuck sehr geschätzt, Geld kannten sie jedoch nicht.[21]

So praktisch die Erfindung von Geld als »umlauffähig gemachte Schulden« ist, so problematisch ist es für die Schuldner. Diese müssen in etwas zurückzahlen, was sie nicht selber herstellen können. Sie müssen es sich durch Verkauf ihrer Erzeugnisse auf dem Markt beschaffen. Dabei konkurrieren sie mit anderen Schuldnern, die genau dasselbe wollen. Der Druck nimmt also nochmals zu, durch Kreativität und Innovation entweder besser oder zumindest billiger zu sein als der Wettbewerb.

Alles Geld basiert folglich auf vorausgegangenem Kredit. Kredit basiert auf vorhandenem, verpfändbarem Eigentum. Um an Geld zu gelangen, muss der Schuldner es am Markt verdienen.

Das ist heute nicht anders: Die Zentralbank kann – wenn sie sich an die Regeln hält – kein Geld aus dem Nichts schaffen. Die Europäische Zentralbank (EZB), aber auch die US-Notenbank (Federal Reserve System, Fed) vergeben Kredite, also neues Zentralbankgeld, nur gegen die Hinterlegung von Sicherheiten. Früher waren es Handelswechsel, heute sind es zumeist Staatsanleihen. Wir werden im Detail besprechen, welche Auswirkung dies in der Zukunft haben wird und welche Folge ein Abweichen von diesen Grundsätzen der Eigentumswirtschaft hat.

21 Gunnar Heinsohn, Otto Steiger: *Eigentumsökonomik*,
   Metropolis Verlag, Marburg 2006, Seite 23

1.6 Die Krisen im System

Fassen wir zusammen: Die Revolutionäre, die nach Beseitigung der Unterdrückung durch die Feudalherren eine Gesellschaft von Gleichen schaffen wollten, legten in Wahrheit die Grundlage für eine Gesellschaft, die zunehmend ungleicher werden musste. Erfolglose Bauern verloren über die Zeit ihr Eigentum und endeten als Sklaven bei ihren früheren Kreditgebern. Erfolgreiche Bauern erlangten Kontrolle über immer größere Ländereien. Es kam zu einer erheblichen Vermögenskonzentration. In der Folge nahmen wirtschaftliche Dynamik und Innovationsfreude wieder ab, da diese neuen Großgrundbesitzer durch ihre Ländereien über sichere Erträge verfügten und so weniger Druck vorhanden war, nach neuen Lösungen zu suchen. Und wer wieder Sklave war, hatte ohnehin keinen Anreiz, innovativ zu sein. Das Wachstum ging zurück und es war nur eine Frage der Zeit, bis es aufgrund der ungleichen Verteilung von Vermögen und dem nachlassenden Wachstum zu sozialen Unruhen kam, die wiederum zu einer Neuverteilung des Eigentums und damit quasi zu einem Neustart des Systems führten. Schon im antiken Griechenland war man sich dieses Problems bewusst und versuchte durch Beleihungsgrenzen sicherzustellen, dass die Schuldner sich nicht übernahmen – doch dies führt nur zu einer Verlangsamung, nicht zu einer Verhinderung einer weitergehenden Vermögenskonzentration.[22] Aus dem gleichen Blickwinkel muss man auch Versuche sehen, Zinsen zu verbieten, um diese Dynamik zu brechen. Doch auch wenn der Zins in einigen Religionen abgeschafft wurde, wurde er durch die Hintertür immer wieder eingeführt. Da Eigentümer immer eine Entschädigung für die zeitweilige Überlassung von Eigentum haben wollen, wird der Zins zum Beispiel als Kursgewinn bei Rückzahlung des Kredites verkleidet.

In der heutigen Zeit ist dieser Prozess insofern verlangsamt, als sowohl das Steuer- wie auch das Sozialsystem zu einer kontinuierlichen Umverteilung führen und deshalb die Vermögenskonzentration nicht mehr so schnell erfolgt wie in der Vergangenheit.

Ein weiterer Grund für Krisen in diesem System ist die temporäre Überbewertung von Vermögenswerten. In der Vergangenheit gab es

---

22 Gunnar Heinsohn, Otto Steiger: *Eigentum, Zins und Geld*,
   Metropolis Verlag, Reinbek bei Hamburg 1996, Seite 128

viele derartige Überbewertungen, die auch »Blasen« genannt werden. »Blasen« deshalb, weil der Preiseinbruch überraschend erfolgt und sehr stark ausfällt. Berühmt sind die Tulpenblase im Holland des 17. Jahrhunderts, wo das ganze Land auf einen ewigen Preisanstieg der Tulpenzwiebel spekulierte, und der Börsenboom der 20er Jahre, der bekanntlich mit dem Crash von 1929 den Auftakt zur Großen Depression lieferte.

Werden diese überbewerteten Vermögenswerte als Sicherheiten für Kredite genommen – und das werden sie, denn nur dann ist eine weitere Nachfrage mit weiter steigenden Preisen überhaupt möglich –, kommt es unweigerlich zu einer Krise, wenn die Blase platzt. Die Sicherheiten für die Kredite sind weg und ein schwerer Wirtschaftseinbruch unvermeidlich. Der Staat kann in diesem Fall einspringen und sich selbst verschulden, um Nachfrage zu schaffen und es damit den Schuldnern zu erleichtern, ihr Geld zurückzuverdienen. Aber auch dies geht nur in Maßen, steht doch hinter der Schuldenfähigkeit des Staates nichts anderes als die Fähigkeit von eben diesen Schuldnern – seinen Bürgern –, Geld in Form von Steuern zu fordern. Doch das ist riskant, wie Heinsohn und Steiger prägnant ausführen: Entweder sind die privaten Eigentümer zu diesem Zeitpunkt zu hoch verschuldet oder haben keine Aussicht, »eine weitere Verschuldung nebst den Zinsen darauf verdienen zu können, weshalb sie eben auch kein weiteres Eigentum für eine solche Verschuldung verpfänden. Werden in der gleichen Situation Staatspapiere ausgegeben, setzt die öffentliche Macht dieses wohlbegründete Kalkül außer Kraft. Sie haftet mit dem Eigentum der Bürger, mit dem diese selbst aus ökonomischen Gründen nicht mehr zu haften bereit sind. Im Ergebnis wird also für die Staatspapiere mit einem Eigentum gehaftet, ohne dass deren tatsächliche Schuldner dabei wären, die Zinsen auf diese Papiere auch wirklich durch Produktion und Verkauf zu verdienen.«[23] Die Folge: Die Schulden steigen schneller als die Wirtschaftsleistung und können nicht ordentlich bedient werden.

---

23 Gunnar Heinsohn, Otto Steiger: *Eigentum, Zins und Geld*, Metropolis Verlag, Reinbek bei Hamburg 1996, Seite 231. Die Autoren schreiben von »Halter« statt »Schuldner«, Letzteres ist jedoch im Zusammenhang klarer, weshalb wir diese Anpassung vorgenommen haben.

Das trifft, wie wir im Detail zeigen werden, auch heute zu. Nach einem Boom kam es zu einer Entwertung überbewerteter Vermögenswerte und daran anschließend zu Problemen bei den Banken als Kreditgebern, weil deren Forderungen, also die Kredite und die darunter liegenden Sicherheiten, deutlich an Wert verloren. Sie hatten Schwierigkeiten, sich zu finanzieren, waren also nicht mehr liquide, was daran lag, dass die Kreditgeber der Banken bezweifelt haben, dass die Banken überhaupt noch beleihbares Eigenkapital hatten. In den Augen der Kreditgeber waren die Banken also »insolvent«, zu Deutsch: pleite.

Die Staaten sprangen ein und versuchten, den Einbruch abzuwenden, allerdings mit dem Ergebnis weiter steigender Schulden, deren ordnungsgemäße Rückzahlung angesichts der bestehenden hohen Schulden fraglich ist.

Es ist kein Wunder, dass verzweifelt nach Auswegen gesucht wird, sei es in Form von Zentralbankinterventionen, um die Vermögenswerte zu erhöhen und die Zinsen zu senken, oder durch die Beschaffung von Geld bei anderen Ländern, die noch nicht so hoch verschuldet sind, wie in der Eurozone gut zu beobachten. Im Kern erfolgt dabei jedoch nur die weitere Belastung von Schuldnern, die am Ende ihrer Schuldentragfähigkeit – ihrer Beleihungsgrenze – angekommen sind. Dass dies nicht gut gehen kann, dürfte mit Blick auf die Geschichte nur zu deutlich werden.

1.7 Ohne Druck lebt es sich leichter

Wir haben gesehen, dass unser Wirtschaftssystem auf Privateigentum und Schulden basiert und aufgrund des damit bestehenden Drucks einen konstanten Anreiz zur Steigerung der Effizienz und zur Innovation setzt. Auf der anderen Seite ist dieser Druck unangenehm und man läuft Gefahr, nicht auf der Gewinnerseite zu stehen. Was liegt also für die Politik näher, als den Druck zu mindern? Dies beginnt mit durchaus vernünftigen Maßnahmen wie der Einführung der Sozialversicherung und der Umverteilung von den Erfolgreicheren zu den weniger Erfolgreichen durch die Besteuerung. Es geht weiter dadurch, dass die Staaten, unabhängig von der Wirtschaftslage, neue Schulden machen, um so zu mehr Nachfrage beizutragen, was es den Schuldnern letztlich erleichtert, ihre Schulden zu bedienen.

In einem nächsten Schritt wird dann versucht, in die Schuldenbeziehungen einzugreifen. Sei es über das Mietrecht, welches letztlich die Durchgriffsmöglichkeit der Eigentümer reduziert, oder die Regeln zu Konkurs und Privatinsolvenz.

Dafür zahlen die Volkswirtschaften einen Preis, nämlich den Verlust an wirtschaftlicher Dynamik. Nicht umsonst haben jene Länder, die die wirtschaftliche Freiheit hoch halten und nur wenig in die freie Nutzung des Eigentums eingreifen, höhere Wachstumsraten vorzuweisen als jene Länder, die viel regulieren oder aber einen hohen Anteil des Staates an der Wirtschaft aufweisen.[24]

Eine extreme Verzerrung entsteht dann, wenn die Politik alles daran setzt, Vermögenswerte nach oben zu treiben und Zinsen nach unten zu manipulieren und zugleich die Beziehung zwischen Schuldner und Gläubiger durch das Dazwischenschalten von anderen Parteien immer indirekter wird. Dann haben wir das »recipe for disaster«, wie die Engländer so schön sagen: das Rezept für den Crash. Und genau das ist in den letzten Jahren passiert.

In den folgenden Kapiteln zeigen wir, wie es diesmal zur Krise kam und weshalb die Krise noch lange nicht zu Ende ist. Die Entwicklung der letzten Jahrzehnte passt perfekt in den Ablauf vergangener ähnlicher Krisen, die nicht nur in Babylon mit dem Untergang des Reiches geendet haben. Wir haben gezeigt, dass unser Wirtschaftssystem letztlich auf Eigentum, Schulden, Zins und Geld basiert und inhärent einen enormen Druck ausübt, welcher die erhebliche Dynamik erklärt. Druck und Dynamik sind sozusagen die zwei Seiten einer Medaille, und das System funktioniert nur so lange reibungslos, solange man nicht versucht, die Dynamik zu erhalten, aber den Druck zu reduzieren.

- *In Kapitel 2* beschreiben wir, wie die Politik in der westlichen Welt versucht hat, den Druck zu mindern, der sich nach dem Fall der Mauer und der neuen Konkurrenz durch Millionen neuer Arbeiter aus Osteuropa und China drastisch verschärft hat. Statt die Pro-

---

24 Siehe dazu u.a. Mogens K. Justesen: *The effect of economic freedom on growth revisited: New evidence on causality from a panel of countries 1970–1999*, in: *European Journal of Political Economy*, Volume 24, Issue 3, September 2008, S. 642–660

bleme direkt anzugehen, wurde die Verschuldung erleichtert und ein Immobilienboom entfacht, der in den USA schließlich zum Auslöser der Krise wurde.

- *In Kapitel 3* schildern wir, wie die Blase platzen musste und die vermeintlich »einfache« Lösung zu einem Bumerang wurde, der die Welt fast in eine neue Große Depression gestürzt hätte.
- *In Kapitel 4* zeigen wir die Dimension der Schuldenbombe, mit der wir immer noch hantieren, obwohl schon seit fünf Jahren eine Entschärfung probiert wird.
- *In Kapitel 5* müssen wir dann noch etwas tiefer bohren und zeigen, dass nicht nur die Schulden in unermessliche Höhen gestiegen sind, sondern Demografie, schlechte Ausbildung und unzureichende Investitionen die Hoffnung zunichtemachen, aus dem Problem herauszuwachsen.
- *In Kapitel 6* präsentieren wir die Rechnung: Wie werden wir, die Gläubiger, wohl unsere Forderungen verlieren? Verloren sind sie eigentlich schon, nur ist es noch nicht offiziell. Steuern, Abschreibungen und Inflation stehen im Raum.
- Europa verdient ein eigenes *Kapitel 7*, zu verworren ist die Situation. Zum Schuldenberg gesellt sich hier noch die Schwierigkeit, damit geordnet umzugehen.
- *Kapitel 8* wagt dann den Ausblick auf das, was wir in der westlichen Welt alles anpacken müssten, um das Schiff wieder auf Kurs zu bringen. Unser 10-Punkte-Programm.
- Und zum Schluss versuchen wir in *Kapitel 9* einen Ausblick.

Es empfiehlt sich, von Zeit zu Zeit wieder zu Kapitel 1 zurückzublättern. Auch wir sind nicht gefeit, uns in der Fülle an Fakten, Details und wirtschaftlichen Zusammenhängen zu verlieren. Die Thematik ist äußerst komplex und der Versuch, das Ganze verständlich darzustellen, durchaus eine Herausforderung. Da ist es gut, sich an die einfache Grundregel unseres Wirtschaftssystems zu erinnern, die für alle Lebensbereiche zutrifft: In Maßen genossen ist alles gut. Auch Schulden.

2
Wie das System auf die schiefe Bahn geriet

»Die Finanzinnovationen des letzten
Vierteljahrhunderts haben keinen sozialen
und ökonomischen Gewinn gebracht – mit
einer Ausnahme: dem Geldautomaten.«[25]

*Paul Volcker im Jahr 2009 (Vorsitzender der
Federal Reserve 1979–1987)*

»Jährliches Einkommen: zwanzig Pfund.
Jährliche Ausgaben: neunzehn Pfund,
neunzehn Schilling sechs Pence. Resultat:
Wohlergehen. Jährliches Einkommen:
zwanzig Pfund, jährliche Ausgaben:
zwanzig Pfund, sechs Pence. Resultat:
Elend.«[26]

*Rat von Mr. Micawber an David Copperfield
(im gleichnamigen Roman von Charles
Dickens)*

2.1 Das Gegenteil von gut ist gut gemeint

Wir haben gesehen, dass höhere Schulden zwangsläufig zu Druck
führen. Druck, mehr zu arbeiten oder besser zu werden. Der Druck
wird oft als unangenehm empfunden. Den meisten Menschen wäre
es lieber, es gäbe diesen Druck nicht. Was liegt für die Politik also
näher, als diesen Druck zu verringern, um die eigene Popularität
zu erhöhen? In Europa wählte man den Weg der Sozialleistungen,
in den USA den Weg des Wohlstands für alle durch Immobilien für
alle. Billiges Geld und lockere Kreditvergabe galten als Schlüssel zum
Glück. Weg mit dem Druck!

---

25 The Times: *'Wake up, gentlemen', world's top bankers warned by former Fed chairman Volcker*, 9. Dezember 2009;
Übersetzung in: Wolfgang Münchau: *Was leisten Banken?*,
in: Financial Times Deutschland, 6. Januar 2010
26 In: Charles Dickens: *David Copperfield*

»Es ist besser, gefürchtet als geliebt zu werden«, sagte Machiavelli über den perfekten Herrscher.[27] Die Mächtigen in Demokratien wollen geliebt werden, denn sie brauchen die Wählerstimmen. Mit Versprechungen, Wohltaten und Wahlgeschenken übertreffen sie sich gegenseitig. Kurz: mit dem Versprechen, den Druck zu reduzieren. Um diese Versprechen zu finanzieren, kann der Staat die Steuern erhöhen, was aber nur bis zu einem gewissen Punkt geht, da sonst die Bürger merken, dass sie die Wohltaten selber bezahlen. Da ist es doch besser, die Bürger indirekt zur Kasse zu bitten, statt die Bürger zu besteuern, sich das Geld von ihnen zu leihen. So entstehen Staatsschulden.

Dabei müssen nicht alle Staatsausgaben schlecht sein. Investiert der Staat in Autobahnen, bekommt er diese Investitionen durch Kfz-Steuern, Maut-Gebühren oder durch Wachstum der Wirtschaft wieder herein. Dies sind »investive« Ausgaben, die bleibende Werte schaffen. Sozialausgaben hingegen, so gerne sie bei den Empfängern gesehen sind und so nötig sie auch einige Bürger haben, sind hingegen konsumtive Ausgaben, die keinen Mehrwert schaffen. Mehr als 60 Prozent der Ausgaben des Bundes dienen solchen konsumtiven Ausgaben und den Zinszahlungen auf aufgelaufenen Schulden.

Platon würde sich über diese Tatsachen nicht wundern. Er wusste schon, dass die Demokratie nicht unbedingt versucht, das Richtige zu tun, sondern es lieber allen recht machen will; was nicht unbedingt das Gleiche ist. »Wer in der Demokratie die Wahrheit sagt, wird von der Masse getötet«, sagte Platon.[28] Was liegt näher, als diese Wahrheit lieber zu verschweigen und über Schulden zu finanzieren?

Noch einfacher können die Versprechen finanziert werden, wenn man die Schulden zu Lasten der kommenden Generation aufnimmt, die gar nicht gefragt wird, ob sie all die Staatsschulden einmal erben will. Im übertragenen Sinne könnte man sagen: Wir trinken heute zwei Glas Wein, bezahlen aber nur eins. Das andere Glas zahlt, mit Zins und Zinseszins, die nächste Generation. Denn es ist einfacher, Verträge mit Leuten abzuschließen, die noch gar nicht da sind und daher auch die Unterschrift nicht verweigern (können), als denen,

27 Niccolo Machiavelli: *Il principe, Der Fürst, italienisch, deutsch*, Reclam, Stuttgart 1999, S. 127
28 Platon: *Der Staat (Politea)*, Stuttgart 1958

die jetzt da sind, zuzumuten, mehr zu arbeiten oder mehr Steuern zu zahlen. Mehr als 2 Billionen Euro Staatsverschuldung, die wir allein in Deutschland haben, soll die nächste Generation zurückzahlen. Irgendwann. Vielleicht. Und falls nicht, wäre man mit einer Staatspleite historisch in guter Gesellschaft. So leistete Deutschland schon häufiger den Offenbarungseid, seit 1800 insgesamt acht Mal.[29]

Die Bank für Internationalen Zahlungsausgleich kommt in einer Studie vom Februar 2010 zu beängstigenden Ergebnissen: Sollte es keine radikale Trendwende geben, die sich vom gegenwärtigen Durchwursteln erheblich unterscheidet, müssten rein rechnerisch ab 2040 die meisten Staaten der westlichen Welt fast den Gesamtteil ihrer Steuereinnahmen nur noch zum Bezahlen von Zinsen verwenden.[30] Die Bürger bekommen dann 10 Euro aus der ihnen als sicher empfohlenen Staatsanleihe als Zins und müssen diese 10 Euro als Steuer gleich wieder abführen. Demokratien, so wünschenswert sie als Staatsform sind, haben leider die Tendenz, zu viel zu versprechen und davon dann zu wenig zu halten. Oder wie David Hume vermerkte: »Entweder der Staat tötet den Staatskredit oder der Staatskredit tötet den Staat.«[31]

2.2 Häuser statt Bildung

Politiker wollen gewählt werden und versprechen deshalb, den Druck der Eigentumswirtschaft zu reduzieren.

Nach der Öffnung des Eisernen Vorhangs nahm dieser Druck erheblich zu. Eigentlich war der Sturz des Ostblocks ab 1989 eine erfreuliche Angelegenheit, und der Harvard Professor Francis Fukuyama ging in seinem Buch *The End of History and the Last Man* sogar

29 Bert Flossbach, Philipp Vorndran: *Die Schuldenlawine*, FinanzBuch Verlag, München 2012, S. 20, und Carmen M. Reinhart, Kenneth S. Rogoff: *This Time Is Different: Eight Centuries of Financial Folly*, Princeton University Press, 2011

30 Stephen G. Cecchetti, Madhusudan Mohanty, Fabrizio Zampolli: *The real ef-*

fects of debt, BIS Working Paper No. 352, September 2011

31 David Hume: *Essay IX: Of Public Credit* (1752) in: Eugene F. Miller: *Essays Moral, Political Literary*, überarbeitete Edition, Liberty Fund, Indianapolis 1987, S. 360 f.

so weit, den endgültigen Sieg der westlichen Demokratie zu verkünden, die nun für alle Zeiten Bestand haben sollte.[32] Doch für die geringer qualifizierten Arbeiter und Angestellten der westlichen Welt hatte die Öffnung des Eisernen Vorhangs eine Kehrseite: Es waren plötzlich Millionen von günstigen Arbeitskräften auf den Märkten und die Löhne der westlichen Welt gerieten unter Druck. Die Arbeitslosigkeit stieg und der Wert der Arbeitskraft sank. Es war das rationale Verhalten der Unternehmen in ihrem ständigen Drang zur Effizienzsteigerung, die Arbeit auszulagern, um die Kosten zu senken. So verschwanden die einfachen Jobs aus der westlichen Welt und wurden viel günstiger von den Menschen in Osteuropa und vor allem in Asien übernommen. Wurde im Westen 1960 noch 50 Prozent der Arbeit von Ungelernten erbracht, so ist der Anteil auf 10 Prozent gesunken.[33] Die Folgen waren für die meisten Menschen stagnierende oder gar rückläufige Einkommen.

Schon im Jahr 2005 wies Raghuram Rajan, Ökonomieprofessor an der Universität von Chicago und damals Chefökonom des IWF, in seinem Vortrag »Has Financial Development Made the World Riskier?«[34] darauf hin, dass die Reallöhne des Durchschnittsverdieners seit Jahren stagnierten. Gleichzeitig explodierten die Gesundheits- und Schulkosten in den USA, das heißt, die US-Bürger hatten nicht nur geringere Einkünfte, sondern auch höhere Kosten.[35]

Die richtige Antwort wäre gewesen, sich auf die Produktion höherwertiger Produkte zu spezialisieren und die Innovationen zu stärken. Ein Weg, den Deutschland übrigens zu weiten Teilen beschritten hat und dem wir unseren nach wie vor hohen Anteil der Industrie an der Wertschöpfung verdanken.

Doch zur Herstellung komplexer und erstklassiger Maschinen braucht man exzellente Mitarbeiter, die gut ausgebildet sind. Leider reicht dazu die Kompetenz der meisten Arbeitnehmer, beson-

32 Francis Fukuyama: *The End of History and the Last Man*, Avon Books, New York 2002

33 Gunnar Heinsohn: *Shanghai boomt*, in: *Schweizer Monat*, Zürich, Dezember 2012, Seite 25 ff.

34 Raghuram G. Rajan: *Fault Lines*, Princeton University Press, Princeton 2010, und Raguram G. Rajan: *Has Financial Development Made the World Riskier?*, NBER Working Paper No. 11728, November 2005

35 Anders sieht es für diejenigen aus, die zu den Besserverdienenden zählen: Deren Reallöhne sind jährlich um 1,4 Prozent gestiegen und übersteigen heute das Niveau des Jahres 1967 um 63 Prozent. Vgl. ebd.

ders in den USA, nicht aus. Rajan stellt sehr nüchtern fest, dass das amerikanische Bildungssystem nicht in der Lage ist, den Großteil der Arbeitskräfte mit den Fähigkeiten auszustatten, die sie auf dem Arbeitsmarkt in der technologisch fortgeschrittenen Welt brauchen. Es fehlt also an Bildung und Expertise. Man hätte sich auf den beschwerlichen Weg begeben müssen, durch Investitionen in Schulen und Universitäten das Bildungsniveau zu erhöhen, um so weiterhin einen höheren Preis gegenüber der Billigkonkurrenz aus den Schwellenländern durchsetzen zu können.

Das ist sicher die beste Lösung, aber wenig wahlkampftauglich. Eine Änderung des Bildungssystems ist langwierig und schwierig. Innerhalb der typischen Wahlzyklen von 4 – 5 Jahren lassen sich wenig sichtbare Ergebnisse vorweisen. Die Gefahr, ein solches Wahlversprechen nicht halten zu können, ist groß.

Da kam den Politikern eine »gute« Idee. Wenn es schon nicht mehr Einkommen für die Bürger gibt, dann wenigstens mehr Geld über Kredite. Und da Kredit Eigentum voraussetzt, bietet es sich an, allen zu Eigentum zu verhelfen. Und, wie in der Antike, ist der Schlüssel dazu Grund und Boden, das eigene Haus.

Es gibt schließlich wenig Dinge, die emotional so aufgeladen sind wie das eigene Haus und deren Besitz ihre Besitzer so mit Stolz erfüllt wie eine eigene Immobilie. Es gibt kaum etwas, was für den Normalbürger teurer und aufwändiger ist als der Kauf der eigenen vier Wände. »There is no place like home«, oder »My home is my castle«, sind geflügelte Worte, die den Politikern wohl bekannt sind. Wenn schon die Löhne nicht steigen, dann soll wenigstens der Besitz eines Hauses – ein Kernelement des American Dream – den Bürgern das Gefühl von Wohlstand oder Partizipation am Wohlstand geben. Am besten besonders jenen Schichten, die zu den großen Verlierern der Globalisierung zählen: den Angehörigen der niedrigen und mittleren Einkommensgruppen.

2.3 Der Staat fördert die Schwachen

Doch wie kann man diesen Traum in einer Wirtschaft, die auf verpfändbarem Eigentum basiert, verwirklichen?

Wer einen großen Kredit will, muss viel von seinem Eigentum verpfänden. Das muss er aber erst einmal haben oder ein entsprechend gutes Einkommen vorweisen. Mehr Geld zu verdienen ist wegen der intensiven Konkurrenz und des damit verbundenen Abwärtsdrucks auf die Löhne nicht möglich. Also sollen die Banken weniger Druck auf die Kreditnehmer ausüben und sich auch mit weniger Eigenkapital bzw. Eigentum und Einkommen als Sicherheit zufriedengeben.

Schon 1977 wurde der Community Reinvestment Act (CRA) unter Jimmy Carter ins Leben gerufen, der Regulierer und Banken dazu aufrief, bei der Kreditvergabe, besonders an einkommensschwache Bevölkerungsgruppen, etwas entgegenkommender zu sein und es mit der Bonitätsprüfung nicht so genau zu nehmen. Die Vorgaben, wie viele Kredite an Geringverdiener vergeben werden sollten, wurden mehr und mehr angehoben. 1992 sollten 30 Prozent der Baufinanzierungen an Geringverdiener gehen, 1996 waren es schon 40 Prozent und 1997 42 Prozent.[36] Die Banken gaben also Kredite, die sie sonst nicht gegeben hätten, weil die Regierung ihnen dazu Anreize gab.

1995 folgte unter Bill Clinton eine Revision des CRA, allerdings nicht in Form einer Begradigung, sondern in Richtung einer noch großzügigeren Kreditvergabe. Den Banken wurden weitere Quoten auferlegt, wie viele dieser »low income loans« sie zu vergeben hätten.

Vier Jahre später beschloss die Regierung Clinton den Gramm-Leach-Bliley Act. Dieses Gesetz sah vor, den Glass Steagall Act von 1933 rückgängig zu machen. Dieser war nach der Großen Depression von Theodore Roosevelt in Kraft gesetzt worden und verbot Banken, gleichzeitig Kredite zu vergeben und Investmentbanking-Geschäfte zu betreiben. Das Firmenkredit- und Privatkundengeschäft, das Commercial Banking, gilt als solide, das Investmentbanking, das Platzieren von Aktien und Anleihen am Kapitalmarkt und die Beratung von Firmen bei Fusionen und Übernahmen, gilt als riskanter. Roosevelt hatte ein Trennbankensystem eingeführt, weil er aus der Erfahrung der Großen Depression wusste, welche Risiken bestehen, wenn Banken Commercial Banking und Investmentbanking gleichzeitig betreiben. Zu groß war die Gefahr, dass Spareinlagen des kleinen Mannes als Sicherheiten für große Deals herhalten mussten.

---

36 Wall Street Journal: *Deregulation and the Financial Panic*, 20. Februar 2009

Doch 60 Jahre später war diese Erinnerung verblasst. Mit Gramm-Leach-Bliley wurde die Trennung wieder rückgängig gemacht. Die Banken durften fortan wieder Filialgeschäft und Investmentbanking betreiben, damit sehr viel mehr Geld verdienen, und waren daher noch mehr bereit, auch an zweifelhafte Schuldner Geld zu verleihen.

Den US-Bürgern, besonders den einkommensschwachen, wurde es so einfach wie möglich gemacht, Häuser zu kaufen, und den Banken wurden so wenig Regulierungen wie möglich auferlegt, um Kredite an diese zweifelhaften Kreditnehmer zu vergeben.

Zwar bestritt die Federal Reserve später, dass durch diese Maßnahme Hochrisiko-Kredite vergeben worden wären, doch selbst der ehemalige Fed-Chef Alan Greenspan, nicht unbedingt ein Freund von hohen Zinsen und Wachstumshemmnissen, sagte später, dass er zu viel Vertrauen in die Märkte gelegt und das zerstörerische Potenzial ungebremster Kreditvergabe unterschätzt habe.[37]

»Subprime« bezeichnet die Kredite, die an die unteren Einkommensgruppen vergeben wurden, die Haushalte also, bei denen die Ausfallwahrscheinlichkeit am höchsten war. »Sub« heißt »unter«. »Prime« heißt so viel wie »Spitzenklasse«, das Wort taucht abgeändert auch in Premium und Prämie auf. »Subprime« bedeutet also direkt übersetzt: unterhalb der Spitzenklasse, was so viel wie fast Super oder in Schulnoten etwa Eins ohne Sternchen heißen könnte. Dass den Subprime-Krediten und -Papieren weit mehr fehlte als nur ein Sternchen bzw. einen Schritt zum Premium, haben viele Banken und Hausbesitzer später schmerzlich erfahren.

2.4 Der Greenspan Put – runter mit den Zinsen

Jeder Bürger sollte ein Haus bekommen. Und dieses Haus sollten die Banken finanzieren. Ohne allzu viele Fragen zu stellen.

Um möglichst vielen Amerikanern den Traum vom eigenen Haus zu ermöglichen, mussten die Zinsen gesenkt werden. Und in der Tat, *Geld wurde immer billiger* (siehe Abbildung 1).

---

37 New York Times: *Greenspan concedes error on regulation,* 23. Oktober 2008

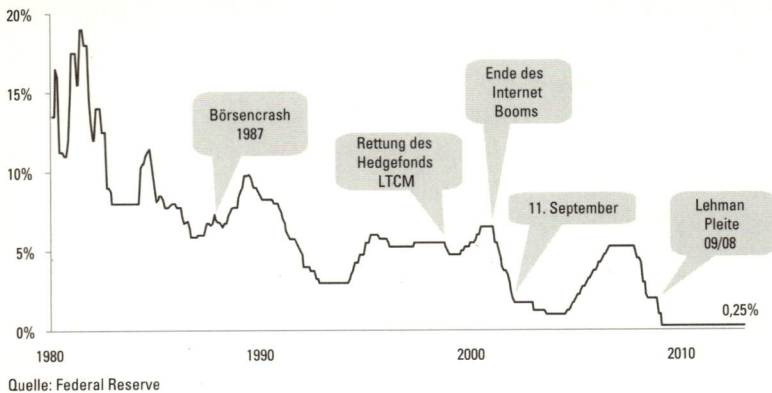

Leitzins der USA (US Federal Funds Rate)

Quelle: Federal Reserve

Abbildung 1: Geld wurde immer billiger

Seit 1987 gab es immer wieder Turbulenzen an den Finanzmärkten. 1987 kam es zum Börsencrash an der Wall Street, bei dem der Dow Jones an einem Tag fast ein Viertel seines Wertes von 2 247 auf 1 738 Punkte verlor,[38] 1998 zur Asien-Krise und der Russland-Krise, die mit einer Abwertung des Rubels und mehreren Bankinsolvenzen verbunden war. Hauptsächlich ausgelöst durch die Russland-Krise ging auch der unter Mitwirkung von Nobelpreisträgern gegründete Hedgefonds Long Term Capital Management (LTCM) Pleite, und musste von der internationalen Finanzgemeinde gerettet werden. Hedgefonds sind Investmentfonds, die durch besonders spekulative Investitionen, oftmals unter Einsatz von viel Kredit zusätzlich zum Investorenkapital, versuchen, sehr hohe Renditen zu erzielen, allerdings bei entsprechendem Verlustrisiko.

Immer wenn es zu solchen Krisen kam, gab es dieselbe Reaktion der amerikanischen Notenbank Fed: Sie senkte die Zinsen.

Im neuen Jahrtausend hörten die Turbulenzen nicht auf. Erst kam das Platzen der Internetblase 2000, dann die Terroranschläge vom 11. September und schließlich die darauf folgende Rezession. Am 9. Oktober 2002 stand der Dow Jones Index mit 7 286 Punkten fast 40 Prozent unter seinem historischen Hoch vom 14. Januar 2000.

---

38 Siehe auch: Welt am Sonntag: *Als die Börsen am Abgrund standen*, 14. Oktober 2012, S. 46

Um die Wirtschaft anzukurbeln, mussten die Zinsen tief sein. So senkte der Fed Chef Alan Greenspan die Zinsen **zwischen 1987 und 1992 von über 6 Prozent auf 3 Prozent** und zwischen Ende 2000 und Mitte 2003 von **6,5 Prozent auf ein Prozent**. Mittlerweile liegen die Zinsen sogar bei 0,25 Prozent.[39]

An der Wall Street sprach man vom sogenannten »Greenspan Put«. Ein »Put« ist im Bankgeschäft ein Instrument, mit dem man sich gegen fallende Preise absichern kann, indem man ein Verkaufsrecht zu einem vorher bestimmten Preis erwirbt. Im Falle des Greenspan Puts war es noch besser. Er kostete nichts. Immer wenn eine Krise drohte und damit fallende Aktienkurse, sorgte die Fed dafür, dass es nicht allzu weit abwärts ging. Nach oben war der Fantasie keine Grenze gesetzt, nach unten sorgte die Fed für ein sicheres Netz.

Im makroökonomischen Umfeld der 90er Jahre gab es keine Gefahr von Inflation. Die billigen Arbeitskräfte und die günstigen Produkte, die diese Arbeitskräfte, insbesondere aus dem ehemaligen Ostblock und den Schwellenländern, ab 1989 anboten, hielten die Inflationsraten gering. Wenn die Preise durch den Wettbewerbsdruck beständig niedrig sind, gibt es für die Zentralbanken keinen Grund, die Zinsen zu erhöhen. So blieb das Geld billig. Natürlich hat das billige Geld eine inflationäre Wirkung. Nicht bei den Verbraucherpreisen, sondern bei Vermögenswerten, wie Aktien und Immobilien, da dort die Nachfrage beständig zunimmt. Die vielen Blasen, die in diesen Jahren nacheinander platzten, wären ohne das billige Geld der Notenbank gar nicht entstanden. Aber sie waren gewünscht, vor allem der Preisanstieg bei Immobilien war der Politik recht. Denn damit wuchs das Eigenkapital der Bürger, die dieses nun umso mehr als Sicherheit für immer höhere Schulden verwenden konnten.

Zudem verkehrten die Niedrigzinsen das Verhältnis von Spar- und Verschuldungsanreizen. Sind die Zinsen hoch, legt man Geld an und nimmt wenige Kredite auf. Bei tiefen Zinsen ist das umgekehrt: Wer Geld spart, erzielt nur noch geringen Ertrag; wer sich Geld leiht, um damit beispielsweise in Immobilien zu spekulieren, kann schnell reich werden. Die Sparquote der Privathaushalte in den USA sank von über 11 Prozent zu Beginn der 1980er Jahre auf teilweise unter

---

39 US Federal Funds Target Rate der Federal Reserve, Stand:
30. November 2012

1 Prozent im Jahr 2005.[40] Das Geld wurde nicht angelegt, sondern zur Spekulation eingesetzt oder für Konsum ausgegeben. Und wenn das nicht reichte, wurden weitere Kredite aufgenommen. Nicht nur Greenspan sorgte für niedrige Zinsen. Hinzu kamen noch äußere Faktoren. Investoren, insbesondere aus Asien, die ihr Geld irgendwo anlegen mussten. China hat zur Förderung der Exporte die eigene Währung schwach gehalten, um billiger Waren im Ausland, insbesondere den USA, anbieten zu können, und kaufte aus diesem Grund Dollar. Je mehr Dollar gekauft wurden, desto höher stieg dessen Kurs und desto geringer wurde der Kurs des chinesischen Renminbi. Es wurden staatseigene Fonds gegründet, wie zum Beispiel die China Investment Corporation (CIS), die die aufgekauften Dollar anlegten. Bis jetzt hat China für mehr als 1 Billion Dollar US-Staatsanleihen gekauft und ist damit der zweitgrößte Gläubiger der US Regierung – nach der amerikanischen Zentralbank. Auch die Golfstaaten legten ihre Erlöse aus Ölgeschäften bevorzugt in US-Dollar an.

So erlaubten es die immer tieferen Zinsen immer mehr Menschen, Immobilien zu kaufen. Auch wenn sie sich diese eigentlich gar nicht leisten konnten.

2.5 Aufwärts ohne Ende

Ein Haus ist teuer.

Wenn man den Kredit dafür billig bekommt, denkt man anders. Noch einfacher fällt einem die Entscheidung, sich trotz geringen Eigenkapitals hoch zu verschulden, wenn man davon ausgeht, dass der Wert des Hauses permanent steigt.

Normalerweise erhöht sich der Druck, je mehr man sich verschuldet. Man muss mehr arbeiten oder besser werden. Ebenso sollten die eigenen Schulden nicht höher als das eigene Vermögen sein.

Anders ist das, wenn man glaubt, dass das Haus noch lange Zeit im Wert steigt, also das Eigentum, selbst wenn man mehr Schulden aufnimmt, auch in Zukunft noch mehr wert ist als die Schulden. Dann kann man sich weiter verschulden, weil man sein Haus je-

---

40 U.S. Bureau of Economic Analysis

derzeit zu einem höheren Preis verkaufen kann und seine Schulden damit sofort getilgt hat.

Dieser als Gewissheit wahrgenommene Glaube, dass Immobilienpreise niemals fallen können, führte zu einem zuvor nie dagewesenen »irrationalen Überschwang«; ein Begriff, den der damalige US-Notenbankpräsident Alan Greenspan angesichts des Aktienbooms in den 90er Jahren prägte. Der Ökonom Robert J. Shiller nahm diesen Begriff wieder auf und wies nach, dass sich die Immobilienpreise in den USA inflationsbereinigt bis 1997 praktisch nie weiter als 35 Prozent vom (mit 100 Prozent angesetzten) Niveau des Jahres 1890 entfernt hatten. Ab 1997 zogen die Immobilienpreise jedoch stark an. Auf dem Höhepunkt der Blase 2006 erreichte der Index 202,9 Punkte, das heißt, die durchschnittlichen Preise hatten sich um den Faktor zwei vom langfristigen Trend entfernt, wie unsere Abbildung 2 *Die Blase am US-Immobilienmarkt* zeigt.[41]

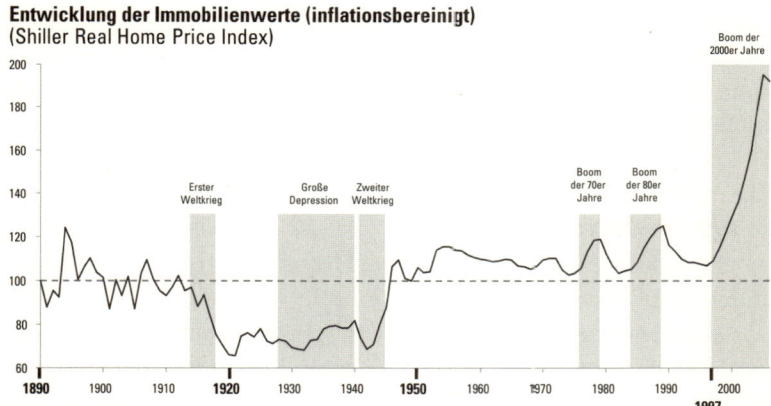

Entwicklung der Immobilienwerte (inflationsbereinigt)
(Shiller Real Home Price Index)

Quelle: Darstellung in Anlehnung an Robert J. Shiller: *Irrational Exuberance*, Princeton University Press, Princeton 2006

Abbildung 2: Die Blase am US-Immobilienmarkt

Die US-Konsumenten nahmen freudig immer mehr Baufinanzierungen auf, die sie von den Banken sehr einfach bekamen. Denn (noch) ging die Wertsteigerung der Immobilien so rasch voran, dass

41 Robert J. Shiller: *Irrational Exuberance*, Princeton University Press, Princeton 2006; Indexdaten sind verfügbar auf: www.irrationalexuberance.com.

Zins und Tilgung gleichsam automatisch bedient wurden. Billiges Geld und geringe Eigenkapitalanforderungen erhöhten die Nachfrage nach Immobilien, die im Wert stiegen. Was es wiederum auch für zögerliche Kreditnehmer rational erscheinen ließ, auf Pump eine Immobilie zu kaufen, schließlich stiegen die Sicherheiten für den Kredit – also die Hauspreise – nach wie vor schneller als die Kreditsummen. Damit wurde es allen noch leichter gemacht, auf den Zug aufzuspringen, und Preise und Kredite schaukelten sich gegenseitig in die Höhe. Ein wahres Perpetuum mobile des Wohlstands!

2.6 Die Kreditgeber I: Die Banken

Die Banken waren diejenigen, die die Hauskredite zur Verfügung stellten und denen es von der Regierung immer leichter gemacht worden war, auch an einkommensschwache Schuldner Baufinanzierungen zu vergeben. Durch die explodierende Kreditvergabe war der Bankensektor gewaltig angewachsen. Im Jahr 1986 erzielten Finanzdienstleister nur 10 Prozent aller Unternehmensgewinne in den USA. Im Jahr 2007 immerhin 30 Prozent. Zwischen 1980 und 2005 haben sich die Gewinne des Finanzsektors fast verneunfacht – eine explosionsartige Entwicklung im Vergleich zu den anderen Industrien.[42] 30 Prozent der gesamten Wertschöpfung des Landes wurde von Finanzinstituten geschaffen. Auch eine Menge Talente hat dieser Sektor angezogen. Während in den 70er Jahren die Studenten noch Startups gründeten und dabei Unternehmen wie Apple oder Microsoft entstanden, gingen Absolventen der guten Schulen in den 8oer Jahren eher ins Investmentbanking. So verwundert es nicht, dass man in den 90er Jahren und um 2000 in den USA überzeugt war, dass Industrie und »reale« Ökonomie nicht mehr zeitgemäß seien, dass das

---

42 Eine – kritische – Studie der Bank of England zeigt, dass das starke Wachstum des Finanzsektors nicht an einer allzu großen Produktivität der Banken liegt, sondern vielmehr auf einer systematischen Unterschätzung von Risiken fußt, sowie dem Einsatz immer größerer Hebel, die »Scheingewinne ohne volkswirtschaftlichen Wert« erzeugen. Siehe: Andrew Haldane, Simon Brennan, Vasileios Madouros: *What ist the contribution of the financial sector: Miracle or mirage?*, in: Adair Turner et al.: *The Future of Finance. And the theory that underpins it*, LSE Report. London 2010, S. 87–120

Geschäftsmodell von Industrieländern wie Deutschland hoffnungslos überholt sei und dass die Zukunft in der Dienstleistungsgesellschaft liege. Das sollte sich als falsch erweisen.

Was aber macht nun eigentlich eine Bank?

Das Finanzsystem ist nichts anderes als das Herz des Wirtschaftssystems, welches Geld genau da hinbringt, wo es benötigt wird. »Banken schaufeln Geld von A nach B und achten darauf, dass so viel wie möglich an der Schaufel hängen bleibt«, lautet ein Spruch über Banken. Person A möchte Geld anlegen und dafür einen festen Zins haben, Person oder Unternehmen B braucht Geld und ist bereit, dafür zu zahlen. »Wir nehmen Einlagen entgegen und reichen Kredite aus«, stand einmal vor langen Zeiten an der Tür einer Dresdner Bank Filiale in Düsseldorf.

Damit unterscheidet sich eine Bank heute nicht von den Tempelbanken im antiken Mesopotamien. Auf der Aktivseite der Bilanz stehen die vergebenen Kredite, zum Beispiel eine Hypothek, die mit entsprechenden Sicherheiten der Kreditnehmer hinterlegt sind. Auf der Passivseite stehen die Verbindlichkeiten der Bank, also die Guthaben von Konten, aber auch ausgegebene Anleihen und natürlich das Eigenkapital.

Eigenkapital ist nötig, um Kredite abzusichern. Fällt ein Kredit aus, muss die Bank diese Summe »abschreiben« und idealerweise genügend Eigenkapital haben, um den Verlust auszugleichen. Kann die Bank das nicht, ist sie insolvent.

Wenn Banken Geld benötigen, können sie sich das jederzeit gegen entsprechende Sicherheiten bei anderen Banken und bei der Zentralbank leihen. Die Qualität dieser Sicherheiten entscheidet, ob die Bank im Notfall entsprechend Geld bekommt.

Geld verdient die Bank mit der »Zinsmarge«. Sie verleiht Geld zu einem höheren Zins als jenem, den sie selber an ihre Kunden bezahlt. Das ist verständlich. Nicht nur muss sie die eigenen Kosten decken, sie muss auch im Zweifel mit ihrem Eigenkapital haften, sollte es zu einem Kreditausfall kommen.

Schon aus Eigeninteresse sollte eine Bank keine übermäßigen Risiken eingehen. Doch in der Geschichte gab es nicht wenige Fälle, wo die Banken »Vabanque« gespielt haben, also auf volles Risiko gingen.[43] Und auch in dieser Krise dachten die Banken, volles Risiko sei kein Problem.

Die Hauspreise in den USA kannten zunächst nur eine Richtung: nach oben. Lange Zeit glaubten die Banken, dass die Immobilienpreise immer weiter steigen würden, und zeigten sich im Hinblick auf Zins und Tilgung immer großzügiger. So boten die Banken ihren Kunden an, in den ersten Jahren gar keine Zinsen zahlen zu müssen. »Adjustable Mortgage Rates« nannte man das, variable Zinsen, oder auch »Teaser Rates«, Lockvogelangebote, die am Anfang auch gerne null Prozent betrugen und die an die Leitzinsentwicklung der Federal Reserve gebunden waren. Was so lange schön ist, wie die Leitzinsen nahe Null liegen. »NINJA« Loans nannte man Kredite für diejenigen, die weder Eigenkapital noch Einkommen hatten, wobei NINJA für »No Income, No Job or Assets« steht.

Zusätzlich wurden noch neue Finanzierungsmodelle wie sogenannte »Home-Equity Release Products« erdacht, die es den Hausbesitzern erlaubten, ihr Eigenheim für neue Kredite zu beleihen, um sich mit diesen Krediten noch mehr auf Pump zu kaufen. Das Haus, das noch gar nicht bezahlt war und für das der Kredit noch Jahrzehnte laufen würde, wurde als Sicherheit für weitere Kredite verwendet! Damit haben die Banken sich von dem Grundsatz ordentlicher Geschäftsführung entfernt, Kredit nur gegen belastbares Eigentum zu geben. Was nur dann funktioniert, wenn der Preis der Immobilien immer weiter steigt.

Der verstorbene Ökonom Hyman Minsky unterschied zwischen drei Arten der kreditbasierten Finanzierung:[44]

- *Finanzierung zu Absicherungszwecken:* Der Schuldner verfügt über genügend Einnahmen, um die Zinsen und das Kapital zurückzuzahlen.
- *Spekulative Finanzierung:* Der Schuldner kann aus seinen Einnahmen die Zinsen, aber nicht die Tilgung bestreiten. Er muss seine

---

43 Siehe: Hyman P. Minsky, *The Financial Instability Hypothesis*, in: Philip Arestis & Malcolm Sawyer: *Handbook of Radical Political Economy*, 1993. Der Begriff »Vabanque« stammt übrigens aus den französischen: »Va banque«, heißt so viel wie »es gilt die Bank«.
44 Ebd.

Verbindlichkeiten »rollieren«, wie der Banker sagt, also neue Schulden aufnehmen, um fälligen Verbindlichkeiten nachzukommen.

- *Ponzi-Finanzierung:* Der Schuldner verfügt nicht über genügend Einnahmen, um das Kapital und die Zinsen zu decken. Er hofft, dass der Wert des Vermögenswerts rascher ansteigt als die gesamten Finanzierungskosten, und muss außerdem weitere Kredite aufnehmen, um seine Zinsen zahlen zu können. Er hofft letztendlich darauf, den Vermögenswert verkaufen zu können und so durch den Käufer vor dem Konkurs gerettet zu werden. Genauso wie in den berühmten »Ponzi«-Strukturen, wo ahnungslose Investoren ihr Geld verlieren, weil es erstens von Betrügern dazu genutzt wird, denjenigen, die vor ihnen investiert haben, Geld auszuzahlen, und zweitens, um vor allem das eigene schöne Leben zu finanzieren. Auf Deutsch nennt man so etwas »Kettenbrief« oder »Schneeballsystem«. Namensgeber war übrigens der Italo-Amerikaner Charles Ponzi in den 1920er Jahren.

Was die Amerikaner in den letzten 30 Jahren organisiert haben, ist nichts anderes als eine Ponzi-Finanzierung im großen Stil.

Die positive Wirkung der zusätzlichen Verschuldung auf das BIP-Wachstum nahm immer mehr ab. Es gab keine »Schuldenrendite«, von der Politiker sprechen und die am Ende dafür sorgen soll, dass sich Schuldenmachen lohnt und rechnet. Stattdessen sank der Ertrag kontinuierlich.

In den 60er Jahren führte jeder zusätzliche Dollar an neuen Krediten zu einem Anstieg des BIP um 59 Cents. Seither hat sich das Verhältnis auf lediglich 18 Cents im ersten Jahrzehnt dieses Jahrhunderts verringert. Das neue Geld diente offensichtlich nicht dazu, die Produktivität der Wirtschaft zu erhöhen, sondern wurde zunehmend für Spekulationen am Immobilienmarkt oder für den Konsum verwendet. In der Logik der vorher diskutierten *Eigentumsökonomie* haben die Schuldner kein Mehrprodukt erzeugt.

Eine im Verhältnis zum Bruttoinlandsprodukt (das heißt den Einnahmen) immer weiter ansteigende Verschuldung deutet darauf hin, dass Ponzi-Finanzierungen in einer Wirtschaft zunehmen. Die Kredite werden nicht zur Steigerung des künftigen Einkommens verwendet, sondern um zu konsumieren, zu spekulieren und die Zinsen für bereits vorhandene Schulden zu zahlen.

Solange das Haus wirklich im Wert steigt, kann das funktionieren. Bis es 2007 krachte, glaubte jeder daran. Der Glaube, dass die Preise stiegen, trieb den Preisanstieg immer weiter. Das Ganze wurde zu einer sich selbst erfüllenden Prophezeiung.

2.7 Die Kreditgeber II: Die Hypothekenbanken

Auch wenn klassische Universalbanken wie die Bank of America in großem Stil in das Baufinanzierungsgeschäft einstiegen, dominierten die Hypothekenbanken, die sich einzig und allein auf die Vergabe von Immobilienkrediten spezialisierten. Es ist eine Ironie der Geschichte, dass die größten Verursacher der Krise zwei Hypothekenbanken waren, von denen eine ursprünglich unter Theodore Roosevelt gegründet wurde, um künftig Markteinbrüche wie die zu Zeiten der Großen Depression in den 30er Jahren des 20. Jahrhundert zu verhindern. Banken, die vom Staat gegründet wurden, um für Stabilität zu sorgen, sorgten für maximales Chaos. Die Federal National Mortgage Association, FNMA, umgangsprachlich Fannie Mae, wurde im Jahre 1938 gegründet und 1968 privatisiert. Sie tritt nicht direkt mit den Kreditnehmern in Verbindung. Vielmehr ist es ihre Aufgabe, für Liquidität im Hypothekenmarkt zu sorgen und die Hypothekenbanken günstig zu refinanzieren, damit diese weiterhin günstige Hypothekenkredite vergeben konnten. Dazu hat sie 2,4 Billionen Dollar in Form von Anleihen begeben, die von den Kapitalanlegern begierig gekauft wurden, ging man doch von einer impliziten Garantie der US-Regierung aus. Diese wurde sehr explizit, als die Regierung am Höhepunkt der Krise für alle Verbindlichkeiten einstand.

Im Jahre 1968 bekam Fannie Mae noch eine kleine Schwester, die Federal Home Loan Mortgages Corporation, genannt Freddie Mac. Sie wurde vom Kongress der Vereinigten Staaten gegründet, um dem gerade privatisierten Wettbewerber Fannie Mae Konkurrenz zu machen und somit ein Monopol zu verhindern. In der Folge lieferten sich die beiden ein Rennen darum, wer am aggressivsten Hypotheken in den Markt drückte! Wachstum war das Ziel!

Ist der Ruf erst ruiniert ...: Die Rolle der Banken in der Krise

Die Vorwürfe gegen die Banken sind zahlreich. Besonders im Zentrum der Kritik steht dabei die vom *Rolling Stone* Magazin als »Vampirkrake« bezeichnete US-Investmentbank Goldman Sachs.[45] Vieles wird der Bank vorgeworfen: Goldman hätte gewusst, dass der US-Immobilienmarkt fallen würde, hätte Kunden noch in riskante Anlagen getrieben und dann vom Fall der Märkte profitiert. Äußerungen von Goldman Sachs CEO Lloyd Blankfein, die Bank erfülle damit »... den Willen Gottes« waren als Kommunikationsmaßnahme sicher nicht hilfreich. Das jüngste Buch des gefeuerten Goldman Sachs Bankers Greg Smith, Er de 2012 in Deutschland unter dem Titel *Die Unersättlichen – Ein Goldman Sachs Banker rechnet ab* erschienen, legt einige der Praktiken der Investmentbank offen.[46] Einige der Geschäfte entsprechen sicher nicht den offiziellen Unternehmensprinzipien, unter anderem, dass die Kunden immer an erster Stelle stehen. Dennoch macht man es sich zu einfach, wenn man Goldman Sachs für das gesamte Elend der Finanzkrise verantwortlich macht. Neu sind Enthüllungsbücher à la *Die Unersättlichen* ohnehin nicht. *Liar's Poker* von Michael Lewis zeigte die dubiosen Geschäfte von Salomon Brothers und erschien bereits 1989.[47]

---

45 Rolling Stone: *The Great American Bubble Machine*, 9. Juli 2009

46 Siehe New York Times: *Why I Am Leaving Goldman Sachs*, 14. März 2012

47 Michael Lewis: *Liar's Poker: Rising through the Wreckage on Wall Street*, W. W. Norton, New York 1989. Standardwerke sind ebenfalls der Film *Margin Call* von J. C. Chandors (deutsche Version: *Der große Crash – Margin Call*), Sorkins Rekonstruktion der Krise (Andrew Ross Sorkin: *Too Big to Fail: The Inside Story of How Wall Street and Washington Fought to Save the Financial System – and Themselves*, Viking Press, New York 2009) und die ebenfalls von Michael Lewis geschriebenen *The Big Short: Inside the Doomsday Machine*, Penguin, New York 2011, und *Boomerang: Travels in the New Third World*, W. W. Norton, New York 2011

Goldman Sachs war jedenfalls nicht allein damit, sich teilweise unnötige Imageprobleme zu verschaffen. John Thain, auch ein früheres Vorstandsmitglied von Goldman Sachs, der 2008 seinen Job als neuer CEO von Merrill Lynch antrat, kam dadurch in die Schlagzeilen, dass er sein Büro extrem teuer ausstattete und unter anderem für 1 000 Dollar einen Papierkorb auf Firmenkosten kaufte. Chuck Prince, der CEO der Citigroup, zeigte 2007 im Auge des Sturms zwar Einsicht, dass die Finanzbranche sich ändern müsse, sagte aber auch, man »müsse tanzen, solange die Musik spielt«.[48] Ein paar Wochen später war er gekündigt. Jerome Kerviel verlor bei der französischen Großbank Société Générale fast fünf Milliarden US-Dollar und gab vor Gericht zu Protokoll, dass die Bank ihn zu solchen riskanten Transaktionen gezwungen habe. Ähnliches äußerte in 2012 Kweku Adoboli, Trader der Schweizer Großbank UBS, der mehr als 2,3 Milliarden US-Dollar verspekulierte. Auch Adoboli gab 2012 vor Gericht zu Protokoll, dass es immer nur um Profite, weniger um Risiken gegangen sei. Für sieben Jahre ins Gefängnis musste er dafür trotzdem.[49]

Als mehrere Großbanken die London Interbank Offered Rate (LIBOR) manipulierten, den Zins, zu dem sich Banken gegenseitig Geld leihen, führte dies dazu, dass Millionen von Kreditnehmern zu viel für ihre variablen Kreditzinsen zahlen mussten, da diese an den LIBOR gekoppelt waren.[50] Die Praktik flog 2012 auf. Auch wenn die Banken zu Rekordbußen verurteilt wurden, dient dies sicherlich nicht als Imagewerbung für die Branche.

Dies ist alles ethisch nicht korrekt, marketingtechnisch nicht schlau und von der Unternehmensstrategie her nicht nachhaltig. Dennoch waren die Banken, wie wir schon gezeigt haben, nur ein Teil in einem riesigen System und nicht allein schuld daran, dass es zur Krise kam.

48 Financial Times: *Citigroup Chief Stays Bullish on Buy-outs*, 10. Juli 2007
49 Financial Times Deutschland: *Ex-UBS-Zocker Adoboli soll sieben Jahre in Haft*, 20. November 2012
50 In der Eurozone gibt es parallel den EU-RIBOR sowie in Frankfurt den FIONA (Frankfurt Interbanking Overnight Average)

2.8 Die Kreditgeber III: Vertrieb über Drückerkolonnen

Mit Hypotheken war viel Geld zu verdienen. Um so viele so schnell wie möglich an den Mann zu bringen, bedienten sich Banken spezialisierter Vertriebstruppen.

Als persönlich haftender Gesellschafter einer Bank muss man für jeden Kredit, der nicht bedient wird, aus eigener Tasche geradestehen. Sicherlich gibt man nicht ohne entsprechende Sicherheit einen Kredit. Als Hypotheken-Vertreter, der so viele Baufinanzierungen wie möglich verkaufen soll, ist das anders. Die Risikoprüfung wird von anderen gemacht, man selbst wird nur dafür bezahlt, wie viele Baufinanzierungen man verkauft hat. Wäre einem die Bonität des Schuldners dann genauso wichtig? Wahrscheinlich nicht. Denn wenn der Schuldner insolvent wird, ist es nicht das Problem des Vertreters. Er arbeitet nicht für eine Bank, sondern für einen Hypothekenvertrieb, der die Kredite im Auftrag einer Bank verkauft.

Das Problem ist, dass man sich als reiner Hypothekenverkäufer nicht allzu sehr um die Qualität der Sicherheit kümmert. Ebenso wenig um die Fähigkeit der Schuldner, die Kredite zurückzuzahlen. Hauptsache die Provision stimmt. Am Ende werden die Kredite bei den Banken abgeladen und die Hypothekenvermittler bekommen ihre Vermittlungsgebühr. Die Bank hat nun die Kredite in ihren Büchern und muss sie abschreiben, falls sie ausfallen. Doch das hielt man für sehr unwahrscheinlich, konnten Immobilien doch nur im Preis steigen. Außerdem war die Bank nicht mehr der endgültige Gläubiger. So wie man die Kreditvergabe vom Kreditgeber getrennt hatte, so hatte man auch die Rolle der Bank als mit eigenem Eigentum haftende Institution verändert. Die Banken waren nur noch ein zwischengeschalteter Dienstleister, der die Kredite bündelte und weiter verkaufte.

2.9 Aus den Augen, aus dem Sinn: Die Verbriefung von Krediten

Bereits in den 1980er Jahren hatte sich der Baseler Ausschuss für Bankenaufsicht mit Sitz bei der Bank für Internationalen Zahlungsausgleich darauf geeinigt, dass Banken bei der Kreditvergabe

Obergrenzen einzuhalten hatten (»Basel I«), die von verschiedenen Faktoren abhängig waren: in erster Linie vom Eigenkapital der Bank sowie der Art der Kredite. Auch wenn es von der US-Regierung gewünscht war, dass die Banken Kredite an Schuldner mit zweifelhafter Bonität vergaben, so mussten sich auch die US-Banken an die Baseler Regularien halten.

Kritiker der Basel-I-Regeln bemängeln, dass diese Regulierung zwei Anreize schuf: Zum einen war das, Hochzins-Kredite an einkommensschwache Schuldner zu vergeben, mit denen man mehr Geld verdiente als mit gewöhnlichen Krediten, da diese Wackelkandidaten zum Risikoausgleich höhere Zinsen zahlen mussten. Es war nämlich unerheblich, ob eine Bank 100 000 Euro an einen guten oder schlechten Schuldner verleiht. Nur beim schlechten Schuldner bekam die Bank zum Beispiel 12 Prozent statt nur 6 Prozent beim guten Schuldner. Und 12 Prozent sind für die Bank attraktiver. Jedenfalls, so lange alles gut ging.

Der zweite Vorwurf lautet, dass diese Obergrenzen einen Anreiz schufen, Kredite aus der Bilanz zu entfernen, um auf diese Weise weniger Eigenkapital vorhalten zu müssen. Für diese ausgelagerten Kredite schufen die Banken eigens dafür errichtete Zweckgesellschaften, die sogenannten »Structured Investment Vehicles«, kurz SIVs. Diese gaben »besicherte Wertpapiere« heraus, die Asset Backed Securities (ABS). Diese wiederum wurden am Kapitalmarkt an unterschiedliche Investoren verkauft. Asset Backed heißen diese Wertpapiere, weil sie durch einen bestimmten Vermögensgegenstand besichert sind. Hatte eine Zweckgesellschaft nur Hypothekenfinanzierungen als Besicherung, so sprach man von Mortgage Backed Securities.

Die Hypotheken wurden gebündelt und in verschiedene »Kredittranchen« aufgespalten. Es erfolgte eine Abstufung nach Risikoklassen. Die Papiere, die als erste ausfallen könnten, was als sehr unwahrscheinlich gesehen wurde, wurden höher verzinst als die mit AAA eingestuften, bei denen kein Verlust denkbar war. Bei Letzteren war die Logik so: Auch wenn einige Hypotheken ausfallen, ist es doch völlig undenkbar, dass alle ausfallen. Doch genau dies war später der Fall, da es am gesamten Immobilienmarkt zu einem Preisverfall kam und deshalb immer mehr Kreditnehmer ihre Kredite nicht mehr bezahlen konnten. In diesem Fall half die Diversifizierung nichts. Ein Portfolio mit faulen Hypotheken wird nicht dadurch besser, dass man es in schöne Teile zerlegt.

ABS sind für Banken interessant, da man damit Kredite bündeln und aus der Bankbilanz auslagern kann. Dann kann die Bank neue Kredite vergeben und dafür Provisionen und Zinsen einnehmen. Oder man verkürzt die Bilanz, hat weniger Kredite und braucht dann weniger Eigenkapital zur Absicherung der Kredite. Zudem liegt das Risiko dann nicht mehr bei der Bank, sondern bei der Zweckgesellschaft, die hoffen muss, dass die Kredite nicht ausfallen oder dass sie vorher einen Käufer findet, der ihr die Papiere abnimmt.

In den USA begann die Auslagerung von Wertpapieren im Jahre 1970, als die U.S. Government National Mortgage Association den Banken erlaubte, einzelne Baufinanzierungen in spezielle Investment Vehikel zu bündeln und weiter zu verkaufen.

Wertpapiere aus der Bankbilanz auszulagern, ist übrigens nicht neu und muss nicht unbedingt riskant sein. Jeder kennt in Deutschland den Pfandbrief, den es schon zu Zeiten Friedrichs des Großen im 18. Jahrhundert gab. Er ist genau genommen der Vorläufer der Asset Backed Securities. Durch einen Pfandbrief sichert eine Bank eine Hypothekenfinanzierung. Mit der Ausgabe von Pfandbriefen bekommt die Hypothekenbank Geld, das sie für Immobilienkredite ausreichen kann. Als Sicherheit dient die finanzierte Immobilie. Für den Fall, dass der Schuldner nicht zahlt, ist der Pfandbrief damit doppelt abgesichert. Zunächst garantiert die Bank für den Pfandbrief und zusätzlich kann man auch noch die Immobilie pfänden. In den USA hingegen garantierte niemand mehr für das Papier – nur der Wert der Immobilie, der zunehmend auf tönernen Füßen stand.

Der Markt für ABS und MBS explodierte in den USA im neuen Jahrtausend. Waren 2002 nur 1,4 Billionen Dollar in Mortgage Backed Securities gebündelt, so waren es 2006 schon 2,7 Billionen Dollar.[51]

---

51 Daten der Securities Industry and Financial Markets Association (SIFMA): US ABS Issuance and Outstanding

LIARS POKER – DIE GEBURT DER VERBRIEFUNG BEI SALOMON BROTHERS

Professionalisiert wurde diese Auslagerung von Hypothekenkrediten in den USA übrigens von der Bank Salomon Brothers, was sehr gut in Michael Lewis' Buch *Liar's Poker* von 1989 beschrieben ist.[52] 1978 begann man bei Salomon Brothers zu überlegen, was man an große Investoren verkaufen könnte. Die Trader bei Salomon Brothers waren eine recht raue Truppe. »Hier ist kein Platz für Business School Absolventen oder Intellektuelle«, schärfte man den Neulingen ein, »wenn ihr keine Anleihen handeln würdet, würdet ihr LKW fahren.« Die Anleihen-Händler, oder Bond Trader, vom Trading Floor bei Salomon Brothers wussten, wie man Staatsanleihen, Unternehmensanleihen oder auch sogenannte Junk Bonds, also Anleihen von weniger soliden Schuldnern, verkaufen konnte. Und der Markt war riesig. Im Januar 1980 hatte der gesamte Baufinanzierungsmarkt ein Volumen von 1,2 Billionen Dollar, was größer war als der US-Aktienmarkt und damit der größte Kapitalmarkt der Welt.

Die Bank of America überließ gegen eine Gebühr ihren Kreditbestand und Salomon verpackte und verkaufte diese Anleihen an weitere Investoren. Versicherungen und Pensionsfonds begannen, in diese Hypothekenanleihen zu investieren.

Nicht nur der Bank of America kam diese Idee entgegen. Die Banken wollten schließlich ihre Bilanzen befreien und lagerten ihre Kredite in Form von Asset Backed Securities an andere Marktteilnehmer aus, stückelten sie in tausend Teile, bündelten sie nochmals neu, mischten gute wie schlechte und verkauften diese Pakete immer und immer wieder weiter. Ursprünglich war es gar nicht so gedacht, dass diese Papiere alle »Giftpapiere« sein mussten, sie wurden es nur mit der Zeit, als sich die Kreditvergabekriterien immer weiter lockerten, woran der US-Staat mit seinen Vorgaben zur Aufweichung der Kreditvergabekriterien tatkräftig mitgewirkt hat.

---

52 Die folgenden Passagen basieren auf: Lewis: *Liar's Poker,* New York: Penguin 1990, S. 83 ff.

2.10 Absicherung, die keine war

Nun waren die Kredite zwar aus der Bilanz der meisten Banken ausgelagert, doch ausfallen konnten sie immer noch. Schließlich wird ein Kredit nicht dadurch sicherer, dass man ihn in neue Produkte gießt und ihm seltsame Namen gibt. Kann der Schuldner nicht zahlen, ist das Geld auch in diesem Fall weg. Es war aber möglich, sich gegen den Ausfall zu versichern.

Bereits im Dezember 2000, zum Ende seiner Amtszeit, hatte Bill Clinton den Commodity Futures Modernization Act (CFMA) unterschrieben, der insbesondere den Handel mit Derivaten erleichterte. Derivate sind Investmentprodukte, die sich auf einen Basiswert beziehen (lat. derivare = ableiten). So kann zum Beispiel ein Commodity Derivative, also ein Rohstoffderivat, an Wert gewinnen oder verlieren, je nachdem, wie sich der Preis des Rohstoffs, der sogenannte Basiswert entwickelt. Was der CFMA sehr viel leichter machte, war das Handeln mit Derivaten, ohne den Basiswert zu haben. Sie könnten also damit auf die Wertentwicklung der Kunstsammlung Ihres reichen Nachbarn wetten, ohne diese Kunstsammlung selbst zu besitzen.

Credit Default Swaps (CDS) sind Derivate, die wie Ausfallversicherungen für Anleihen funktionieren. Bei einem Zahlungsausfall des jeweiligen Papiers bekommt der Investor sein Geld von dem Verkäufer des CDS erstattet. Dafür wird eine Versicherungsprämie bezahlt. Diese wird in sogenannten Basispunkten ausgedrückt, also jeweils in einem Hundertstel eines Prozents. 300 Basispunkte entsprechen einer jährlichen Versicherungsprämie von 3 Prozent der versicherten Werte. Bei 100 Millionen Euro werden also 3 Millionen Euro fällig, um die Anleihe gegen Zahlungsausfall abzusichern. Je größer die Gefahr eines Ausfalls ist, desto teurer wird die Prämie. Eine Erkenntnis, die besonders von Spekulanten zu Geld gemacht wurde, die schon früh auf einen fallenden Immobilienmarkt gewettet hatten und bereits vor der Panik billig Versicherungen gekauft hatten, die sie dann später teuer verkauften. Ungemütlich kann es aber für denjenigen werden, der den Ausfallschutz für solche Papiere anbietet, sobald tatsächlich eine ganze Reihe Kredite ausfallen.

Eine besondere Rolle spielte dabei das Londoner Büro der American International Group (AIG), der damals weltgrößten Versicherung. Diese verkaufte in sehr großem Umfang diese CDSs – war also der »Stillhalter«, der zahlt, wenn es schiefgeht.

2.11 An allen Hebeln wurde gedreht

Noch im Frühjahr 2007 war die Welt paradiesisch. Das Geld war vorhanden und konnte ausgegeben werden. Wer kein Geld hatte, lieh es sich. Zu sehr niedrigen Zinsen. Und wer wollte, konnte sich ein schönes, großes Haus kaufen, denn das Geld war billig. Wenn das Haus viel zu teuer war, war das kein Problem. Die Hauspreise würden weiter steigen und deshalb würde jeder mit Gewinn verkaufen. Deshalb brauchte man sich über Zinsen und Tilgung beim Kredit gar keine Sorgen zu machen und kaum Sicherheiten zu stellen. Das Haus war die Sicherheit, und dessen Wert würde steigen.

Was, wenn die Kredite doch nicht so sicher waren? Dann konnten die Banken sie in bestimmte Vehikel auslagern und in alle Welt verkaufen. Und das noch mit Gewinn. Zu groß war der Druck bei einigen Investoren, attraktive Anlagen zu finden. Denn die Zinsen waren niedrig. Daher mussten alternative Papiere her, die eine höhere Rendite versprachen und trotzdem als sicher galten. Schließlich stiegen die darunter liegenden Immobilienpreise ja immer weiter. Diese Papiere waren die ABS.

Da niemand an ein Ende der Blase glaubte, stiegen diese Vehikel im Wert und wurden von anderen Banken gekauft. Als sichere, aber trotzdem margenstarke Anlage. Denn dass diese Papiere mit AAA von den Rating-Agenturen bewertet wurden, machte die Wahl nicht schwer. Gleichzeitig refinanzierten sich die Banken dank extrem günstiger Zinsen leicht und kauften dadurch ein Vielfaches an Papieren, als sie sich normalerweise hätten leisten können. »Leverage« nennt man die Hebelung, mit der das aufgenommene Kreditvolumen der Bank und das Eigenkapital im Verhältnis stehen. Mit dem Geld aus diesen Krediten wurden weitere Papiere von anderen Banken gekauft. Einige der Banken erreichten ein Leverage von 30. Das heißt, mit 1 000 Euro Eigenkapital gaben diese Banken 30 000 Euro Kredit.

Es wundert nicht, dass der globale Anleihenmarkt 100 Jahre brauchte, um im Jahr 2000 auf 35 Billionen Dollar Volumen zu kommen. Um dann nur sechs Jahre zu brauchen, um schon im Jahr

2006, ein Jahr vor Ausbruch der Krise, bei 70 Billionen Dollar zu stehen; mehr als das globale Bruttoinlandsprodukt, das 2006 bei ca. 62 Billionen Dollar lag.[53]

Die Welt war super. Fast zu schön, um wahr zu sein.

Doch wenn etwas zu schön ist, um wahr zu sein, ist es meistens nicht wahr.

Jedenfalls nicht für lange Zeit.

53 Daniel Stelter, David Rhodes: *Collateral Damage, Part 1: What the Crisis in the Credit Market means for Everyone Else,* The Boston Consulting Group, 7. Oktober 2008, S. 2

3
Es musste knallen

»If something cannot go on forever, it will stop.«[54]

Herbert Stein (US-Ökonom, 1916–1999)

»Im Sozialismus werden die Banken verstaatlicht und gehen dann Pleite. Im Kapitalismus ist es umgekehrt.«[55]

Angela Merkel zugeschrieben, 2009

3.1 Rückblick: Die Party und ihr Ende

»Stell dir einen arbeitslosen, schwarzen Mann vor, der im Unterhemd auf einer brüchigen Terrasse vor einem verfallenen Haus sitzt«, beginnt ein Sketch der britischen Komiker Bird und Fortune zwischen einem Investmentbanker und einem Journalisten.[56] »Dann kommt ein weiterer Mann vorbei und fragt ihn: Möchtest du dieses Haus kaufen, bevor es auseinanderbricht? Und soll ich es dir finanzieren?«

»Ist dieser Mann ein Banker?«, lautet die Gegenfrage des Journalisten.

»Nein, er ist ein Hypothekenverkäufer. Er bekommt Provision dafür, dass er Hypotheken an wen auch immer verkauft. Mit der Kreditwürdigkeit nimmt er es nicht so genau. Hauptsache, er kriegt seine Provision.«

»Also verkauft er möglichst hohe Summen an möglichst jeden, der nicht schnell genug Nein sagt?«

»So ist es.«

»Aber das ist doch riskant für die Bank?«

54 Stanley Fischer: *Remembering Herb Stein: His Contributions as an Economist*, Rede bei einem Treffen der American Economic Association in New Orleans am 6. Januar 2001 (abrufbar unter: http://www.imf.org/external/np/speeches/2001/010601.htm)

55 Der Spiegel: *Irgendwann ist Zahltag*, 26. Januar 2009

56 Der Sketch ist abrufbar auf Youtube (suchen Sie einfach nach den Begriffen »Bird Fortune subprime crisis«) und wurde von den Autoren ins Deutsche übersetzt und angepasst.

»Muss es nicht.«

»Warum?«

»Diese Hypothek wird, zusammen mit anderen Immobilienschulden, an der Wall Street in einen großen Topf geworfen. Und dann geschieht an der Wall Street etwas Magisches: Dieser Topf aus faulen Krediten hört auf, ein Topf aus faulen Krediten zu sein, und ist ab dann ein Structured Investment Vehicle. Ein SIV.«

»Und was passiert dann?«

»Ein Investmentbanker wie ich kauft dieses SIV. Und dann rufe ich wen auch immer in Tokio an und sage, ich habe hier ein schönes SIV. Und die in Tokio fragen: Was ist drin? Und ich sage: Ich habe keine Ahnung. Und sie fragen: Was kostet es? Und ich sage 100 Millionen. Und dann ist der Deal erledigt. So funktioniert der Markt.«

»Und warum kauft das jemand?«

»Weil diese Fonds und Anlagevehikel, die im Auftrag der Banken diese Schulden verkaufen, sehr gute Namen haben.«

»Das heißt, sie haben viel Prestige?«

»Nein, das hat mit ihrer Reputation nichts zu tun. Die Namen, die sie erfinden, sind einfach sehr gut. Ich gebe Ihnen ein Beispiel: Die amerikanische Investmentbank Bear Stearns hatte zum Beispiel zwei von diesen Fonds, die auf Hypotheken-Papiere spezialisiert waren. Einer von ihnen hieß: The High Grade Structured Credit Leverage Fund."

»Klingt gut. Vertrauen erweckend.«

»Das denke ich auch. Was damit begann, dass einem schwarzen Arbeitslosen im Unterhemd Geld geliehen wurde, wurde zum High Grade Structured Credit Leverage Fund. Und es sind doch schöne Worte darin.«

»Allerdings. High klingt besser als low. Structured klingt besser als chaotic und so weiter.«

»Es klingt in jedem Fall besser als ‚Schwarzer arbeitsloser Mann im Unterhemd Fonds'.«

»Das würde auch nur für unnötige Unsicherheit sorgen. Aber sind all diese Menschen, die die Fonds kaufen, nicht furchtbar dumm?«

»Nein, dumm war nur eine Sache. Dumm war die Frage, was all diese Häuser hinter den Finanzierungen eigentlich wert sind. Hätte niemand diese Frage gestellt, hätten wir für immer so weitermachen können.«

»Und was passiert nun?«

»Nun müssen die Regierungen uns, den Finanzmärkten, das Geld, das wir verloren haben, wiedergeben, damit wir so weitermachen können, als wäre nichts gewesen.«

»Aber belohnt das nicht Gier und Zockerei?«

»Nein, es belohnt das, was Finanzminister Gordon Brown die Genialität der Märkte nannte.«

»Und wenn die Regierungen Ihnen das Geld nicht geben?«

»Dann gibt es noch einen größeren Crash. Und dann sagen wir den Leuten und Wählern: Es sind nicht wir, die dabei leiden werden, sondern eure Pensionsfonds.«

Bei diesem Sketch bleibt einem das Lachen schnell im Halse stecken, denn er fasst sehr gut zusammen, was in den USA seit 2003 passiert ist. Banken und Hypothekenfinanzierer gaben Kredite an fast jeden, diese Kredite wurden in spezielle Anlagevehikel ausgelagert und in alle Welt verkauft. So lange, bis jemand die »dumme« Frage stellte, wie viel diese Häuser eigentlich wert waren. Bis den Marktteilnehmern auffiel, dass die Häuser weniger wert waren als gedacht und dass die Kreditnehmer ihre Schulden nicht mehr bezahlen konnten.

3.2 Die ersten Zweifler

Die Politik der Druckbekämpfung war zunächst ungemein erfolgreich. Immer breitere Schichten der amerikanischen Bevölkerung erfüllten sich den Traum vom eigenen Haus. Immer mehr kompensierten stagnierende Einkommen durch zusätzliche Kredite, um die Schulgelder für ihre Kinder und weiteren Konsum zu finanzieren. Die Immobilien stiegen immer weiter im Preis und das Wunder des Wohlstands für alle schien Wirklichkeit zu werden. Die Banken freuten sich wie auch die internationalen Investoren. Es war eine gute Zeit.

Doch es gab auch Zweifler. Einige warnten öffentlich, wie der Chefvolkswirt der Bank für Internationalen Zahlungsausgleich William White und der Yale Professor Robert Shiller, der sogar ein Buch mit dem Titel *Irrationaler Überschwang* auf den Markt brachte, in dem er unwiderlegbar und klar vor einer Blase im amerikanischen Immobilienmarkt warnte.[57] Doch so richtig wollte keiner auf diese Spielverderber hören. Andere taten es oder gewannen sogar schon vor ihnen die Einsicht, dass dieser Boom schlimm enden würde. Und sie wollten davon profitieren.

Der prominenteste Gewinner der Krise ist John Paulson, der einen Hedgefonds in New York betreibt. Schon lange vor dem Ausbruch der Krise im Jahr 2007 wettete Paulson darauf, dass der US-Immobilienmarkt zusammenbrechen werde. Er kaufte die schon in Kapitel 2 erklärten Credit Default Swaps (CDS) von anderen Investoren, die immer noch an den ewigen Boom glaubten, vor allem von der damals weltgrößten Versicherung AIG. Diese CDS versicherten den Ausfall einer bestimmten Kreditsumme. Wenn niemand glaubt, dass etwas schiefgehen könnte, ist die Versicherung billig. So konnte er zum Beispiel den Ausfall von einer Million Dollar für 400 Dollar versichern. Wird die Anlage allerdings riskanter, muss man für dieselbe Versicherung schnell 4000 Dollar zahlen. Was einer Verzehnfachung entspricht. Da diese CDS frei handelbar sind, konnte Paulson sie sofort weiterverkaufen. Wobei er sich mit einem Verzehnfachen nicht zufriedengeben musste. Er machte in den Jahren 2007 und 2008 einen persönlichen Gewinn von 3,7 Milliarden Dollar.[58] Später hatte Paulson dann keine so glückliche Hand mehr, als er vergeblich auf einen Zerfall der Eurozone wettete. Vielleicht hat er es aber auch nur zu früh getan.[59]

Andere taten es ihm gleich und tätigten Leerverkäufe, vorzugsweise von Bankaktien. Das funktioniert so: Leerverkäufer leihen sich die Aktien von großen Investoren, wie zum Beispiel Indexfonds, die diese Aktien – solange sie im Index enthalten sind – halten müssen. Dafür entrichten die Leerverkäufer eine Leihgebühr und verkaufen die Aktie umgehend. Nachdem die Aktie gefallen ist, kaufen sie die Aktie wieder zurück und geben sie an den Verleiher zurück. Wenn eine Aktie zum Beispiel von 100 Euro auf 50 Euro fällt, so hat der Leerverkäufer 50 Euro verdient, abzüglich seiner Leihgebühr von vielleicht

57 Robert J. Shiller: *Irrational Exuberance*, Princeton University Press, Princeton 2006

58 Siehe auch: Financial Times Deutschland: *John Paulsons richtiger Riecher*, 7. Juni 2012

59 Im April 2012 hatte Paulson auf einen Fall der Kurse südeuropäischer Staatsanleihen gewettet, ebenfalls mit Leerverkäufen und Kreditversicherungen. Siehe: Handelsblatt: *John Paulson wettet gegen Europa*, 17. April 2012

1 Euro. Man kann also mit sehr geringem Kapitaleinsatz enorme Gewinne machen, aber auch enorme Verluste, wenn der Wert der Aktie in der Zwischenzeit steigt und man sie teurer zurückkaufen muss. Der Fondsmanager David Einhorn lag mit seiner Wette gegen Lehman Brothers vollkommen richtig, als deren Aktienkurs durch den Konkurs auf null fiel. Ein sehr ertragreiches Geschäft.

Paulson & Co. brauchten keine Kristallkugel, um zu sehen, dass es so nicht ewig weitergehen konnte. Erste Einschläge hatte es bereits vor dem Sommer 2007 gegeben. So war im April 2007 der Hypotheken-Verleiher New Century Pleite gegangen, und die britische Bank HSBC musste am 7. Februar zum ersten Mal in ihrer 142-jährigen Geschichte eine Gewinnwarnung herausgeben. Als Begründung gab sie an, dass die Rückstellungen für faule Kredite in den USA überraschend um 20 Prozent erhöht werden mussten, der wenige Jahre zuvor erfolgte Kauf des US-Immobilienfinanzierers Household International für 15 Milliarden Dollar stellte sich als ein »völliges Desaster« heraus, was letztendlich eine Kapitalerhöhung von immerhin 12,5 Milliarden Pfund (damals rund 18 Milliarden Euro) erforderlich machte. Damals hielt man HSBC für eine Ausnahme. Rückblickend muss man feststellen, dass das Management von HSBC zwar eine erhebliche Fehlinvestition getätigt hat, jedoch viel früher als die meisten anderen erkannt hat, wie groß die Probleme noch werden würden.[60]

3.3 Die Crash Zone ist erreicht

Im Jahre 2006, also ein Jahr vor dem Platzen der Blase, wurden 600 Milliarden Dollar an Baufinanzierungen vergeben.[61] Alle wollten an dem Boom teilhaben. Die Käufer, die Hypothekenvertreter, die Banken und die internationalen Investoren. Die Party war schön. Doch es wurde immer klarer, dass es sich um eine Blase handelte.

60 Ian King: *HSBC's first profit warning ushered in the crunch*, in: The Times, 3. März 2009

61 Ben S. Bernanke: *Fostering Sustainable Homeownership*, Rede bei der Jahresversammlung der National Community Reinvestment Coalition am 14. März 2008 in Washington D.C. (abrufbar unter: http://www.federalreserve.gov/newsevents/speech/bernanke20080314a.htm)

Häuser wurden gekauft, in der Erwartung ewig steigender Preise. Doch es ist bei allen Blasen gleich: Sie können nur existieren, wenn immer mehr Leute immer mehr Vermögenswerte auf Kredit kaufen. Was aber gleichzeitig auch erklärt, wann sie platzen müssen. Immer dann, wenn die Kosten der Kredite, also die Zinsen, höher sind als der Wertzuwachs des auf Kredit gekauften Vermögenswertes, sei dieser nun eine Tulpenzwiebel, eine Aktie oder ein Haus.

In den Jahren vor 2007 war kein Platzen der Blase denkbar. Die Zinsen lagen Mitte 2004 bei 1 Prozent und der Wertzuwachs amerikanischer Immobilien im zweistelligen Bereich. Doch so langsam änderte sich das Umfeld. Die boomende Konjunktur – die wiederum vom kreditfinanzierten Konsum und Bauboom angetrieben wurde – zwang die US-Notenbank Fed die Zinsen bis Mitte 2006 sukzessive auf 5,25 Prozent anzuheben. Das heißt, variable Kredite, die sich analog zum Leitzins entwickelten, wurden auf einmal teurer. Zugleich gab es ein Überangebot an neuen Immobilien. Denn mittlerweile hatten sehr viele Amerikaner eine Immobilie. Es bestand kaum mehr Nachfrage, dafür aber nach wie vor ein immer größer werdendes Angebot, was den Preisanstieg sofort dämpfte und die Mär von den ewig steigenden Immobilienpreisen abrupt beendete. Die Folge war eindeutig: Es rechnete sich nicht mehr, eine Immobilie auf Kredit zu kaufen, die Preise begannen zu fallen und alle wollten zur selben Tür hinaus: Der Crash war da.

Schon Ende 2006 lag die Zahl der in Zwangsvollstreckung befindlichen Hypothekenkredite auf dem höchsten Stand seit fast 40 Jahren. Jingle Mails überschwemmten die Briefkästen der Banken. So nennen die Amerikaner die Briefumschläge mit den Schlüsseln zum Haus, die verzweifelte Kunden an ihre Banken zurückschickten, weil sie ihre Kredite nicht mehr bezahlen konnten oder wollten. Im Unterschied zu Deutschland haftet in Amerika der Hausbesitzer nur mit seinem Haus für die Schulden. Wenn aber der Wert des Hauses unter den Schulden liegt, warum dann noch bezahlen? Die Abwärtsdynamik der Hauspreise nahm damit deutlich zu. Überall im Land fielen die Preise. Und mit einiger Verzögerung merkten das auch die Investoren in den vermeintlich sicheren und renditestarken Papieren. Lagen die Ausfallraten auf Subprime-Papieren, die im Jahr 2003 gegeben wurden, bei 10 Prozent, so stiegen sie bei jenen, die in

2007 gegeben wurden, auf über 37 Prozent![62] Auch im Segment der mit der höchsten Qualitätsnote AAA versehenen Wertpapiere kam es zu erheblichen Verlusten.

Die Subprime-Krise war der Auftakt für die globale Finanzkrise. Denn alles basierte auf der Annahme, dass die Immobilienpreise nie fallen können. Nun begann das Kartenhaus einzustürzen und es wurde deutlich, dass alle Teilnehmer an diesem Spiel und nicht nur die Hauskäufer auf maximales Risiko gesetzt hatten.

3.4 Die drei Irrtümer

Dieses maximale Risiko wurde bewusst eingegangen, denn man war überzeugt, dass es nie wieder zu einer Krise kommen würde. Diese Überzeugung stützte sich auf drei Kernannahmen, die alle falsch waren, wie sich 2008 herausstellte.

Die erste Annahme – die Kreditwürdigkeit der Darlehensnehmer sei generell gegeben – nährte sich aus der Erfahrung, dass es über Jahre kaum Kreditausfälle gegeben hatte. So mussten US-amerikanische Banken beispielsweise zwischen 1980 und 2000 im Durchschnitt nur 3,9 Prozent der Wohnungsbaukredite abschreiben – in 2009 ist der Abschreibungsbedarf dann auf 9,4 Prozent gestiegen. Es war also bisher nie etwas schiefgegangen, warum sollte es jetzt schiefgehen? Viele Kreditgeber sahen sich auch angesichts der ständig steigenden Immobilienpreise gegen das erhöhte Ausfallrisiko von Darlehensnehmern, die finanziell am Limit waren, geschützt. Denn auch wenn der Schuldner pleite war, dann hatte er ja immer noch das Haus. Und das würde immer ausreichen, um die Schulden zu bedienen.

Zweitens glaubte man, dass Investoren ihr Geld vernünftig anlegen. Man glaubte, dass alle Instrumente zur Bewertung von Anlagen zur Verfügung standen. Da mehr Fakten und Analysen als je vorlagen, wurden Darlehensgebern und Investoren unterstellt, sie könn-

---

62 Eric Arentsen et al.: *Subprime Mortgage Defaults and credit default swaps*, Working Paper (TCW Group, University of Texas), Januar 2012 (abrufbar unter: http://finance.sauder.ubc.ca/conferences/summer2012/files/papers/Mauer_CDSMS_Jan_1_2012.pdf)

ten die Risiken exakt auf ihre spezifischen Bedürfnisse zuschneiden. Als gäbe es eine perfekte Anlage, die nur Rendite, aber kein Risiko abwirft – was es leider noch nie gegeben hat und auch nie geben wird. Zusätzlich abgesichert durch Kreditversicherungen hielt man das Risiko für noch geringer. Ebenso eine Fehlannahme, die viel Geld kosten sollte.

Auch die dritte Annahme – das Risiko für Zahlungsausfälle sei breit gestreut – war in der globalen Investorengemeinde weit verbreitet. Selbst wenn die Risikomodelle versagten, würde es angesichts der Streuung nicht zu Problemen im System kommen. Frei nach dem Motto der Portfoliotheorie: »Don't put all your eggs into one basket.« (Lege nicht all deine Eier in einen Korb.) Da die Anzahl der Körbe gigantisch war, glaubte man nicht, dass ein paar Ausfälle Schaden anrichten könnten. Problematisch wird es aber, wenn fast alle Körbe ausfallen, weil der Preisverfall nicht einzelne Häuser, sondern den gesamten Immobilienmarkt betrifft. Vielleicht hätten es die Marktteilnehmer eher mit Mark Twain halten sollen: »Stecke alle Eier in einen Korb. Und pass auf den Korb auf.«

Alles war willkommen, was den Druck reduzierte: die Zinsen niedrig zu halten, die Vermögenspreise zu erhöhen und gleichzeitig die Beziehung zwischen Kreditnehmer und Investor immer unübersichtlicher zu machen. Das schaffte eine gefährliche Komplexität. Der Wirtschaftsjournalist Wolfgang Münchau formuliert zutreffend: »Was eine Bubble zu einer Bubble macht, ist nicht die Tatsache, dass Oma das Sparkonto auflöst und Aktien kauft, sondern dass Oma das Sparkonto auflöst, das Fünffache dieser Summe an Kredit erhält und mit Sparbuch plus Kredit eine hochriskante Tranche eines komplizierten Kreditderivats kauft, die Oma nicht versteht, mit der sie aber einem Hedgefonds garantiert, für die Bonität paraguayischer Staatsanleihen geradezustehen.«[63]

63 Wolfgang Münchau: *Vorbeben*, München: Hanser 2008. S. 42

3.5 Alles kein Problem!

Auch wenn das Ticken der Bombe jetzt schon recht laut zu hören war, versuchte die Politik, das Ganze zunächst so weit es ging zu verharmlosen. So sagte der Chairman der Federal Reserve Bank, Ben Bernanke, in einer Rede vor dem US-Repräsentantenhaus am 18. Juli 2007, dass die Verkäufe von Immobilien zwar etwas nachgelassen hätten und es einige Verschärfungen bei der Kreditvergabe gebe. Dies liege auch an den steigenden Leitzinsen. Er sei aber sicher, dass die Hausverkäufe von dem starken Wirtschaftswachstum weiter angetrieben würden und die Zinsen der Baufinanzierungen weiterhin erschwinglich blieben. Zwar werde der Rückgang bei den Immobilienkäufen die Wirtschaft belasten, doch werde der Wachstumseinbruch, den man jetzt im Sommer 2007 sehe, mit der Zeit wieder nachlassen.[64] Mit anderen Worten: Alles nicht so schlimm.

Peer Steinbrück, seinerzeit Finanzminister der schwarz-roten Koalition, sprach wiederholt davon, dass die Krise ein rein amerikanisches Problem sei. Sogar noch 2008 warf er den USA schwere Versäumnisse vor, insbesondere bei der Eigenkapitalausstattung der Banken, so als wäre in Europa alles in Ordnung gewesen.[65]

Die äußeren Anzeichen sprachen für solchen Optimismus. Anfang 2007 stand der Dow Jones bei 12 000, bis Juli 2007 kletterte er auf 14 000 Punkte. Nach einer wirklichen Krise sah es auf den Märkten nicht aus.

---

64 Originalzitat: «The pace of home sales seems likely to remain sluggish for a time, partly as a result of some tightening in lending standards and the recent increase in mortgage interest rates. Sales should ultimately be supported by growth in income and employment as well as by mortgage rates that–despite the recent increase–remain fairly low relative to historical norms. However, even if demand stabilizes as we expect, the pace of construction will probably fall somewhat further as builders work down stocks of unsold new homes. Thus, declines in residential construction will likely continue to weigh on economic growth over coming quarters, although the magnitude of the drag on growth should diminish over time.», (abrufbar unter: http://www.federalreserve.gov/ newsevents/testimony/ bernanke20070718a.htm)

65 Focus Online: *Steinbrück wirft USA massives Versagen vor*, 25. September 2008

3.6 Der Crash, Akt I: Die Banken kriegen kein Geld mehr

Am Donnerstag, dem 9. August 2007, platzte für alle sichtbar die Blase. An diesem Tag sprang der Zins für Tagesgeld am Interbankenmarkt, auf dem sich Banken ohne Sicherheiten mit kurzfristigem Geld versorgen, plötzlich um 0,5 Prozentpunkte in die Höhe, was einen erheblichen Anstieg bedeutet. Aus Angst vor Verlusten waren Banken nicht mehr bereit, sich untereinander Geld zu leihen – sie kannten ja die Qualität der Sicherheiten und Geschäfte der anderen. Die Liquidität wurde knapp.

Dies war deswegen ein Problem, weil sich die Banken und die von ihnen gegründeten Zweckgesellschaften überwiegend kurzfristig finanzierten, um zum Beispiel Hypothekenpapiere zu kaufen. Als nun massenhaft Kredite ausfielen, bekamen die Zweckgesellschaften kein Geld mehr. Aufgrund des Wertverfalls im Immobilienmarkt sank das Vertrauen in die Banken und die Wertpapiere wurden nicht mehr als Sicherheiten akzeptiert. Das ist so, als wenn man 30 000 Euro braucht und sich dieses Geld jeden Tag neu beschaffen muss. Solange alle sich gegenseitig vertrauen, ist dies kein Problem. Bekommt man das Geld nicht, droht die Insolvenz. Genau so ist es bei Banken. Die Strategie, langfristig Geld auszureichen, sich aber nur kurzfristig zu refinanzieren, geht nur, wenn laufend, also revolvierend, nachfinanziert werden kann. In einer Krise ist das nicht der Fall.

Was einsetzte, war der Auftakt zu einer Bankenkrise, die ungebremst direkt zu einer Welle von Bankenzusammenbrüchen und ohne Zweifel zu einer erneuten Weltwirtschaftskrise geführt hätte. Die Abbildung 3 *Der Teufelskreis des Deleveraging* erklärt die Zusammenhänge. »Deleveraging« heißt nichts anderes, als dass versucht wird, Leverage, also Schulden, abzubauen. Der Prozess dreht sich also um, und allen wollen weniger Kredit geben und nehmen.

So irrational sich die Marktteilnehmer während der staatlich geförderten Immobilienblase verhalten haben, so rational reagierten sie auf die Erkenntnis, dass ihre Forderungen nicht so gut besichert waren wie sie gedacht haben. Sie versuchten ihr Eigentum zu retten:

- Die Immobilien waren nicht so werthaltig wie zuvor gedacht, die Papiere, denen sie als Sicherheit dienten, begannen im Wert zu fallen. Die Kurse brachen dramatisch ein. Der ABX (der Preisindex für Asset Backed Securities) fiel wie ein Stein. Während

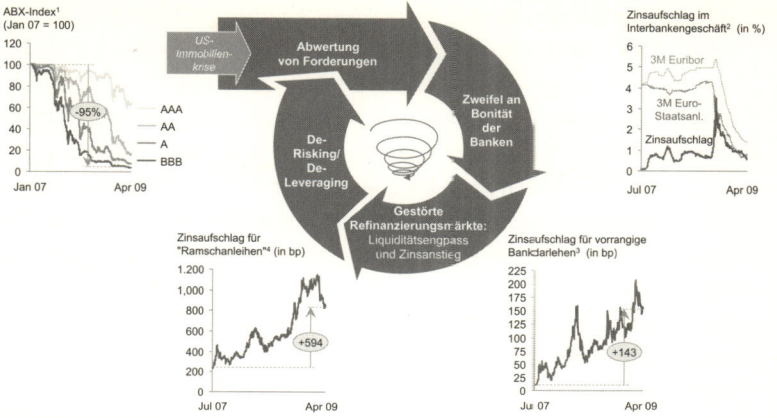

ABX-Index[1]
(Jan 07 = 100)

120
100
80
60 −95%   AAA
40   AA
20   A
0   BBB
Jan 07   Apr 09

US-
Immobilien-
krise

Abwertung
von Forderungen

Zweifel an
Bonität
der
Banken

De-
Risking/
De-
Leveraging

Gestörte
Refinanzierungsmärkte:
Liquiditätsengpass
und Zinsanstieg

Zinsaufschlag im
Interbankengeschäft[2] (in %)

6
5   3M Euribor
4
3   3M Euro-
2   Staatsanl.
1   Zinsaufschlag
0
Jul 07   Apr 09

Zinsaufschlag für
"Ramschanleihen"[4] (in bp)

1.200
1,000
800
600
400   +594
200
0
Jul 07   Apr 09

Zinsaufschlag für vorrangige
Bankdarlehen[3] (in bp)

225
200
175
150
125
100
75   +143
50
25
0
Jul 07   Apr 09

1. Der ABX ist ein er Index für Asset Backed Securities
2. Differenz zwischen 3-Monats-Euribor (Zinssatz im Interbankgeschäft) und dem Zinssatz für Euro-Staatsanleihen mit 3-monatiger Laufzeit
3. iTraxx Europe Senior Financial Index (Credit Default Swaps für Anleihen von 25 großen europäische Finanzunternehmen im Investment-Grade-Bereich)
4. iTraxx Europe Crossover Index (Credit Default Swaps für die 50 liquidesten europäischen Non-Investment-Grade-Anleihen)
Anmerkung: bp = Basispunkte (100 Basispunkte entsprechen einem Prozentpunkt)
Quelle: Bloomberg; Thomson Reuters Datastream

Abbildung 3: Der Teufelskreis des Deleveraging

Papiere mit der schlechtesten Bonitätseinstufung wertlos wurden, verloren selbst Papiere, die ursprünglich mit der Bestnote AAA eingestuft worden waren, fast die Hälfte ihres Wertes! Das kann man nur als dramatisch bezeichnen. Viele dieser Investitionen in AAA-Anleihen endeten für die Investoren mit einem Totalverlust.

- Die Zweifel an der Bonität der Banken wuchsen. Niemand traute den Bilanzen der Banken mehr. Waren die Vermögenswerte wirklich so viel wert, wie von den Banken behauptet? Angesichts eines Leverage – also Verhältnis von Eigen- zu Fremdkapital von 1:30 und mehr – ist das eine durchaus berechtigte Frage. Dabei genügt ein Kreditausfall von gut 3 Prozent (3 Prozent von 30 = 0,9) und die Bank ist pleite, da das Eigenkapital aufgebraucht ist (30 Euro Kredite, 1 Euro Eigenkapital). Gleichzeitig verloren die Anleihen deutlich mehr als 3 Prozent. Da verwundert es nicht, dass niemand mehr bereit war, Banken Geld zu leihen. Die Zinsen, zu denen sich Banken gegenseitig Geld liehen, stiegen rasant. Die Banken trauten sich auch untereinander nicht mehr und viele Banken bekamen gar kein Geld mehr. Die Notenbanken traten ein und halfen großzügig.

- Geldmarktfonds, zuvor die größten Käufer kurzfristiger Papiere, erlebten einen wahren »Run«. Die Einleger zogen ihr Geld ab, und es bestand zum ersten Mal in der Geschichte die Gefahr, dass man weniger als seine Einzahlung zurückbekam. Auch dieses Risiko spiegelt sich in einer dramatischen Zunahme der Zinsaufschläge wider. Um dies zu verhindern, intervenierte die US-Regierung.

- Es setzte eine Flucht aus jeder Art von Risiko ein. Die Anleihen von schlechteren Schuldnern, zum Beispiel Unternehmen, die relativ hoch verschuldet waren, wurden verkauft, die Kurse fielen, die Zinsen stiegen drastisch, insbesondere im Vergleich zu vermeintlich sicheren Anlagen wie Staatsanleihen. Es gab eine Flucht in die Sicherheit von Staatsanleihen und eine Welle an Notverkäufen. Der gesamte Finanzmarkt kam unter Druck, und jeder versuchte, sich mit Liquidität einzudecken, aber keine mehr abzugeben.

Das rationale Verhalten jedes Einzelnen und jeder einzelnen Bank führte in Summe an den Rand des Zusammenbruchs. Und in der Tat sollten nicht alle die Krise überleben.

Bankriesen wie Citigroup und Merrill Lynch mussten bis Ende 2007 Milliardenabschreibungen melden. Im Oktober und November schließlich mussten dann Merrill Lynch Chief Executive Officer (CEO) Stan O'Neal und Citigroup-Chairman und CEO Chuck Prince ihre Hüte nehmen.

Auch jenseits der USA zeigten sich immer deutlicher die Zeichen der Krise. In Großbritannien geriet die Bank Northern Rock wegen der Engpässe am Geldmarkt in Zahlungsschwierigkeiten. Northern Rock war eine Hypothekenbank und hatte ein Gesamtvolumen an Baufinanzierungen von rund 150 Milliarden Euro in den Büchern. Die Bank hatte im überhitzten britischen Immobilienmarkt Hypotheken im Wert von 130 Prozent des Hauspreises zur Verfügung gestellt.[66] Wer also ein Haus kaufte, konnte sich auch gleich die Einrichtung und ein neues Auto dazu leisten. Setzt natürlich voraus, dass die Hauspreise weiter steigen. Dies glaubte man lange auch in Großbritannien, doch auch dort taten sie es schließlich nicht mehr.

Als die Gerüchte von Zahlungsschwierigkeiten die Runde machten, bildeten sich vor den Filialen von Northern Rock Schlangen. Die Bank bekam kein Geld mehr, und die Kunden hatten Angst um ihre Einlagen und wollten ihr Geld zurück. An einzelnen Tagen wurden

---

66 Wolfgang Münchau: *Vorbeben*, Hanser, München 2008,
  S. 31

dem Institut mehr als eine Milliarde Pfund entzogen. Es war das, was man einen »Bank Run« nennt. In einigen Regionen Englands musste die Polizei einschreiten, um die Massen zu beruhigen. Da die Kunden Geld forderten und sich die Bank am Geldmarkt aufgrund der gestiegenen Zinsen und des allgemeinen Misstrauens der Banken untereinander nicht mehr refinanzieren konnte, musste die Bank of England, die britische Zentralbank, mit einer Liquiditätsspritze einspringen. Als sich keine Bank fand, die die strauchelnde Northern Rock übernehmen wollte, kündigte Finanzminister Alistair Darling an, dass die Bank vorübergehend verstaatlicht werden würde. Es war die erste Verstaatlichung eines britischen Unternehmens seit den 1970er Jahren.

Sogar die eigentlich als solide geltenden Schweizer Banken waren betroffen. Für das vierte Quartal 2007 gab die UBS einen Verlust von 12,7 Milliarden Schweizer Franken bekannt. UBS-CEO Peter Wuffli trat bereits am 6. Juli 2007 mit sofortiger Wirkung von allen Ämtern zurück.

3.7 Der Crash, Akt II: Das Ende von Bear Stearns

Am Montag, dem 10. März 2008 hing an der Wall Street eine ungesunde Spannung in der Luft. Wie schon die Monate zuvor, doch diesmal war es, als würde man die Spannung anfassen können, wie an einem schwülen Tag, kurz bevor sich ein Gewitter entlädt. Es war still, aber nicht wirklich still. Es war die Ruhe nach der Explosion, aber es war auch das leise Ausatmen vor dem Sprung.

Dennoch erwartete Bill Molinaro keinen Ärger, als er von seinem großen Haus in Connecticut nach Manhattan hereinfuhr. Molinaro war CFO von Bear Stearns, der Chief Financial Officer oder Finanzvorstand, und es war ihm, als würde er nach langen Monaten der Nacht endlich wieder Morgenluft schnuppern. Bear Stearns, gegründet 1923, war die fünftgrößte Investmentbank des Landes und hatte im Jahr zuvor mehr als drei Milliarden Dollar zahlen müssen, um ihre zwei strauchelnden Fonds zu retten.[67]

---

[67] New York Times: *$3.2 Billion Move by Bear Stearns to Rescue Fund*, 23. Juli 2007

Damals war die Rede davon, dass Bear Stearns Pleite gehen würde, doch der Einzige, der gehen musste, war ihr langjähriger CEO Jimmy Cayne, 74 Jahre alt, Golf- und Bridge-Spieler, so etwas wie der gute Geist der Bank, der trotz Rauchverbots in seinem Vorstandsbüro eine Zigarre nach der anderen qualmte und der früher Altmetall verkauft hatte. Mit den Worten »Wenn du Metall verkaufen kannst, dann kannst du auch Anleihen verkaufen«, hatte man ihn einst zu Bear Stearns gelockt. Genauso wie fast alle anderen Investmentbanken der Wall Street hatten bei Bear Stearns die Anleihenhändler, die Bond Trader, das Sagen, und genau wie Dick Fuld bei Lehman Brothers, wie John Mack bei Morgan Stanley war auch Jimmy Cayne früher Bondhändler gewesen.[68] Sein Nachfolger, Alan Schwartz, 58 Jahre alt, war an diesem Morgen auf einer Medienkonferenz in Palm Beach. Insgesamt ein gewöhnlicher Morgen wie jeder andere in einer mehr als ungewöhnlichen Zeit.[69]

Bear Stearns war immer stolz darauf gewesen, einige Dinge etwas anders zu machen. Aus der Riege der klassischen Investmentbanken, den hemdsärmeligen Iren von Merrill Lynch, den humorlosen Taktikern von Goldman Sachs oder der Ostküsten-Elite von Morgan Stanley, ragte Bear Stearns immer als Rebell heraus. Während andere Banken teure Absolventen von Eliteuniversitäten einstellten, hatte Bear nur eine einzige Stellenbeschreibung für Leute, die es im Handelsraum zu etwas bringen wollten: »P.S.D.« für »poor, smart and deep desire to get rich«.[70]

Als 1998 im Zuge der Asien-Krise der Hedgefonds LTCM (Long Term Capital Management) zusammenbrach und weltweite Turbulenzen auslöste, war Bear Stearns die einzige Bank an der Wall Street, die sich an der Rettungsaktion nicht beteiligte, da man der Ansicht

68 Michael Lewis: *The Big Short: Inside the Doomsday Machine*, Penguin, New York 2011, S. 25

69 Die gesamte Story zum Untergang von Bear Stearns ist sehr gut festgehalten in: Bryan Burrough: *Bringing Down Bear Stearns*, in: *Vanity Fair*, New York, September 2008

70 »Arm, schlau und mit der großen Begierde, reich zu werden«; siehe: Bryan Burrough: *Bringing Down Bear Stearns*, in: *Vanity Fair*, New York, September 2008; einen ähnlichen Ausspruch benutzt auch Michael Douglas als Gordon Gekko in Oliver Stones' Film Wall Street (1987): »I need guys, who are poor, smart and hungry. And no feelings ...«

war, dies wäre ein Problem anderer Leute. Das sollte sich rächen, als Bear Stearns Hilfe brauchte.

Es kamen Gerüchte auf, Bear Stearns würde vor der Zahlungsunfähigkeit stehen. Am Montag, dem 10. März, nahmen die Gerüchte derart überhand, dass keine der anderen Banken mehr bereit war, an Bear Kredite zu vergeben. Kunden begannen, ihre Positionen aus der Bank abzuziehen, und der Aktienkurs sank. Händler der Bank Credit Suisse wurden angewiesen, keine Positionen mit Bear Stearns mehr zu handeln. Bear Stearns war vom Markt abgeschnitten. Und das, obwohl die Bank noch 18 Milliarden Dollar in der Kasse hatte.

Als Bill Molinaro in seinem Büro ankam, war die Freude über den scheinbar ruhigen Morgen wie weggefegt. Er rief sofort seinen Boss Alan Schwartz in Palm Beach an. Der rief sofort Jamie Dimon an, Vorstandschef von J.P. Morgan, um ihn um Hilfe zu bitten. Beide Banken hatten schon früher kooperiert, doch die 30 Milliarden Dollar Kreditlinie, die Schwartz von Dimon wollte, erschien auch J.P. Morgan zu viel. Man einigte sich auf 15 Milliarden, um Zeit zu kaufen, doch die Zeit war nicht da. Davon wurde schließlich auch die Regierung aufgerüttelt. In einer Nacht-und-Nebel-Aktion trafen sich Tim Geithner, damals Chef der Notenbank in New York und später Finanzminister unter Barack Obama, US-Finanzminister Henry Paulson, der vorher CEO von Goldman Sachs war, und die Vorstände von Bear Stearns und J.P. Morgan, um einen Deal auszuhandeln. Am Ende kaufte J.P. Morgan die schwankende Bank für 10 Dollar pro Aktie. Der Preis war noch von 2 Dollar pro Aktie, dem letzten Börsenkurs, auf ungefähr 10 Dollar erhöht worden, da die Bear-Stearns-Aktionäre, die zwar mit dem Rücken zur Wand standen, dennoch gegen den geringen Kaufpreis rebellierten. Trotzdem: Die Bank, die noch im Januar 2007 eine Marktkapitalisierung von 20 Milliarden Dollar hatte und auch am 10. März 2008 noch 9 Milliarden Dollar wert war, wurde schließlich für 1,4 Milliarden Dollar verkauft. Wäre es bei den 2 Dollar pro Aktie geblieben, wäre der Wert nur noch 236 Millionen Dollar gewesen. Die Aktien von Ex-Vorstandschef Jimmy Cayne, die vorher noch fast eine Milliarde Dollar wert gewesen waren, waren auf einen niedrigen Millionenbetrag geschrumpft. Die faulen Papiere der Bank wollte J.P. Morgan allerdings nicht mit übernehmen, sie wurden von der Federal Reserve »entsorgt« und in der Auffanggesellschaft »Maiden Lane LLC« gebündelt.

»Besser als nichts«, sagte Bear-Stearns-CEO Schwartz am Ende der Verhandlungen. Ab sofort übernahm J.P. Morgan die Garantie für die Verpflichtungen von Bear Stearns und ihrer Tochterunternehmen und stellte die Überwachung des Tagesgeschäfts sicher. Zusätzlich unterstützte die Fed die Rettung mit einer Kreditlinie von über 30 Milliarden Dollar.

So ging Bear Stearns zwar nicht in die Insolvenz, dennoch war eine der berühmtesten Wall-Street-Marken von heute auf morgen ausgelöscht. Es sollte nicht die letzte sein. Die wirkliche Explosion kam im Herbst 2008. Es war der Untergang von Lehman Brothers.

3.8 Der Crash Akt III und der Blick in den Abgrund: Lehman Brothers

Im Buch *Exodus* erhält Mose von Gott auf dem wolkenumtosten Berg Sinai die Tafeln mit den zehn Geboten. Die Israeliten, denen es nicht erlaubt war, auf den Berg zu steigen, und die auch ein wenig Angst davor hatten, warteten am Fuße des Bergmassivs. Als Mose von Gott die zehn Gebote erhalten hatte und wieder den Berg heruntergestiegen war, fand er die Israeliten allerdings nicht in freudiger Erwartung des göttlichen Wortes vor. Stattdessen tanzten sie um ein heidnisches Standbild, das Goldene Kalb. Mose wurde fuchsteufelswild, zerschmetterte vor Wut die Gesetzestafeln, ließ das Kalb verbrennen, zermalmte es zu feinem Staub, mischte es mit Wasser und gab es den Israeliten zu trinken.[71]

Am Montag, dem 15. September 2008, erschien wieder ein Goldenes Kalb. Doch dieses Kalb wurde nicht verbrannt. Es wurde verkauft. Vom britischen Künstler Damien Hirst. Für 10,3 Millionen britische Pfund. Das Kalb war ein wirkliches Kalb, eingelegt in Formaldehyd, und es hatte Hufe und Hörner aus 18 Karat Gold. Und es wurde das Aushängeschild der Auktion an diesem Abend. Damien Hirst brach mit dieser Auktion alle Regeln des Kunstmarktes, indem er als Künstler seine Werke, alle nicht älter als zwei Jahre, ohne den Umweg über eine Galerie direkt im Londoner Auktionshaus Sothe-

---

71 Siehe: *Exodus* 32, 18–20

bys in der noblen Bond Street verkaufte. Der Gesamterlös belief sich auf 110 Millionen Pfund.[72]

Wenige Stunden zuvor hatte in New York die US-Investmentbank Lehman Brothers Insolvenz angemeldet, nachdem Verhandlungen über eine Rettung gescheitert waren. Die Märkte brachen auf breiter Front ein und der Interbankenmarkt kam komplett zum Erliegen. Das Vertrauen in die Zahlungsfähigkeit des anderen, Grundvoraussetzung für jeden Kredit, verschwand völlig, und Banken legten ihre überschüssige Liquidität nur noch bei den Zentralbanken an.

Es war der Anfang vom Ende eines fast 30 Jahre andauernden Verschuldungsbooms. Zeitgleich zeigt sich die Übertreibung noch einmal in schönster künstlerischer Form auf der anderen Seite des Atlantiks.

David Bodanis schrieb in der *Financial Times* im Rückblick auf die Auktion und die Pleite von Lehman Brothers, dass das Goldene Kalb, das die Israeliten anbeteten und das Damien Hirst für mehr als 11 Millionen Pfund verkaufte, keine wirkliche heidnische Statue war, sondern eine Art Thron, auf dem eine andere Gottheit platziert werden sollte.[73] Als die Israeliten ängstlich darauf warteten, dass Mose vom Berg Sinai zurückkkam, gab ihnen das Kalb Sicherheit und das Gefühl, Zugang zu Mächten zu bekommen, die ihnen in der Einsamkeit der Wüste beistehen könnten. Vielleicht vergleichbar mit den amerikanischen Hauskäufern, die von einem ewig währenden Zyklus aus niedrigen Zinsen und steigenden Hauspreisen träumten, mithin einem Leben ohne »Druck«.

Am Vorabend hatte sich in der New Yorker Fed das Who is Who der amerikanischen Finanzwelt versammelt, um gemeinsam mit dem Finanzministerium eine Lösung für Lehman Brothers zu finden: Jamie Dimon von J.P. Morgan, Lloyd Blankfein von Goldman Sachs, Vikram Pandit von der Citigroup und John Thain von Merrill Lynch.

Lehman Brothers war 1850 von drei Söhnen des fränkischen Viehhändlers Abraham Löw Lehmann gegründet worden. Die drei waren

72 Siehe dazu: New York Magazine: *The Gist: Damien Hirst's 'Beautiful Inside My Head Forever' Sale*, 7. September 2008; und auch: Jörg Reckhenrich, Jamie Anderson, Martin Kupp: *Hirst: The Shark is Dead – How to build yourself a market*, in: *The Fine Art of Success: How Learning Great Art Can Create Great Business*, Wiley, New York 2010, S. 47 ff.

73 David Bodanis: *How we were all blinded by the Golden Calf*, in: Financial Times, 18 September 2008

zwischen 1844 und 1850 aus Würzburg in die USA ausgewandert. Die Bank war eine der führenden Wall-Street-Banken mit globaler Präsenz, und mit einer Bilanzsumme von 600 Milliarden Dollar war sie um einiges größer und auch global vernetzter als Bear Stearns. Der Schaden einer Pleite war damit um ein Vielfaches höher. Genau diese galt es abzuwenden, nachdem auch Lehman sich mit schlechten Wertpapieren übernommen hatte.

Dick Fuld, der CEO von Lehman Brothers, hatte zunächst jedes Angebot abgelehnt, das unter 10 Dollar pro Aktie stand. Ihm stand als mahnendes Beispiel Bear Stearns vor Augen, die im März seiner Ansicht nach viel zu günstig verkauft wurden. Ebenso hatte es zuvor Gespräche mit der Korea Development Bank (KDB) gegeben, die 25 Prozent an Lehman kaufen wollte, aber ihr Angebot zurückzog, als Ken Lewis von der US-Großbank Bank of America (BofA) Interesse signalisierte. BofA fiel jedoch später als Retter aus, da sie gerade für 50 Milliarden Dollar den schweren Brocken Merrill Lynch »gerettet« hatte.

»Können wir erklären, warum Bear Stearns anders ist als Lehman Brothers?«, fragte Präsident George W. Bush den US-Finanzminister Henry Paulson.

»Ja«, antwortete der, »wir konnten niemanden finden, der die Bank kaufen wollte.« Für Bear Stearns hatte immerhin J.P. Morgan 10 Dollar pro Aktie bezahlt. Für Lehman wollte niemand etwas zahlen, zu groß erschienen die Risiken. »Jetzt müssen wir da irgendwie durchkommen.«[74]

Nach Mitternacht, in der Nacht von Sonntag, dem 14. September, auf Montag, den 15. September 2008, meldete Lehman Brothers Insolvenz an. Den Krisenmanagern Paulson und Geithner war es nicht gelungen, einen Käufer zu finden, der für Lehman überhaupt etwas bezahlen wollte.

Auch die britische Großbank Barclays war, entgegen vorherigen Absichtserklärungen, an einer Übernahme von Lehman Brothers nicht mehr interessiert. Barclays hatte selbst eigene Schwierigkeiten, und die britische Regierung hatte zwar Angst vor einem Crash nach dem Fall von Lehman Brothers, wollte aber dennoch nicht mit briti-

74 Nach Hank Paulson: *On the Brink: Inside the Race to Stop the Collapse of the Global Financial System*, Headline Publishing, London 2010, S. 217

schen Steuergeldern Barclays finanzieren, damit Barclays damit das
sinkende Schiff Lehman Brothers aufkaufte. Barclays hat sich später
aus der Insolvenzmasse noch ein paar attraktive Teile von Lehman
Brothers gesichert.

Auch im fernen Deutschland bekam man die Folgen der Lehman-
Pleite zu spüren. Die Lehman-Zertifikate tausender Privatanleger
wurden wertlos. Die staatseigene Kreditanstalt für Wiederaufbau,
KfW, bekleckert sich nicht gerade mit Ruhm, als sie an die bereits in-
solvente Lehman Brothers einen dreistelligen Millionenbetrag über-
wies. Dies brachte ihr von der *Bild-Zeitung* den Titel »Deutschlands
dümmste Bank« ein. Erst Jahre später bekam sie einen großen Teil
des Geldes aus der Insolvenzmasse von Lehman Brothers zurück.

Die Pleite von Lehman stürzte die Welt in eine sich beschleuni-
gende Krise. Deshalb durfte nicht auch der damals größte Versicherer der Welt, die American International Group, kurz genannt AIG,
Pleite gehen. Doch dies stand kurz bevor.

3.9 Der Crash, Akt IV: AIG oder versichere nur, was du verstehst!

Starinvestor Warren Buffet hat schon vor Jahren eine seiner Kern-
weisheiten erfolgreichen Investierens genannt: »Kaufe nur, was Du
verstehst.« Und an anderer Stelle warnte er schon 2007, dass Derivate wie die erwähnten CDS »Massenvernichtungswaffen der Finanzmärkte« seien, weil sie viel zu kompliziert sind. Zusammengefasst
kann man sagen: »Kaufe auf keinen Fall Derivate, die du nicht verstehst.« Doch genau das hat AIG in großem Stil getan.

Mit einer Bilanzsumme von mehr als einer Billion Dollar[75] hatte
AIG nicht nur alles Mögliche versichert, sondern sich umfangreich
in Mortgage Backed Securities und Ausfallversicherungen engagiert.
Eine besondere Rolle spielte hierbei das Londoner Büro der Versicherung, die AIG FP (Financial Products). Die AIG FP finanzierte
sich kurzfristig im Kapitalmarkt und legte dieses Geld in Hypothekenpapieren an. Zusätzlich »schrieb« sie ein gigantisches Portfolio an Kreditausfallversicherungen. »Geschrieben« bedeutet, dass

---

75 Financial Times: *An improbable profit*, 23. Oktober 2012

die AIG zahlen musste, wenn die besagten Kredite ausfielen. Die Manager erachteten diese Strategie als risikolos, waren doch Immobilien in den USA noch nie nennenswert im Preis gefallen. Anfangs stiegen die Gewinne kontinuierlich. 1998 war AIG FP in den neuen Markt eingestiegen und schon 2001 machten die Erträge aus diesem Geschäft 15 Prozent von AIGs Jahresgewinn aus.[76] Zusätzlich engagierte sich die Firma noch in der Wertpapierleihe. Das heißt, an Hedgefonds und andere Spekulanten wurden Wertpapiere, die AIG in der Bilanz hielt, für Leerverkäufe verliehen. Die Leihgebühr, die AIG aus diesen Geschäften erhielt, ging ebenfalls in riskante Hypothekenpapiere.

Als die Blase platzte, wurde AIG doppelt getroffen. Sie machte nicht nur einen Verlust mit den gekauften Anleihen. Sie musste zusätzlich für die Verluste einstehen, die sie versichert hatte. AIG sah sich gigantischen, nicht erfüllbaren Forderungen gegenüber. Fast alle Wall Street Banken, die Rang und Namen hatten, hatten Kreditausfallversicherungen von AIG gekauft, um sich selbst gegen Ausfälle in ihrem Portfolio abzusichern. Würde AIG fallen, so merkte man schnell in Washington, hätte dies eine Pleitewelle ungeahnten Ausmaßes zur Folge.

Wäre der Versicherer zahlungsunfähig, würde dies nicht nur die »normalen« Versicherungskunden treffen, sondern der Markt für Hypothekenanleihen wäre noch viel stärker eingebrochen, als ohnehin schon.

Dies sah auch die US-Regierung ein und zeigte sich großzügiger als bei Lehman Brothers. Man wusste: Wenn AIG fallen würde, würde das Feuerlöschen mehr kosten als jede Kapitalbeteiligung, sei sie auch noch so hoch.

Wollte der Versicherer zunächst nur eine Brückenfinanzierung von 40 Milliarden von der Fed haben, erschien dies Ben Bernanke und Henry Paulson zu wenig. Am 17. September 2008, zwei Tage nach dem »Schwarzen Montag«, an dem Lehman Brothers in die Insolvenz geschickt wurde, retteten schließlich US-Regierung und Notenbank AIG mit einer Kapitalspritze von 85 Milliarden Dollar. Das Unternehmen ging dadurch vorübergehend in Staatsbesitz über. Es

---

76 Hank Paulson: *On the Brink: Inside the Race to Stop the Collapse of the Global Financial System*, Headline Publishing, London 2010, S. 71

war das größte Investment in ein Unternehmen, das Washington je getätigt hatte. Gleichzeitig pumpte die Federal Reserve 150 Milliarden Dollar in die Märkte, um die Marktteilnehmer zu beruhigen.[77]

Warum wurde AIG gerettet, Lehman aber nicht, mag man sich fragen. Im Gegensatz zu Lehman hatte AIG jenseits der riskanten Geschäfte ein gesundes Versicherungsgeschäft, das solide Einnahmen generierte. Man hatte zudem aus Lehman gelernt. Man wusste, was passierte, wenn eine systemrelevante Bank Pleite ging und welche Schockwellen durch die Märkte zogen. Man wollte die Kernschmelze verhindern. AIG war, wie es Ben Bernanke formulierte, »ein riesiger Hedgefonds, der auf eine Versicherung aufgesetzt war«.[78] Nun musste aufgeräumt werden.

Was AIG gekauft hatte, war derart unübersichtlich, dass der Vermögensmanager Black Rock, der die Regierung unterstützte, bis zu 200 seiner besten Experten einsetzen musste, um der Papierflut Herr zu werden. Später wurden die problematischen Papiere gebündelt und in zwei Fonds der Federal Reserve ausgelagert, den Maiden Lane II und III.[79] Die Fonds hatten ein Volumen von 19,5 und 24,3 Milliarden Dollar.[80]

In den nächsten Monaten sah es nicht so aus, als hätte die US-Regierung ein gutes Geschäft gemacht. AIG erwies sich als Fass ohne Boden und machte mehrere Quartale in Folge einen Verlust von mehr als 20 Milliarden Dollar pro Quartal. Im Gegensatz zu vielen anderen Geschichten ging die Geschichte AIG gut aus. Nicht nur das Versicherungsgeschäft zog wieder an. Auch die Hypothekenpapiere beider Fonds gewannen wieder an Wert und konnten dem Markt stückweise zugeführt werden. Insgesamt erwirtschaftete der US-Steuerzahler mit der Kapitalinjektion in AIG sogar einen Gewinn von insgesamt 9,4 Milliarden Dollar – 2,8 aus Maiden Lane II und 6,6 aus Maiden Lane III. Gerettet waren aber auch andere, nämlich so ziemlich jede Wall-Street-Bank, wie Goldman Sachs, J.P. Morgan und auch die

---

77 Die Zahlen beziehen sich auf Hank Paulson: *On the Brink: Inside the Race to Stop the Collapse of the Global Financial System*, Headline Publishing, London 2010.

78 Financial Times: *An improbable profit*, 23. Oktober 2012.

79 In Maiden Lane I wurden die toxischen Papiere von Bear Stearns ausgelagert, wie wir vorher beschrieben hatten.

80 Financial Times: *An improbable profit*, 23. Oktober 2012.

Deutsche Bank, die allesamt Forderungen bei AIG hatten und denen sonst Milliardenverluste gedroht hätten, mit unabsehbaren Folgen. Damit war die Rettung von AIG nicht nur die Rettung der größten Versicherung. Es war – nachdem man mit Lehman eine Bank hatte Pleite gehen lassen – ein Bail-out für alle Großbanken.

3.10 Geld für alle

AIG war gerettet. Doch die Banken noch lange nicht. Am 20. September 2008 beschloss die US-Regierung das Troubled Asset Relief Program (TARP), um den Banken faule Kredite abzukaufen und damit die Bankbilanzen von Risiken zu befreien und dafür zu sorgen, dass der Interbankenmarkt und die Kreditvergabe wieder in Gang kamen. Mit einem Volumen von 700 Milliarden Dollar war das TARP das größte Rettungsprogramm der Geschichte.

Reinrassige Wall-Street-Investmentbanken wie Goldman Sachs und Morgan Stanley gaben ihren Status als Investmentbanken auf und wurden »gewöhnliche« Geschäftsbanken. Dies war mit größeren Restriktionen verbunden, aber nur so konnten Goldman & Co. ihre faulen Kredite und Vermögensgegenstände bei der Regierung abladen, was sie als reine Investmentbanken nicht gedurft hätten. So war das TARP nicht nur das Objekt einer hitzigen Debatte über die Rolle des Staates in der Wirtschaft und das größte Bail-out-Programm der jüngeren Geschichte, es führte auch zum Ende des klassischen Investmentbankings. Fürs Erste.

3.11 Die Krise erreicht Deutschland

Lange Zeit glaubte man in Deutschland, die Krise sei ein rein amerikanisches Problem. Doch einen ersten Weckruf gab es in Deutschland im Juli 2007. Die Schieflage der IKB. Eigentlich hatte die Industrie Kreditbank, die zu 38 Prozent indirekt dem Steuerzahler gehört, gehalten durch die Kreditanstalt für Wiederaufbau (KfW), einen einfachen Auftrag: der Industrie Kredite zu geben. Doch das war zu wenig, man wollte am großen Spiel der Finanzmärkte teilnehmen, ahnte jedoch nicht, dass die »dummen Deutschen in Düsseldorf« in

London und an der Wall Street schon berühmt dafür waren, alles zu kaufen.[81]

Offensichtlich ließ sich mit amerikanischen Hypothekenpapieren viel Gewinn machen. Deshalb gründete die Bank eine Tochter mit dem schönen Namen »Rhineland Funding Capital«, was stark nach »Rheingold« klingt, das in Wagners *Ring des Nibelungen* die Welt in den Abgrund reißt. Genau dazu kam es fast. Rhineland Funding Capital kaufte amerikanische Hypothekenpapiere im Wert von annähernd 13 Milliarden Dollar auf Kredit.[82]

Im Lagebericht der Rhineland Funding Capital klang das alles sehr rosig:

»Rhineland Funding finanziert seine Investments durch die Begebung von kurzfristigen Wertpapieren, sogenannten Asset Backed Commercial Papers. In diesem Markt ist es üblich, dass Banken Sicherungslinien für den Fall zur Verfügung stellen, dass es kurzfristig zu Marktstörungen kommt.«[83]

Die IKB hatte als Sicherheit für diese riskanten Geschäfte eine Kreditlinie in Milliardenhöhe in Aussicht gestellt, war damit aber von anderen Banken abhängig, die ihrerseits Kreditlinien an die IKB gegeben hatten. Als die Rhineland Funding Capital diese Garantie von Seiten der IKB wegen der faulen Kredite tatsächlich in Anspruch nehmen musste, musste die IKB zugeben, dass die Kreditlinie eigentlich von Dritten kam und diese Dritten gerade dabei waren, die Kreditlinien zu kappen.

Nur eine eilends organisierte Rettungsaktion von deutschen Banken unter Führung der KfW konnte den Untergang der IKB verhindern, was den deutschen Staat erst einmal einige Milliarden Euro an Sicherheiten kostete. Spätestens jetzt begann man sich jenseits des großen Teiches zu wundern, ob europäische Banken, die ja immer

81 Michael Lewis: *The Big Short: Inside the Doomsday Machine*, Penguin, New York 2011, S. 78

82 Frankfurter Allgemeine Zeitung: »*Rhineland Capital Funding*«: Eine Kre-

ditlinie wurde der IKB zum Verhängnis, 30. Juli 2007

83 Siehe Lagebericht des IKB Vorstands zur Rhineland Funding 2005/2006

behaupteten, die Krise ginge sie nichts an, wirklich so viel besser aufgestellt waren als ihre amerikanischen Kollegen.[84]

In Deutschland waren es vor allem öffentlich-rechtliche Institute, die sich am Subprime-Markt verspekulierten. Auf Bestreben der EU fiel im Jahr 2002 die Gewährträgerhaftung des Staates für Landesbanken und Sparkassen. Diese Gewährträgerhaftung bewirkte zuvor, dass sich öffentlich-rechtliche Banken am Geldmarkt sehr viel günstiger finanzieren konnten als andere Banken, da der Staat für die Banken bürgte. Bevor die Regelung fiel und sich die öffentlich rechtlichen Banken genau wie andere finanzieren mussten, sogen diese sich noch einmal mit billigem Geld voll.[85] Danach verfügten sie über sehr viel Geld und suchten nach attraktiven Anlagemöglichkeiten. Natürlich hätten sie das Geld günstig an Mittelständler oder Privatleute verleihen können, um dem öffentlich-rechtlichen Auftrag gerecht zu werden, doch offenbar waren die Papiere aus den USA spannender. Insbesondere die West LB, die Bayern LB und die Sachsen LB suchten zweistellige Renditen in den USA. Doch zweistellig waren am Ende nur die Verluste in Milliardenhöhe. Und die Sachsen LB wurde noch 2007 in einem Notverkauf vom Freistaat Sachsen an die LBBW weitergereicht. Und auch bei der Bayern LB tat sich ein Milliardenloch auf, was Bayerns Finanzminister Erwin Huber seinen Job kostete. Die West LB ist nur noch Geschichte.

Wenig später schaute Peer Steinbrück selbst in den Abgrund. Es war Sonntag und es gab ein neues Milliardenloch: die Hypo Real Estate in München. Deren Verluste schienen grenzenlos zu sein. Was wäre, wenn es auch in Deutschland am nächsten Montag, wie in Großbritannien zuvor mit Northern Rock, zu einem Bank-Run kommen würde, einem Ansturm auf die Konten? In einem historischen Moment traten am Sonntag, dem 05. Oktober 2008, Bundeskanzlerin Merkel und ihr Vizekanzler Steinbrück vor die Kameras und

84 »… we began to wonder if European banks were in as good a shape as they had been claiming.«, in: Hank Paulson: *On the Brink: Inside the Race to Stop the Collapse of the Global Financial System*, Headline Publishing, London 2010, S. 71

85 Siehe auch: Klaus Berge, Ralf Berger, Hermann Locarek-Junge: *Deutsche Landesbanken: Status quo und Strategien vor dem Hintergrund des Wegfalls der Staatsgarantien*, in: *Zukunft des deutschen Bankensektors*, Vierteljahreshefte zur Wirtschaftsforschung, Deutsches Institut für Wirtschaftsforschung (DIW), Heft 4/2006

erklärten die Spareinlagen der Deutschen für sicher. Der deutsche Staat, so erklärten beide, würde für die gesamten Spareinlagen der Bundesbürger haften. Ob dies überhaupt möglich ist und ob ein Staat, der selbst mit Billionen verschuldet ist, für weitere Billionen haften kann, ist eine andere Frage. Doch das Vertrauen war da. Und die Panik blieb aus.

Allerspätestens jetzt wussten alle: Die Krise war kein amerikanisches Phänomen.

3.12 Von wegen nur Finanzkrise: Die Realwirtschaft stürzt ab

Ende 2008 zeigte es sich mehr und mehr, dass die Krise, die als Bankenkrise begonnen hatte, keine Bankenkrise bleiben würde.

Gerade in den USA musste der Verbraucher entschulden und sozusagen »auf Entzug gestellt werden«. Dieser Entzug ist schmerzvoll, doch in diesem Fall nicht nur für den US-Konsumenten. Der Einbruch beim Konsum des US-Bürgers hatte erhebliche Konsequenzen für die weitere wirtschaftliche Entwicklung der USA und der Weltwirtschaft insgesamt, weil die US-Verbraucher die wichtigsten weltweit sind. Wenn die Amerikaner in China auf deutschen Maschinen hergestellte Spielsachen kaufen, die von japanischen Lastwagen und koreanischen Schiffen um die ganze Welt transportiert werden, hat eine Unterbrechung dieser globalen Wertschöpfungskette globale Folgen. Fällt die Nachfrage in den USA, wirkt sich das nicht nur auf die US-Wirtschaft aus, sondern auch auf die Handelspartner der Vereinigten Staaten.

Unternehmen reagierten auf die Kombination von nachlassender Nachfrage und der – aufgrund erster Liquiditätsengpässe – erschwerten Kreditaufnahme mit Sparmaßnahmen und Entlassungen. Investitionen wurden aufgeschoben. Vor allem kleine und mittlere Betriebe, die normalerweise ihr Geld nur über klassische Bankkredite und nicht am Anleihenmarkt bekommen, litten unter einer restriktiven Darlehenspolitik, mit der die Banken ihre Bilanzen zu ordnen versuchten.

Laut Eurostat, dem Statistischen Amt der Europäischen Union, schrumpfte die Industrieproduktion in der Eurozone von ihrem Höhepunkt im Frühjahr 2008 bis zum Frühjahr 2009 um mehr als

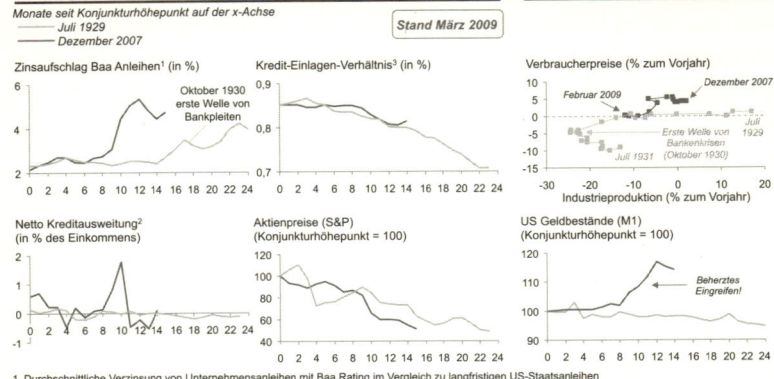

Die Produktions-/Inflations-Dynamik
und geldpolitische Gegenmaßnahmen

Finanzkennzahlen in den USA, 1929-31 und 2007-09

Monate seit Konjunkturhöhepunkt auf der x-Achse
——— Juli 1929
——— Dezember 2007

Stand März 2009

Zinsaufschlag Baa Anleihen¹ (in %)

Oktober 1930
erste Welle von
Bankpleiten

Kredit-Einlagen-Verhältnis³ (in %)

Verbraucherpreise (% zum Vorjahr)

Dezember 2007

Februar 2009

Erste Welle von   Juli
Bankenkrisen   1929
Juli 1931 (Oktober 1930)

Industrieproduktion (% zum Vorjahr)

Netto Kreditausweitung²
(in % des Einkommens)

Aktienpreise (S&P)
(Konjunkturhöhepunkt = 100)

US Geldbestände (M1)
(Konjunkturhöhepunkt = 100)

Beherztes
Eingreifen!

1. Durchschnittliche Verzinsung von Unternehmensanleihen mit Baa Rating im Vergleich zu langfristigen US-Staatsanleihen
2. Monatliche Veränderung von Bankkrediten   3. Verhältnis von Krediten zu Einlagen 1929-31;Verhältnis von Krediten zur Bilanzsumme 2007-09
Anmerkung: Stand März 2009
Quelle: National Bureau of Economic Research (NBER), Federal Reserve, Haver Analytics, Darstellung in Anlehnung an IMF: World Economic Outlook, April 2009

Abbildung 4: Schlimmer als die Große Depression?

20 Prozent – ein Mehrfaches des Rückgangs, den Deutschland und die USA im ersten Jahr der Weltwirtschaftskrise 1930 erlebt hatten. Schon Ende 2007 waren hier die ersten Einschläge zu spüren. So verzeichnete zum Beispiel der LKW-Hersteller Volvo im vierten Quartal einen Auftragsrückgang von 99,6 Prozent.[86]

Auch Deutschland wurde nicht verschont. Im November senkten die Forschungsinstitute ihre Wachstumsprognosen und stellten fest, dass Deutschland, erstmalig seit fünf Jahren, in einer Rezession steckte.

Barry Eichengreen und Kevin O'Rourke verglichen in ihrer Studie *A Tale of Two Depressions* die Depression der 30er Jahre des 20. Jahrhunderts mit der Situation zu Beginn des neuen Jahrtausends und kamen zu dem Schluss, dass diese Krise von den ersten Anzeichen her sogar schwerwiegender sei als die Krise in den 30ern. So stürzten die Aktienkurse stärker und auch der Welthandel schrumpfte schneller zusammen als 80 Jahre zuvor.[87] Die Abbildung 4 *Schlimmer als die Große Depression?*, fasst ihre damalige Erkenntnis zusammen.

86 Nach: Daniel Stelter, David Rhodes:
Collateral Damage Part 3: Asia, Advan-
tage and Action, The Boston Consulting
Group, November 2008, S.1
87 Barry Eichengreen, Kevin H. O'Rourke:
A Tale of Two Depressions, Artikel

zuerst erschienen auf voxeu.org,
April 2009 (abrufbar unter:
http://www.advisorperspectives.com/
newsletters09/A_Tale_of_Two_
Depressions.html)

Im Nachhinein wissen wir, dass Eichengreens und Rourkes Befürchtung, dass diese Krise schlimmer als die große Depression werden würde, nicht eingetreten ist. Dennoch war sie die schlimmste Wirtschaftskrise seit der Großen Depression in den 30er Jahren. Dass es keine Depression wurde, verdanken wir dem beherzten Eingreifen von Regierungen und Notenbanken.

3.13 2009: Das Jahr der Konjunkturprogramme

2009 kalkulierte der Internationale Währungsfonds die Gesamtkosten der Krise auf 11,9 Billionen US-Dollar und sprach von dem schwärzesten Jahr für die Wirtschaft seit 1945.[88] Damit stand die erste weltweite Rezession seit dem Zweiten Weltkrieg vor der Tür. In ihrem Jahreswirtschaftsbericht erwartete die Bundesregierung die schärfste Rezession seit Bestehen der Bundesrepublik. Die deutsche Wirtschaft verzeichnete einen beispiellosen Einbruch. Die Umsätze in den Schlüsselbranchen Auto, Chemie und Maschinenbau gaben zwischen 20 und 40 Prozent nach. Nicht wenige Firmen verzeichneten einen negativen Auftragseingang, das heißt, es wurden mehr bestehende Aufträge storniert als neue eingingen.

Die Bankenbranche war noch lange nicht über den Berg. Als die Commerzbank von der Allianz die Dresdner Bank übernahm, geriet sie selbst in Schieflage, sodass der Staat mit einer 10 Milliarden Euro Kapitalspritze einspringen musste und dafür 25 Prozent und eine Aktie der Commerzbank bekam. Damit war die hinter der Deutschen Bank zweitgrößte deutsche Bank teilweise in Staatsbesitz. »Der Bund ist jetzt ein Banker«, titelte die Wochenzeitung *Die Zeit*.[89] Was zunächst ungewöhnlich klang, war für die Dresdner Bank und die Commerzbank nicht neu: 1931 waren beide schon einmal verstaatlicht worden. Die Commerzbank ist nicht allein. Auch die kriselnde Hypo Real Estate wurde mit mehr als 100 Milliarden Euro gerettet und verstaatlicht.

---

88 The Telegraph: *IMF puts total cost of crisis at £7.1 trillion*,
    8. August 2009
89 Die Zeit: *Bundescommerzbank*, 8. Januar 2009

Um die Bankbilanzen von zweifelhaften Hypothekenpapieren zu entlasten, wurden in Deutschland Mitte des Jahres die Pläne für sogenannte »Bad Banks« verabschiedet. Diese übernehmen die Problempapiere und Kredite der Banken und wickeln diese geordnet ab, während die Banken wieder ihrem normalen Geschäft nachgehen und Kredite vergeben können.

Damit war es allerdings nicht getan. Wenn die Verbraucher kein Vertrauen haben, kaufen sie nichts mehr. Wenn die Unternehmen kein Geld mehr einnehmen, schlittern sie noch tiefer in die Krise. Wenn die Unternehmen dadurch immer weniger Steuern zahlen und die Arbeitslosenzahlen steigen, wird es für die Regierungen immer teurer.

Mit massiven Konjunkturprogrammen steuerten die Staaten gegen.

Die USA legten im März 2009 ein insgesamt 955 Milliarden Dollar schweres Konjunkturpaket auf (damals 740 Milliarden Euro). Es war das größte, staatliche Konjunkturpaket in der Geschichte der USA. Zusätzlich wurde ein Rettungspaket zur Stabilisierung der Finanzmärkte in Höhe von 700 Milliarden Dollar aufgelegt (543 Milliarden Euro), von dem später über 400 Milliarden tatsächlich eingesetzt wurden (siehe Abbildung 5 *Die Staaten greifen ein*).[90]

In Großbritannien beliefen sich die Unterstützungen auf 530 Milliarden Pfund (660 Milliarden Euro), wobei gut die Hälfte an die Banken floss, um für ausfallgefährdete Vermögensgegenstände geradezustehen. Ebenso wurden Banken teilverstaatlicht, um das Eigenkapital der Institute zu stützen.

China merkte ebenfalls, dass es sich als Exportnation nicht ganz von der Weltkonjunktur abkoppeln konnte. Das Reich der Mitte legte 2009 ebenfalls ein gigantisches Konjunkturpaket auf. 131 Milliarden Euro investierte der Staat direkt, mehr als 300 Milliarden sollten die Banken an zusätzlichen Krediten vergeben, damit die Wirtschaft wieder in Fahrt kam.

---

90 Um die Vergleichbarkeit zu gewährleisten, geben wir die Volumina aller Rettungsmaßnahmen in Euro an.

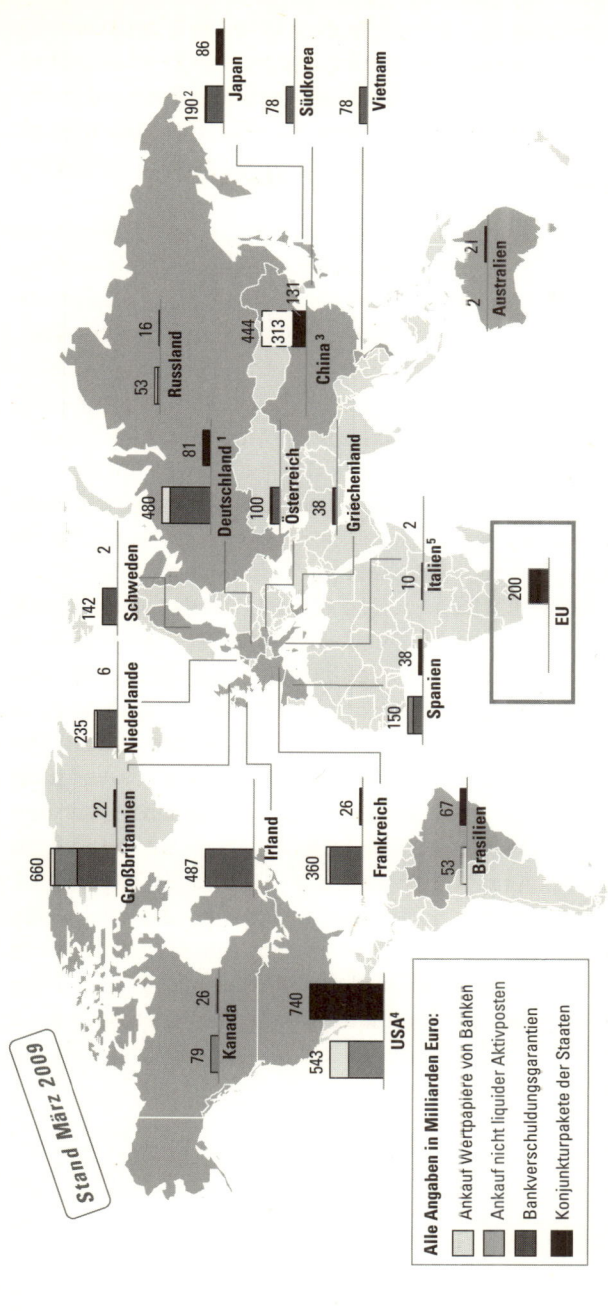

Stand März 2009

Japan	86	190²	
Südkorea	78		
Vietnam	78		
Australien	2	2 / 2	
Russland	53	16	
Deutschland¹	480	81	
China³	444	313	131
Österreich	100		
Griechenland	38		
Schweden	142	2	
Italien⁵	10	2	
Niederlande	6		
EU	200		
Spanien	150	38	
Großbritannien	660	235 / 22	
Irland	487		
Frankreich	360	26	
Brasilien	53	67	
Kanada	79	26	
USA⁴	543	740	

Alle Angaben in Milliarden Euro:

- Ankauf Wertpapiere von Banken
- Ankauf nicht liquider Aktivposten
- Bankverschuldungsgarantien
- Konjunkturpakete der Staaten

1. Davon 80 Milliarden Euro Eigenkapitalhilfen (Rekapitalisierung und Risikoübernahme durch Erwerb von Problemkrediten gegen Gesellschaftsanteile)
2. Von der Zentralbank bereitgestellte zusätzliche Liquidität
3. Gesamtes China-Paket umfasst 4 Billionen Yuan, aber nur 1,18 davon werden vom Staat zur Verfügung gestellt
4. Inkl. 168 Milliarden US-Dollar aus dem am 13. Februar 2009 verabschiedeten Konjunkturprogramm
5. Ein Paket in Höhe von ca. 60 Milliarden Euro wurde von der Regierung bekanntgegeben, dieses war aber aber schon Teil des Budgets

Anmerkung: Stand 3. März 2009; mit dem Wechselkurs vom 6. Februar 2009 in Euro umgerechnet
Quelle: Presserecherche (Handelsblatt; Financial Times; Der Spiegel; Reuters; Bloomberg)

Abbildung 5: Die Staaten greifen ein

Deutschland mobilisierte mehr als 400 Milliarden Euro für die Bankenrettung. Den Großteil als Bank-Garantien und ein Viertel direkte Eigenkapitalhilfe – der 25-prozentige Anteil an der Commerzbank machte von Letzterem den Großteil aus. Ein Konjunkturpaket von mehr als 70 Milliarden Euro (damals fast 90 Milliarden Dollar) wurde verabschiedet.

Frankreichs Regierung investierte mehr als 300 Milliarden Euro (464 Milliarden Dollar), um den Banken zweifelhafte Papiere abzunehmen, und stieg bei einigen Banken ein. Selbst die EU verabschiedete ein 200 Milliarden Euro (258 Milliarden Dollar) schweres Konjunkturprogramm.

Weltweit summierten sich die Banken-Rettungsprogramme auf mehr als 5 Billionen Euro, hinzu kamen Konjunkturpakete zur Ankurbelung der Realwirtschaft von mehr als 2 Billionen Euro.[91]

Das Geld der Staaten floss in die Wirtschaft. Und die stotternde Maschine sprang wieder an. Schon Mitte 2009 gab es erste Lichtblicke am Horizont.

Dies galt besonders für Deutschland. Zu Beginn des Jahres 2009 stützten Aufträge aus China im Wert von mehr als 10 Milliarden Dollar die deutsche Wirtschaft. Gegen den Trend – insgesamt brachen die Exporte 2009 um 18 Prozent ein – nahmen die deutschen Exporte nach China um 7 Prozent zu; insgesamt wurden 2009 Waren im Wert von 36,5 Milliarden Euro in die Volksrepublik verkauft. China hat sich in den vergangenen Jahren zu einem der wichtigsten deutschen Handelspartner entwickelt; noch vor zehn Jahren machten die Exporte nach China nur 1,4 Prozent aus. Inzwischen hat sich der Anteil mehr als verdreifacht und China rangiert in der Liste der wichtigsten Handelspartner Deutschlands auf dem fünften Rang. Nicht nur Autos aus deutscher Produktion erfreuten sich großer Beliebtheit, auch der Maschinenbau profitierte von der hohen Nachfrage.

91 Vgl. auch die Aufstellungen bei Hans-Werner Sinn: *Kasino Kapitalismus: Wie es zur Finanzkrise kam, und was jetzt zu tun ist*, Econ, Berlin 2009, S. 212 und S. 229, sowie Lothar Kamp: *Finanzkrise – Ursachen, Wirkungen, Rettungspakete und Regulierung*, Hans Böckler Stiftung, September 2009 (Aktualisierung vom Dezember 2009 abrufbar unter: http://www.boeckler.de/pdf/bb_folien_finanzmarktkrise.pdf)

Damit war Deutschland durch seine Exportstärke vor dem Schlimmsten bewahrt worden. Doch es lag nicht nur am Export. Politik und Wirtschaft haben schnell (und angemessen) auf die Krise reagiert, insbesondere durch die flexible Handhabung der Kurzarbeit, die es Betrieben ermöglicht, ihre Kapazität gemäß den Konjunkturschwankungen anzupassen, ohne Mitarbeiter entlassen und wieder einstellen zu müssen.

Car Wars

Nach den Banken war vor allem die Automobilindustrie von der Krise am meisten betroffen. Wenig verwunderlich, ist doch das Auto nach der Immobilie das zweitteuerste Objekt, das sich ein Normalbürger leistet. So hatte die Branche unter der Krise besonders zu leiden.

Vor allem in den USA sah es für die Autoindustrie düster aus. Chrysler und General Motors gingen in 2009 in die Insolvenz. Um die heimische Autoindustrie zu schützen, verhängte die US-Regierung im September Strafzölle gegen China. Gleichzeitig gab es Beschränkungen für den Kohlendioxid-Ausstoß, die allerdings nicht auf der Ausstoßmenge oder Schadstoffdichte basierten, sondern auf Achsenabstand und Spurbreite. Dies begünstigte die großen US-Modelle. Der damalige Porsche Chef Michael Macht sprach daraufhin von einem »schon fast geführten Wirtschaftskrieg«.[92]

In Deutschland sah es nicht besser aus. Noch nie seit der Wiedervereinigung waren in Deutschland so wenig Autos verkauft worden. Die Neuzulassungen brachen zum Ende des Jahres 2008 um 18 Prozent ein. Zehntausende gingen in Kurzarbeit. Opel schlitterte knapp an der Insolvenz vorbei und sorgte für viel Streit in der Politik, ob ein Autokonzern nicht wegen der viele Arbeitsplätze eher gerettet werden sollte als eine Bank.

Das Krisenmanagement der Bundesregierung funktionierte sehr gut. Die von der schwarz-roten Bundesregierung eingesetzte Abwrackprämie brachte den Autohändlern Rekordabsätze mitten in der Krise. Mit einem Etat von 5 Milliarden Euro für die als »Umwelt-

---

92 Süddeutsche Zeitung online: *Porsche-Chef Macht zu US-Plan: ›Schon fast ein Wirtschaftskrieg‹*, 25. Februar 2010

prämie« bezeichnete Konjunkturförderung kamen rund 800 000 Antragsteller in den Genuss eines staatlichen Zuschusses von 2 500 Euro für die Anschaffung eines Neuwagens. Zwischen Januar und August 2009 wurden mehr als 2,6 Millionen Fahrzeuge verkauft – ein Plus von 26,8 Prozent gegenüber dem Vorjahreszeitraum. Gekauft wurden bevorzugt kleinere, sparsamere Modelle, nicht nur aus deutscher Produktion – mit dem Nebeneffekt, dass sich die Marktanteile im deutschen Automobilmarkt zugunsten ausländischer Hersteller verschoben.

Auch in Frankreich pumpte die Regierung Milliarden in die Automobilbranche. Und Staatspräsident Sarkozy fiel durch protektionistische Töne auf:

»Es ist gerechtfertigt«, sagte er, »wenn Renault eine Fabrik in Indien baut und die dort produzierten Wagen auf dem indischen Markt vertreibt; aber es ist nicht zu rechtfertigen, wenn ein Hersteller, dessen Namen ich nicht nennen will, eine Fabrik in der Tschechischen Republik baut und die Autos in Frankreich verkauft.«[93] So versuchte er die Milliardenhilfe an die Zusage zu binden, nur im Ausland Arbeitsplätze abzubauen. Auch wenn die Maßnahmen der USA und Frankreichs klar protektionistische Züge hatten, brachte die Krise glücklicherweise sehr viel weniger protektionistische Maßnahmen hervor, als man bei Krisenausbruch befürchtet hatte. Die Politik hat zumindest diese Lektion aus der Großen Depression gelernt.

3.14 Die Banken spielen weiter

In den USA nahm die Bankenbranche wieder Fahrt auf. »Bab«, hieß es fröhlich an der Wall Street – »Bonuses are back«. Einige der Wall-Street-Häuser planten sogar noch höhere Boni als im Rekordjahr 2007. Was Karl Steinberg später in der *Financial Times* zu dem Kommentar brachte, dass die Banken nun ganz im Sinne Marx' han-

---

93 Spiegel Online International: *Europeans Fear Wave of Protectionism*, 11. Februar 2009

deln würden: Die Arbeiter (also Angestellten) bekämen alles und die Eigentümer bekämen nichts.[94]

Es war also alles fast wieder wie früher. Dass gleichzeitig mit Commercial Investment Trust (CIT) einer der größten Mittelstandsfinanzierer der USA in Konkurs ging, eine Bankpleite, die nur vom Untergang von Lehman Brothers übertroffen wurde und die den US-Steuerzahler noch einmal Milliarden kostete, schien niemanden zu stören.[95] Die Fed hatte mit ihrem milliardenschweren Programm erst einmal für Ruhe gesorgt.

Tatsächlich haben die Banken, statt ihre Verluste zu realisieren, die Vermögenswerte in der Hoffnung behalten, dass Wirtschaft und Immobilienmarkt sich erholen werden. Teilweise ging das gut, weil die Vermögenswerte zum Teil wieder ihren alten Wert erreichten, teilweise wurde das Problem nur aufgeschoben und Verluste einfach nicht realisiert.

Ein Kommentar in der *Financial Times* vom Juni 2009 beschreibt, wie J.P. Morgan das »Term Asset Backed Securities Loan Facility«-Darlehen zurückzahlte, mit dem die Bank von der Regierung auf dem Höhepunkt der Krise gestützt worden war.[96] Der Autor kommt zu dem Schluss, dass das wichtige Finanzinstitut von jeglicher Stabilität weit entfernt war. Alle Schlüsselindikatoren – Leverage, Risikokapital und Qualität der Vermögenswerte – wiesen darauf hin, dass die führenden Banken sich nicht in jener Verfassung befänden, die vom IWF und von anderen Institutionen verlangt wird und eine langfristige Stabilität des Finanzsektors gewährleisten könnte. Einige Beobachter, etwa George Soros, äußerten die Meinung, die amerikanischen Banken seien »im Grunde bankrott«,[97] manche halten auch nach der starken Erholung der Finanzmärkte an dieser Ansicht fest. Die auf dem Höhepunkt der Krise gelockerten Bilanzierungsvorschriften bestehen bis heute.

---

94 »Banks had reached communist perfection. The workers took home everything; the capital holders were left with nothing.« Karl Sternberg: *Marx would have been proud of bankers*, in: Financial Times, 15. November 2012

95 Spiegel Online: *CIT Pleite kostet Steuerzahler Milliarden*, 2. November 2009

96 Financial Times: *Lex Column: Banks – The New Healthy*, 11. Juni 2009

97 Bloomberg News: *Soros Says 'Basically Bankrupt' Banks Restrain U.S.*, 5. Oktober 2009

Kurz gesagt: Banken sehen solider aus, als sie es sind, denn ihre Vermögenswerte sind weniger wert, als sie behaupten.

So war noch längst nicht überall aufgeräumt. Dennoch: Laut den äußeren Anzeichen schien die Krise überwunden. Am 9. März 2009, dem Höhepunkt der Konjunkturprogramme, hatte der Euro Stoxx 50 seinen Tiefpunkt bei 1810 Punkten erreicht, Ende 2009 stieg er wieder auf fast 3000 Punkte. Der DAX erholte sich von 3666 Punkten am 6. März 2009 auf nahezu 6000 Punkte am Ende des Jahres. Und auch der Dow Jones stieg von 6547 in jenem Krisen-März auf 10428 Punkte am Ende des Jahres.

Eigentlich sah alles wieder gut aus.

3.15 2010: Die Staaten verheben sich

2010 konnte die Welt sich freuen. Man hatte aus den Krisen der Vergangenheit gelernt und durch beherztes Eingreifen und gemeinsames Handeln eine neue Weltwirtschaftskrise verhindert. Die Staaten haben kooperiert und es kam nicht zu einem Wettlauf des Protektionismus, von einigen kleineren bereits erwähnten Ausrutschern abgesehen. Doch die Kosten der Rettung waren enorm. Und so war es nur eine Frage der Zeit, bis man sich die Frage stellte: Können sich die Staaten das alles eigentlich leisten? Und die Antwort war ernüchternd: Nein.

Denn die Staaten gingen keineswegs mit soliden Bilanzen in die Krise. Schon seit Jahrzehnten hatte die Politik bei jedem kleineren Konjunkturproblem die Wirtschaft mit neuen Ausgabenprogrammen gestützt. Und auch die wahren Kosten von Kriegen (USA) und Sozialstaat (Europa) wollte man den Bürgern nicht in Rechnung stellen. Als Roosevelt mit dem »New Deal« in den 1930er Jahren die Wirtschaft in den USA stabilisierte, startete er mit einem fast schuldenfreien Staat. Wir hingegen lagen 2009 fast überall schon über der Grenze von 60 Prozent Staatsschulden relativ zum Bruttoinlandsprodukt. Und jene Länder, die noch darunter lagen, sollten nun zum Teil mit enormer Geschwindigkeit aufholen. Es war nur eine Frage der Zeit, bis aus der Finanz- und Wirtschaftskrise eine Staatsschuldenkrise wurde.

Den Auftakt machte Griechenland, welches auch ohne Krise in der Weltwirtschaft Pleite gegangen wäre, denn seine Probleme sind alle hausgemacht.

Noch im Frühjahr 2009 meldete Griechenland einen staatlichen Fehlbetrag von 3,7 Prozent des Bruttoinlandsprodukts nach Brüssel, also nur geringfügig mehr als die erlaubten 3 Prozent. Nach dem Regierungswechsel korrigierte die neue sozialistische Regierung den Fehlbetrag auf stattliche 12,7 Prozent! Im Nachhinein wurden daraus sogar noch 15,6 Prozent. Zwar gab es schon immer Tricksereien der Griechen bei den Statistiken, und wie man weiß, ist das Land nur durch falsche Zahlen in die Eurozone aufgenommen worden – wobei auch die anderen Staaten, allen voran Deutschland, mit Absicht nicht so genau hingeschaut hatten. Doch ein Defizit in dieser Größenordnung sorgte für Panik in Brüssel und auf den Finanzmärkten. Standard & Poor's stufte die Bonität von Griechenland herab, und schon Ende 2009 gab es Spekulationen über eine Staatspleite. Griechische Anleihen verteuerten sich dramatisch, der Euro gab nach. »Was die Griechen sich geleistet haben, ist im Grunde Betrug an der europäischen Bevölkerung«, sagte der designierte, deutsche EU-Kommissar Günther Oettinger damals.[98]

Die »Wiege Europas« bekam allerdings keine Sanktionen, obwohl sie gegen alle Maastricht-Kriterien verstoßen hatte. Stattdessen bekam sie eine Gnadenfrist von zwei Jahren, um ihre maroden Staatsfinanzen wieder in den Griff zu bekommen, überwacht von Brüssel. Geld gab es noch keines.

Griechenland hatte zwei Jahre Zeit, doch die Finanzmärkte und Geldgeber hatten diese Geduld nicht. Griechenland hatte es immer schwerer, sich neues Geld an den Anleihemärkten zu besorgen. So beschloss das Land diverse Sparpakete, die insoweit Wirkung zeigten, dass griechische Staatsanleihen kurzzeitig wieder attraktiv für Anleger wurden. Doch das war nur eine Verschnaufpause, keineswegs die Lösung.

Im März 2010 beschloss die Eurogruppe ein Hilfspaket freiwilliger bilateraler Kredite. Lange hatten sich die Euroländer dagegen gesträubt, doch jetzt stand Griechenland mit dem Rücken zur Wand.

---

98 Siehe auch: Financial Times: *Griechenland unter Trickserei Verdacht*, 12. Januar 2010

Gewährt werden sollten die Kredite nur im äußersten Notfall, wenn die Lage in Griechenland den Euro als Währung gefährden sollte. EU-Kommissions-Präsident Barosso drängte zu entschlossenerem Handeln bezüglich Griechenland, wahrscheinlich weil er schon wusste, dass sein Heimatland Portugal der nächste Pleitekandidat war. Sarkozy und Merkel setzten durch, den Internationalen Währungsfonds (IWF) mit einzubeziehen, um von dessen Erfahrung mit Staatsschuldenkrisen zu profitieren und um nicht alles allein bezahlen zu müssen. Damit war die berühmte »Troika« geboren, die, bestehend aus IWF, EU-Kommission und EZB, den Reformfortschritt in Griechenland überwachen sollte.

Das Hilfspaket für Griechenland sollte im ersten Jahr ein Volumen von 30 Milliarden haben.[99] Zwei Drittel davon übernahmen die Euroländer, ein Drittel der IWF. Der deutsche Teil an dem Paket betrug 8,4 Milliarden Euro.[100] Im April beantragte Griechenland das Hilfsprogramm, das von einem harten Sanierungskurs begleitet sein sollte. Im gleichen Monat stufte Standard & Poor's Griechenland auf Junk-Status herab.

Griechenland begann zu sparen, jedoch mit verheerenden Wirkungen für die Wirtschaft, die einen Einbruch erlebte, der durchaus mit einer Großen Depression vergleichbar ist. So wundert es nicht, dass nach einer Reihe von Krisensitzungen im Februar 2012 ein zweites Rettungspaket für Griechenland mit Hilfen von 130 Milliarden Euro beschlossen wurde. Die privaten Gläubiger wurden zu einem »freiwilligen« Verzicht auf 53,5 Prozent ihrer Forderungen genötigt. Diese Beteiligung privater Gläubiger ist richtig, denn letztlich haben diese Anleger vorher mit den Anleihen gutes Geld verdient und wussten, dass es nicht risikolos ist. Schließlich geht mit jeder Anlage, die eine hohe Rendite verspricht, auch ein höheres Risiko einher. Dennoch hatte der Beschluss der Beteiligung der privaten Gläubiger die Folge, dass die Anleger Staatsanleihen jetzt sehr viel kritischer sa-

99 *Statement on the support to Greece by Euro area Members States*, Brüssel, 11. April 2010 (abrufbar unter: http://eurozone.europa.eu/media/ 596698/statement_on_support_ to_greece_11_april_ 2010.pdf)

100 Zur Chronologie der Griechenland-Krise siehe auch: Tagesschau: *Griechenlands Weg in die Krise* (abrufbar unter: http://www.tagesschau.de/wirtschaft/ griechenland640.html)

hen und dass die Anleihen anderer Staaten unter Druck gerieten. Die Investoren sahen das Risiko, auch hier Verluste zu erleiden. Der Schuldenschnitt für Griechenland machte allen klar, dass es keine risikofreien Staatsanleihen mehr gibt.

Es blieb nicht bei Griechenland. Schnell fiel auf, dass es noch mehr Problemkinder in der Eurozone gibt. Die Rede ist von Portugal, Irland, Italien und Spanien, die von den Finanzmärkten zusammen mit Griechenland als »PIIGS« bezeichnet werden. Auch wenn bis jetzt nur Griechenland, Portugal und Irland unter den Rettungsschirm geflüchtet sind und mit unterschiedlichen Problemen zu kämpfen haben, so haben sie doch eines gemein: die Fähigkeit, ihre Staatsschulden zu bedienen, wird immer mehr bezweifelt. Zu Recht.

Auch Großbritannien, Japan und die USA kämpfen mit hohen Schulden und enormen Defiziten von bis zu 10 Prozent des Bruttoinlandsprodukts. Als direkte Folge der Krise und dem Versuch, die negativen Wirkungen der geplatzten Blase aufzufangen. Die Geschichte zeigt, dass die Staatsschulden nach einer Bankenkrise im Schnitt um 86 Prozent steigen.[101] Diesmal wäre dies verheerend. Die Schulden der westlichen Welt sind bereits viel zu hoch.

3.16 Der Druck musste weg – und kam zurück

Wir haben zu Beginn erklärt, dass das System des Kapitalismus für beständigen Druck im Kessel sorgt. Druck, seine Schulden zurückzuzahlen, Druck, mehr zu arbeiten, und Druck, besser und innovativer zu werden. Die westlichen Staaten haben sich entschieden, diesen Druck aufzuweichen. Sie haben in den letzten 30 Jahren massiv die Verschuldung erhöht, um den Bürgern keine Steuererhöhungen oder Ausgabenkürzungen zumuten zu müssen. In den USA hat die Regierung den mittleren und unteren Einkommensklassen, sozusagen als »Ersatz« für höhere Löhne, Häuser versprochen und dafür eine der größten Blasen aller Zeiten kreiert. Dann kam der Crash. Und die Staaten nahmen noch einmal Schulden auf, um die Wirtschaft zu retten. Und jetzt sind die Staaten selbst unter Druck. Waren es erst

---

101 Carmen M. Reinhart, Kenneth S. Rogoff: *The aftermath of financial crisis*, NBER Working Paper No. 14656, Januar 2009

die Hausbesitzer, an deren Bonität man zweifelte, dann die Banken und Hypothekenbanken, die Zweckgesellschaften, die Versicherungen und schließlich auch die Unternehmen, sind es jetzt die Staaten selbst.

Und der Druck ist gewaltig. Denn die Märkte sind nicht bereit, den Staaten weiterhin das Geld für ihre exzessiven Schulden zur Verfügung zu stellen. Und es ist keiner da, der den Druck reduzieren oder die Bombe entschärfen könnte. Schauen wir uns an, wo wir nach 30-jährigem Verschuldungsboom und akuter Krise stehen.

4
Der Kaiser ist nackt

»Zunächst, lasst uns darüber im Klaren
sein, dass es sich hier um ein Ereignis
handelt, das einmal in einem halben
Jahrhundert, vielleicht einmal in einem
Jahrhundert auftritt.«

*Alan Greenspan (Vorsitzender der Federal
Reserve von 1987–2006) über die
Finanzkrise im Jahr 2008*[102]

»In den meisten Staaten des Altertums,
deren Geschichte in einiger Anschaulichkeit
erhalten ist, entstanden die größten
Unruhen aus allgemeiner
Privatverschuldung ...«

Barthold Georg Niebuhr[103] *(Deutscher
Historiker 1776–1831)*

4.1 Des Kaisers neue Kleider

In Hans Christian Andersens Märchen *Des Kaisers neue Kleider*
lässt sich ein Kaiser von zwei Betrügern für viel Geld neue Kleider
nähen. Diese erzählen ihm, dass die Kleider, die sie herstellen, nur
von Personen gesehen werden, die ihres Amtes würdig sind. Der
dumme Pöbel würde die schönen Kleider nicht erkennen. In Wirklichkeit verkaufen die beiden Schneider dem Kaiser nicht existierende
Kleider für teures Geld. Die Untertanen loben die neuen Kleider des
Kaisers und preisen deren Stoff und Fertigung. Keiner wagt, dem
Kaiser zu widersprechen, und keiner will als dumm dastehen. Das

---

102 Am 14. September 2008 in der Sendung *This Week* des Fernsehsenders
ABC, engl.: »First of all, let's recognize
that this is a once-in-a-half-century,
probably once-in-a-century type of
event.«

103 In: Niebuhr, Barthold Georg: *Römische
Geschichte, Erster Theil*, Berlin 1811,
S. 394

wiederum bestärkt den Kaiser in dem Glauben, dass seine Kleider nicht nur wirklich existieren, sondern dass sein Hofstaat besonders feinsinnig und würdig ist, da alle seine Kleider erkennen. Die Illusion platzt schließlich, als ein Kind ausruft: »Der Kaiser ist nackt!«

4.2 Das Ticken der Schuldenbombe

Der Druck musste weg. Und weniger Druck wurde durch immer mehr Schulden erkauft. So ist das, was wir derzeit erleben, weit mehr als eine Finanzkrise, ausgelöst durch schlechte Hypotheken und Banken, die mit zu geringem Eigenkapital ein zu großes Rad gedreht haben. Eine lange Phase stetigen Kreditwachstums kommt zu ihrem Ende. Seit Anfang der 1980er Jahre ist das Kreditvolumen in der westlichen Welt schneller gestiegen als das Einkommen. Dies gilt vor allem für Großbritannien und die USA, und für einige Länder Europas nach Einführung des Euro. Da diese Entwicklung mit einem Anstieg der Vermögens-, hauptsächlich der Immobilienwerte einherging, wurde sie von vielen Experten als unbedenklich eingestuft. So vertrat John Lipsky – damals Chefvolkswirt von J.P. Morgan Chase, danach Direktor beim IWF – noch 2003 bei einem Vortrag die Auffassung, die steigende Verschuldung der US-Haushalte sei kein Problem, da die Immobilienwerte schneller stiegen als die Schulden. Nach dem Vortrag stiegen die Immobilienpreise noch drei weitere Jahre, bis sie schließlich mehr als doppelt so teuer waren wie die durchschnittlichen Preise der letzten 100 Jahre.[104] Finanziert wurde das mit immer mehr Schulden.

Privatleute, Unternehmen, aber auch Staaten können nicht beliebig viele Schulden aufnehmen. Irgendwann ist ihre Kreditwürdigkeit erschöpft und sie bekommen keine Kredite mehr.

Als der Immobilienmarkt in den USA einbrach, wurde offensichtlich, dass es keinen Automatismus zur Wohlstandsvermehrung aus dem Nichts gibt. Die Vermögenswerte verfielen – zwischen Sommer

---

104 Piketty, Thomas; Zucman, Gabriel: *Capital Is Back: Wealth-Income Ratios in Capital-Rich Countries 1870–2010*, Präsentation an der Paris School of Econo- mics im Oktober 2012 (abrufbar unter http://www.parisschoolofeconomics.eu/ docs/zucman-gabriel/piketty zucman2012slidesoctober.pdf)

2007 und Frühjahr 2009 sank das Vermögen der US-Haushalte um geschätzte 17,5 Billionen Dollar oder 26,5 Prozent.[105] Die Schulden blieben bestehen und mussten nun aus Einkommen und nicht über stetigen Vermögenszuwachs bedient werden. Denn der Traum von der ewigen Wertsteigerung war ausgeträumt. Immobilien konnten nicht für immer mehr Kredite beliehen werden. Stattdessen musste gespart werden. Die Sparquote sprang im Mai 2009 auf 6,7 Prozent des verfügbaren Einkommens, was einem Nachfragerückgang von fast 500 Milliarden Dollar entspricht.

Bereits vor Krisenausbruch erreichte die Schuldenlast der Regierungen, Nichtfinanzunternehmen und privaten Haushalte ein bisher ungekanntes Niveau. Von 2000 bis 2007 erhöhte sich die Verschuldung in den USA von 20 Billionen US-Dollar (199 Prozent des BIP) auf 35 Billionen Dollar (250 Prozent) und in Europa von 14 Billionen Euro (199 Prozent) auf 20 Billionen Euro (226 Prozent). Seit Beginn der Krise ist die Gesamtverschuldung noch weiter angestiegen, weil Regierungen und Zentralbanken versuchen, die unvermeidliche, schmerzvolle Anpassung zu verzögern. In den USA stieg die Gesamtverschuldung bis 2011 um weitere 6 Billionen Dollar auf 273 Prozent des BIP und in Europa um 4 Billionen Euro auf 260 Prozent des BIP an.[106] Die Schulden sind damit fast so hoch wie die globale Wirtschaftsleistung in einem Jahr: 70 Billionen Dollar.[107]

Eine Schuldenkrise mit noch mehr Schulden zu bekämpfen ist allerdings keine Lösung. Diese neuen Schulden helfen zwar den Altschuldnern, ihre Schulden zu bedienen. Sie sind aber noch weniger durch Einkommen und Eigentum gedeckt.

105 U. S. Government: *Budget of the US Government Fiscal Year 2011*, Washington 2010 (abrufbar unter: http://www.gpo.gov/fdsys/pkg/BUDGET-2011-BUD/pdf/BUDGET-2011-BUD.pdf)

106 Siehe auch: Daniel Stelter: *Niemand bleibt ungeschoren*, in: *Financial Times Deutschland*, 10. August 2011. Daten wurden aktualisiert auf den Stand Ende 2011 (Daten für 2012 liegen gesamthaft noch nicht vor); die makroökonomischen Daten der EU basieren, soweit nicht anders angegeben, hier und im Folgenden auf Eurostat, die der USA auf den Publikationen des Federal Reserve; alle weiteren Daten stammen von den nationalen Zentralbanken bzw. Statistikämtern.

107 Daten der Weltbank

Der Kaiser ist nackt. Diese unangenehme Wahrheit erreicht auch ganz langsam die Köpfe der Politiker. Nach fünf Jahren Krise dämmert den führenden Persönlichkeiten in den westlichen Ländern, dass dieses Mal in der Tat alles anders ist. Wir erleben keine normale, etwas stärkere Rezession, sondern das Ende eines dreißigjährigen Superzyklus, in dessen Verlauf sowohl der öffentliche als auch der private Sektor hohe Kredite aufgenommen haben, um Abschwünge abzumildern und das Wachstum zu stützen. Jede unangenehme Situation wurde mit neuen Krediten bekämpft. Die Löhne steigen nicht mehr wegen der neuen Wettbewerber aus China? Kein Problem, lasst uns billige Kredite verteilen. Der Sozialstaat ist zu teuer und wir können die Steuern nicht weiter erhöhen? Kein Problem, lasst uns mehr Schulden machen!

Der Untergang der Planwirtschaften des Ostens hatte einen wesentlichen Grund: das Fehlen einer Budgetrestriktion. Geld konnte ja beliebig geschaffen werden. Zu lange glaubten Politiker und Bürger, dass es auch für uns keine Grenze gäbe und sich jede Lücke durch Schulden schließen ließe. Damit gab es keine Verteilungskonflikte. Nun wird es umso schmerzvoller.

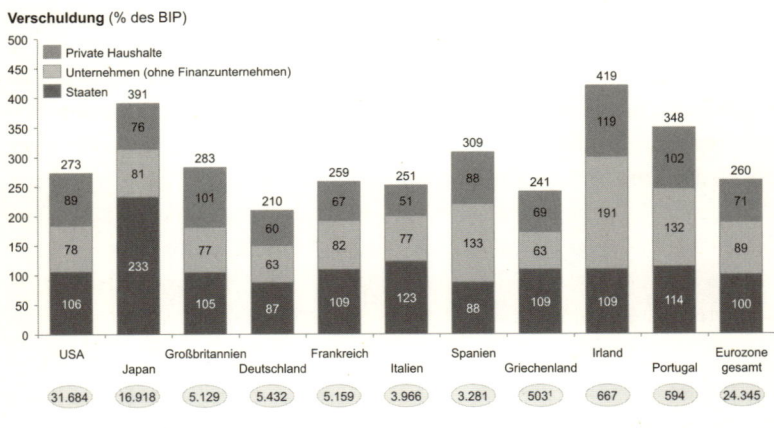

Verschuldung (% des BIP)

Gesamtverschuldung in Billionen Euro

1. Nach Schuldenschnitt
Anmerkung: Daten für 2011; Schulden sind die unkonsolidierten gesamten Verbindlichkeiten pro Sektor zu Marktpreisen (bei Unternehmen nur Kredite)
Quelle: Eurostat; Zentralbanken der Länder; Thomson Reuters Datastream

Abbildung 6: Der Kaiser ist nackt

Die Abbildung 6 *Der Kaiser ist nackt* zeigt eindrücklich die Dimension des Schuldenproblems. In allen Staaten liegt die Verschuldung auf einem für Friedenszeiten einmaligen Niveau. Zugleich wird deutlich, dass es sich keineswegs nur um ein *Staats*schuldenproblem handelt! Vielmehr ist es auch ein Problem des Privatsektors. In Spanien, Portugal und Irland sind die Schulden der Nichtfinanzunternehmen und der Privathaushalte größer als die des Staates.

Dieser Betrachtung könnte man entgegenhalten, dass auch die Vermögen in diesem Zeitraum zugenommen haben. In der Tat zeigen Studien parallel zum Anstieg der Schulden auch einen Anstieg der Vermögen, sicherlich nicht zuletzt durch günstige Zinsen und immer mehr Verschuldung getrieben. Legt man die langfristige Relation von Vermögen zu Nationaleinkommen von 400 Prozent zugrunde, zeigt sich, wie nahe wichtige Volkswirtschaften dem Punkt sind, wo bei realistischer Bewertung der Vermögenswerte eine Überschuldung vorliegt. Die Schulden übersteigen dann das Vermögen.[108] Es handelt sich in den westlichen Ländern nicht um ein Liquiditätsproblem, sondern um ein Solvenzproblem – wir sind pleite.

In zahlreichen Industrieländern müssen die Staaten, die privaten Haushalte und die Unternehmen nun ihre Verschuldung reduzieren. Dies führt zu einer schwächeren Nachfrage und einem geringeren Wachstum.

Eine solch bösartige Wahrheit möchte niemand aussprechen – es fehlen uns die ehrlichen Kinder, die darauf hinweisen, dass der Kaiser nackt ist. Die Politik hangelt sich von einem Rettungspaket zum nächsten, um Zeit zu kaufen, ohne zu wissen, wie man die gewonnene Zeit nutzt. Es geht nur darum, das Problem an den Nachfolger und die nächste Generation weiterzureichen. Wir bezweifeln, dass es noch einmal gelingen wird. Die Verschuldungskapazität des Westens ist erschöpft und es wird immer schwerer, noch jemanden zu finden, der verschuldungsfähig und -bereit ist. Es gibt keinen nächsten Schuldner.

---

108 Siehe dazu: Thomas Piketty, Gabriel Zucman: *Capital Is Back: Wealth-Income Ratios in Capital-Rich Countries 1870–2010*, Präsentation an der Paris School of Economics im Oktober 2012 (abrufbar unter http://www.parisschoolofeconomics.eu/docs/zucman-gabriel/pikettyzucman 2012slidesoctober.pdf). Die Autoren zeigen die Entwicklung der Vermögenswerte einiger Volkswirtschaften auf. Der Anstieg der Vermögenswerte erfolgt parallel zum Schuldenboom seit 1980, zeigt also die Überbewertung aufgrund billiger Kredite.

4.3 Alles kommt wieder

Mark Twain soll gesagt haben: »History may not repeat itself, but it rhymes a lot.« (Geschichte wiederholt sich zwar nicht, aber sie reimt sich oft.) Es ist nicht das erste Mal in der Geschichte, dass der Schuldenüberhang in einer Volkswirtschaft abgebaut werden muss. Während der Weltwirtschaftskrise sank die Verschuldung der US-Haushalte von 1929 bis 1933 nominal um mehr als ein Drittel.

50 Jahre später in Japan wiederholte sich Ähnliches: Die japanischen Unternehmen, die den Verschuldungsboom in den 1980er Jahren verursacht haben, bauten zwischen 1991 und 2001 ihre Schuldenlast – relativ zum BIP – um rund 30 Prozentpunkte ab. In beiden Fällen hatte dieses »Deleveraging« erhebliche negative Auswirkungen auf das Wachstum der Volkswirtschaft: Es verursachte den Absturz in die Depression in den 1930er Jahren und das erste von mittlerweile zwei »verlorenen Jahrzehnten« in Japan. Auch bei uns werden in absehbarer Zukunft die Wachstumsraten angesichts der engen Verbindung zwischen Kreditwachstum und Verbraucherausgaben deutlich geringer sein als in den vergangenen Jahren.

Einen Vorgeschmack auf die Folgen des Schuldenabbaus haben wir seit 2007 bekommen. Wir haben gesehen, was passiert, wenn Vermögenswerte, die als Sicherheit dienen, im Preis fallen. Die ausstehenden Schulden führen zu ersten Zwangsverkäufen, ein weiterer Preisverfall setzt ein, und damit wächst der Druck auf weitere Schuldner, ebenfalls zu verkaufen, um ihre Schulden zu bedienen. Die Folgen sind verheerend: So überstieg Ende 2009 bei 11,3 Millionen Wohnhäusern in den USA die Hypothekenschuld den Wert des Hauses. Dies entspricht 24 Prozent des Gesamtbestands aller Häuser in den USA.[109]

Welche katastrophale Eigendynamik dabei entstehen kann, zeigen die Analysen von Irving Fisher, der genau diese Entwicklung in den 1930er Jahren analysierte. Geprägt von den Erfahrungen der Großen Depression entwickelte Fisher die »Debt-Deflation Theory of Great Depressions«, in der er den Zusammenhang zwischen Schulden und schweren Wirtschaftskrisen zusammenfasste.

---

109 Bill McBride: *Q4 Report: 11.3 Million U.S. Properties with Negative Equity*, in: *Calculated Risk Blog*, 23. Februar 2010 (abrufbar unter: http://www.calculatedriskblog.com/)

Nur wenige Wochen vor dem »Schwarzen Freitag« im September 1929 hatte Irving Fisher zuversichtlich vom »permanent hohen Niveau« der Börse gesprochen. Der große Yale-Ökonom konnte sich fallende Aktienkurse einfach nicht vorstellen. Dies klingt sehr vertraut. Auch während des Immobilienbooms in den USA glaubte man, die Hauspreise würden niemals fallen. Und auch zur Jahrtausendwende war man der Ansicht, dass Internetaktien nur eine Richtung kennen würden: nach oben.

Dies ist übrigens kein Phänomen des 20. Jahrhunderts. Wir erwähnten bereits die Tulpenmanie im 17. Jahrhundert, wo alle dachten, die Preise für Tulpenzwiebeln würden unendlich steigen. Ähnlich dachte auch Fisher. Noch nach dem Krach glaubte er lange, die Erholung würde bald einsetzen, handelte entsprechend – und verspekulierte einen Großteil seines Privatvermögens (was John Kenneth Galbraith zu der Bemerkung veranlasste, 10 Millionen Dollar Verlust seien »sogar« für einen Wirtschaftswissenschaftler viel Geld). Als Fisher später die tragische Weltwirtschaftskrise wissenschaftlich reflektierte, legte er seine berühmte Schulden-Deflations-Theorie vor.

Fisher isolierte zwei Faktoren – Verschuldung und Deflation – als Hauptursachen für schwere Wirtschaftskrisen, die sich gegenseitig verstärken. Wenn zu einem Zeitpunkt X eine Überschuldung besteht, wird das tendenziell zur Liquidation führen, also Vermögenswerte werden zu Geld gemacht und Schulden getilgt. Dies setzt eine Ereigniskette in Gang, die direkt in eine schwere Wirtschaftskrise mündet: 1. Die Liquidation von Schulden führt zu Notverkäufen, man muss seine Schulden tilgen und verkauft dafür Vermögensgegenstände. Dies führt dann 2. zum Rückgang der Geldmenge, weil Bankdarlehen getilgt werden. Die Umlaufgeschwindigkeit des Geldes verlangsamt sich. Es wird weniger gekauft und verkauft. Der von den Notverkäufen verursachte Rückgang der Geldmenge und der Umlaufgeschwindigkeit drückt 3. das Preisniveau bzw. führt zu einer Aufwertung des Geldes. Wenn niemand mehr etwas kaufen will, sinken die Preise. Das nennt man Deflation. Das Angebot passt sich der Nachfrage an. Geht man davon aus, dass der Rückgang des Preisniveaus nicht von Reflation (also einer künstlich herbeigeführten Inflation) oder anderen Entwicklungen aufgefangen wird, sinkt zwangsläufig das Reinvermögen der Unternehmen noch stärker und die Insolvenzen häufen sich. 5. Die Gewinne sinken, was in einer »kapitalistischen«, also auf private Gewinne angelegten Gesellschaft Sorge vor potenziellen

Verlusten auslöst, worauf 6. Unternehmen mit einer Drosselung der Produktion, Reduktion des Warenangebots und Entlassungen reagieren. Verluste, Insolvenzen und Arbeitslosigkeit führen 7. zu Pessimismus und Vertrauensverlust, die ihrerseits in 8. Hamsterkäufen und dem Horten von Waren münden und die Umlaufgeschwindigkeit des Geldes noch stärker bremsen. Die oben genannten acht Veränderungen stürzen 9. den Kapitalmarkt in schwerwiegende Turbulenzen, insbesondere fallen die nominalen oder Geldkurse, während die realen oder effektiven Zinssätze steigen.[110]

Es entsteht ein Teufelskreis. Fisher nannte die Kombination von Überschuldung und Deflation eine Katastrophe. »Die beiden Krankheiten reagieren aufeinander«, sagte er, Überschuldung führe zu Deflation, und »umgekehrt reagiert eine von Schulden ausgelöste Deflation auf die Verschuldung. Jeder Dollar, der als Kredit aufgenommen und noch nicht zurückgezahlt wurde, wiegt schwerer, und wenn die Ausgangsverschuldung groß genug ist, kann die Rückzahlung oder Liquidation der Schulden nicht mit dem Preisverfall Schritt halten, den sie auslöst. In der Folge verpufft die Wirkung der Schuldenrückzahlung. Sie verringert die Summe der geschuldeten Dollars, aber der dadurch ausgelöste Wertverfall ist schneller.«

Fisher sieht zwei Wege, die aus der Depression herausführen. Der eine ist die natürliche, langwierige Talfahrt durch Insolvenzen, Arbeitslosigkeit und Verelendung. Der andere Weg – künstlich und schnell – besteht in einer bewussten Inflationierung: die Preise also auf das Durchschnittsniveau »reflationieren«, zu dem die bestehenden Kreditverträge abgeschlossen wurden. Der Wert des beliehenen Eigentums würde wieder steigen, die Überschuldung wäre erledigt und neue Verschuldungskapazität geschaffen. Geld würde entsprechend an Wert verlieren. Übertragen auf heute hieße dies, die Immobilien in den USA und in Spanien wieder mit dem Preisschild auszustatten, das sie bis zum Jahre 2007 hatten.

Das und nichts anderes versuchen Regierungen und Zentralbanken heute rund um den Globus. Bis jetzt durchaus mit Erfolg.

---

110 Irving Fisher: *The Debt-Deflation Theory of Great Depressions*, in: *Econometria*, 1/1933

4.4 Keine Depression 2.0

Der Kaiser ist nackt? Hört man sich die Beschwichtigungsversuche der Politiker an, die spätestens seit 2012 sagen, dass »das Schlimmste vorbei«, »die Märkte beruhigt« und »die Krise vorüber« sei, scheint alles in Ordnung zu kommen. Tatsächlich gibt es Anzeichen dafür, dass der Patient nicht mehr auf der Intensivstation liegt und die westliche Welt die Krise fast überwunden hat. *Fast*, wohlgemerkt. Denn gelöst ist leider noch nichts. Passend dazu hat der Internationale Währungsfonds (IWF) seine Wachstumsprognose für 2013 nach unten korrigiert.

Zweifellos hat sich der Zustand der Weltwirtschaft seit dem Tiefpunkt der Finanzkrise verbessert. In vielen Industrieländern schrumpfte das BIP nach dem Ausbruch der Finanzkrise. Im Jahr 2011 hatten die meisten Industrieländer – unter anderem die USA, Großbritannien und die Länder des Euroraums mit Ausnahme von Griechenland, Portugal, Irland und Spanien – die seit 2008 eingetretenen Verluste wieder wettgemacht. In Deutschland und den USA kletterte das BIP auf einen neuen Allzeithöchststand.

Die Schwellenländer erwiesen sich als bemerkenswert widerstandsfähig und wuchsen weiter. Dabei nahm China eine Führungsposition ein. Das BIP des Landes expandierte trotz der Turbulenzen in den westlichen Ländern von 2007 bis 2011 jährlich um knapp 10 Prozent. Indien und Brasilien behielten ihre Dynamik bei: Indien verzeichnete im Durchschnitt ein jährliches reales BIP-Wachstum von acht Prozent, Brasilien von vier Prozent. Der Nahe Osten und Afrika erzielten während der Krise jährliche Wachstumsraten von vier bis fünf Prozent.[111]

In den USA sind erste Anzeichen für eine Wiederbelebung im verarbeitenden Gewerbe zu erkennen, da sich die Lohnstückkosten im Vergleich zu Ländern wie China verbessern und die USA außerdem vom Rückgang der Energiepreise profitieren. Am US-Immobilienmarkt, von dem die globale Krise 2007 ausging, scheint ebenfalls Stabilität einzukehren. Der S&P/Case-Shiller-Index für die Hauspreise deutet inzwischen auf eine Erholung der Nachfrage und

---

111 Siehe zum Beispiel: International Monetary Fund: *World Economic Outlook*, April 2012

der Preise hin.[112] Diese Entwicklung legt eine wichtige Grundlage für einen Anstieg des Verbrauchervertrauens und der Konsumausgaben. Auch die jüngsten US-Daten zeigen, dass die Arbeitslosigkeit zurückgeht. 2010 lag die Arbeitslosenquote in den USA beinahe bei zehn Prozent, Ende 2012 nur noch bei 7,8 Prozent.[113] Zwar wird darüber diskutiert, wie real diese Erholung ist – einige Beobachter sind der Auffassung, die Gesamtzahl der Arbeitslosen verschleiere, dass mehr Menschen in Teilzeit arbeiten bzw. dauerhaft aus dem Arbeitsleben ausgeschieden sind –, aber es besteht kein Zweifel daran, dass seit 2010 neue Stellen geschaffen wurden. In Großbritannien, wo die Konjunktur einige Zeit lang stagnierte, entstanden von Mai bis Juli 2012 knapp 250 000 Stellen – der stärkste Anstieg innerhalb eines Quartals seit zwei Jahren.[114] In Deutschland liegt die Arbeitslosenquote tiefer als vor der Krise; sie ging von 9,0 Prozent im Jahr 2007 auf 6,7 Prozent im Dezember 2012 zurück.[115]

Der private Sektor hat seine Schulden abgebaut. Dies gilt insbesondere für die USA, wo die Verschuldung der privaten Haushalte von 99 Prozent des BIP im Jahr 2008 auf 89 Prozent Anfang 2012 zurückgegangen ist. In Spanien verringerte sich die Verschuldung der privaten Haushalte von 91 Prozent im Jahr 2008 auf 88 Prozent Ende 2011. Und selbst in Deutschland haben die privaten Haushalte ihre Schulden leicht von 62 Prozent im Jahr 2008 auf 60 Prozent im Jahr 2011 abgebaut.

Die Zentralbanken haben eine Deflation vermieden. Zugleich kam es nicht zu Inflation. Die Verbraucherpreise sind insgesamt stabil; im Euroraum stiegen sie um 2,5 Prozent gegenüber dem Vorjahr, in den USA lediglich um 2,2 Prozent.[116] Die geringe Inflation ist darauf zurückzuführen, dass die Geldmenge zwar erhöht wurde, sich aber

112 Standard & Poor's: *Home Prices Rise for the Sixth Straight Month According to the S&P/Case-Shiller Home Price Indices*, 27. November 2012

113 U.S. Bureau of Labor Statistics: *The Employment Situation December 2012*, News Release vom 4. Januar 2013

114 Office for National Statistics: *Labour Market Statistics September 2012*, Statistical Bulletin vom 12. September 2012

115 Bundesagentur für Arbeit: *Der Arbeitsmarkt im Dezember 2012: Robuste Arbeitsmarktentwicklung auch am Jahresende*, Presse-Info 001 vom 03. Januar 2013

116 OECD: *OECD annual inflation rate broadly stable at 2.3 percent in October 2012*, Dezember 2012

die Umlaufgeschwindigkeit des Geldes verringert hat, wie von Irving Fisher beschrieben. Dies muss allerdings nicht so bleiben, heißt, dass die Inflation dann vielleicht nur aufgeschoben ist.

Der Ökonom der Hamburger Berenberg Bank, Holger Schmieding, ist optimistisch. Im Gegensatz zu vielen seiner Kollegen in Deutschland glaubt der Volkswirt, dass die Krisenländer unter dem Druck der Märkte mit ihren Reformen schon sehr weit gekommen sind. Vielmehr sei eigentlich nicht mehr nötig und Europa habe sogar die Chance, als führender Wirtschaftsraum aus der Krise hervorzugehen.[117] So zeige die Welle von Wirtschaftsreformen in den Krisenländern erste Erfolge, insbesondere, so Schmieding, weil diese ihr Verhältnis von Ein- und Ausfuhren bereits wieder deutlich korrigiert hätten und Griechenland, Spanien, Irland und Portugal erheblich weniger über ihre Verhältnisse lebten, als es bis zum Ausbruch der Schuldenkrise 2010 der Fall war.

4.5 Aber zu welchem Preis?

Man kann durchaus sagen, dass es zu keiner zweiten Großen Depression gekommen und alles schon wieder auf gutem Wege ist. Aber zu welchem Preis? Um die Abwärtsspirale zu stoppen, haben Staaten und Notenbanken in noch nie da gewesenem Umfang interveniert. Niedrigere Zinsen erleichtern den Schuldendienst, Konjunkturprogramme sichern Einkommen und Beschäftigung. Beides begünstigt die weitere Bedienung der Schulden und reduziert den Druck, Vermögenswerte zu verkaufen. Letztlich treten die Staaten als neue Schuldner auf, um die Lücke durch den Rückgang der privaten Verschuldung zu schließen und es dem Privatsektor zu ermöglichen, seine Schulden zurückzuzahlen.

In Summe wachsen die Schulden also weiter, wie Abbildung 7 *Wer baut seine Schulden ab?* zeigt. Nur Italien und die USA haben tatsächlich mit dem Schuldenabbau begonnen. Andere hoch verschuldete Länder wie Großbritannien, Spanien oder Frankreich türmen weiterhin neue Schulden auf.

117 Siehe: Financial Times Deutschland: Top-Ökonom Holger Schmieding: Groß- optimist sieht Ende der Euro-Krise, 5. November 2012

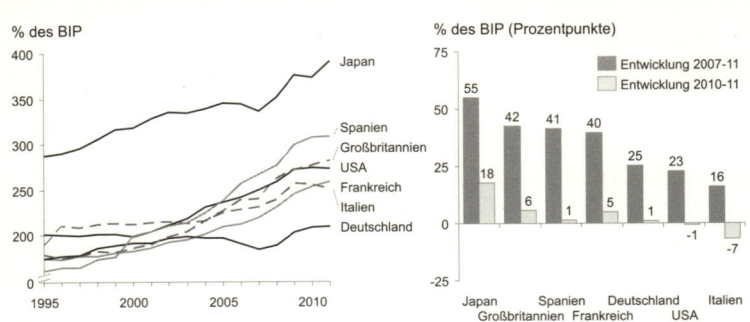

1. Gesamtverschuldung ist die Summe der Schulden von privaten Haushalten, Unternehmen (Nichtfinanzunternehmen) und dem Staat
Anmerkung: Alle Daten sind Stand Dezember 2012
Quelle: Thomson Reuters Datastream

Abbildung 7: Wer baut seine Schulden ab?

Gelöst wurden die Probleme dadurch nicht. Bei genauerem Hinsehen zeigt sich, dass die Regierungen auf Zeit gespielt haben, statt die tiefliegenden Ursachen der Krise anzugehen. Die Probleme der Weltwirtschaft haben seit dem Jahr 2008 zugenommen, und es besteht ein beträchtliches Risiko, dass wir vor einer neuen Rezession stehen, deren Auswirkungen schwerwiegender sein könnten, als die der soeben überwundenen Schwächephase.

Die Konzepte von Irving Fisher sind geeignet, die Wiederholung einer Weltwirtschaftskrise zu verhindern. Allerdings wurden sie in einer Zeit erarbeitet, als in Friedenszeiten ausgeglichene Staatshaushalte üblich waren. So war es für den US-Präsidenten Roosevelt in den 1930er Jahren des letzten Jahrhunderts ein Leichtes, die Staatsverschuldung zu steigern, da die US-Staatsverschuldung deutlich geringer war. Heute jedoch gehen viele Staaten bereits hoch verschuldet in die Krise oder sind bereits mitten drin. Ihre Verschuldungskapazität ist zunehmend ausgeschöpft und sie haben keinen Spielraum mehr. Die Bank für Internationalen Zahlungsausgleich (BIZ) warnte bereits im Juni 2010: »Sollte es zu einer weiteren Krise kommen, wären Mittel und Möglichkeiten für erneute Eingriffe eng begrenzt.«[118]

118 Bank for International Settlement (BIS): *80th Annual Report*, Juni 2010, S. 23

4.6 Wer rettet uns?

Wer ist der nächste Schuldner, der es uns ermöglicht, Schulden zu tilgen? Ein Retter ist leider nicht in Sicht.

Hilft uns der Konsument?

Die Chance, dass die Verbraucher in die Bresche springen könnten, ist heute nicht größer als 2008. Trotz einiger Lichtblicke ist es in der Zwischenzeit den Konsumenten nicht gerade gut ergangen. Die Verschuldung ist in vielen Ländern weiterhin hoch, das Vertrauen bleibt gering (vor allem in den Ländern, die eine Sparpolitik verfolgen), die Hauspreise stagnieren oder sinken weiter, und die Lage am Arbeitsmarkt ist nicht ermutigend.

In den USA und den westeuropäischen Ländern verharrt das Wachstum unter der langfristigen Trendrate. Den OECD-Daten zufolge liegt die Potenziallücke (das heißt die Differenz zwischen dem langfristigen BIP-Wachstum und der aktuellen Wachstumsrate) in Deutschland bei etwa einem Prozent, in den USA bei circa vier Prozent und in Italien bei über fünf Prozent.[119] Teile Europas sind wieder in die Rezession geraten, und in den USA steigt das Risiko einer Konjunkturverlangsamung. So lagen der Einkaufsmanagerindex und die Umfrage des Institute for Supply Management zu den Auftragseingängen im verarbeitenden Gewerbe im August 2012 auf dem niedrigsten Stand seit Mitte 2009.[120] Und auch wenn die Arbeitslosigkeit sich verringert hat, bleiben die Arbeitslosenzahlen in den USA und in Europa hoch. Gleichzeitig verschlechtert sich die finanzielle Situation der Mittelschicht, die das Rückgrat des Konsums bildet. Dem US-Census zufolge ist das mittlere Haushaltseinkommen in den USA 2011 inflationsbereinigt unter den Stand des Jahres 1989 gefallen.[121] Eine Erholung im verarbeitenden Gewerbe ist nur bei niedrigeren Löhnen möglich, die niedrig bleiben müssen, damit die Wirtschaft

119 Daten der OECD
120 Institute of Supply Management: *August 2012 Manufacturing ISM Report On Business*, September 2012
121 United States Census Bureau: *Income, Poverty, and Health Insurance Coverage in the United States: 2011*, September 2012

wettbewerbsfähig bleibt. Mit niedrigen Löhnen kann man nicht gut konsumieren.

Ausgelöst durch das Ende des Immobilienbooms haben die amerikanischen Privathaushalte gerade erst begonnen, ihren Schuldenüberhang abzubauen. Das Gleiche lässt sich über die britischen, portugiesischen, griechischen und spanischen Haushalte sagen. Der Großteil des Weges liegt noch vor uns. Die Rückführung der Schulden auf den langfristigen Durchschnitt entspräche in den USA einem Abbau um 4 Billionen Dollar. Das würde wiederum für die nächsten Jahre – abhängig von der Geschwindigkeit des Abbaus – einen Rückgang der Verbrauchernachfrage um bis zu 1 Billion Dollar pro Jahr verursachen. Optimistischere Annahmen zu Wirtschaftswachstum und Inflation führen zu einem geschätzten Tilgungsbedarf von insgesamt 2,5 Billionen Dollar. Diese Zahl entspräche einer Verringerung der Verbrauchernachfrage um 600 Milliarden Dollar jährlich. Der Einbruch beim Konsum hat erhebliche Konsequenzen für die weitere wirtschaftliche Entwicklung der USA und der Weltwirtschaft insgesamt, denn die US-Verbraucher sind die wichtigsten weltweit. Sie stehen für fast 18 Prozent des Welt-BIP, das heißt, von einem Dollar des globalen Inlandsprodukts werden 18 Cent direkt vom Konsum in Amerika verursacht.

Ebenso wird die Akzeptanz von Sparprogrammen durch die Bevölkerung in den Krisenländern schwinden. Von der Europäischen Union (EU) ausgearbeitete Sparprogramme erhöhen das Risiko sozialer Unruhen in den Peripherieländern.[122] In Spanien profitieren separatistische Strömungen in Katalanien und im Baskenland von den wirtschaftlichen Problemen.[123]

Wer spart, unsicher ist und Angst vor der Zukunft hat, konsumiert weniger.

---

122 Financial Times: *Riot police clash with Athens protesters,*
26. September 2012
123 Financial Times: *Euro Crisis Fuels Spanish Separatism,*
26. September 2012

Hilft uns der reiche Onkel aus China?

Früher war, wenn man von den USA sprach immer vom reichen Onkel jenseits des großen Teiches die Rede. Heute ruhen viele Hoffnungen auf Asien und vor allem China.

Asien wächst und wird bedeutsamer. China allein hat bereits heute einen Anteil von 12 Prozent an der globalen Wirtschaftsleistung, und Ökonomen prognostizieren, dass das Land in fünf bis zehn Jahren zur größten Wirtschaftsmacht der Welt aufsteigen könnte.[124] Doch noch sind die Volkswirtschaften Asiens zu klein, um einen Einbruch in den USA oder Europa wettzumachen. Das wird sich mit der Zeit ändern. Aber bis auf Weiteres hat jeder Nachfragerückgang im Westen gravierende Folgen für die gesamte Weltwirtschaft.

Asien und besonders China werden den Karren also nicht aus dem Dreck ziehen können. Asien musste zwar kaum Wachstumseinbußen hinnehmen und wird von zahlreichen Beobachtern als wichtige Konjunkturlokomotive angesehen. Doch scheint in China ebenfalls eine Verlangsamung des Wirtschaftswachstums stattzufinden. Im zweiten Quartal 2012 wurde mit 7,6 Prozent das schwächste BIP-Wachstum gegenüber dem Vorjahr seit drei Jahren verzeichnet. Chinas Wirtschaftsmodell wurde zum Teil durch ein langsameres Wachstum der Weltwirtschaft, den politisch gewünschten Anstieg der Kreditvergabe seit 2008 und zunehmenden Lohndruck ausgehöhlt.[125] Daher ist davon auszugehen, dass das Land im Vergleich zu den sehr hohen Raten der Vergangenheit künftig ein langsameres Wachstum verzeichnen wird. Im zwölften Fünf-Jahres-Plan ist sogar explizit eine Wachstumsabschwächung vorgesehen.

Die Verschuldung des chinesischen Privatsektors ist seit 2007 um 45 Prozentpunkte gestiegen und hat inzwischen 125 Prozent des BIP erreicht. Soweit die offiziellen Angaben. Die Ratingagentur Fitch weist darauf hin, dass die Kreditmenge sogar noch stärker gewachsen ist, wenn Finanzierungen durch alternative Investmentvehikel

---

124 Focus Online: *China wird alle hinter sich lassen – mit einem Lächeln*, 21. Januar 2013

125 UBS Investment Research: *Asia: Is the Miracle Over?*, 12. September 2012

hinzugerechnet werden.[126] Chinas Wirtschaft ist damit inzwischen ebenso abhängig von Krediten wie die Wirtschaft im Westen. Immer mehr Kredit ist nötig, um das hohe Wachstum aufrechtzuerhalten.[127]

Ein Vergleich des Kreditwachstums in China in den letzten fünf Jahren mit den Jahren vor dem Ausbruch der Finanzkrise in den USA 2007, aber auch dem Platzen der Blase in Japan in den 1990er Jahren und in Korea vor der Asienkrise 1997/98 gibt durchaus Anlass zur Sorge.

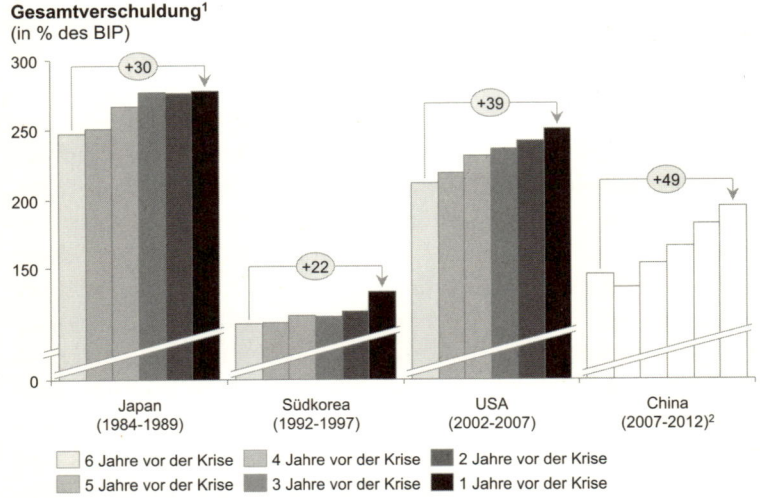

Gesamtverschuldung[1] (in % des BIP)

□ 6 Jahre vor der Krise ■ 4 Jahre vor der Krise ■ 2 Jahre vor der Krise
■ 5 Jahre vor der Krise ■ 3 Jahre vor der Krise ■ 1 Jahre vor der Krise

1. Summe der Schulden von privaten Haushalten, Unternehmen (Nichtfinanzunternehmen) und dem Staat
2. 2011 und 2012 Schätzung der Economist Intelligence Unit
Quelle: Nationale Statistikämter und Zentralbanken, Economist Intelligence Unit

Abbildung 8: Ist China wirklich anders?

Die Geschwindigkeit des Kreditwachstums ist beeindruckend. Alleine im Jahr 2009 wuchs das Volumen an Krediten um fast 20 Prozent des BIP, als die Regierung einen Absturz der Wirtschaft infolge der Finanzkrise verhindern wollte. In gewisser Weise hat »der reiche Onkel aus China« damals geholfen, die Weltwirtschaft auf Kurs zu

126 Fitch: *Chinese Banks – Issuance of Wealth Management Products Heats up as Year-End Approaches*, 5. Dezember 2012
127 Edward Chancellor, Mike Monelly: *Feeding the Dragon: Why China's Credit System Looks Vulnerable*, GMO White paper, Januar 2013 (abrufbar unter: http://www.zerohedge.com/news/2013-01-23/what-really-goes-china)

halten. Eine Wiederholung im Falle einer erneuten Krise dürfte nicht möglich sein. Zusätzlich zeigen Studien, dass ein solch rasches Kreditwachstum selten gutgeht.[128] Zu viele Kredite werden unproduktiv verwendet, zum Beispiel um mit Immobilien zu spekulieren. Dabei spielt nicht nur die Höhe der Verschuldung eine Rolle, sondern vor allem die Geschwindigkeit des Schuldenwachstums, wie das Beispiel Südkoreas vor der Asienkrise zeigt.

Natürlich gibt es viele Stimmen, die darauf hinweisen, dass China nicht mit den anderen Krisenländern verglichen werden kann. China hätte einen starken Exportsektor, viele Devisenreserven und die Regierung könne ganz anders als in westlichen Demokratien steuernd eingreifen. Kurzum: »This time it's different.«

Nach Aussage des legendären Fondsmanagers John Templeton sind das »die gefährlichsten vier Worte der Finanzmärkte«. In der Tat gibt es fundamentale Signale, die auf eine erhebliche Gefahr hindeuten, dass es auch in China nicht so anders ist.

Wie in den anderen Krisen gibt es auch in China eine Immobilienblase. Und ähnlich wie vor dem Platzen der Immobilienblase in den USA ist die Qualität vieler Immobilienprojekte und damit deren Eignung als Sicherheit zu bezweifeln. Es wird geschätzt, dass circa ein Drittel der durch Banken vergebenen Kredite Hypotheken für Immobilienprojekte sind.[129] Wer in den letzten Jahren China besucht hat, hat sicherlich die Bilder halbfertiger Wohnbauprojekte in Großstädten vor Augen. Immer wieder sorgen gigantische Investitionsruinen, wie die Geisterstadt in Ordos in der Inneren Mongolei, für Schlagzeilen. Dort sollten im Stadtteil Kangbashi Wohnungen für eine Million Menschen entstehen, mehr als das Vierfache der aktuellen Bevölkerung! Bis 2012 wurden immerhin 300 000 Wohnungen fertiggestellt, allerdings lediglich 5 000 davon tatsächlich bezogen. Wohnungen wechselten mehrfach den Besitzer, doch keiner der Spekulanten hatte jemals vor einzuziehen.[130] Neben den leer stehenden

128 Alan M. Taylor: *The Great Leveraging,* Working Paper (University of Virginia), Juli 2012

129 Edward Chancellor, Mike Monelly: *Feeding the Dragon: Why China's Credit System Looks Vulnerable,* GMO White Paper, Januar 2013, S. 4

130 Max Woodworth: *Chinas boomende Geisterstadt – Retortenstadt New Ordos,* in: Spiegel Online, 9. Januar 2011, sowie Caixin Online: *Tall Order in Ordos: Giving a Ghost City Life,* 30. August 2012

Geisterstädten gibt es zunehmend Berichte über Kreditbetrug mit nicht vorhandenen Sicherheiten.

Der chinesische Staat ist nicht ganz so schuldenfrei, wie gemeinhin gedacht wird. Nach unseren Berechnungen ist die Regierung nicht mit nur 20 Prozent des BIP verschuldet, wie immer angenommen wird, sondern hat, rechnet man die Schulden der Lokalregierungen mit dazu, ebenfalls eine Schuldenlast von 70 Prozent des BIP zu schultern;[131] was in etwa der der USA im Jahr 2007 entspricht.

China könnte damit zu einer Belastung der Weltwirtschaft werden, sollte tatsächlich ein Teil der neu vergebenen Kredite ausfallen. Gerade für die deutsche Wirtschaft hätte dies deutliche Konsequenzen, hat doch gerade die Nachfrage aus China dazu beigetragen, dass wir so gut durch die Krise seit 2009 gekommen sind.

Doch selbst wenn der chinesischen und damit der Welt-Wirtschaft ein Einbruch erspart bleibt, ist es naiv zu glauben, dass die Chinesen ihre Devisenreserven von 3,5 Billionen Dollar dazu verwenden, um uns zu retten. Die Chinesen haben ein klares Verständnis von der Situation im Westen. Ma Weihua, ehemaliger Zentralbanker Chinas und Vorstandsvorsitzender der halbstaatlichen China Merchants Bank sagte über griechische Staatsanleihen: »Die haben keinerlei Wert. Niemand, der klug ist, investiert in solche Anleihen.«[132]

Und warum, so wird sich der Chinese fragen, soll unsere Regierung Geld nach Europa überweisen, wenn es bei uns nicht einmal Renten- und Krankenversicherung gibt?

Ist Japan ein Vorbild?

Abgesehen davon, dass China den Westen nicht aus dem Schlamassel herausholen kann, tickt in Asien eine ganz eigene Zeitbombe: Japan.

Japan liegt mit deutlich über 200 Prozent Staatsverschuldung im Vergleich zur Wirtschaftsleistung weltweit an der Spitze. Für 2012

---

131 Aktuelle Daten der Economist Intelligence Unit. Zur Diskussion unterschiedlicher Schuldenangaben vgl. auch: The Economist: *Chinese Public Debt: Coming Clean*, 2. Juni 2011, sowie

Bert Flossbach, Philipp Vorndran: *Die Schuldenlawine*, München 2012, S. 128
132 Frankfurter Allgemeine Zeitung: *China dämpft Hoffnung auf Kauf europäischer Anleihen*, 16. September 2011

schätzt die OECD das japanische Staatsdefizit auf 10 Prozent des Bruttoinlandsprodukts. Insgesamt handelt es sich um Schulden von mehr als einer Billiarde (!) Yen, umgerechnet 10 Billionen Euro; dies sind 1 000 Billionen Yen, mithin eine Million Milliarden und damit eine eins mit 15 Nullen. Würde man bis zu einer Billiarde zählen, würde dies ungefähr 31 000 Jahre dauern.[133] Würden die Zinsen für japanische Staatsanleihen nur um 1,5 Prozent steigen, so wäre Japan wohl recht schnell zahlungsunfähig.[134] Zwar stimmt es, dass fast 90 Prozent der japanischen Staatsanleihen von Japanern gehalten werden und dass über viele Jahre Japans private Ersparnisse sehr viel höher waren als der Finanzbedarf des Staates. Doch das ändert sich rasch.

Die alternde Bevölkerung stellt Rentenkassen und Zukunftsfähigkeit des Landes vor eine unlösbare Herausforderung. Seit 2006 hat die Sterblichkeitsrate in Japan die Geburtenrate überholt.[135] Auch weitere Indikatoren zeigen, dass Japan ein enormes demografisches Problem hat. 2012 wurden mehr Erwachsenenwindeln als Babywindeln verkauft.[136] Das bedeutet weniger Steuerzahler, mehr Rentner, mehr Sozialausgaben, weniger Marktteilnehmer, die die Schulden kaufen können, und weniger Arbeitskräfte, die Wert schaffen.

Dreißig Jahre sind vergangen, seit Japan in den 1990er Jahren als nahezu unzerstörbare Kraft erschien, die den Amerikanern Angst einflößte. Seit dem Platzen der Immobilien- und Aktienblase im Jahre 1990 ist es Japan nie mehr gelungen, an alte Erfolge anzuknüpfen, und auch die jahrelange Null-Prozent-Zinspolitik der Japanischen Zentralbank konnte das Wachstum nicht wieder in Schwung bringen. Im Gegenteil, diese Strategie führte lediglich zur Erschaffung von eigentlich nicht überlebensfähigen *Zombiebanken*, deren Kredite auf unendlich verlängert und deren Zinsen auf null gesetzt wurden. Zugleich sind die Banken, ähnlich wie in Europa, die größten Gläubiger des überschuldeten Staates.[137]

133 Hayman Capital Management: *The Central Banker's Potemkin Village*, 15. November 2012, S. 6 ff.

134 Andre Hülsbömer: *Die Abschaffung der Zinsen*, in *Finance*, Januar 2012, S. 38

135 Hayman Capital Management: *The Central Banker's Potemkin Village*, 15. November 2012, S. 6 ff.

136 Financial Times: *Japan should scare the eurozone*, 12. Dezember 2012

137 Thomas Mayer: *Und jetzt Japan?*, in: Frankfurter Allgemeine Zeitung, 9. Dezember 2012

»In Japan passiert doch nichts Schlimmes«, könnte man sagen, denn große Krisenschlagzeilen à la Griechenland liest man über Japan nicht. Doch mittlerweile scheint sich das Blatt zu wenden. Spätestens in 10 Jahren wird die Staatsschuld das private Sparvermögen übersteigen. Zudem wird eine immer älter werdende Bevölkerung weniger sparen und nach und nach ihre Ersparnisse auflösen und konsumieren. So ist die private Sparquote von 14 Prozent zu Anfang der 90er Jahre mittlerweile auf weniger als zwei Prozent gefallen.[138] Der Tag der Abrechnung kommt spätestens dann, wenn Japan auf ausländische Kapitalgeber angewiesen ist. Diese werden höhere Zinsen verlangen. Höhere Zinsen könnten, wie in einigen Ländern in Europa, das Vertrauen in die Zahlungsfähigkeit des Staates zusätzlich unterminieren und japanische Anleihen noch teurer werden lassen. Ein Teufelskreis. Dann kann es durchaus sein, dass die Menschen kein Geld aus ihren Lebensversicherungen bekommen, die diese Anleihen in ihren Depots halten. Oder Japan muss die Steuern erhöhen. Diese Steuern zahlen am Ende auch die Japaner.

Aus diesem Grunde strebt die Politik immer offener eine Inflation an.

Der neue Premierminister Abe machte eine aggressive Geldpolitik zu seinem wichtigsten Wahlversprechen.[139] Er kündigte an, die Führung der Bank of Japan auszutauschen, wenn diese die neuen Vorgaben nicht erfüllt.

Kurz nach der Wahl wurde das offizielle Inflationsziel auf zwei Prozent erhöht und ein unbefristeter Ankauf von Staatsanleihen angekündigt.[140] Viele Beobachter sehen dies als Griff nach dem letzten Strohhalm, um Japan vor dem Ertrinken im Schuldenmeer zu retten. Ertrinken wird Japan am Ende wohl trotzdem, allerdings ist zu befürchten, dass es davor mit den Maßnahmen der Notenbank noch

138 Takeo Hoshi, Takatoshi Ito: *Defying Gravity: How long will Japanese Government Bond Prices Remain High?*, NBER Working Paper No. 18827, August 2012

139 Zeit Online: *Machtwechsel in Japan: Japans Liberaldemokraten gewinnen Parlamentswahl*, 16. Dezember 2012, und Spiegel Online: *Wahlen in Japan: Hardliner feiert Comeback*, 16. Dezember 2012

140 Spiegel Online: *Unbefristete Anleihekäufe: Japans Notenbank dreht Geldhahn weit auf*, 22. Januar 2013

einen weltweiten »Currency War«, also einen Währungskrieg, auslösen wird.[141]

Japan ist ein warnendes Beispiel für das, was uns bevorstehen
könnte. Jahrzehntelange Versuche, die Folgen einer überzogenen
Verschuldung abzumildern, haben zu nichts anderem geführt als zer-
rütteten Staatsfinanzen. Das Problem wurde nicht gelöst. Seit 2007
ist die Wirtschaft im Schnitt um 0,2 Prozent pro Jahr geschrumpft.
Zurzeit erlebt Japan die vierte Rezession seit der Jahrtausendwende
und leidet unter einer hartnäckigen Deflation. Am Ende wird Japan
nicht nur auf die verlorenen Jahrzehnte zurückblicken, sondern trotzdem noch Pleite machen.

Retten uns Ben Bernanke und Mario Draghi?

Der jetzige US-Notenbankpräsident Ben Bernanke argumentierte
im Jahr 2002 in einer Rede, das verlorene Jahrzehnt in Japan sei
darauf zurückzuführen, dass die Regierung und die Zentralbank zu
spät Maßnahmen ergriffen hätten, die außerdem nicht ausgereicht
hätten.[142] Das Thema seiner Rede befasste sich mit der Frage, wie
eine länger anhaltende Wachstumsschwäche von einem Jahrzehnt
oder mehr vermieden werden könne, die nach dem Platzen einer
Blase parallel zum darauf folgenden Schuldenabbau eintreten kann.
Bernanke sagte, die Fed werde alles Erforderliche tun, um eine spür-
bare Deflation in den USA zu vermeiden, und die US-Zentralbank
verfüge außerdem – gegebenenfalls in Zusammenarbeit mit anderen Regierungsinstitutionen – über genügend politische Instrumente,
um sicherzustellen, dass eine etwaige Deflation gering und kurz ausfallen werde. Er war ganz offensichtlich der Auffassung, ein solcher
Maßnahmen-Mix könne den Schuldenabbau zum Stillstand bringen

141 The Telegraph: *Revolutionary Japan
   is suddenly the centre of world affairs,*
   20. Januar 2013, und Financial Times:
   Warning on new currency war, 22. Januar 2013
142 Ben S. Bernanke: *Deflation: Making Sure 'It' Doesn't Happen Here,*
   Rede vor dem National Economists

Club in Washington, D.C. am 21.
November 2002 (abrufbar unter:
http://www.federalreserve.gov/
boarddocs/speeches/2002/20021121/
default.htm)

und die Wirtschaft wieder auf einen Wachstumspfad hieven – ganz so wie von Irving Fisher 70 Jahre zuvor vorgeschlagen. Und – so würden wir ergänzen – ganz im Sinne der Schuldner, deren Eigentum in Geld bewertet »wertvoller« würde.

Seit Beginn der Krise verfolgen die Zentralbanken genau diese Strategie: Die größten Zentralbanken, nämlich die EZB, die Federal Reserve und die Bank of England, haben ihre Bilanzen im Verlauf der Krise deutlich ausgeweitet. Die Qualität ihrer Vermögenswerte, falls man bei dem, was die Zentralbanken in ihre Bilanz genommen haben, überhaupt noch von *Vermögen* sprechen kann, hat sich verschlechtert, die Laufzeit merklich erhöht.

Die Bilanzsumme der Fed wuchs seit 2007 von 900 Milliarden Dollar auf knapp 3,0 Billionen Dollar. Als die Zinsen nicht weiter gesenkt werden konnten, griff die Fed zu quantitativen Lockerungsmaßnahmen, auch genannt »Quantitative Easing« oder »QE«. Dabei kaufte sie durch Hypotheken gedeckte Wertpapiere und US-Staatsanleihen. Die Programme QE1 und QE2 waren jeweils auf 600 Milliarden Dollar beschränkt. Das kürzlich angekündigte QE3-Programm hat keinerlei Beschränkungen hinsichtlich Volumen oder Laufzeit und wird daher auch »QE Infinity« oder »QEternity«, auf Deutsch »QE Unendlichkeit« und »QEwigkeit« genannt.

Dabei wird die Fed immer mehr zum Hauptfinanzier der US-Regierung: 2011 druckte die Fed genügend Geld, um etwa 60 Prozent der in diesem Jahr begebenen Treasury Notes aufkaufen zu können.[143] Inzwischen hält die Fed 27 Prozent aller US-Treasuries. Wenn sie weiter im bisherigen Maße kauft, wird sie Ende 2015 60 Prozent der gesamten ausstehenden Verschuldung der US-Regierung in ihren Büchern haben.[144] Ohne diese umfangreichen Zentralbankkäufe müsste die US-Regierung deutlich höhere Zinsen für langfristige Anleihen zahlen, die Verschuldung wäre für den US-Staat also deutlich teurer. Goldman Sachs schätzt, dass die Zinsen für fünfjährige Anleihen durch diese Maßnahmen um rund einen halben Prozentpunkt

---

143 Lawrence Goodman: *Demand for U.S. Debt Is Not Limitless*, in: *Wall Street Journal*, 27. März 2012

144 ZeroHedge: *The Fed Now Owns 27 Percent of All Durations, Rising at Over 10 Percent Per Year*, 22. September 2012

gesenkt wurden – was erheblich ist bei Zinsen von nur noch 3 Prozent.[145]

Zudem hat die Fed kurzfristige Anleihen gegen langfristige Anleihen eingetauscht und so die durchschnittliche Laufzeit verlängert.[146] Um die Bilanz wieder auf ein »normales« Maß zu verkürzen, kann die Fed nicht einfach Anleihen auslaufen lassen, sondern muss sie verkaufen. Und damit entsteht das Problem der Markterwartungen: Der Markt dürfte eine vollständig normalisierte Bilanz einpreisen, sobald die Fed anfängt zu verkaufen, was zu deutlich höheren Zinsen führen würde. Es ist sehr fraglich, dass die Fed ihre Papiere jemals wieder loswird.[147]

Die Bilanz der EZB stieg im selben Zeitraum von 1,2 Billionen Euro auf über 3,0 Billionen Euro, um die Probleme bei der Finanzierung von Banken und Staaten zu kompensieren. Dabei wurden Vermögenswerte zweifelhafter Qualität in die Bilanz aufgenommen. Die EZB hat über eines ihrer zahlreichen Rettungsprogramme Staatsanleihen der Peripherieländer Griechenland, Irland, Portugal, später auch Italien und Spanien, im Wert von über 200 Milliarden Euro und im Rahmen des Ankaufprogramms für besicherte Anleihen weitere 100 Milliarden Euro an Hypotheken für Wohnimmobilien und Kredite des öffentlichen Sektors aufgekauft. Um die sich rasch verschlechternde Lage bei der Bankenfinanzierung zu verbessern, hat die EZB ihre vormals harten Bedingungen aufgeweicht. Sie halbierte die Mindestreservequoten, den Anteil, den die Banken bei der Zentralbank hinterlegen müssen, wenn sie Geld verleihen wollen. Sie vergrößerte die Palette der als Sicherheiten zulässigen Vermögenswerte und ließ längere Laufzeiten zu. Das Volumen der längerfristigen Refinanzierungsgeschäfte versiebenfachte sich daraufhin, entspricht jetzt einem Drittel der gesamten Vermögenswerte der EZB

145 ZeroHedge: *Goldman Attempts to Answer the $2.9 Trillion Question: What Happens When the Fed Stops Buying?*, 20. April 2011

146 ZeroHedge: *The Fed Now Owns 27 Percent of All Duration, Rising at Over*

10 Percent Per Year, 22. September 2012

147 ZeroHedge: *Can the Fed Ever Exit?*, 6. Oktober 2012

und wurde durch (vergleichsweise) qualitativ geringwertigere Sicherheiten gedeckt.[148]

Indirekt half die EZB auch den Staaten. Die Banken konnten sich bei der EZB für ein Prozent finanzieren und Anleihen kaufen, die vier Prozent und mehr bringen. Gewinn: drei Prozent. Mit Eigenkapital unterlegen muss man Staatsanleihen nach Basel II nicht. So als ob Staatsanleihen niemals ausfallen könnten. So sind in Italien 99 Prozent aller Anleihen, die italienische Banken halten, Anleihen des italienischen Staates. In Griechenland sind es 97 Prozent und in Spanien 94 Prozent.[149] Geht alles gut, machen die Banken mit den Anleihen Gewinn, geht es schief, nimmt ihnen die EZB die faulen Anleihen ab. Die Gewährträgerhaftung, so der Wirtschaftswissenschaftler Hans Werner Sinn, die Garantie durch den Staat, die die EU den deutschen Landesbanken verboten hat, gilt auf einmal wieder für südeuropäische Krisenbanken.[150]

Seit dem Jahr 2007 wuchsen die Bilanzen der Zentralbanken um 154 Prozent (EZB), 218 Prozent (Federal Reserve) und 412 Prozent (Bank of England), da diese ihre Leitzinsen nicht nur beinahe auf null senkten sondern auch Finanzvermögenswerte kauften (siehe Abbildung 9 *Lasst uns drucken!*).[151]

Insgesamt sind die Bilanzen der weltweiten Zentralbanken auf 13 Billionen Dollar angestiegen von nur 3 Billionen Dollar vor 10 Jahren, und die Bilanzsumme der EZB hat bald 40 Prozent des Bruttoinlandproduktes der Eurozone erreicht. Laut der Investmentfirma Hayman Capital haben die Zentralbanker sich damit ihr »eigenes Utopia geschaffen, in dem Schulden nie neu strukturiert, geschweige denn zurückbezahlt werden und es keine Konsequenzen für Misswirtschaft und grenzenlose Schulden gibt. Ein Potemkinsches Dorf von Jurassic-Park-artigen Dimensionen.«[152] Dass das ohnehin nie große Vertrauen der Deutschen in die EZB im Herbst 2012 auf einem neuen

148 Citigroup: *Global Economic View: Looking into the Deep Pockets of the ECB*, 27. Februar 2012, und Bank for International Settlements (BIS): *82nd Annual Report*, Juni 2012

149 Frankfurter Allgemeine Zeitung: *Zocken mit der Dicken Bertha*, 25. November 2012

150 Ebd.

151 Siehe dazu auch: Daniel Stelter, David Rhodes: *Reasons to Be Cheerful*, The Boston Consulting Group, Oktober 2012; alle Zahlen wurden auf den Stand Januar 2013 aktualisiert

152 Hayman Capital Management: *The Central Banker's Potemkin Village*, 15. November 2012

Tiefpunkt angelangt ist, mag da kaum überraschen.[153] 24 Prozent der Deutschen haben »kaum oder gar kein Vertrauen« und 43 Prozent »nicht so großes Vertrauen« in die EZB.

Expansion der Zentralbankbilanzen seit Beginn der Krise
(Bilanzsumme der Zentralbanken in % des BIP)

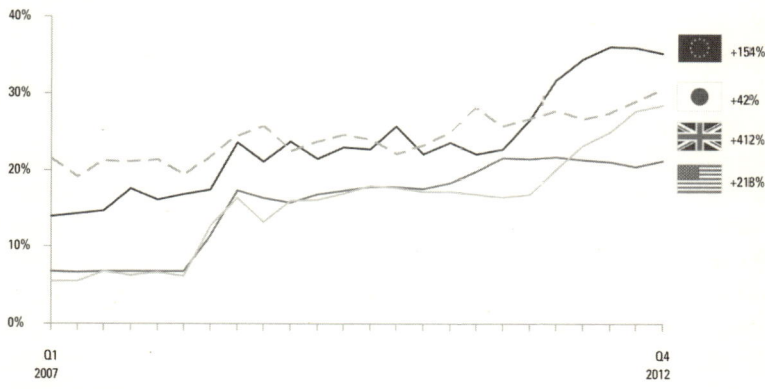

1. Konsolidierte Bilanz für das Eurosystem
Anmerkung: Stand Januar 2013 (teilweise basierend auf vorläufigen und prognostizierten BIP-Daten)
Quelle: Nationale Zentralbanken, Thomson Reuters Datastream

Abbildung 9: Lasst uns drucken!

4.7 Zentralbanken und Zombiebanken

Mit ihren Maßnahmen entfernen die Zentralbanken sich erheblich von den Grundsätzen solider Zentralbankpolitik. Wie in Kapitel 1 erläutert, kommt der Qualität der hinterlegten Sicherheiten eine außerordentliche Bedeutung zu. Geld kann nur dann wertbeständig sein, wenn diese Qualitätsstandards eingehalten werden. Jegliche Aufweichung dieser Grundsätze hat eine Verschlechterung der Qualität und damit der Werthaltigkeit des Geldes zur Folge. Wenn der freie Markt Staatsanleihen einiger Länder als riskanter ansieht als jene von anderen Ländern, so hätte dies zu einer Ungleichbehandlung durch die EZB führen müssen. Ohne die Intervention der Notenbanken lägen auch in den USA und in Großbritannien die Zinsen höher. Staats-

153 Frankfurter Allgemeine Zeitung: *Kein Vertrauen in die EZB*, 30. September 2012

anleihen sind nur so gut wie die Zahlungsfähigkeit der Bürger. Ist diese wegen hoher privater Schulden fraglich, ist auch die Qualität der Staatsanleihen fraglich. Profiteure dieser Politik sind letztlich nur die Banken. »Die aufgeblähten, mit bloßen Zahlungsversprechen hinterlegten Aktiva der Geschäfts- und Notenbanken drohen, das Eigenkapital und die Vermögenswerte der Unternehmen und der Haushalte zu zersetzen. Die Finanzeinlagen des Publikums stellen letztendlich Forderungen gegenüber dem Finanzsektor dar, die so gut sind, wie die sie absichernden Vermögenswerte.«[154] Und um die steht es immer schlechter. Der ehemalige Chefvolkswirt der Deutschen Bank, Thomas Mayer, vertritt die Auffassung, ein immer weiter fortgesetztes Wachstum der Zentralbankbilanzen, also das Aufkaufen und Anhäufen von Vermögensgegenständen, die sonst keiner haben will, habe beträchtliche und bisher unklare Auswirkungen.[155] Nachdem die Zentralbanken die Gläubiger gerettet haben, müssen sie nun Wege finden, um den Schuldnern zu helfen, ohne selbst Verluste hinnehmen zu müssen. Der offensichtliche Weg besteht darin, die Kosten von Finanzierungen zu verringern. Deshalb haben die Zentralbanken die Zinsen gesenkt und quantitative Lockerungen vorgenommen. Genau wie in Japan nach dem Platzen der Blase Anfang der Neunzigerjahre senken die Zentralbanken heutzutage die Finanzierungskosten für die Schuldner, um zu vermeiden, dass sich Verluste realisieren. In Japan führte diese Strategie zur Entstehung der bereits angesprochenen *Zombiebanken*. Ein Grund für Japans lange wirtschaftliche Stagnationsphase.

Der Bank für Internationalen Zahlungsausgleich (BIZ) zufolge wiederholen die westlichen Länder die Fehler der japanischen Regierung[156] – nur dass dieses Mal die Zentralbanken selbst in Gefahr geraten, zu Zombiebanken zu werden. Thomas Mayer schreibt: »Allerdings ist unklar, wie der Übergang vom Zentralbankgeldsystem zu einem dauerhaft tragbaren neuen Regime gestaltet werden soll, das sich auf traditionelle Geld- und Kreditabsicherungsbeziehungen

154 Justyna Schulz: *Wozu brauchen Notenbanken Sicherheiten?*, Universität Bremen, in Vorbereitung

155 Deutsche Bank: *Global Economic Perspectives: Welcome to the CBM Economy*, 14. März 2012

156 Bank for International Settlements (BIS), *82nd Annual Report*, Juni 2012

stützt. Bisher gibt es kein Beispiel für einen erfolgreichen Ausstieg aus einem Regime, bei dem eine Nullzinspolitik mit unkonventionellen geldpolitischen Maßnahmen kombiniert wurde.«[157] Es wird also mit höchster Wahrscheinlichkeit schleichend schlechter werden und am Ende laut knallen.

Schon ohne Verschärfung der Krise hat die ultralockere Geldpolitik beträchtliche Implikationen:[158]

- *Geringere Anreize für Haushaltsdisziplin*: Die Zentralbanken haben den Regierungen Zeit verschafft; zumindest kurzfristig erscheinen die riesigen Defizite weniger problematisch.

- *Vermögenspreisinflation*: Die Aktienmärkte in den westlichen Ländern handeln derzeit über den langfristigen Bewertungs-Multiples, also den Aktien-Kennzahlen wie zum Beispiel dem Kurs-Gewinn-Verhältnis. Niedrige Zinsen in den Industrieländern dürften zu Ansteckungseffekten in den Schwellenländern führen, weil niedrige Kreditaufnahmekosten in den wichtigen Währungen der Welt die Anleger dazu bringen, Dollar oder Euro aufzunehmen und diese in Ländern mit höheren Zinsen zu investieren. Dies kann zu neuen Vermögenspreisblasen führen.

- *Entstehung von Zombiebanken und -unternehmen*: Sehr niedrige Zinsen verhindern in der Realwirtschaft eine schöpferische Zerstörung. Wie in Japan in den Neunzigerjahren ermöglicht ein Zinsniveau von Null, dass Unternehmen mit geringer Rentabilität überleben, und Banken können potenziell notleidende Kredite unendlich verlängern. Sie haben sogar ein starkes Interesse am Überleben der Unternehmen, um vergebene Kredite nicht abschreiben zu müssen.

- *Aufkommen gesellschaftlicher Unzufriedenheit*: Eine ultralockere Geldpolitik zieht die Sparer in Mitleidenschaft und führt zu gesellschaftlicher Unzufriedenheit. Umsichtige Sparer müssen negative reale Renditen hinnehmen, während Spekulanten, die Fremdkapital einsetzen, vom lockeren Geld profitieren.

Angesichts des beträchtlichen Schuldenüberhangs und der Tatsache, dass eine Reihe westlicher Volkswirtschaften vor der Insolvenz

157 Deutsche Bank: *Global Economic Perspectives: Welcome to the CBM Economy*, 14. März 2012

158 William R. White: *Ultra Easy Monetary Policy and the Law of Unintended Consequences*, Federal Reserve Bank of Dallas Working Paper No. 126, August 2012

stehen, bieten weitere Zentralbankinterventionen den Gläubigern lediglich die Gelegenheit, Aktiva loszuwerden und auf der Giftmülldeponie von Fed und EZB zu entsorgen. Theoretisch könnten die Zinsen für all diese Kredite auf null gesenkt und die Laufzeit auf ewig verlängert werden. Dann würde quasi niemand mehr in Konkurs gehen müssen. Doch leider wird es nicht funktionieren. Die Schulden steigen immer weiter.

Drei Jahre nach Beginn der Krise müssen wir nach Konjunkturprogrammen historisch unbekannten Ausmaßes, immer mehr Schulden und dem Einsatz der größtmöglichen Palette an geldpolitischen Maßnahmen einsehen, dass die Ähnlichkeiten mit Japans zwei verlorenen Jahrzehnten zusammen mit der anhaltenden Schwäche der USA und Europas durchaus Anlass zu der Annahme geben, dass »so etwas« auch in den USA und Europa passieren kann.

4.8 Das Schlimmste kommt erst noch?

Will man optimistisch sein, so kann man sich daran freuen, dass es gelungen ist, eine Wiederholung der Weltwirtschaftskrise zu verhindern. Bis jetzt. Der Patient liegt nicht mehr auf der Intensivstation. Gesund ist er aber noch lange nicht. Niemand traut sich, diese Wahrheit auszusprechen, die Politiker am allerwenigsten.

Was wird geschehen? Wird die Bombe bald platzen oder haben wir noch Zeit, bevor es ungemütlich wird und die Bücher geschlossen werden? Solange die Schulden schneller wachsen als die Wirtschaft, **muss** dies mathematisch unweigerlich zur Insolvenz führen. Da mögen sich die Politiker im Angesicht dieser Naturgesetze noch so sehr winden.

Der Privatsektor ist überschuldet, die hochverschuldeten Staaten machen weitere Schulden – die letztlich auch vom Privatsektor bezahlt werden müssen – und die Zentralbanken geben neues Geld heraus, welches durch diese Schulden gedeckt ist. Wir alle unterliegen der Illusion des Kaisers, wenn wir immer noch glauben, die Schulden und damit unsere Forderungen sind werthaltig. Sie sind es nicht.

Und die Probleme sind in Wahrheit noch viel größer, wie wir im nächsten Kapitel zeigen werden.

5
Die Bombe tickt weiter

>»Es ist nicht zu glauben, wie schlau und
> erfinderisch die Menschen sind, um der
> letzten Entscheidung zu entgehen.«
>
> *Sören Kierkegaard (Dänischer Philosoph,
> 1813–1855)*

>»Als wir das Ziel endgültig aus den Augen
> verloren hatten, verdoppelten wir den
> Einsatz.«
>
> *Mark Twain (US-amerikanischer
> Schriftsteller, 1835–1910)*

5.1 Der größte Kettenbrief der Geschichte

Im Jahr 1920 entwickelte Charles Ponzi, ein italienischer Auswanderer in die USA, das Schneeballsystem, das auf Englisch bis heute seinen Namen trägt (»Ponzi Scheme«): Er kaufte sogenannte »Postantwortscheine« in Italien auf und tauschte sie in den USA gegen Briefmarken ein. Dabei strich er den Gewinn aus den beträchtlichen Preisunterschieden aufgrund der hohen Inflation nach dem Ersten Weltkrieg ein. Er stellte hohe Renditen in Aussicht und lockte so Anleger an. Statt jedoch das Geld in den Kauf von Antwortscheinen zu investieren und diese gegen Briefmarken einzutauschen, finanzierte er mit den Mitteln, die ihm von Seiten der neuen Anleger zuflossen, Ausschüttungen an die Altanleger. Die Erträge der Altanleger wurden also nicht aus Renditen der Papiere bezahlt, sondern aus dem Geld, das neue Anleger einbrachten. Ein klassisches Schneeballsystem. Angesichts der außerordentlich hohen Renditen, die er versprach – 50 Prozent innerhalb von 45 Tagen – wurden Ponzi beträchtliche Beträge anvertraut, die er zur Zahlung der ersten »Gewinn«-Ausschüttungen und zur Finanzierung seines aufwändigen Lebensstils nutzte. Als der Betrug aufflog, verloren die Anleger 20 Millionen Dollar (was heute 225 Millionen US-Dollar entspricht). Seither werden solche Systeme als »Ponzi Schemes« bezeichnet: Neuanleger werden angelockt, damit Altanlegern die versprochenen Renditen ausgezahlt bzw. Einlagen zurückerstattet werden können, und damit der Betrüger, der das gesamte Schneeballsystem ins Leben gerufen hat, einen Gewinn erzielt.

Es ging allerdings noch größer. Das zweitgrößte Schneeballsystem der jüngeren Vergangenheit wurde vom New Yorker Fondsmanager Bernard Madoff organisiert.

Seine Firma Bernard L. Madoff Investment Securities gehörte zu den größten Maklern an der Computerbörse NASDAQ und beschäftigte Hunderte von Händlern. Bevorzugt im Palm Beach Country Club in Florida suchten vermögende Amerikaner, Stars wie Steven Spielberg und Stiftungen das Gespräch mit Madoff, der als einer der besten Geldanleger der Vereinigten Staaten galt und seinen Kunden pro Jahr Renditen zwischen 10 und 12 Prozent bescherte. Renditen, die nur auf dem Papier existierten. Dies ging gut, solange die Kunden nicht vorhatten, ihre Depots aufzulösen. »Verkaufe nie den Madoff« war ein geflügeltes Wort unter bessergestellten Amerikanern.

Zwar hatte die Börsenaufsicht SEC, die Securities and Exchange Commission, Hinweise zu nicht ganz sauberen Geschäftspraktiken erhalten. Doch Madoffs guter Name erstickte all diese Verdächtigungen im Keim. Im Jahr 2008 wurden die Anleger aufgrund der zunehmenden Krise unruhig und wollten sieben Milliarden Dollar aus Madoffs Fonds abziehen. Geld, das es nicht gab. Der Betrug flog auf mit einem Gesamtschaden von mehr als 20 Milliarden US-Dollar.

Das größte und gewaltigste Schneeballsystem aller Zeiten läuft noch immer. Es wurde von den westlichen Industrienationen aufgelegt.

Wir haben gesehen, dass die Verschuldung in den USA, in Europa und in Japan in den letzten Jahren enorm angestiegen ist. Doch nicht nur das. Die Verschuldung ist in Wahrheit viel größer als offiziell ausgewiesen, und wir haben alles getan, es den nachfolgenden Generationen schwer zu machen, mit diesem Schuldenberg umzugehen.

5.2 Ungedeckte Versprechen

Die offiziellen, sichtbaren Schulden geben bereits genug Anlass zur Sorge. Schlimmer sind jedoch die versteckten Verbindlichkeiten von Staaten und Unternehmen, vor allem im Renten- und Gesundheitswesen. In den vergangenen hundert Jahren hat sich die Lebenserwartung in den westlichen Industrienationen verdoppelt, während sich die Geburtenrate halbierte. Gleichzeitig wurde das Renteneintrittsalter beträchtlich gesenkt. Die Rentensysteme blieben seit der Erfindung der Sozialversicherung durch Bismarck im Jahr 1889 unverändert: Die Jungen zahlen für die Älteren, wobei man zu Bismarcks Rettung anmerken muss, dass er ein kapitalgedecktes System einführte, welches erst nach dem Zweiten Weltkrieg von Adenauer umgestellt wurde. Das Demografierisiko wischte dieser damals mit dem Kommentar beiseite: »Kinder bekommen die Leute immer.«

Bismarck selbst wurde zwar 83 Jahre alt, was für seine Zeit allerdings recht ungewöhnlich war. Damals konnten nur sehr wenige Arbeitnehmer damit rechnen, je Zahlungen aus der staatlichen Rentenversicherung zu beziehen, da die durchschnittliche Lebenserwartung bei 37 Jahren für Männer bzw. 40 Jahren für Frauen lag. Versicherungsleistungen wurden jedoch erst ab einem Alter von 70 Jahren gezahlt. Heutzutage erreichen nicht nur sehr viel mehr Menschen das Rentenalter, sondern die Menschen sind auch sehr viel länger Rentner.

Gleichzeitig ist die Geburtenrate gesunken. 1880 brachten Frauen durchschnittlich 4,6 Babys zur Welt, heute liegt die Geburtenrate in den meisten westlichen Industrienationen unter der natürlichen Reproduktionsrate von 2,1. In den USA ist sie etwas niedriger (2,0), in Europa liegt sie zwischen 2,1 (Frankreich) und 1,4 (Deutschland und Italien).[159] Ein genauerer Blick auf die Daten zeigt, dass diese Zahlen ohne Berücksichtigung von Einwanderern sogar noch niedriger ausfallen würden. Vor allem Einwanderer der ersten Generation weisen höhere Geburtenraten auf als Frauen ohne Migrationshintergrund.[160]

Im Jahr 1950 lag der Altenquotient (die Zahl der Bevölkerung ab 65 pro 100 Personen im arbeitsfähigen Alter zwischen 15 und 64)

159 CIA: *The World Factbook 2012*
160 Süddeutsche Zeitung: *Geburtenrate unter Migranten: Die Kopftuch-Legende,* 30. Dezember 2010. In diesem Artikel wird festgestellt, dass der Unterschied zwischen deutschen und ausländischen Frauen zwar relativ gering ausfällt (1,3 Kinder bzw. 1,6 Kinder pro Frau), dies allerdings vor allem an der schnellen Anpassung der Geburtenziffer in der zweiten Generation liegt. Am Ende der 1970er Jahre lag die Geburtenrate der Migrantinnen noch bei 2,5 Kindern pro Frau (Durchschnitt lag bereits damals bei 1,4 Kindern pro Frau in Westdeutschland).

in Deutschland bei 14 Prozent, heute beträgt er 31 Prozent.[161] Bis 2050 wird er sich auf 57 Prozent erhöhen: Dann werden weniger als zwei Deutsche im arbeitsfähigen Alter für einen Rentner aufkommen müssen. In Japan lag der Altenquotient 1950 noch bei lediglich 8 Prozent, heute beträgt er 35 Prozent, und bis 2050 wird er auf 70 Prozent klettern. Zum Ende des Jahrhunderts wird in den meisten westlichen Industrienationen auf zwei Erwerbsfähige ein Rentner kommen.

Diese grundlegenden Veränderungen und der Ausbau des Sozialversicherungssystems (niedrigeres Renteneintrittsalter, höhere Auszahlungen, bessere, aber auch teurere Gesundheitsversorgung, Gratisversicherung von Familienangehörigen usw.) bringen beträchtliche finanzielle Folgen mit sich. Studien zufolge belaufen sich die nicht kapitalgedeckten Verbindlichkeiten der Staaten infolge der Alterung der Bevölkerung auf das Drei- bis Achtfache des Bruttoinlandsproduktes und übersteigen damit die offizielle Staatsverschuldung deutlich.[162]

Dies gilt auch für die USA, obwohl die Sozialversicherungen dort im Vergleich zu Europa geringere Leistungen bieten und stärker auf die Ersparnis des privaten Sektors gesetzt wird. Die gesamte Verschuldung der USA auf Bundesebene (14 Billionen Dollar im zweiten Quartal 2012[163]) stellt nur die Spitze des Eisbergs dar. Im selben Jahr beliefen sich die versteckten Verbindlichkeiten, die zusätzlich zur offiziellen Verschuldung bestehen, auf über 300 Prozent des BIP; die nicht kapitalgedeckten Zusagen im Rahmen der Sozialversicherung summierten sich auf 8,6 Billionen USD, diejenigen im Rahmen der Gesundheitsversorgung Medicare auf 38,6 Billionen USD.[164]

161 Vgl. United Nations: *World Population Prospect: The 2010 revision*, Juni 2011. Das arbeitsfähige Alter ist zwischen 15 und 64.

162 Jagadeesh Gokhale: *Measuring the unfunded obligations of European countries*, National Center for Policy Analysis, Policy Report No. 319, Januar 2009

163 Federal Reserve: *Flow of Funds Accounts of the United States*, 20. September 2012

164 Zu den ungedeckten Verbindlichkeiten im Rahmen der Sozialversicherung vgl.: Board of Trustees of the Federal Old-Age and Survivors Insurance and Federal Disability Insurance Trust Funds: *Annual Report 2012*, 25. April 2012. Zu den ungedeckten Verbindlichkeiten im Rahmen von Medicare, vgl. The Board of Trustees, Federal Hospital Insurance and Federal Supplementary Medical Insurance Trust Funds: *Annual Report 2012*, 23. April 2012

In Deutschland sind die Beamtenpensionen zu nennen, für die der deutsche Staat keinerlei Rückstellungen gebildet hat und die das politische Magazin *Cicero* schon 2005, in Anlehnung an die deutschen Reparationszahlungen nach dem Ersten Weltkrieg, als »Deutschlands zweites Versailles« bezeichnet hat. Bis 2040 wird die Gesamtsumme aller Versorgungszusagen für Beamte auf zwei Billionen Euro geschätzt und ist bisher in keinem Staatshaushalt berücksichtigt.

Eine Studie der Bank für Internationalen Zahlungsausgleich (BIZ) zeigt, welche Herkulesaufgabe es für die Politiker ist, die steigenden Kosten unter Kontrolle zu bringen. Selbst in einem günstigen Szenario, in dem die laufenden Defizite auf das Vorkrisenniveau zurückgeführt und die Altersausgaben im Verhältnis zum Bruttoinlandsprodukt auf dem derzeitigen Stand eingefroren werden, dürfte die Staatsverschuldung weiterhin in beachtlichem Tempo wachsen. Nur Deutschland und Italien könnten ihre Verschuldung in einem solchen Szenario stabilisieren (siehe Abbildung 10 *Drastische Maßnahmen sind erforderlich*). Insofern verwundert es nicht, dass die BIZ zu dem Schluss gelangte, es seien drastische Maßnahmen erforderlich, um das rasche Wachstum der aktuellen und künftigen Verbindlichkeiten der Regierungen einzudämmen.[165] Alle Ansätze zur Verringerung dieser Verbindlichkeiten – höhere Steuern, höheres Renteneintrittsalter und niedrigere Auszahlungen – treffen den privaten Sektor, der selbst mit einer nicht tragbaren Verschuldung und unzureichender Ersparnis fertigwerden muss. Er muss mit weniger Geld mehr sparen, Schulden zurückzahlen, Rentner unterstützen und für sein eigenes Alter selbst vorsorgen.

Nicht nur die Zentralregierungen müssen mit diesen versteckten Verbindlichkeiten fertigwerden. In zahlreichen Ländern müssen es auch Kommunen und Bundesstaaten. So schätzt Joshua Rauh von der Northwestern University die nicht kapitalgedeckten Verbindlichkeiten für staatliche Bedienstete der Städte und Bundesstaaten in den USA auf drei bis vier Billionen Dollar. Und das ist noch die optimistische Sicht, sie könnten tatsächlich sogar noch höher sein.[166]

165 Stephen G. Cecchetti, Madhusudan Mohanty, Fabrizio Zampolli: *The real effects of debt*, BIS Working Paper No. 352, September 2011

166 Robert Novy-Marx, Joshua Rauh: *Public Pension promises: How big are they and what are they worth?*, in: *Journal of Finance*, Volume 66, Issue 4, August 2011, Seiten 1211–1249

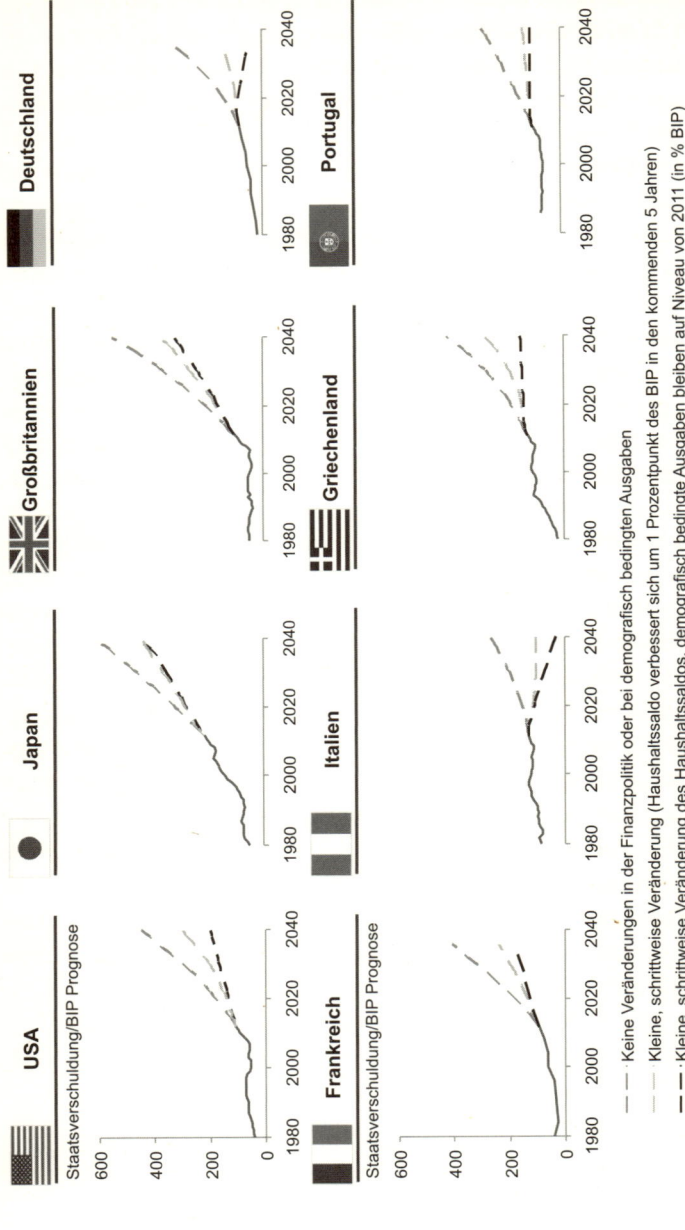

- — - Keine Veränderungen in der Finanzpolitik oder bei demografisch bedingten Ausgaben
- —— Kleine, schrittweise Veränderung (Haushaltssaldo verbessert sich um 1 Prozentpunkt des BIP in den kommenden 5 Jahren)
- — · Kleine, schrittweise Veränderung des Haushaltssaldos, demografisch bedingte Ausgaben bleiben auf Niveau von 2011 (in % BIP)

Quelle: Stephen G. Cecchetti, Madhusudan Mohanty, Fabrizio Zampolli: *The real effects of debt*, BIS Working Paper No. 352, September 2011

Abbildung 10: Drastische Maßnahmen sind erforderlich

Auch im privaten Sektor sind die Zusagen großer Unternehmen für Betriebsrenten in hohem Maße unterfinanziert. Das Niedrigzinsumfeld und die enttäuschenden Aktienmarktrenditen verschärfen das Problem. Im Jahr 2011 beliefen sich die nicht gedeckten Verbindlichkeiten der Unternehmen des S&P 500 insgesamt auf über 500 Milliarden US-Dollar und diejenigen der Stoxx 600-Unternehmen auf über 300 Milliarden Euro.[167] Einige Unternehmen, wie zum Beispiel Ford, müssen nicht gedeckte Verbindlichkeiten in Höhe von über 50 Prozent ihres Börsenwertes tragen. Es erscheint unrealistisch, davon auszugehen, dass sich dieses Problem durch deutlich höhere Anlagerenditen löst. Entweder müssen die Unternehmen die Differenz aus den aktuellen Erträgen bezahlen oder die Zusagen senken, indem sie pauschale Abgeltungen anbieten, wie es GM und Ford in 2012 getan haben.[168] Oder sie können ihren Zusagen zum Teil nicht nachkommen, wie es im öffentlichen Sektor unvermeidlich der Fall sein wird.

Diese Schwierigkeiten bringen uns zur Immobilienblase in den USA zurück: Die privaten Haushalte haben ihrerseits zu lange auf steigende Immobilienpreise und die Versprechen der Politiker gesetzt, statt für die Rente zu sparen. Nun müssen die privaten Haushalte ihre Schulden abbauen – genau zu dem Zeitpunkt, zu dem sie eigentlich für die Zukunft sparen sollten. Außerdem verringert der aggressive politische Kurs der führenden Zentralbanken die Zinserträge und die zu erwartenden künftigen Renditen, da die Vermögenspreise ansteigen. Die Menschen müssen also mehr sparen, mehr Schulden abbauen und sollen gleichzeitig mehr konsumieren, um ihre Wirtschaft in Gang zu halten. Eine unmögliche Kombination.

Nicht nur die offizielle Verschuldung hat ein nicht mehr tragbares Niveau erreicht, auch die künftigen Kosten einer alternden Gesellschaft sind nicht tragbar.

---

167 Nicht kapitalgedeckte Rentenzusagen für das Geschäftsjahr 2011 laut der Finanzdatenbank *CapitalIQ*.

168 Bloomberg News: *GM Cutting Pension Obligations by $ 26 Billion on Buyouts*, 2. Juni 2012

5.3 Weniger Menschen = weniger Wachstum

In den meisten westlichen Industrienationen wird die Erwerbs-bevölkerung in den kommenden Jahrzehnten zurückgehen. Projektionen der Vereinten Nationen zufolge wird sie in Westeuropa von 2012 bis 2050 um 15,8 Millionen (ca. 13 Prozent) und in Japan um 23,8 Millionen (30 Prozent) schrumpfen. Selbst in den USA wird die Bevölkerung im erwerbsfähigen Alter (15 bis 64 Jahre) bis 2050 deutlich langsamer zunehmen, nämlich um 0,4 Prozent pro Jahr, nach 1,1 Prozent in den vergangenen 20 Jahren.[169]

Auch in China und Russland wird die Erwerbsbevölkerung schrumpfen. In China als Folge der Einkindpolitik, in Russland auch aufgrund der geringen Lebenserwartung der Männer, die auf übermäßigen Alkoholkonsum zurückgeführt wird.[170] Die jüngst von der russischen Regierung beschlossene Erhöhung der Wodka-Preise um ein Drittel wird das Problem nicht lösen können.[171]

Indien, die übrigen asiatischen Länder, Lateinamerika und vor allem Afrika werden dagegen bis 2040 und darüber hinaus ein Wachstum verzeichnen. In Abbildung 11 *Die Erwerbsbevölkerung beginnt zu schrumpfen* ist die zu erwartende Entwicklung dargestellt, wobei auch Immigrationsströme berücksichtigt sind. Dies erklärt, warum Länder wie die USA und Großbritannien (vergleichsweise) gut dastehen. Die Annahmen basieren auf den Erfahrungen in der Vergangenheit.

Tatsächlich kann die künftige Entwicklung anders verlaufen, wie Spanien zeigt: Nach einem Einwanderungsboom in den guten Jahren vollzieht sich derzeit ein wahrer Exodus. Es wandern weitaus mehr Menschen ab als zu. Vor allem die Jugend sucht im Ausland, in Europa insbesondere in Deutschland, ein besseres Leben. Die Rekordanmeldungen für Deutschkurse an spanischen Goethe-Instituten zeugen davon. Was das für die weiteren Aussichten von Spanien bedeutet, liegt auf der Hand: Das Wachstum nach der Krise wird geringer sein. Dies wiederum beeinträchtigt die Schuldentilgungsfähigkeit Spaniens und der anderen Länder, deren Jugend abwandert.

169 United Nations: *World Population Prospects: The 2010 Revision*, 2011

170 Ria Novosti: *Heart disease kills 1.3 million annually in Russia – chief cardiologist*, 14. Februar 2007

171 Spiegel Online: Russland erhöht Wodka-Preise, 26. Dezember 2012

Prognostizierter Höhepunkt der Erwerbsbevölkerung ausgewählter Länder:

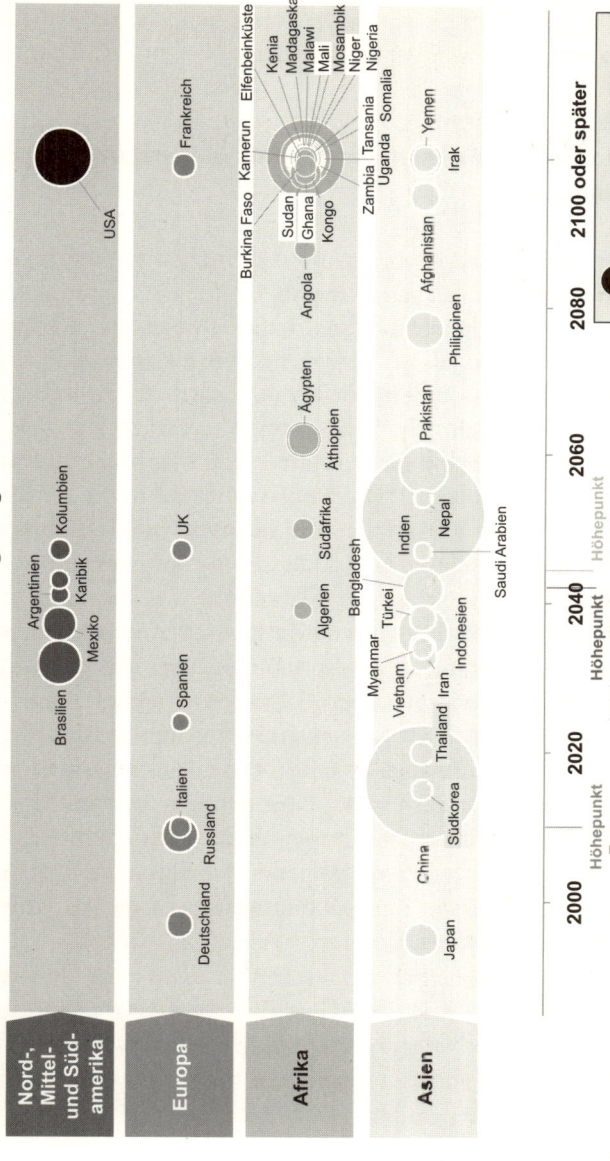

Anmerkung: Erwerbsbevölkerung ist die Bevölkerung zwischen 15 und 64 Jahren; dargestellt sind Länder mit einem Höchstvolumen von mindestens 30 Mio.
Quelle: Vereinte Nationen: *World Population Prospects: The 2010 Revision*

Abbildung 11: Die Erwerbsbevölkerung beginnt zu schrumpfen

Weniger Menschen = weniger Wachstum | **133**

Da die Erwerbsbevölkerung ein wesentlicher Treiber des Wirtschaftswachstums ist, bedeuten weniger Menschen in den westlichen Industrienationen auch weniger Wachstum.

5.4 Weniger Produktivitätsgewinn = weniger Wachstum

Neben der Verfügbarkeit von Arbeitskräften ist die Produktivität der Erwerbsbevölkerung (gemessen als Bruttoinlandsprodukt pro Kopf) ein wichtiger Faktor für das langfristige Wirtschaftswachstum. In den vergangenen 200 Jahren stieg das BIP pro Kopf in den westlichen Industrienationen, indem vor allem zusätzliche Energie eingesetzt wurde und beträchtliche Innovationen stattfanden. Das Wirtschaftswunder in den Schwellenländern ist zum größten Teil auf einen raschen Anstieg des BIP pro Kopf zurückzuführen, da diese Länder dem westlichen Weg folgten und in Infrastruktur, Fabrikanlagen, Bildung und Forschung und Entwicklung investieren.

Dabei holen die Schwellenländer schnell auf, wie die folgenden Zahlen verdeutlichen: Vom Beginn der industriellen Revolution um das Jahr 1700 herum brauchte Großbritannien über 150 Jahre, um das BIP pro Kopf von 1 300 auf 2 600 US-Dollar (in heutigen Preisen) zu verdoppeln. Die USA und Deutschland erreichten in der ersten Hälfte des 19. Jahrhunderts den Wert von 1 300 Dollar und benötigten 53 bzw. 65 Jahre, um ihr Pro-Kopf-Einkommen zu verdoppeln. Japan brauchte Anfang des 20. Jahrhunderts nur noch 33 Jahre dafür. Und in der zweiten Hälfte des vergangenen Jahrhunderts schafften Südkorea und Indien diesen Entwicklungssprung in nur 16 Jahren, China sogar in nur 12 Jahren.[172]

In den westlichen Industrienationen tritt dagegen zum einen der natürliche Effekt ein, dass es immer schwieriger wird, von einem höheren Niveau aus ein weiteres Wachstum zu erzielen, und zum anderen scheinen noch andere Faktoren für einen langsameren Anstieg des BIP pro Kopf zu sorgen.

---

172 The Economist online: *Double your income!*, 7. Dezember 2011

In einer viel beachteten Studie argumentiert der bekannte Wachstumsforscher Professor Robert Gordon von der Northwestern University, dass wir in Zukunft mit weniger Produktivitätswachstum in den westlichen Industrieländern rechnen müssen.[173] Neben den ungünstigen Auswirkungen einer schrumpfenden Erwerbsbevölkerung und des bereits erwähnten notwendigen Schuldenabbaus auf das BIP pro Kopf führt er verschiedene andere Gründe dafür an, dass die Produktivität in Zukunft langsamer wachsen dürfte: sinkende Erträge von Innovationen, schlechtere Ausbildung, steigende Kosten für den Umweltschutz, stärkerer internationaler Wettbewerb und ungleiche Verteilung von Einkommen und Wohlstand. Wir ergänzen diese Liste um die sinkende Qualität des Kapitalstocks in den westlichen Industrienationen und werden diese Faktoren im Folgenden genauer betrachten.

Sinkende Erträge von Innovationen

Innovation ist die wichtigste Ursache für das beeindruckende Wachstum des BIP pro Kopf in den vergangenen 200 Jahren. Verschiedene Wellen der industriellen Revolution – zum Beispiel die Erfindung von Zügen oder Autos oder Innovationen im Chemiesektor – haben den Lebensstandard und die Lebenserwartung der Menschen verbessert. Diese fundamentalen Innovationen gelten als Ursache für die langen wirtschaftlichen Wellen, die zuerst vom russischen Ökonomen Nikolai Kondratjew in den Zwanzigerjahren entdeckt wurden.

Nikolai Kondratjew, politischer Berater im Ministerium für Landwirtschaft und Finanzen, war 1920 Gründungsdirektor des Konjunkturinstituts in Moskau. Es sollte die ökonomische Lage der Sowjetunion und der wichtigsten kapitalistischen Länder beobachten.[174]

173 Robert Gordon: *Is U.S. economic growth over? Faltering innovation confronts the six headwinds*, NBER Working Paper No. 18315, August 2012. Die Studie wird auch diskutiert in Marc Faber: *No Rational Thought will have a Rational Effect on a Man who has no Rational Attitude*, in: *The Monthly Market Commentary Report* auf http://www.gloomboomdoom.com, 1. November 2012

174 Die Zeit: *Wellen des Fortschritts*, 19. März 1993

Mit einer Vielzahl an Indikatoren – darunter der langfristigen Bewegung von Großhandelspreisen, Löhnen und Zinsen – ermittelte Kondratjew drei große Wellen der wirtschaftlichen Entwicklung von 1790 bis 1920 und prophezeite in der Verlängerung völlig korrekt die Weltwirtschaftskrise der 1930er Jahre. Seine Theorie wurde später von dem österreichischen Wirtschaftswissenschaftler und Harvard-Professor Joseph Schumpeter aufgegriffen, der – zu Ehren des russischen Kollegen – von Kondratjew-Zyklen sprach. Kondratjew erlebte es nicht mehr, dass seine Theorie allgemeine Anerkennung fand. Er wurde 1938 hingerichtet, weil er Stalins Landwirtschaftsreform kritisiert hatte. Auf Fakten hinzuweisen, kam in der Politik noch nie gut an. Wahrscheinlich hat es ihm nicht gerade geholfen, dass er dem Kapitalismus zutraute, die Weltwirtschaftskrise zu überstehen.

Der klassische Kondratjew-Zyklus ist eine lange Welle der ökonomischen Entwicklung, die in der Regel 50 bis 60 Jahre anhält und in vier Phasen zerfällt:[175]

- Phase 1, der »Frühling«, basiert auf Innovationen und der Umsetzung neuer Technologien. Es ist eine Expansionsphase, die den allgemeinen Wohlstand steigert und schließlich eine Inflation produziert. Diese Phase dauert rund 25 Jahre.
- Phase 2, der »Sommer«, hält nur flüchtige fünf Jahre lang an. Die Expansion erreicht ihren Höhepunkt, dann entstehen Probleme. Überproduktion führt zu Engpässen bei den Ressourcen, was die Kosten treibt und die Gewinne sinken lässt. Das Wirtschaftswachstum verlangsamt sich.
- Phase 3, der »Herbst«, währt rund zehn Jahre. In dieser Phase kommt es zur ersten Rezession des Kondratjew-Zyklus, danach tritt die Wirtschaft in eine Zeit mit stabilem, aber niedrigem Wachstum ein. In dieser Hochphase steigt dank niedriger Inflation und guter Wirtschaftsaussichten die Kreditaufnahme.
- Phase 4, der »Winter«, zieht sich im Schnitt über 18 Jahre hin. Er beginnt mit einem durch die hohe Verschuldung der Herbstphase ausgelösten langwierigen, rezessionsähnlichen Abschwung, der

---

[175] Vgl. z. B.: Joseph A. Schumpeter: *Konjunkturzyklen. Eine theoretische, historische und statistische Analyse des kapitalistischen Prozesses*, Vandenhoeck & Ruprecht, Göttingen 1961

bis zu drei Jahre anhalten kann. Darauf folgt eine Periode von bis zu 15 Jahren mit niedrigen Wachstumsraten, bis der nächste Frühling kommt.

Dass diese Wellen existieren, darüber herrscht in der Wissenschaft weitgehend Einigkeit. Doch ist man sich uneins darüber, welche treibenden Kräfte hinter diesen Wellen der wirtschaftlichen Entwicklung stehen. Die Wissenschaftler streiten über die Antwort. Für manche spiegeln die Wellen die sich verändernden Muster der Kapitalakkumulation oder der Verfügbarkeit von Rohstoffen und Nahrung wider, andere erklären die Wellen mit Kriegen oder sozialen Umstürzen. Doch nach der vorherrschenden Theorie – wie sie Joseph Schumpeter formuliert hat – ist technische Innovation die eigentliche Triebfeder der wirtschaftlichen Entwicklung.

Wir würden, basierend auf der in Kapitel 1 beschriebenen Dynamik der Eigentumsökonomik, argumentieren, dass es sich letztlich um einen langen Zyklus der Vermögensumverteilung handelt, der die Innovationskraft über die Zeit reduziert. In der Herbstphase wird versucht, zusätzliche Verschuldung durch vereinfachte Kreditgewährung anzufachen, was zwangsläufig zu einer Schuldenkrise und damit zur Neuverteilung von Eigentum führt, womit ein neuer Zyklus einsetzt, in dem die Innovationskraft zunimmt, weil wieder mehr Eigentümer miteinander konkurrieren.

Wissenschaftler haben insgesamt vier oder fünf Kondratjew-Wellen seit Ende des 18. Jahrhunderts identifiziert und ihnen die technischen Errungenschaften, die sie ausgelöst haben, zugeordnet (siehe Abbildung 12).[176] Die erste Welle, das Zeitalter der industriellen Revolution (1780 bis 1840), wurde von der Erfindung der Dampfmaschine und dem Wachstum der Textilindustrie beherrscht. Der Bau von Eisenbahnen und das Wachstum der Stahlindustrie standen hinter der zweiten Welle (1840 bis 1890). Initialzündung für die dritte Welle war die kommerzielle Nutzung der Elektrizität in großem Umfang (1890 bis 1940). Die vierte Welle ist mit der Entwicklung

---

176 *Im Longwave Analyst* werden für einen typischen Kondratjew-Herbst folgende Zeiträume genannt: Der Boom von 1821–1837, der Boom von 1866–1873, der Boom von 1921–1929 und der Boom von 1982–2000. Mit dem Crash der New Economy Blase setzte der Kondratjew-Winter ein, in dem wir uns jetzt befinden. Siehe: Ian A. Gordon: *This is it*, in: *Longwave Analyst*, August bis November 2007

der Petrochemie und dem Aufkommen der Autoindustrie verbunden. Erst durch die Innovationen der Petrochemie wurde das Auto, das 50 Jahre zuvor erfunden wurde, zum Massengut.

Manche sagen, die vierte Welle sei noch nicht vorbei, die Welt befinde sich in deren Winterphase, also in einer Periode verlangsamten Wachstums. Andere identifizieren eine kurze fünfte Welle seit 1980/1985, angetrieben von den neuen Informations- und Telekommunikationstechnologien (Abbildung 12: *Schematische Darstellung der vergangenen Kondratjew-Wellen*). Aber auch nach dieser Sicht befinden wir uns aktuell in der Herbst- bzw. Winterphase, die bis 2015 oder 2025 anhalten könnte.[177]

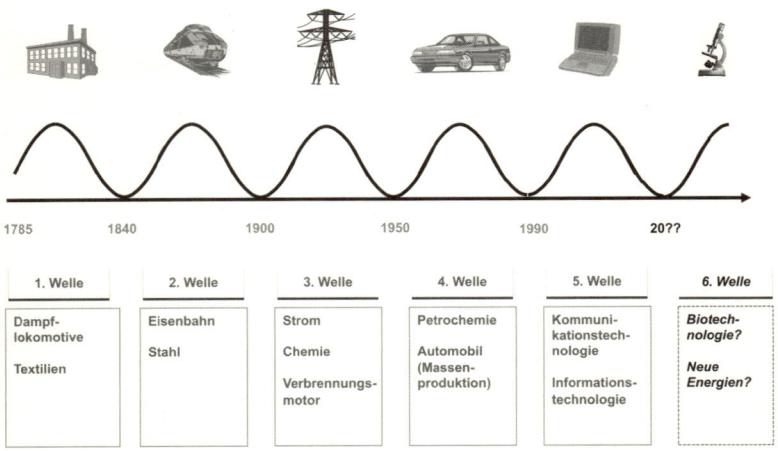

1. Welle	2. Welle	3. Welle	4. Welle	5. Welle	6. Welle
Dampf-lokomotive	Eisenbahn	Strom	Petrochemie	Kommuni-kationstech-nologie	*Biotech-nologie?*
Textilien	Stahl	Chemie	Automobil (Massen-produktion)	Informations-technologie	*Neue Energien?*
		Verbrennungs-motor			

Quelle: Nach Ian A. Gordon: *This is it*, in: *Longwave Analyst*, August bis November 2007

Abbildung 12: Schematische Darstellung der vergangenen Kondratjew-Wellen

Ob nun vierte oder fünfte Welle – sollte die Theorie der Kondratjew-Wellen zutreffend sein, durchleben wir derzeit eine Abschwungphase, die einige Jahre anhalten kann. Die Grundlage für den nächsten Aufschwung wäre in der Expansion neuer Industrien zu sehen.

Laut Professor Gordon hat sich nicht nur die Wirkung von Innovationen auf die Produktivität in den vergangenen Jahrzehnten

177 Siehe dazu auch Daniel Stelter, David Rhodes: *Collateral Damage Part 5: Confronting the New Realities of a World in Crisis*, The Boston Consulting Group, März 2009

verringert, sondern fundamentale Innovationen, die als Grundlage für »industrielle Revolutionen« in der Vergangenheit dienten, lassen sich nicht wiederholen.[178] So sagten zwar viele Amerikaner in einer jüngsten Studie, sie würden eher auf Sex verzichten als auf das Internet,[179] doch wäre den meisten Menschen sicher fließendes Wasser, Elektrizität, Straßen oder das Vorhandensein von Flugzeugen und Zügen wichtiger als der Besitz eines iPad. So stellt sich die Frage, ob künftige Innovationen derart bahnbrechend werden wie damals die Erfindung der Elektrizität, des Automobils oder der Wasserversorgung oder ob lediglich bereits existierende Innovationen weiter optimiert werden und daher weniger Durchschlagskraft haben.

Als Reaktion auf die Studie von Professor Gordon veröffentlichte die Zeitschrift *The Economist* vor kurzem einen Artikel, in dem die Produktivitätswirkung von künftigen Innovationen optimistischer gesehen wird. Darin wird argumentiert, dass der unternehmerische Geist, der seit der Aufklärung im 18. Jahrhundert zu Erfindungen geführt habe, weiter vorhanden sei und im Zeitablauf sogar zu einer allmählichen Beschleunigung der Innovationstätigkeit führen solle.[180] Freie Menschen, die gern unternehmerisch tätig seien, würden immer Innovationen tätigen und Chancen für neue, einmalige Veränderungen finden. Nach unserer Auffassung sollten Professor Gordons Einlassungen dennoch ernst genommen werden, da der Unternehmergeist von Faktoren wie alternden Gesellschaften, belastenden staatlichen Regulierungen und einer geringen Eigenverantwortung in den westlichen Gesellschaften negativ beeinflusst wird. Als Beispiel schaue man sich das hohe Durchschnittsalter der Fluglärmgegner in Frankfurt, München oder Berlin sowie der Demonstranten gegen Stuttgart 21 an.

Es ist sicherlich zu früh, den Schluss zu ziehen, dass die Zeit des von Innovationen getragenen Wachstums vorüber ist, denn möglicherweise ist die jüngste Zeit, die von Professor Gordon als Beispiel für diesen Trend herangezogen wird, nicht repräsentativ. Innova-

---

178 Vgl. auch: Martin Wolf: *Is unlimited growth a thing of the past?*, in: Financial Times, 2. Oktober 2012

179 Bild.de: *Neue Studie aus den USA: Amerikaner lieben Internet mehr als Sex*, 21. September 2007

180 The Economist: *Productivity and growth: Was that it?*, 8. September 2012

tionen werden auch künftig positive Auswirkungen auf das Bruttoinlandsprodukt und den Lebensstandard haben, aber die Effekte könnten geringer sein.

Schlechtere Ausbildung

Bildung ist eine Grundvoraussetzung für das künftige Wirtschaftswachstum. Sie war neben dem Privateigentum die wichtigste Triebkraft für die industrielle Revolution, die den Boden für den raschen Wohlstandszuwachs in allen westlichen Industrienationen bereitete. Die sinkende Bildungsqualität in den meisten westlichen Industrienationen (gemessen daran, dass ein geringerer Teil der Bevölkerung ein Universitätsstudium absolviert, sowie am enttäuschenden Abschneiden in internationalen Vergleichen) dämpft das künftige Wachstumspotenzial.

Ein Blick auf die Fakten zeigt, wie groß die Herausforderung ist: Wie die OECD vor kurzem dargelegt hat, verfügt China von allen Ländern weltweit über die zweitgrößte Zahl an Akademikern – 31,1 Millionen Menschen. Nur in den USA haben mehr Menschen einen Universitätsabschluss erreicht (66,1 Millionen). Damit kann China auf nahezu ebenso viele gut ausgebildete Menschen zurückgreifen wie die drei führenden europäischen Länder – Deutschland, Frankreich und Großbritannien – zusammen (33,0 Millionen).[181] Angesichts der deutlich höheren Zahl von Universitätsabsolventen wird China die europäischen Länder bald in der Anzahl Akademiker überholen. Bereits heute erreichen jedes Jahr mehr Wissenschaftler in China ihren Abschluss als in den USA (im Jahr 2010 ca. 310 000 in China, ca. 255 000 in den USA) und etwa zehn Mal so viel Ingenieure (2,2 Millionen).[182]

Und die Quantität ist nur eine Seite der Medaille. Der Bildungsstand ist in den asiatischen Ländern durchgehend höher als in den westlichen, wie die alle drei Jahre durchgeführten PISA-Tests der OECD zeigen. Klassische OECD-Länder wie Japan und Korea liegen historisch gesehen im oberen Drittel, China (Schanghai) erzielte bei der ersten Teilnahme im bisher letzten PISA-Test im Jahr 2009

---

181 OECD: *Education at a Glance 2011, OECD Indicators*, 2011
182 Vgl. Eurostat (Zahlen für Europa und die USA) und National Bureau of Statistics of China

sofort den ersten Platz.[183] Bisher liegt China zwar in Bezug auf Qualität und Quantität von Innovationen noch weit zurück,[184] aber wir gehen davon aus, dass eine höhere Zahl von Universitätsabsolventen im Zeitablauf auch die Qualität der Innovationen verbessern wird. Heute wiegt ein deutscher Ingenieur vielleicht noch zehn chinesische auf, aber das wird nicht für alle Zeiten der Fall sein.

Eine zusätzliche Belastung entsteht daraus, dass das Bildungsniveau innerhalb der westlichen Industrienationen immer weiter auseinanderklafft. In den USA weitet sich die Lücke zwischen den schulischen und akademischen Ergebnissen von schwarzen und lateinamerikanischen Kindern auf der einen und asiatischen und weißen Kindern auf der anderen Seite aus. Dies beeinträchtigt das Gesamtergebnis, da die erstgenannten zwei Gruppen einen zunehmenden Anteil an der Bevölkerung ausmachen.[185] Dasselbe gilt für die meisten Länder in Europa, in denen Kinder mit einem Immigrationshintergrund aus den arabischen Ländern, der Türkei und Afrika tendenziell schlechter abschneiden als Schüler mit einem anderen Hintergrund.[186]

Es wird für die kleinere, weniger gut ausgebildete und weniger gut ausgerüstete kommende Generation in den westlichen Industrienationen sehr schwer sein, mit dem Rest der Welt und miteinander zu konkurrieren. Und gleichzeitig für das Erbe der aktuellen Generation der Babyboomer zu zahlen. Und auch noch für sich selbst vorzusorgen.

183 OECD: *PISA 2009 at a glance*, 2010

184 UBS Investment Research: *Asia: is the miracle over?*, 10. September 2012

185 Robert Gordon: *Is U.S. economic growth over? Faltering innovation confronts the six headwinds*, NBER Working Paper No. 18315, August 2012

186 In Deutschland zum Beispiel besteht ein direkter Zusammenhang zwischen dem Abschneiden der Schüler insgesamt und der Zahl und Herkunft von Immigranten im jeweiligen Bundesland. Ein höherer Anteil von Immigranten aus der Türkei, dem Nahen Osten und Afrika geht tendenziell mit deutlich geringeren Lese- und Mathematikkenntnissen einher. Vgl.: Bertold Wigger, Georg Benedikt Fischer: *Die Zuwanderung macht die Differenz*, in: Frankfurter Allgemeine Zeitung, 17. Oktober 2012

Ausbluten des Kapitalstocks

Jeder, der um die Welt reist, kann sehen, welche Fortschritte die Schwellenländer bei Investitionen in öffentliche und private Infrastruktur machen und wie schnell dort Großprojekte geplant und beendet werden. Ganz im Gegenteil zu wichtigen Großprojekten in Deutschland wie dem neuen Berliner Flughafen BER, der nicht nur gegen die Fluglärmgegner kämpfen muss, sondern einfach nicht fertigwird.

Gleichzeitig haben der öffentliche und der private Sektor in den westlichen Industrienationen in den vergangenen Jahren zu wenig in den Kapitalstock investiert, also kein Geld für den Aufbau und den Erhalt von Infrastruktur ausgegeben. Dies wirkt ebenfalls negativ auf die künftigen Produktivitätszuwächse. Es ist nicht nur ein Problem Amerikas, dem zu Recht der Zustand seiner maroden Infrastruktur vorgeworfen wird. So ist Deutschland Schlusslicht der Industrieländer bei den Nettoinvestitionen in Infrastruktur, also Straßen, Brücken und Schienen.[187]

Anlageinvestitionen spielen eine wichtige Rolle für die künftige Produktivität und die Erzeugung von Einnahmen. Doch nicht nur der Staat war hier untätig: Trotz rekordhoher Gewinnmargen[188] haben die Unternehmen in den westlichen Industrienationen ihre Ausrüstungsinvestitionen in den vergangenen Jahren deutlich zurückgefahren. In einer Studie zu Investitionstrends in Europa schrieb Goldman Sachs, dass seit einem Jahrzehnt zu wenig investiert wurde.[189] Dieser Trend habe bereits vor der Finanzkrise begonnen und sich seither verstärkt. Das Alter der Vermögenswerte stieg im Durchschnitt auf 10,3 Jahre (2011) an; nur zehn Jahre zuvor hatte es bei 7,4 Jahren gelegen. Daraus ergibt sich ein Investitionsstau in Höhe von 800 Milliarden Euro. Dasselbe gilt für US-Unternehmen. Die Tendenz spiegelt sich in der Ersparnis der Nichtfinanzunternehmen, die nahezu jedes Jahr seit 2000 deutlich höher lag als die Investitionen; die Nettoanlageinvestitionen im Inland sinken im Verhältnis zum Bruttoinlands-

---

187 Handelsblatt: *Leben von der Substanz*, 04. Dezember 2012
188 Financial Times: *Corporate margins reaching record levels*, 29. Januar 2012
189 Goldman Sachs Research: *Spending the way to growth – Part 1: Capex*, März 2012

produkt eindeutig und erreichten in den Jahren der Finanzkrise neue Tiefststände (siehe Abbildung 13 *Geringe Investitionen*).

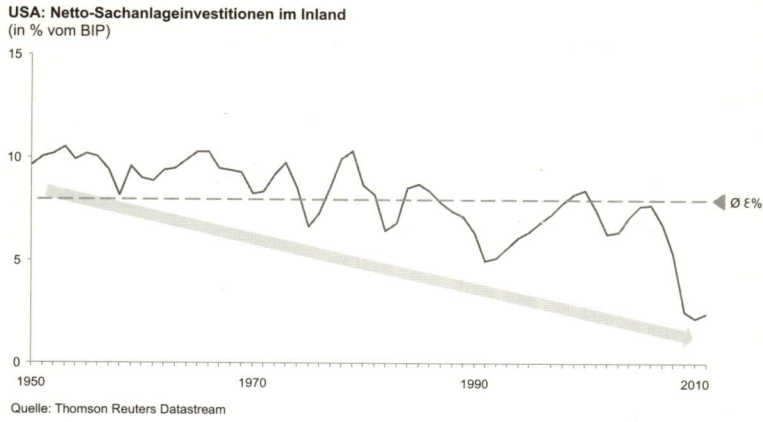

USA: Netto-Sachanlageinvestitionen im Inland
(in % vom BIP)

Quelle: Thomson Reuters Datastream

Abbildung 13: Geringe Investitionen

Ohne entsprechende Investitionen in den Kapitalstock einer Wirtschaft, ebenso wie in Ausbildung, Forschung und Entwicklung wird es nicht möglich sein, im internationalen Wettbewerb zu bestehen und das Wachstum zu erzielen, welches wir brauchen, um den Schuldenberg ordentlich abzutragen.

Weniger billige Ressourcen, mehr Umweltschutzauflagen

Seit Jahrzehnten – spätestens seit der durch den Club of Rome in den Siebzigerjahren angeregten Diskussion – wird darüber debattiert, wie lange natürliche Ressourcen leicht verfügbar sein werden und ob deren Vorhandensein bald an seine Grenzen stößt. Das rasche Wachstum der Weltbevölkerung und die Industrialisierung der Schwellenländer haben zu einer immer stärkeren Nachfrage geführt.

Einige Beobachter wie zum Beispiel Jeremy Grantham von GMO (einem Hedgefonds aus Boston) sind der Auffassung, dass die Welt vor einer Trendwende stehe. Ihres Erachtens wird die seit über 150 Jahren andauernde Ära, in der die realen Rohstoffpreise zurückgingen, bald enden; laut dem Magazin *The Economist* haben sich die realen Preise seit 1862 halbiert. Der kräftige Anstieg der realen Rohstoffpreise in den vergangenen zehn Jahren wird als Anzeichen für einen neuen Trend gewertet, dem zufolge die Rohstoffpreise in den kommenden Jahrzehnten strukturell höher liegen werden. Dies ist vor allem auf die Industrialisierung der Schwellenländer und die Tatsache zurückzuführen, dass über eine Milliarde neuer Konsumenten einen westlichen Lebensstil anstreben werden, was die Nachfrage an Rohstoffen und damit auch deren Preis erhöht. Da der Verbrauch an Energie und Rohstoffen beträchtlich zum Wachstum der Weltwirtschaft und des weltweiten Wohlstands beigetragen hat, wird ein Mangel an diesen Ressourcen oder ein deutlich höherer Preis das künftige Wachstum belasten.[190]

Es ist gut möglich, dass diejenigen Recht behalten, die wie der Analyst Dylan Grice von der Société Générale der Auffassung sind, dass jene, die auf steigende Rohstoffpreise setzen, letztlich die menschliche Erfindungskraft unterschätzen.[191] Diese Beobachter beziehen sich auf den langfristigen Trend, dass die Produktivität im Bergbau rascher anstieg als die Nachfrage und dass immer wieder neue Rohstofflager gefunden bzw. Ersatzstoffe identifiziert wurden. Der Boom von Schiefergas in den USA scheint dies zu belegen. Die USA könnten sogar ein Nettoenergieexporteur werden und so die Handelsbilanz der vergangenen Jahrzehnte umkehren. So sitzt zum Beispiel der US-Bundesstaat Pennsylvania auf Erdgasreserven, die das ganze Land für zwei Jahrzehnte versorgen könnten.[192]

Insgesamt halten wir es für sehr wahrscheinlich, dass trotz der anhaltenden und hohen Volatilität der Konjunktur mit strukturell höheren Rohstoffpreisen zu rechnen ist. Dafür sprechen das Tempo der wirtschaftlichen Entwicklung in den Schwellenländern, das mit einer möglichen höheren Rohstoffeffizienz nicht Schritt halten wird, und die schiere Anzahl der Menschen, die einen »westlichen Lebensstil« anstreben.

190 Jeremy Grantham: *Time to wake up: Days of abundant resources and falling prices are over forever*, in: *Jeremy's Quarterly Letters*, 25. April 2011

191 Dylan Grice: *Popular Delusions: Commodities for the long run? Not on your* *Nellie – I'd rather eat coal!*, Société Générale, 15. Dezember 2010

192 Zeit Online: *Fracking – Eine Technik spaltet Amerika*, 4. Dezember 2012

Umweltschutzbemühungen zur Reduzierung des Energiever-
brauchs und der CO_2-Emissionen werden ebenfalls zu einem Anstieg der Kosten führen. So sehr diese Maßnahmen in der Tat notwendig zu sein scheinen, um die globale Erwärmung zum Stillstand
zu bringen – aus wirtschaftlicher Sicht führen sie zunächst einmal
zu höheren Kosten. Wenn die Szenarien zutreffen, wird der Umgang
mit den Folgen des Klimawandels in den kommenden Jahrzehnten
mehr kosten als heute.

Zusammenfassend lässt sich sagen, dass der Rückenwind – in der
Vergangenheit wurde die wirtschaftliche Produktivität durch einen
immer stärkeren Einsatz von billigen Ressourcen gesteigert – sich in
einen Gegenwind – höhere Kosten und mehr globale Streitigkeiten
über knappe Ressourcen – verwandelt. Das macht es nicht leichter,
mit dem Schuldenberg und den ungedeckten Verbindlichkeiten umzugehen.

Stärkerer Wettbewerb und zunehmende Ungleichheit

Das Wachstum der globalen Erwerbsbevölkerung und der stärkere internationale Wettbewerb um Arbeitsplätze führen weiterhin
zu Druck auf die Arbeitskosten in den Industrieländern. Kommuni-
kationstechnik und Internettechnologie erlauben es, von überall auf
der Welt zu arbeiten und Dienstleistungen zu erbringen. Unseres
Erachtens wird dies langfristig zu einem Ausgleich der Löhne auf
globaler Ebene führen, was bereits bei einfachen Aufgaben wie zum
Beispiel englischsprachigen Callcentern zu erkennen ist.

Einkommen und Vermögen sind wegen des stärkeren globalen
Wettbewerbs und der Tatsache, dass der Anteil des in einer Phase
der expansiven Geldpolitik geschaffenen Finanzvermögens gestiegen
ist, ungleicher verteilt. Von 1979 bis 2007 stieg das Durchschnittsein-
kommen der US-Haushalte um 62 Prozent an. Im selben Zeitraum
konnte das oberste Prozent der Einkommenspyramide sein Einkommen um beachtliche 275 Prozent steigern. Das Einkommen der übrigen Angehörigen der obersten 20 Prozent der Einkommensbezieher
stieg immerhin um 65 Prozent an, das der übrigen US-Haushalte
dagegen um weniger als 40 Prozent. Die unteren 20 Prozent der Bevölkerung verzeichneten lediglich einen Einkommenszuwachs um

18 Prozent.[193] Jüngere Zahlen bestätigen, dass dieser Trend ungebrochen anhält: In der Erholung der Jahre 2009/2010 blieben die Einkommen von 99 Prozent der Amerikaner praktisch unverändert (+0,2 Prozent), wohingegen die Einkommen des obersten Prozents um 11,6 Prozent anstiegen. Anders ausgedrückt: Die Einkommenszuwächse der Jahre 2009/2010 entfielen zu 93 Prozent auf das oberste Prozent der Einkommenspyramide.[194]

Solange die westlichen Zentralbanken ihre Politik fortsetzen und ihre Bilanzen aufblähen, wird der Anteil des aus Spekulationen stammenden Finanzvermögens ansteigen. Dies schafft einen Nährboden für soziale Spannungen.[195] Wie Raghuram Rajan von der University of Chicago ausführt, läuft ein kapitalistisches System, in dem die breite Masse nicht mehr an eine Chancengleichheit glaubt, Gefahr, die Unterstützung für Demokratie und freies Unternehmertum zu verlieren.[196] Auf jeden Fall dämpft die steigende Ungleichheit bereits heute das Wachstum! Durch schlechtere Aufstiegschancen können sich untere Bevölkerungsschichten wirtschaftlich nicht optimal entfalten, wertvolles Talent bleibt damit ungenutzt.

An dieser Stelle wollen wir darauf hinweisen, dass in Deutschland eine ungleiche Einkommens- und Vermögensverteilung weniger problematisch ist als in anderen Industrienationen – allen öffentlichen Diskussionen zum Trotz. In den letzten 10 Jahren gab es nur eine geringfügige Veränderung, und Deutschland gehört nach wie vor zu den »egalitärsten« Ländern der Welt, wie eine Analyse des *Economist* zeigt: In Bezug auf das Einkommen hat Deutschland nach Schweden den zweitkleinsten Gini-Koeffizienten, einen Maßstab für

193 Martin Wolf: *Romney would be a backward step*, in: Financial Times, 30. Oktober 2012. Die Zahlen stammen aus: Congressional Budget Office (CBO): *Trends in the Share of Household Income Between 1979 and 2007*, Oktober 2007.

194 Vgl. Emmanuel Saez: *Striking it Richer: The Evolution of Top Incomes in the United States*, Working Paper (University of California, Berkeley), März 2012. In der Studie wird eine andere Definition des Begriffs Realeinkommen verwendet; der historische Trend ist jedoch ähnlich wie bei den Zahlen des Congressional Budget Office (siehe vorherige Fußnote).

195 Vgl. William R. White: *Ultra Easy Monetary Policy and the Law of Unintended Consequences*, Federal Reserve Bank of Dallas, Working Paper No. 126, August 2012

196 Raghuram Rajan: *The west's legitimacy rests on restoring opportunity*, in: Financial Times, 18. Oktober 2012

die Ungleichverteilung der Einkommen.[197] Ist der Gini-Koeffizient 0, haben alle das gleiche Einkommen, ist er 1, bekommt einer alles und alle anderen nichts. Deutschland hat einen Gini-Koeffizienten von etwas über 0,3 in Bezug auf das Einkommen, die USA schon fast 0,4, China etwas über 0,4 und Südafrika über 0,6.

Lähmende Unsicherheit

Die weltweite wirtschaftliche Unsicherheit ausgelöst durch die Finanz- und Wirtschaftskrise ist ungebrochen hoch, wie ein Index zeigt, der von den amerikanischen Ökonomen Scott Baker und Nicholas Bloom aus Stanford und Steven Davis von der University of Chicago entwickelt wurde.[198] Abbildung 14 *Zunehmende Unsicherheit* zeigt, dass der Index für die Unsicherheit der Wirtschaftspolitik im Jahr 2008 beim Zusammenbruch von Lehman Brothers seinen zweithöchsten Stand erreichte. Er notierte über den Spitzenwerten, die während der beiden Golfkriege bzw. im Nachgang des 11. September 2001 verzeichnet wurden. Der Index hat seither auf einem hohen Niveau verharrt und seinen Allzeithöchststand im Jahr 2011 während der Diskussion um die US-Schuldenobergrenze erreicht. Der Index für politische Unsicherheit in Europa erreichte einige Monate später seinen Höchststand, nachdem der griechische Premierminister ein Referendum über die Sparpolitik angekündigt hatte.

In der Vergangenheit schnellte der Index bei Schocks und nationalen Katastrophen (zum Beispiel dem Lehman-Konkurs oder dem 11. September) in die Höhe; die derzeitige Unsicherheit ist jedoch eher politischer Natur. Der US-Index erreichte 2012 einen neuen Rekordstand durch das Debakel bei der Schuldenobergrenze, denn ohne zusätzliche Mittel wären Anfang 2013 wichtige staatliche Funktionen lahmgelegt worden. In Europa führen das Risiko eines finanziellen Zusammenbruchs und steigender sozialer Unruhen in den Peripherieländern zu schweren Zweifeln an der Überlebensfähigkeit des

---

197 The Economist: *For Richer, for poorer*, 13. Oktober 2012

198 Scott Baker, Nick Bloom, Steven J. Davis: *Measuring Economic Policy Uncertainty*, Working Paper (Stanford University, University of Chicago), Juni 2012. Der Index ist verfügbar unter http://www.policyuncertainty.com/.

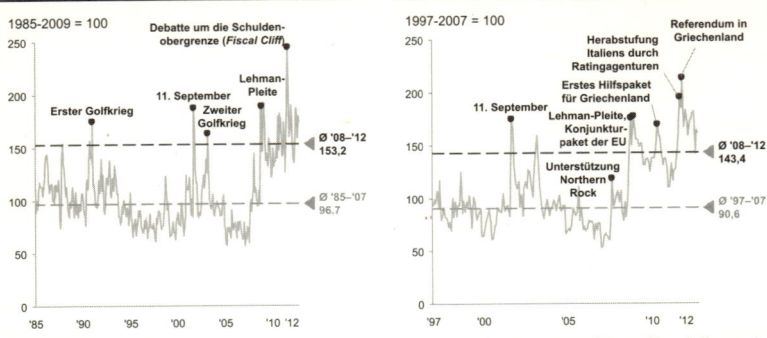

Anmerkung: Economic Policy Uncertainty wird in drei Komponenten gemessen. Die erste erfasst die Berichterstattung von Zeitungen. Die zweite Komponente misst die Abweichungen zwischen Konjunkturprognosen unterschiedlicher Institute als Indikator für Unsicherheit. Die dritte Komponente, die nur für den US-Index gemessen wird, erfasst Unsicherheiten bei der Steuergesetzgebung.
Quelle: Scott Baker, Nicholas Bloom and Steven J. Davis abrufbar unter www.PolicyUncertainty.com;
Darstellung in Anlehnung an Financial Times: *Economics must heed political risk*, 7. November 2012

Abbildung 14: Zunehmende Unsicherheit

Euro und zu beträchtlicher wirtschaftlicher Unsicherheit für Unternehmen und private Haushalte.[199]

Den Politikern in den westlichen Industrienationen fällt es schwer, mit den oben angerissenen Strukturproblemen umzugehen, was die Wirtschaft lähmt. In sehr unsicheren Zeiten haben Konjunkturprognosen einen zweifelhaften Wert und geben Managern wenige Anhaltspunkte. Dies ist ein wichtiger Grund dafür, dass die Unternehmen Investitionen vermeiden und Einstellungen aufschieben.

Die Investmentbank Nomura schätzt, dass zusätzliche Unsicherheit – definiert als Anstieg der Streuung von Gewinnprognosen für die Unternehmen des S&P 500 – zu einem Rückgang der Investitionstätigkeit um 4,9 Prozent sowie einem Rückgang des Bruttoinlandsprodukts um 0,5 Prozent führt.[200] Wer wegen der Unsicherheit nur auf Sicht fährt, tätigt keine großen, langfristigen Investitionen.

---

199 Vgl. Scott Baker, Nick Bloom, Steven J. Davis: *The Rocky Balboa Recovery: Is Policy Uncertainty Holding It Back?*, veröffentlicht auf: www.voxeu.org, 20. Juni 2012
200 Financial Times: *Economics must heed political risk*, 7. November 2012

5.5 Wer hält jetzt die Bombe?

Die Schulden sind hoch und das künftige Wachstum gering. Und wie in der Geschichte von Babylon sehen wir die Schrift an der Wand, die uns zeigt, dass ein mehr als 30-jähriger Schuldenzyklus an seine Grenzen stößt. Ein Zyklus bei dem Wohlstand auf Kosten von ungeborenen Menschen erzeugt wurde, die sich dagegen nicht wehren konnten, weil es sie noch nicht gab.

Die Versprechen der Politik sind unmöglich zu erfüllen. Und es gibt wenig Hoffnung, aus dem Problem herauszuwachsen: Immer weniger und zudem nicht gut genug ausgebildete Menschen müssen eine immer größere Last stemmen. Es gibt nun einmal auch im Westen eine Budgetrestriktion, auch wenn die Politik uns jahrzehntelang das Gegenteil vorgemacht hat und noch vormachen will. Das Ponzi-Schema ist am Ende. Die Wirkung von Zins und Zinseszins ist eindeutig und brutal: Wenn Schulden nicht ewig schneller steigen können als das Einkommen, dann werden sie es auch nicht tun. Was jetzt?

6
Weg mit den Schulden!

»Ich bezweifle, dass die Industrienationen aus ihrer misslichen Lage herauskommen, ohne dass die Gläubiger Verluste erleiden, deutliche Abschreibungen von Vermögenswerten vorgenommen werden und eine Rekapitalisierung der Bankensysteme erfolgt.«[201]

Sir Mervyn King (Governor der Bank of England)

»Es gibt keinen Weg, den finalen Kollaps eines Booms durch Kreditexpansion zu vermeiden. Die Frage ist nur, ob die Krise früher, durch freiwillige Aufgabe der Kreditexpansion, kommen soll oder später, zusammen mit einer finalen und totalen Katastrophe des Währungssystems.«[202]

Ludwig von Mises (österreichisch-US-amerikanischer Ökonom, 1881–1976)

»Credo« heißt auf lateinisch »ich glaube«. Daraus leitet sich auch das deutsche Wort »Kredit« ab. Schulden und Kredit beruhen nämlich auf Vertrauen und dem Glauben, dass man sein Geld zurückbekommt. Das Wort »Kredibilität« kommt auch daher. Dieses Vertrauen des

---

201 Im Original: »I am not sure advanced economies in general will find it easy to get out of their current predicament without creditors acknowledging further likely losses, a significant writing down of asset values, and recapitalisation of their financial systems.« BBC News: *King says banks must raise their capital levels*, 23. Oktober 2012 (abrufbar unter: http://www.bbc.co.uk/news/business-20051656)

202 Im Original: »There is no means of avoiding a final collapse of a boom brought about by credit expansion. The alternative is only whether the crisis should come sooner as a result of a voluntary abandonment of further credit expansion or later as a final and total catastrophe of the currency system involved.« In: Ludwig von Mises: *Human Action : A Treatise on Economics*, Auburn, Alabama, 1949

Gläubigers wird durch das Pfandrecht am Eigentum des Schuldners untermauert. Der Verzicht auf die Verfügungsgewalt über sein Eigentum und das Risiko wird durch den Zins kompensiert.

Damit die Folgen der unverantwortlichen Politik der vergangenen Jahrzehnte bewältigt werden können, muss der Schuldenüberhang in den westlichen Ländern rasch beseitigt werden. Das Vertrauen der Gläubiger wird sich in den kommenden Jahren als großer Fehler herausstellen. Alle, die gespart haben, werden Geld verlieren.

Unter normalen Umständen würde ein allmählicher Schuldenabbau durch eine Kombination aus Umschuldung/Zahlungsausfällen, höherer Besteuerung und Inflation funktionieren. Doch das geht nur, wenn der zugrundeliegende Wachstumstrend aufgrund einer »normalen« demografischen Situation intakt ist. Dies ist aber derzeit nicht der Fall. Daher muss eine rasche und effiziente Lösung gefunden werden.

Die aktuelle Politik tut dies nicht; sie versucht, den Tag der Abrechnung zu verschieben. Die Politiker wollen der Öffentlichkeit nicht die Wahrheit sagen, dass ein beträchtlicher Teil der Schulden nicht zurückgezahlt wird.

6.1 Der Seher aus Basel

»Keiner konnte die Krise kommen sehen« – so lautete das Credo von (Noten-)Bankern, Politikern und Entscheidungsträgern in der westlichen Welt. Einmal abgesehen davon, dass einige es sehr wohl kommen sahen, wie die bereits erwähnten Hedgefonds-Manager John Paulson und David Einhorn, die mit Wetten gegen hypothekenbesicherte Papiere und Leerverkäufen von Bankaktien Milliarden verdienten, so gab es auch Mahner aus dem inneren Kreis der Geldexperten.

Alljährlich trifft sich die Elite der Notenbanker der Welt mit den führenden Volkswirten und Geldtheoretikern in Jackson Hole in der amerikanischen Provinz. In ungezwungener Atmosphäre und ohne Anzug und Krawatte werden dort die fundamentalen Fragen der Weltwirtschaft diskutiert. So auch im Jahre 2003. Alan Greenspan, Chef der amerikanischen Notenbank Fed, wurde gefeiert. Hatte er doch alle Krisen der vergangenen 15 Jahre gemeistert: den Börsencrash 1987, die Pleite des Hedgefonds LTCM im Jahre 1998, die Asienkrise,

die Russlandkrise, das Platzen der Internetblase und die Folgen des
11. September. Der beispiellose Boom der amerikanischen Wirtschaft
schien sein Verdienst und die Anwesenden huldigten dem »Maes-
tro«. Sogar die Queen war von seinem Wirken so angetan, dass sie
ihn zum britischen Ehrenritter schlug – ein Titel, den er allerdings
nur in England führen darf.

Einer störte die sonnige Atmosphäre: William White, der Chefvolkswirt der Bank für Internationalen Zahlungsausgleich (BIZ). Ziel
der BIZ war und ist es, die globale Finanzstabilität zu fördern, und
dabei auch Gefahren und Risiken offen anzusprechen. Und genau
dies tat William White, ein freundlicher, besonnener, aber im Jahre
2003 bereits sehr besorgter Mann.

In einem engagierten Vortrag stellte er alles, wofür Greenspan
stand, in Frage: das billige Geld, die laxe Regulierung, den unbe-
dingten Glauben an effiziente Märkte. Und er gipfelte in der Warnung, dass die Fed drauf und dran sei, die *größte Blase aller Zeiten
zu produzieren!* Für White war Greenspan nicht der Held, der jede
Krise bewältigte, sondern der Brandstifter, der durch billiges Geld
erst die Krise herbeiführte – um diese dann mit noch mehr Geld zu
löschen. Konsequent forderte er eine Beschränkung des Kreditwachstums, höhere Zinsen und eine Politik, die nicht nur hilft, wenn ein
Unfall passiert, sondern in guten Zeiten bremst, bevor es knallt.[203]
William White war ein ziemlich einsamer Mann in jenem August
2003. Die Meinung der Experten war einhellig: Die US-Notenbank
Fed garantierte unter Alan Greenspan, dass die Zeit der Krisen und
Rezessionen ein für alle Male hinter uns lag. White blieb nur übrig,
enttäuscht, aber realistisch Bilanz zu ziehen. Gewarnt hatte er.[204]

Die Queen hätte wohl besser William White zum Ritter geschla-
gen. Im November 2008 fragte sie, weshalb keiner der Volkswirte
und Experten die Krise kommen sah. Es gab sie, aber sie wurden

---

203 So sagte er z. B: »This would include,
in particular, exploring means of buil-
ding up prudential cushions in good
times so as to partially run them down
in bad times. On the monetary side,
it would imply being alert to the pos-
sibility that financial imbalances can
also build up when inflation is low ...«,
in: Claudio Borilo, William R. White:

*Whiter monetary and financial sta-
bility? The implications of evolving
policy regimes*, BIS Working Paper
No. 147, Februar 2004 (abrufbar unter:
http://www.bis.org/publ/work147.pdf)
204 Spiegel Online International: *Global
Banking Economist Warned of Coming
Crisis*, 7. August 2009

nicht erhört. Auch White schrieb in einem späteren Essay, dass es diese Warner sehr wohl gegeben habe, aber niemand auf sie hören wollte.[205] Die Autoren können sich an dieser Stelle nicht verkneifen, auch auf die eigene Warnung vor den Folgen zu hoher Verschuldung im Jahre 2003 hinzuweisen.[206]

Mittlerweile hat William White die BIZ verlassen und leitet das Economic Committee der OECD. Er bleibt sich dort treu, denkt weiter als andere und spricht das weiterhin deutlich aus. So hat er in der *Financial Times* einen Gastbeitrag veröffentlicht, der an Klarheit und Konsequenz nichts missen lässt – und der auch dem letzten Optimisten vor Augen führt, wohin uns 30 Jahre billigen Geldes und leichter Verschuldung gebracht haben: »We need a plan B to curb the debt headwinds« – wir brauchen einen neuen Plan, nachdem wir »richtig Mist gebaut haben«.[207] Nach einer kurzen Zusammenfassung der – fatalen – Schuldensituation, die wir schon erläutert haben, diskutiert White vier Optionen, um mit dem Schuldenberg umzugehen:

- Sparen und zurückzahlen
- Aus dem Problem herauswachsen
- Die Schulden abschreiben
- Entwertung durch Inflation

Was bedeuten diese Optionen und welche können überhaupt funktionieren?

6.2 Wege aus der Krise (I): Sparen und Zurückzahlen

Wenn Sie, lieber Leser, sich mit dem Kauf Ihres Hauses oder Autos ein wenig übernommen haben, dann werden Sie ganz einfach reagieren: Ausgaben einschränken, also etwas weniger Restaurant- und Kinobesuche und zugleich etwas mehr arbeiten. Dann klappt das

205 »Queen Elizabeth II asked why no economist had forcecast the crisis. But indeed some had sounded warnings. A more interesting question is why no one, including policymakers, was inclined to listen.«, in: William R. White: *Modern Macroeconomics is on the wrong track*, in: *Finance & Development*, December 2009

206 Daniel Stelter, Lars-Uwe Luther: *Taking deflation seriously*, The Boston Consulting Group, 2003

207 William R. White: *We need a plan B to curb the debt headwinds*, in: Financial Times, 2. März 2010

nach einer Weile schon wieder – vorausgesetzt, Sie haben es nicht allzu wild getrieben. Doch genau hier liegt der Hund begraben. Die Party war zu schön und die westliche Welt wacht gerade mit einem ziemlichen Kater auf.

Können die westlichen Länder nicht schlicht sparen und ihre Schulden zurückzahlen? Schwierig: Das, was für einzelne Personen, Unternehmen und sogar Staaten gilt, ist nicht mehr möglich, wenn es viele gleichzeitig machen. Die Folgen sind verheerend: Der Rückgang des Konsums führt zu niedrigeren Wachstumsraten, höherer Arbeitslosigkeit und dementsprechend niedrigeren Einkommen für Private, Unternehmen und Staat. Das erschwert es anderen Schuldnern, zu sparen und ihre Schulden zurückzuzahlen. Dieses Phänomen, das zum ersten Mal von Irving Fisher im Jahr 1933 in *The Debt-Deflation Theory of Great Depressions* beschrieben wurde und das wir in Kapitel 4 behandelt haben, kann zu einer tiefen und langen Rezession und sinkenden Preisen (Deflation) führen.

Eine solche Entwicklung wird verstärkt, wenn die Regierungen gleichzeitig einen Sparkurs verfolgen, wie es heutzutage in zahlreichen europäischen Ländern der Fall ist und wie es die USA irgendwann auch müssen. Eine Kürzung der Staatsausgaben um ein Prozent des BIP führt normalerweise zu einem Rückgang der Wirtschaftsleistung um weniger als ein Prozent, weil andere Faktoren wie günstigere Zinsen oder ein schwächerer Wechselkurs, der die Exporte fördert, positiv wirken. In normalen Zeiten ist dieser sogenannte Multiplikatoreffekt also kleiner als 1, die Wirtschaft schrumpft weniger als die Staatsausgaben, in Zeiten der Krise nach neuesten Erkenntnissen des IWF jedoch deutlich über 1.[208] Was das bedeutet, lässt sich in Griechenland beobachten: Je mehr die Griechen Ausgaben kürzen und Steuern erhöhen, desto höher ist das Defizit. Ein Teufelskreis, auf den wir später noch eingehen.

Sparen (oder genauer gesagt Schuldenabbau) dämpft das Wachstum, führt zu einer Rezession und erhöht vielleicht sogar die Schuldenquote, statt die Verschuldung zu senken. In den ersten Jahren der Weltwirtschaftskrise des letzten Jahrhunderts senkte Präsident Hoover die Staatsausgaben und erhöhte die Steuern, weil er davon

---

208 International Monetary Fund: *World Economic Outlook: Coping with High Debt and Sluggish Growth*, Oktober 2012

überzeugt war, dass ein ausgeglichener Haushalt notwendig sei, um das Geschäftsvertrauen wieder herzustellen. Bei einer ohnehin im Sinkflug befindlichen Konjunktur wurde dadurch jedoch nur die Verbrauchernachfrage noch zusätzlich gedämpft.[209] Das Ergebnis ist als Große Depression mit Massenarbeitslosigkeit und Verelendung weiter Bevölkerungsteile bekannt.

Letztlich kann sich immer nur ein Sektor der Wirtschaft entschulden, wenn ein anderer mehr Schulden aufnimmt oder aber innerhalb eines Sektors umverteilt wird, also zum Beispiel verschuldete Privathaushalte Schulden tilgen und die Gläubiger im Gegenzug mehr konsumieren. Der Grund dafür ist schnell erklärt: Jede Wirtschaft besteht aus den vier Sektoren Unternehmen, Privathaushalte, Staat und Ausland. In Summe ist die Ersparnis bzw. die Aufnahme von Krediten der vier Sektoren immer Null. Wenn der Staat ein Defizit ausweist, kann dies durch eine positive Sparquote der Privathaushalte und Unternehmen ausgeglichen werden. Die privaten Sektoren leihen dem Staat das Geld, wie das zum Beispiel in Deutschland der Fall ist. Es verhält sich wie in einer Bilanz. Am Ende muss das, was auf einer Seite hinzukommt, auch auf der anderen Seite berücksichtigt werden.

Wenn alle Sektoren eines Landes mehr ausgeben als einnehmen, hat dies zwei unmittelbare Folgen: Das Land hat ein Handelsdefizit, importiert also mehr als es exportiert und finanziert dies mit Krediten aus dem Ausland. Dies war zum Beispiel in Portugal über Jahre hinweg der Fall.

Damit sind wir bei der Krux: Wenn der private und der staatliche Sektor die Verschuldung gleichzeitig reduzieren wollen oder müssen und die Gläubiger nicht im Inland sitzen, so geht das nur mit einem Handelsbilanzüberschuss. Wäre zum Beispiel in Deutschland die Hälfte der Menschen verschuldet und die andere Hälfte wären die Gläubiger, so könnte Deutschland die Verschuldung intern lösen, indem die Gläubiger die Schuldner ihre Schulden einfach abarbeiten lassen. Sitzen die Gläubiger aber im Ausland, muss ein Handelsbilanzüberschuss erzielt werden. Der Handelsbilanzüberschuss entspricht einem Abarbeiten gegenüber dem Ausland. Natürlich kann

209 Irving Fisher: *The Debt-Deflation Theory of Great Depressions*, in: *Econometria*, 1/1933

man die Importe reduzieren, dies ist aber mit einer tiefen Rezession verbunden und einem erheblichen Wohlstandseinbruch. Besser wäre es, die *Exporte* zu erhöhen. Doch dazu muss man etwas herstellen, was das Ausland auch will, entweder weil es so gut oder aber, weil es so billig ist. Man muss wettbewerbsfähig sein. Einige Länder haben aber wenige Produkte, die der Weltmarkt braucht – wie viele Oliven aus Griechenland können Sie am Tag verspeisen? – oder sind weitgehend de-industrialisiert wie gegenwärtig die USA oder Großbritannien. Dort sind nur einige Sektoren zum Beispiel Technologie und Luft- und Raumfahrt, stark genug, um an den globalen Märkten wettbewerbsfähig zu sein.

Eine Abwertung der eigenen Währung hilft einem Land, wieder wettbewerbsfähig zu werden – sofern man noch eine eigene Währung hat. Spanien und Co. vermissen diese Flexibilität heute. Griechenland und Portugal sind nur in wenigen Bereichen wettbewerbsfähig. In Spanien müssten die Lohnstückkosten Schätzungen zufolge um bis zu 25 Prozent sinken, damit das Land mit Deutschland konkurrieren könnte. Früher hätten diese Länder ihre Währungen abgewertet, um die notwendigen Anpassungen zu vollziehen. In einem gemeinsamen Währungsraum müssen sie jedoch ihre Produktivität deutlich erhöhen und die Löhne senken. Solche Anpassungen brauchen Zeit und mehrere magere Jahre.

Die Dimensionen, um die es geht, sind gigantisch. Abbildung 15 zeigt am Beispiel der USA und Spaniens, wie sich das Sparverhalten der einzelnen Sektoren über die Jahre entwickelt hat. Ist ein Sektor unter dem Strich bedeutet dies, dass der Sektor ein Defizit macht, also neue Schulden aufnimmt. Ist er über dem Strich, bedeutet dies, dass er weniger ausgibt als er einnimmt – er spart also. Die Summe der vier Sektoren ist immer Null.

Üblicherweise haben die Privathaushalte einen Überschuss, da sie sparen. Und die Unternehmen machen ein Defizit, denn sie investieren in den Kapitalstock des Landes. Idealerweise sollte der Staat mal über und mal unter der Linie liegen, doch in praktisch allen Ländern der westlichen Welt war so etwas in den letzten Jahren nicht der Fall. Fast immer hat sich der Staat weiter verschuldet – außer in Spanien (in den Jahren 2005 bis 2007), wie man der Darstellung entnehmen kann!

Es ist interessant zu sehen, was in den Jahren vor und seit Ausbruch der Krise passiert ist. Werfen wir zunächst einen Blick auf die

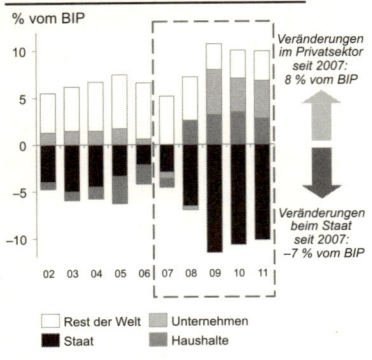
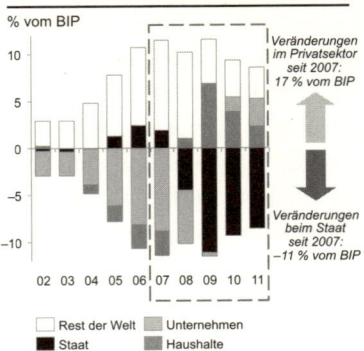

Abbildung 15: Es ist eine Bilanzrezession

USA: Bis 2008 haben die Privathaushalte in den USA eine große Party gefeiert und immer mehr Schulden aufgenommen. Dank billiger Zinsen, lockeren Kreditvergaberegeln und vor allem ganz sicher immer weiter steigenden Immobilienpreisen. Das Bild zeigt aber auch, wie es dann weiterging. Die Privathaushalte haben plötzlich angefangen *zu sparen*. Die Unternehmen, die ohnehin schon über den gesamten Zeitraum gespart haben – was eigentlich nicht die Aufgabe von Unternehmen ist –, verstärkten die Sparbemühungen noch. In Summe kam es damit zu einem Rückgang der privaten Nachfrage um 8 Prozent des BIP. Ohne ein gleichzeitiges Eingreifen des Staates, der sein Defizit um 7 Prozent des BIP gesteigert hat, wäre es zu einer Wiederholung der Großen Depression gekommen. Der Einzige, der die ganze Zeit über gespart hat, war das Ausland – also China, Japan und wir Deutsche – und wir haben den Amerikanern Kredite gegeben, damit sie unsere Waren kaufen konnten.

In Spanien ist das Bild noch eindrucksvoller. Bevor die Krise ausbrach, haben der Staat und in erheblichem Umfang das Ausland die Sparleistung erbracht (heißt, wir haben Kredit gegeben für Häuser und Autos), während die Privathaushalte und vor allem der Unternehmenssektor – Stichwort Bauwirtschaft! – in erheblichem Umfang neue Schulden gemacht haben. Umso brutaler war die Anpassung. Der Privatsektor reduzierte seine Nachfrage um 17 Prozent des BIP, als er vom Kreditnehmer zum Sparer wurde, wobei Sparen hier nicht bedeutet, Geld, das man nicht konsumiert, aufs Sparbuch einzuzahlen, sondern seine Schulden zu reduzieren. Auch hier wäre es ohne Gegenbewegung beim Staat zu einer noch tieferen Krise gekommen. Doch selbst das reicht nicht aus. Spanien hat trotz eines stark gestiegenen Staatsdefizites von 11 Prozent des Bruttoinlandsprodukts mit einer Rekordarbeitslosigkeit zu kämpfen. Man mag sich gar nicht ausmalen, wie es um das Land stehen würde, wenn die Regierung nicht ein so großes Defizit zugelassen hätte.

Diese Überlegung ist sehr bedeutend, wenn man verstehen möchte, was in einer überschuldeten Welt passiert. Es können nicht alle gleichzeitig sparen, die Salden innerhalb der Bilanz müssen sich ausgleichen. Daher nennt man das, was wir zurzeit erleben, eine »Bilanzrezession«, ein Begriff, den der Ökonom Richard Koo von der japanischen Investmentbank Nomura geprägt hat. Koo zeigt am Beispiel Japans, dass nur durch beherztes Eingreifen des Staates eine Depression verhindert werden kann. Allerdings: Japan hat zwar in der Tat eine Depression verhindert, aber die weiterhin explosionsartig wachsende Staatsverschuldung wird in einer nicht mehr allzu fernen Zukunft zu einem Problem werden. Japan ist ein eindrückliches Beispiel dafür, dass ein aufgeschobenes Problem eben nur aufgeschoben und nicht gelöst ist und dabei mit jedem Tag noch größer wird. Ein Schicksal, welches den USA und Europa auch bevorsteht.[210]

Mit der im ersten Kapitel erläuterten *Eigentumsökonomik* lässt sich das Phänomen leicht verstehen: Der Überbewertung der Vermögen folgte eine Überbeleihung, welche nach dem Crash, also der wieder realistischeren Bewertung der Vermögen, zu einer Überschuldung und damit anhaltendem Druck zum Schuldenabbau (»Deleveraging«) führte. Je mehr der Staat in einer solchen Situation an Krediten aufnimmt, um die Wirtschaft zu stimulieren, desto mehr belastet er die Privaten als Steuerzahler. Letztlich verschiebt die Intervention nur die Überschuldung vom Privat- auf den Staatssektor, ändert aber nichts am Zustand der Überschuldung! Schulden verschwinden schließlich nicht, wenn man sie von einem Marktteilnehmer zum anderen schiebt. Nur eine deutlich höhere Bewertung der

210 Richard C. Koo: *U.S. Economy in Balance Sheet Recession: What the U.S. Can Learn from Japan's Experience in 1990–2005*, Working Paper (Nomura Research Institue), 10. Februar 2010

Vermögen, welche wieder beleihbares Eigenkapital schafft, kann aus der Krise führen. Doch das kann auch der Staat nicht bewirken.

Kommen wir nach diesem Exkurs zurück zur eigentlichen Frage: Kann ein Land sich aus zu vielen Schulden »heraussparen«? Offensichtlich nur, wenn das Ausland zu einem Schuldner wird (oder bestehende Guthaben durch Einkäufe in dem Land verbraucht).

Dafür müssen die Defizitländer Überschüsse erwirtschaften. Das geht nur, wenn umgekehrt jene Länder, die bisher Überschüsse erwirtschaftet haben, *Defizite* im Außenhandel machen. So wird zum Beispiel ein Teil der Forderungen Deutschlands gegen Spanien dadurch bezahlt, das Deutsche in Spanien Urlaub machen und ihr Geld dort ausgeben. Leider reicht das nicht, da die Exporte Deutschlands in alle Welt, auch nach Spanien, immer noch sehr viel höher sind als die Ausgaben von deutschen Urlaubern in Spanien. Hier kommt das nächste Problem: Die Länder mit einem solchen Überschuss wie China und Deutschland stützen ihre Wirtschaft weiterhin auf den Export, machen also einen Schuldenabbau für die Schuldnerländer unmöglich. Die Defizitländer konnten ihre Handelsbilanzsalden durchaus verbessern, vor allem Spanien und Irland zeigen eine ermutigende Verbesserung. Aber es genügt bei Weitem nicht. Deutschland und China verzeichnen weiterhin beträchtliche Handelsbilanzüberschüsse in Höhe von 6 bzw. 3 Prozent des BIP, die Defizitländer dagegen Defizite in Höhe von −2 Prozent (Spanien, Portugal) bis zu −3 Prozent in den USA. Die asiatischen Länder, vor allem China, sorgen auch dafür, dass das »Wasser weiterhin den Berg hochfließt«: Die Schwellenländer exportieren Kapital (Schätzungen des Institute of International Finance gehen von netto 395 Milliarden US-Dollar im Jahr 2011 aus[211]) statt Ersparnis zu absorbieren. Ohne eine Rückkehr zum Gleichgewicht wird es den hoch verschuldeten Ländern nicht möglich sein, ihre Verschuldung zu reduzieren.

Martin Wolf hat dies in der *Financial Times* beißend auf den Punkt gebracht: »Schließlich kann die Erde nicht darauf hoffen, dass sie

211 Institute of International Finance: *Capital Flows to Emerging Market Economies*, IIF Research Note, 01. Juni 2011

Handelsüberschüsse mit dem Mars verzeichnen wird.«[212] Damit verbleibt den verschuldeten Ländern nur der bereits angesprochene Weg des Verzichts, also ein Überschuss im Handel durch weniger Importe, was letztlich einer tiefen Anpassungskrise gleichkommt. Was das bedeutet, kann man in Europa beobachten: Seit Beginn der Krise ist die Arbeitslosigkeit in Spanien, Portugal, Griechenland und Irland um 8 bis unglaubliche 18 Prozentpunkte gestiegen.[213]

Angesichts dieser Aussichten kommt William White zu dem Schluss, dass keine Gesellschaft eine so lange und tiefgreifende Phase der Sparpolitik durchhalten kann. Eisernes Sparen klappt nur, wenn es auch ein paar »Sünder« gibt, die ihre Ersparnisse verbrauchen oder neue Schulden machen.

Dass alle gleichzeitig sparen, wird nicht funktionieren.

6.3 Wege aus der Krise (II): Herauswachsen

Das führt uns zur zweiten und viel schöneren Option: aus dem Problem herauswachsen!

Ein kräftiges BIP-Wachstum ist der beste Weg, um unschöne Schuldenquoten zu verbessern. In der Vergangenheit wurde dies nur selten erreicht. Es ist aber möglich; Beispiele sind die Entwicklung in Großbritannien nach den napoleonischen Kriegen oder in Indonesien nach der Krise in den Jahren 1997/1998 (wobei die Verschuldung in Indonesien bei Weitem nicht so hoch war wie derzeit in den westlichen Ländern).[214] Wie bereits dargelegt, sprechen Demografie, zu wenig bis keine Investitionen in Bildung und Kapitalstock und abnehmende Produktivitätszuwächse für geringeres Wachstum. Natürlich kann man mit Reformen der Arbeitsmärkte und gezielten Investitionen – so man sie bezahlen kann! – das Potenzialwachstum steigern. Jedoch sind solche Reformen, wie auch William White ausführt, generell in Zeiten der Krise schwerer umzusetzen. Und

---

212 Im Original: »Since the world cannot trade with Mars, creditors are joined at the hip to the debtors.« Martin Wolf: *Creditors can huff but they need debtors*, in: Financial Times, 1. November 2011

213 Harmonisierte Arbeitslosenquote gemäß Eurostat

214 Bryan Taylor: *Paying Off Government Debt: Two Centuries of Global Experience*, Global Financial Data (GFD), 2010

meist wirken sie erst langfristig. Wie wir in Deutschland bei den Hartz-Reformen erlebt haben, ist die unmittelbare Reaktion auf solche Reformen erst einmal schlecht: Die Konsumnachfrage sinkt und die Wirtschaft schrumpft. Da tröstet es wenig, dass der langfristige Effekt positiv ist.

Erschwerend kommt hinzu, dass die Verschuldung selbst es immer schwieriger macht, aus den Schulden herauszuwachsen. Studien von Carmen Reinhart und Kenneth Rogoff zeigen, dass das reale Wirtschaftswachstum sinkt, wenn die Staatsverschuldung 90 Prozent des BIP erreicht.[215] Eine neue Studie dreier Ökonomen der Bank für Internationalen Zahlungsausgleich, in der die Entwicklung und die Implikationen der privaten und staatlichen Verschuldung in 18 OECD-Ländern von 1980 bis 2010 analysiert wird, bestätigt dieses Ergebnis und zeigt, dass eine höhere Verschuldung negative Auswirkungen auf das Wachstum eines Landes hat, wenn eines der folgenden Kriterien erfüllt ist:[216]

- Die Staatsverschuldung beläuft sich auf über 80 bis 100 Prozent des BIP.
- Die Bruttoverschuldung der Nichtfinanzunternehmen beläuft sich auf über 90 Prozent des BIP.
- Die Verschuldung der privaten Haushalte übersteigt 85 Prozent des BIP.

Diese Analyse kann eigentlich nicht überraschen, zeigt sie doch nur aus einem anderen Blickwinkel, dass die Verschuldungskapazität der Eigentümer ausgeschöpft ist.

Abbildung 16 *Fast alle sind zu hoch verschuldet* zeigt, wie hoch die Verschuldung der einzelnen Wirtschaftssektoren in wichtigen Ländern derzeit ist.

In allen Ländern übersteigt die Verschuldung mindestens in einem Sektor den kritischen Schwellenwert. Es entbehrt nicht einer gewissen Ironie, dass Griechenland neben Deutschland das einzige Land ist, in dem die Verschuldung der beiden privaten Sektoren deutlich unter dem Schwellenwert liegt. Außer in Griechenland beläuft

215 Carmen M. Reinhart, Kenneth S. Rogoff: *Growth in a Time of Debt*, NBER Working Paper No. 15639, Januar 2010
216 Stephen G. Cecchetti, Madhusudan Mohanty, Fabrizio Zampolli: *The real effects of debt*, BIS Working Paper No. 352, September 2011

Schuldenstand 2011 pro Sektor (in % des BIP)

	USA	Japan	Großbritannien	Deutschland	Frankreich	Italien	Spanien	Griechenland	Irland	Portugal
Staat[1]	106	233	105	87	109	123	38	109[4]	109	114
Unternehmen[2]	78	81	77	63	82	77	133	63	191	132
Haushalte[3]	89	76	101	60	67	51	38	69	119	102

☐ 0–70% Schulden/BIP ▨ 70–100% Schulden/BIP ■ >100% Schulden/BIP

	USA	Japan	Großbritannien	Deutschland	Frankreich	Italien	Spanien	Griechenland	Irland	Portugal
Gesamt	273	391	283	210	259	251	309	241	419	348

1. Staat = Staatsverschuldung (unkonsolidierte gesamte Verbindlichkeiten)
2. Unternehmen = Verschuldung von Nichtfinanzunternehmen (unkonsolidiert, nur Kredite)
3. Haushalte = Haushaltsverschuldung (unkonsolidierte gesamte Verbindlichkeiten)
4. Nach Schuldenschnitt, vor Schuldenrückkauf
Quelle: Bank für Internationalen Zahlungsausgleich; Eurostat; nationale Zentralbanken, Thomson Reuters Datastream

Abbildung 16: Fast alle sind zu hoch verschuldet

sich der Schuldenstand der privaten Haushalte nur in Deutschland, Frankreich und Italien auf unter 70 Prozent des BIP.

Dass es nicht möglich ist, aus den Schulden herauszuwachsen, ist eine schlechte Nachricht für die Schuldner. Sie befinden sich in einem Teufelskreislauf wie das Beispiel Italien zeigt: Italiens Staatsverschuldung beläuft sich auf über 120 Prozent des BIP. Mitte 2012 lag die effektive Rendite von neu ausgegebenen zehnjährigen Staatsanleihen bei fast 6 Prozent, ein Jahr zuvor noch bei unter 5 Prozent. Müsste Italien auf seine ausstehende Verschuldung Zinsen in Höhe von 6 Prozent zahlen, dann müsste das Land bei einem solch hohen Zinssatz einen deutlich höheren Primärüberschuss (das heißt Haushaltsüberschuss vor Zinsaufwendungen) erzielen, um seine Verschuldung zu stabilisieren. Das lässt sich mit einfachen Grundrechenarten berechnen. Bei 6 Prozent Zinsen zahlt Italien 7,2 Prozent des BIP pro Jahr an Zinsen auf die Staatsschuld (120/100 mal 6 ergibt 7,2). Wenn Italiens Wirtschaft nominal um zwei Prozent pro Jahr wächst, darf auch die Staatsschuld um nur 2 Prozent wachsen, damit die Verschuldung im Verhältnis zum BIP stabil bleibt (Nenner und Zähler wachsen jeweils um 2 Prozent, also die Schulden von 120 auf 122,4 und das BIP von 100 auf 102. Die Relation von 122,4/102 ist identisch zu 120/100). Folglich muss die Regierung einen Primärüberschuss, also einen Haushaltsüberschuss vor den Zinsausgaben, in Höhe von 4,8 Prozent des BIP erwirtschaften (7,2 Prozent Zinsen für die Verschuldung abzüglich eines zulässigen Schuldenwachstums von 2,4 Prozent). Von Schuldentilgung ist hier noch keine Rede, der Schuldenberg von 120 Prozent des BIP wird erst kleiner, wenn der Primärüberschuss über 4,8 Prozent steigt.

Sparmaßnahmen und Steuererhöhungen zur Steigerung des Primärüberschusses gefährden das Wirtschaftswachstum. Geringeres Wachstum erfordert einen noch höheren Primärüberschuss. Zweifel der Anleger an der Fähigkeit des Schuldners zur Bedienung seiner Schulden lassen dann die Zinsen weiter steigen. Ein Teufelskreis aus Sparmaßnahmen, schwächerem Wachstum und steigenden Zinsen kommt in Gang.

Mit William White sind wir der Meinung, dass ein Herauswachsen aus dem Problem nicht funktionieren wird. Alles spricht dagegen. Nur ein Produktivitätswunder könnte uns jetzt retten, doch das ist nirgendwo zu sehen.

Einen schmerzfreien Weg aus der Misere gibt es nicht. Lassen Sie uns nun einen tieferen Blick in den Instrumentenkasten werfen, dorthin, wo es anfängt, richtig wehzutun.

6.4 Wege aus der Krise (III): Die Schulden abschreiben – zurück nach Mesopotamien

Die Situation, in der wir uns heute befinden, ist neu – aber nur für uns. Das Problem der Überschuldung ist so alt wie die Geldwirtschaft. Schon immer gab es Perioden ungezügelten Kreditwachstums, die mit einem großen Krach endeten. Finanzkrisen und Staatspleiten sind seit Jahrhunderten an der Tagesordnung, wie Carmen Reinhard und Kenneth Rogoff in ihrem bahnbrechenden Buch *This Time Is Different*[217] (was natürlich nicht der Fall ist!) analysiert haben.

Doch das Problem der Überschuldung ganzer Volkswirtschaften gibt es noch länger. Genau genommen seit den frühesten Kulturen der Menschheit, was wir bereits aus der Dynamik der Eigentumsökonomie erklärt haben.

---

217 Carmen M. Reinhart, Kenneth S. Rogoff: *This Time Is Different: Eight Centuries of Financial Folly*, Princeton University Press, 2011

Wir erwähnten im Prolog die prächtige Stadt Babylon, die eine der großen Metropolen im vorantiken Mesopotamien war. Das Land zwischen Euphrat und Tigris, das im heutigen Irak lag, kannte bereits den Kalender mit 360 Tagen und fünf oder sechs Schalttagen, und dort soll ebenfalls das Rad erfunden worden sein.[218] Der Codex Hammurabi, eine gut zwei Meter hohe Basaltsäule aus der Zeit um 1700 v. Chr., in der 54 Kolumnen mit Keilschrift eingemeißelt sind, ist die älteste Gesetzessammlung der Welt. 280 Paragrafen regeln eine Vielzahl von Gesetzesfragen, darunter die Themen Eigentum, Kredit und Versicherung.[219]

Es scheint gesichert, dass bereits 3000 vor Christus Kreditverträge existiert haben, und die Vermutung geht dahin, dass die Schrift erfunden wurde, um ebensolche Kreditbeziehungen auf Tontafeln zu dokumentieren. Wenn der Schuldner die Schuld getilgt hatte, so wurde die Tontafel zerbrochen.

Schon damals kam es zu einer zunehmend ungleichen Vermögensverteilung: Einige wirtschafteten erfolgreicher als andere und über die Zeit taten Zins- und Zinseszins das ihrige dazu. Schaut man sich die Ruinen von Babylon an, liegt nahe, dass auch für derlei Prachtbauten Kredite aufgenommen wurden, der Staat also auch Schulden gemacht hat. Was lag also näher, als sich der Schulden zu entledigen? Rauswachsen und zurückzahlen, die beiden schon diskutierten Optionen fielen auch damals aus. Was blieb, war entweder der ungeordnete Konkurs oder der verordnete Schuldenschnitt. Letzterer wurde erstmals von König Hammurabi im Jahre 1762 vor Chr. im Codex festgehalten, aber vermutlich wurde bereits zwischen 3000 und 2400 v.Chr. von dieser Möglichkeit der »Schuldentilgung« Gebrauch gemacht.[220]

218 Siehe: Heinrich Pleticha (Hrsg.): *Weltgeschichte: Morgen der Menschheit,* Orbis, 1996, S. 148

219 Ebd., S. 153. Die Säule wurde bei einem Raubzug der Elamer nach dem persischen Susa entführt und ist heute im Louvre in Paris zu bewundern.

220 Eric Toussaint: *Die lange Tradition der Schuldenerlasse in Mesopotamien und in Ägypten aus dem dritten Jahrtausend v. Chr., auf der Website: Weltliche Apokalypse,* (abrufbar unter: http://de.apocalisselaica.net/varie/ eventi-storici/la-lunga-tradizione-di- cancellazione-del-debito-in-mesopotamia-e-in-egitto-dal-3-al-1-d- millennio-ac; das italienische Original ist abrufbar auf: http://www.stampalibera.com/ ?p=52224)

Für diese Schuldentilgung gab es feste Zeiten, bei denen die Himmelskörper eine Rolle spielten. Sowohl im alten Mesopotamien (3000 v. Chr.) wie im babylonischen Zeitalter (2000 v. Chr.) richteten sich die sozialen Strukturen nach den Himmelsgestirnen. Hierbei spielte der Planet Saturn eine wichtige Rolle, der nach damaligen Berechnungen 30 Jahre benötigte, um die Sonne zu umrunden.[221] Alle 30 Jahre war ein sogenanntes »Jubeljahr«, von dem auch die Bibel spricht, und allen wurden die Schulden erlassen.[222] Alle Tontafeln wurden zerbrochen, es kam also zu einem völligen »Neustart« des Systems.

Alle Schulden und natürlich auch alle Forderungen waren vernichtet. Menschen in Schuldknechtschaft kamen wieder frei und durften zurück zu ihren Familien. Andere wurden von ihren Grundschulden befreit. Das sumerische Wort »Amargi« bezeichnet die Freiheit von Schulden. Es gilt etymologisch gesehen auch als das erste überlieferte Wort für Freiheit überhaupt.[223]

Nachdem die Schuldentilgung so gut funktioniert hatte, wurde sie in den Folgejahren zu einer regelmäßigen Einrichtung. Einige Könige schafften sogar vier Schuldenschnitte in ihrer Amtszeit, bei König Hamurabi, der die berühmte Gesetzessammlung schuf, ist sogar von einem Schuldenschnitt alle drei Jahre die Rede.[224] Das verwundert nicht, darf man angesichts dieser regelmäßigen Enteignung der Gläubiger getrost davon ausgehen, dass auch die geforderten Zinsen im Altertum sehr hoch waren, was den Prozess der Vermögensumverteilung und der Überschuldung naturgemäß beschleunigt.

Der Schuldenschnitt galt als eine Geste kosmischer Erneuerung, die Karten wurden neu gemischt. Und die Schuldentilgung war Teil der gleichen Zeremonie, in der der König von Mesopotamien die Erschaffung des physischen Universums durch den Gott Marduk nach-

221 Die Mesopotamier und Babylonier waren nahe an der Wahrheit, die heute berechnete Umlaufzeit beträgt 29,457 Jahre. (Siehe auch: http://de.wikipedia.org/wiki/Saturn_(Planet))

222 Michael Hudson: *The Lost Tradition of Biblical Debt Cancellations*, New York 1993 (abrufbar unter: http://michael-hudson.com/wp-content/uploads/2010/03/HudsonLostTradition.pdf)

223 David Graeber: *Schulden: Die ersten 5000 Jahre*, Klett-Cotta, Stuttgart 2012

224 Michael Hudson: *The Lost Tradition of Biblical Debt Cancellations*, New York 1993 (abrufbar unter: http://michael-hudson.com/wp-content/uploads/2010/03/HudsonLostTradition.pdf)

spielte.[225] Damit also wieder etwas Neues entstehen konnte, mussten die Schulden weg sein.

Der Grund für den Schuldenschnitt in Mesopotamien war weniger der Nächstenliebe der Herrschenden geschuldet, sondern entsprang glasklarem Pragmatismus. Ein Heer von verarmten und verzweifelten Bauern war ein gefährlicher Unruheherd und eine Gefahr für das gesamte Land. Die Kosten, die die Schuldentilgung mit sich brachte, wurden als sehr viel geringer angesehen als der Schaden, den verzweifelte Menschen anrichten können, die wissen, dass sie niemals wieder auf einen grünen Zweig kommen.

Heute nennt man eine solche Enteignung der Gläubiger etwas freundlicher »Restrukturierung«. Eine solche Restrukturierung ist zumeist eine Kombination verschiedener Maßnahmen, wie Schuldenerlass, Umschuldung in länger laufende Kredite mit tieferen Zinsen und Ähnliches. Gerade ist das in Griechenland gut zu beobachten. Das Ergebnis ist jedoch das gleiche: Die Gläubiger verlieren (einen Teil) ihrer Forderungen.

William White nennt einen solchen Schuldenschnitt als weitere Option, aus der Schuldenmisere herauszukommen. Doch was würde das wirklich bedeuten? Schauen wir uns die Dimensionen einmal genauer an:

Damit ein solcher Schritt Wirkung zeigt, müsste nicht die gesamte Verschuldung auf null abgeschrieben werden, es würde genügen, wenn sich nach der Restrukturierung die gesamte Schuldenlast eines Landes auf ein nachhaltig tragbares Niveau beliefe. Doch wie hoch kann das sein?

Eine Überlegung ist, sich an den Maastricht-Kriterien zu orientieren. Das waren die Regeln, die zur Aufnahme in die Währungsunion festgelegt wurden. Darin wurde bestimmt, dass die Staatsschulden nicht 60 Prozent des Bruttoinlandsprodukts und das jährliche Defizit nicht 3 Prozent des BIP übersteigen sollen. Bei genauer Betrachtung stellt man fest, dass diese Kriterien sinnvoll sind: Legt man ein durchschnittliches Zinsniveau von 5 Prozent zugrunde, entspricht das bei einer Verschuldung von 60 Prozent einer Zinslast von 3 Prozent vom BIP (5 von 100 sind 5 Prozent, so wie 3 von 60). Wächst

---

225 David Graeber: *Schulden: Die ersten 5000 Jahre*, Klett-Cotta, Stuttgart 2012

die Wirtschaft mit 3 Prozent, kann der Staat sich jedes Jahr das Geld für die Zinszahlungen leihen und trotzdem bleibt die Schuldenquote stabil. Schulden und BIP wachsen gleich schnell.

Doch was für den Staat gilt, kann man gleichermaßen für die anderen Sektoren einer Wirtschaft ansetzen, also die Unternehmen und die privaten Haushalte. Denn auch hier gilt, dass die Schulden nicht dauerhaft schneller wachsen können als das Einkommen. In Summe erscheint damit eine Schuldenquote von 180 Prozent für die Volkswirtschaft als nachhaltig tragbar.[226] 60 Prozent Verschuldung des Staates gemäß Maastricht, 60 Prozent Verschuldung der Nichtfinanzunternehmen[227] und 60 Prozent Schulden der privaten Haushalte. Ergibt eine Gesamtverschuldung von 180 Prozent des BIP. Was darüber liegt, wäre demzufolge nur temporär verkraftbar, jedoch nicht dauerhaft.

Es ist hierbei nicht erforderlich, dass sich die Schuldenlast gleichmäßig auf alle drei Sektoren verteilt, da sich ein höher verschuldeter Staat Mittel von einem geringer verschuldeten privaten Sektor besorgen kann (Stichwort Steuern). Allerdings ist eine Überschreitung der Schwelle von 60 Prozent ein deutliches Anzeichen dafür, dass sich eventuell Ungleichgewichte aufbauen, die künftig zu wirtschaftlichen Problemen führen könnten. Wie die Erfahrung der vergangenen Jahre zeigt, stehen Länder wie Spanien und Irland trotz ihrer zu Krisenbeginn geringen Staatsverschuldung unter beträchtlichem wirtschaftlichem Druck, weil sie von der relativ hohen Schuldenlast im privaten Sektor in Mitleidenschaft gezogen werden.

Legt man diesen Maßstab an und wirft einen Blick auf die aktuelle Schuldensituation, so wird das gigantische Ausmaß der heutigen Probleme deutlich: Der gesamte Schuldenüberhang im Euroraum beträgt 7,4 Billionen Euro und in den USA 10,8 Billionen Euro (siehe Abbildung 17 *Der Schuldenüberhang ist gigantisch*) – und er wächst

---

226 Siehe auch: Daniel Stelter, David Rhodes: *Back to Mesopotamia: The Looming Threat of Debt Restructuring*, The Boston Consulting Group, September 2011

227 Banken und andere Finanzdienstleister sind hier nicht berücksichtigt, da die Kreditinstitute Schulden aufnehmen, um Kredite auszugeben. Es käme also zu einer Doppelzählung der Schulden. Von der Höhe der Schulden der Banken eine Überschuldung abzuleiten, ist darüber hinaus nicht so eindeutig wie bei anderen Unternehmen, da mehr Geschäft automatisch mit mehr Schulden einhergeht.

jeden Tag weiter! Über das Zielniveau von 180 Prozent kann man sicherlich streiten, aber auch eine Ziel-Verschuldung in Höhe von 220 Prozent würde eine Restrukturierung in Höhe von 6,2 Billionen EUR in den USA bzw. 3,6 Billionen Euro im Euroraum erfordern. Die Zahlen bleiben in astronomischen Dimensionen.[228]

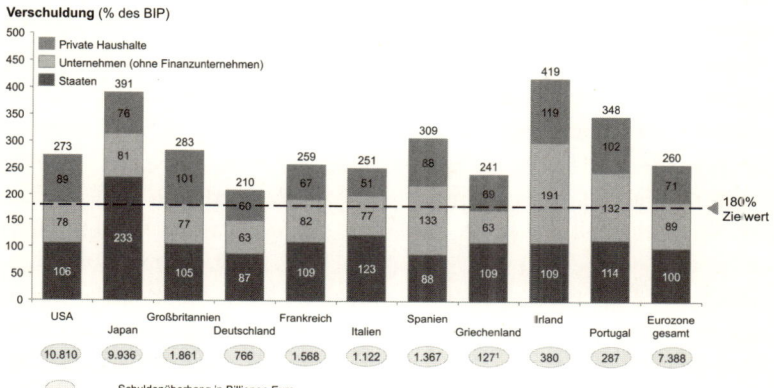

Abbildung 17: Der Schuldenüberhang ist gigantisch

Doch wie kann ein Schuldenschnitt praktisch ablaufen? Bei Ländern wie Italien wäre die Abschreibung relativ einfach zu organisieren: Allein durch eine Senkung der Staatsverschuldung würde eine Gesamtverschuldung von 180 Prozent erreicht. Dies würde schon genügen, da der private Sektor und die Unternehmen in Italien im Vergleich zu anderen Ländern der Eurozone recht wenig verschuldet sind. Investoren in italienischen Staatsanleihen müssten in diesem Fall Abschläge und einen Verlust in Höhe von 58 Prozent hinnehmen.

228 Bei der Betrachtung dieser enormen Schuldenlasten sollte nicht vergessen werden, dass die verdeckten Schulden für zukünftige Renten und Gesundheitszahlungen darin noch nicht enthalten sind!

In ähnlicher Weise müsste die übermäßige Verschuldung des privaten Sektors reduziert werden. Dabei drängt es sich auf, die Schuldenlast zunächst über den Hypothekenmarkt zu verringern, da eine enge Beziehung zwischen Schulden und dem Immobilienmarkt besteht, stellen doch Grund und Boden den Großteil beleihungsfähigen Eigenkapitals dar. Verbraucherkredite würden um einen festgelegten Prozentsatz reduziert. Im Unternehmenssektor – wo vor allem Immobilienunternehmen mit Kreditproblemen konfrontiert sind – wäre eine geordnete Restrukturierung erforderlich.

Diese Abschreibungen müssten zu einer tatsächlichen Senkung der Schuldenlast für den Schuldner und nicht nur zu Korrekturen in den Gläubigerbilanzen führen. Wenn die Regierungen sich für diesen Weg entscheiden würden, könnte nur eine wirkliche Schuldenentlastung (und damit ein Ende des schmerzhaften Entschuldungsprozesses) die Grundlage für eine Rückkehr des Wachstums legen. Abschreibungen in Höhe von über 7 Billionen Euro hätten beträchtliche Auswirkungen für die Kreditgeber. Betrachten wir die Zahlen. Unter der Annahme, dass die Schulden zu gleichen Teilen von Banken und Versicherungsgesellschaften gehalten werden, müssten die Banken im Euroraum über 10 Prozent ihrer Gesamtaktiva (3,7 Billionen Euro, verglichen mit Gesamtaktiva in Höhe von 33 Billionen Euro) abschreiben.

Wenn die Politiker diesen Weg gingen, würden die Verluste nahezu sicher das Eigenkapital des Bankensektors übersteigen, sodass dieser insgesamt insolvent werden würde. Die Engagements der Banken sind allerdings unterschiedlich hoch, sodass die Abschreibungen bei einigen Instituten geringer ausfallen würden. In vielen Fällen wäre das Eigenkapital jedoch vernichtet, und die Staaten müssten die Institute rekapitalisieren. Die Regierungen würden faktisch zu Eigentümern des Bankensektors und müssten den Sektor vor einer Reprivatisierung grundlegend umstrukturieren.

Bei den Aktiva der Versicherungsgesellschaften handelt es sich überwiegend um Vermögenswerte, die im Namen der Kunden verwaltet werden. In einem organisierten Schuldenschnitt sollte die Last geordnet auf die Gläubiger verteilt werden. Deshalb sollten die Verluste des Versicherungssektors zunächst von den Staaten übernommen werden, um danach über Steuern und Abgaben nach Leistungsfähigkeit verteilt zu werden.

Eine Umstrukturierung des Schuldenüberhangs würde offensichtlich erhebliche Finanzmittel erfordern, die die Staaten bekanntlich nicht haben. Die einzige Möglichkeit, so etwas umzusetzen, ist, das bestehende Vermögen des privaten Sektors entsprechend zu besteuern. Zahlreiche Politiker würden eine Steuer auf Finanzvermögenswerte als fairste Lösung für das Problem ansehen. Eine Besteuerung bestehender Finanzvermögenswerte würde eines klarmachen: Die Finanzanlagen (Kontoguthaben, Anleihen, Lebensversicherungen, Pensionsansprüche etc.) sind nicht so werthaltig, wie ihre Eigentümer glauben, da die Schuldner (Staaten, private Haushalte und Unternehmen) ihren Verpflichtungen nicht nachkommen können. Abbildung 18 *Erforderliche Besteuerung der Finanzvermögen* zeigt, wie hoch eine einmalige Steuer auf Finanzvermögenswerte sein müsste, um die notwendigen Mittel für eine geordnete Umstrukturierung aufzubringen.

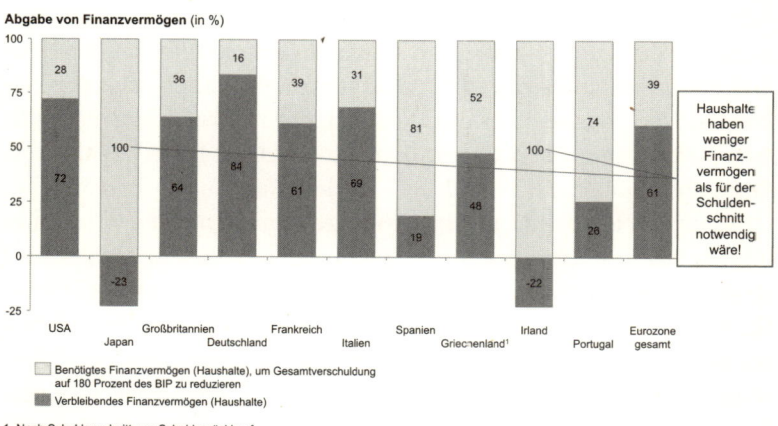

Abbildung 18: Erforderliche Besteuerung der Finanzvermögen

In den meisten Ländern wäre ein Abschlag in Höhe von 16 bis 40 Prozent (!!) erforderlich, um die Kosten einer geordneten Umschuldung abzudecken. In Griechenland, Spanien und Portugal wäre die Belastung für den privaten Sektor deutlich höher; in Irland und Japan genügen sogar 100 Prozent nicht, weil das Finanzvermögen der Iren und Japaner geringer ist als das erforderliche Anpassungsvolumen. Dies zeigt, wie groß die irische Immobilien- und Schuldenblase war – und dass Irland allen gegenteiligen Beteuerungen zum Trotz diese Schulden niemals wird voll bedienen können. Und es zeigt, dass Japan zwar eine Depression bisher verhindert hat, das dicke Ende aber im wahrsten Sinne des Wortes noch bevorsteht.

Um eine vom Volk akzeptierte Lastenverteilung zu erreichen, würden die Politiker zweifelsohne nur Finanzvermögen besteuern, das über einen gewissen Schwellenwert hinausgeht – zum Beispiel 100 000 Euro.

Ein derart tiefgreifender Eingriff ist schwerlich vorstellbar, vor allem, wenn er im Zuge einer einmaligen Aktion durchgeführt wird. Andererseits muss man sich vor Augen halten, dass Vermögen nicht gleich verteilt sind und demzufolge immer ein kleinerer Teil der Bevölkerung durch diese Maßnahme verliert, während weite Teile entlastet werden. Es darf davon ausgegangen werden, dass die Könige in Mesopotamien im breiten Volk durchaus Sympathien für ihre Schuldenschnitte gehabt haben.

Noch attraktiver ist so ein Schuldenschnitt oder gar eine Pleite natürlich, wenn die Gläubiger im Ausland sitzen. Dies ist sowohl in den USA, wo rund ein Drittel der Forderungen vom Ausland gehalten werden, aber auch in den Krisenländern Europas der Fall. Die europäischen Peripherieländer hatten 2011 einen hohen Anteil ausländischer Schulden, ausgedrückt in den Nettoauslandspositionen. Dieser Saldo aus Forderungen an und Verbindlichkeiten gegenüber dem Ausland ist erheblich: Bei Spanien waren es 92 Prozent des BIP, bei Griechenland 86 Prozent, bei Portugal 105 Prozent und bei Irland 96 Prozent. Während die USA vermutlich eher den noch zu diskutierenden Weg der Inflationierung gehen werden, wird es schwer sein, innerhalb der EU einfach einseitig die Zahlung einzustellen – wobei wir das ausdrücklich nicht ausschließen wollen, sollte die Krise in Europa weiter andauern, was wir für sehr wahrscheinlich halten.

So unglaublich die Dimensionen eines Schuldenschnittes sind, er würde in der Tat das Schuldenproblem rasch lösen. Dabei ist es keineswegs der Neid auf die Wohlhabenden, der uns treibt! Viele haben hart für ihr Vermögen gearbeitet und gespart. Doch ist das Geld schon lange verloren, weil es an Schuldner verliehen wurde, die bei objektiver Betrachtung nicht mehr geordnet zurückzahlen können. Unseres Erachtens wäre es deshalb sinnvoll, den Teufelskreis aus zu hoher Verschuldung und noch höheren Schulden zu stoppen, indem strukturierte Umschuldungen und Abschreibungen vorgenommen werden. Je länger der Tag der Abrechnung verschoben wird, desto höher werden diese Verluste ausfallen. Der Zinseszinseffekt wird weder in der Wirtschaft noch in der Politik gut begriffen. Bei einem Zinssatz von 5 Prozent verdoppelt sich die ausstehende Verschuldung alle 15 Jahre. Die Gläubiger werden in jedem Fall ihr Geld verlieren, auf diesem Wege jedoch sehr offen und spürbar. Das meint auch William White, der allerdings zu dem Schluss kommt, dass mit den Politikern diese Maßnahme nicht zu machen ist. Sie ist schlicht »zu unpopulär« – und wer will ihm da schon widersprechen? Wir nicht.

6.5 Wege aus der Krise (IV): Schuldenentwertung durch Inflation

Das führt uns zur letzten Option, wie der Schuldenberg aus der Welt zu schaffen ist: Inflation. William White ist hier auch sehr eindeutig: Nachdem alle anderen Optionen entweder nicht funktionieren oder aber die Politiker sich nicht trauen, diese anzugehen, sieht auch er in der Inflation den einzigen gangbaren Weg. Ein Weg, dessen verheerende Konsequenzen wir genauer beleuchten müssen.

Weil »Inflation« so schlecht klingt, bevorzugt die akademische Diskussion den Begriff der »finanziellen Repression«, ein euphemistischer Begriff für »Enteignung durch die Hintertür«. Damit wird der Ansatz beschrieben, mit dessen Hilfe die USA und Großbritannien ihre Schuldenlast nach dem Zweiten Weltkrieg senkten.[229] Die Anleger hatten wenige Möglichkeiten, ihr Geld zu sparen, weshalb sie in Staatsanleihen oder Bankguthaben mit niedrigeren Renditen (»risikofreie Vermögenswerte«) investierten. Da die nominalen Wachstumsraten der Wirtschaft über dem Zinssatz für die Staatsanleihen lagen, sank die Schuldenquote deutlich – im Schnitt um 3 bis 4 Prozent des BIP pro Jahr. Die jüngsten Regulierungsvorschriften für Banken und Versicherungen – Basel III und Solvency II – gehen in

---

229 Carmen M. Reinhart, M. Belen Sbrancia: *The Liquidation of Government Debt*, NBER Working Paper No. 16893, März 2011; Carmen M. Reinhart, Jacob F. Kirkegaard, M. Belen Sbrancia: *Financial Repression Redux*, in: Finance & Development, June 2011, S. 22–26

dieselbe Richtung. Banken und Versicherungsgesellschaften müssen für ihre Investitionen in Staatsanleihen – seien sie deutsche oder griechische – kein Eigenkapital vorhalten. So entsteht ein äußerst starker Anreiz, in Staatsanleihen zu investieren.

Aber könnte eine finanzielle Repression heutzutage funktionieren? Um dies beurteilen zu können, gehen wir wieder auf unseren Zielwert einer Gesamtverschuldung von maximal 180 Prozent des BIP zurück.

Abbildung 19 *Finanzielle Repression muss erheblich sein* zeigt eine simulierte Lösung auf der Grundlage einer finanziellen Repression.[230]

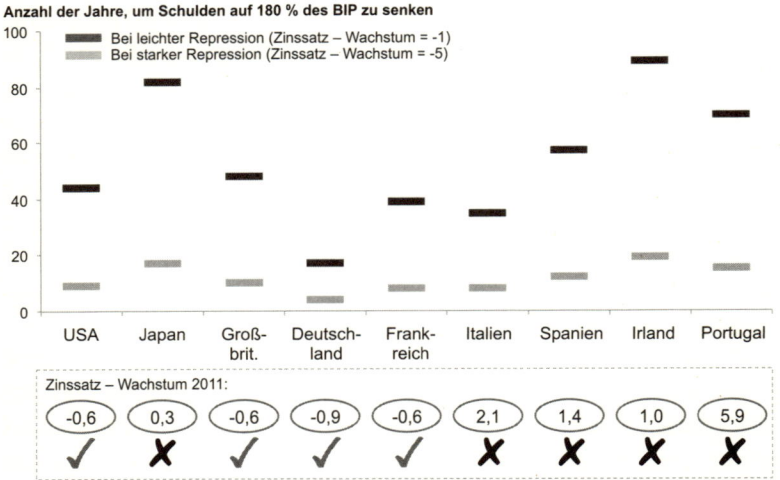

Abbildung 19: Finanzielle Repression muss erheblich sein

Wir haben zwei Szenarien gegenübergestellt, in denen das nominale BIP-Wachstum das Zinsniveau in einer Volkswirtschaft übersteigt. Je größer der Unterschied zwischen Wachstum und Zins-

230 Siehe auch: Daniel Stelter, David Rhodes: *Stop Kicking the Can Down the Road: The Price of Not Addressing the Root Causes of the Crisis*, The Boston Consulting Group, August 2011

niveau, desto schneller vollzieht sich der Schuldenabbau. Im ersten Szenario gehen wir davon aus, dass es gelingt, das Nominalwachstum um einen Prozentpunkt über das Zinsniveau der gesamten Volkswirtschaft zu heben. Dabei muss bedacht werden, dass die finanzielle Repression zur Entschuldung nicht nur der Staaten, sondern vor allem des Privatsektors beitragen soll. Da dieser jedoch in den meisten Fällen höhere Zinsen zahlt als der Staat, darf man sich von tiefen Renditen für Staatsanleihen nicht blenden lassen. Entschuldung des Staates ist nur der erste Schritt auf diesem Weg.

Die Position des dunklen Balkens gibt an, wie viele Jahre es dauern würde, bis ein Land bei dem vorhin definierten Verhältnis von 180 Prozent der Schulden im Vergleich zum Bruttoinlandsprodukt wäre. Das bereits angesprochene Irland bräuchte also mehr als 80 Jahre, um bei 180 Prozent anzulangen. Dieses Szenario ist insofern recht optimistisch, weil es davon ausgeht, dass die gesamte Schuldenlast nur in Höhe der Zinsen wächst (das heißt, es ist keine zusätzliche Verschuldung zur Finanzierung von Konjunkturprogrammen oder zur Abdeckung anderer Aufwendungen wie der höheren Kosten der demografischen Alterung eingerechnet). Unter der Annahme, dass jedes Jahr zusätzliche Schulden in Höhe von zwei Prozent aufgenommen werden, muss die finanzielle Repression sehr viel länger anhalten oder deutlich stärker ausfallen.

Im Grunde genommen würde genau das Gleiche passieren wie im »Mesopotamien«-Modell. Die Gläubiger verlieren real Geld, um die Entschuldung zu ermöglichen. Mit dem einzigen Unterschied, dass es hier sehr viel länger dauern würde und es fraglich ist, ob man dies über einen derart langen Zeitraum durchhält.

Selbst in einem sehr optimistischen Szenario, in dem sich die Differenz zwischen dem nominalen Wachstum und dem nominalen Zinsniveau auf *fünf* Prozentpunkte beläuft, dauert es zwischen vier und 19 Jahren (Deutschland bzw. Irland), bis die Schuldenlast auf ein tragbares Niveau zurückkehrt.

Wie weit wir zurzeit von der finanziellen Repression entfernt sind, zeigen die umrahmten Zahlen. Im Jahre 2011 haben es zwar einige Staaten geschafft, das Zinsniveau unter die nominelle Wachstumsrate zu drücken. Doch selbst dann wird Deutschland noch 43 Jahre brauchen, bis die Staatsschulden unter 60 Prozent liegen.

All dies zeigt, wie hoch die finanzielle Repression sein muss, um zu wirken. Zugleich weisen gerade viele der hoch verschuldeten Staaten weiterhin eine positive Differenz zwischen Zinsen und Wachstumsraten auf, sind also von finanzieller Repression noch weit entfernt!

Was ist also zu tun, um eine finanzielle Repression zu erreichen?

- *Niedrige Zinsen:* Die Federal Reserve und die EZB haben die Zinsen nach der Finanzmarktkrise im Jahr 2008 aggressiv gesenkt und sie auf einem rekordniedrigen Niveau belassen. Die wichtigste Vorbedingung für niedrige Zinsen ist das Vertrauen der Gläubiger in die Fähigkeit und Bereitschaft der Zentralbank, die Inflation zu bekämpfen, und in die Fähigkeit und Bereitschaft der Schuldner, ihre Schulden zu bezahlen. Bisher konnten die Zentralbanken die Inflationserwartungen erfolgreich eindämmen. Und für Länder wie die USA und Deutschland sehen die Märkte keine Bonitätsrisiken. Dagegen sind die Gläubiger in Bezug auf Länder wie Spanien, Italien und Portugal skeptischer und verlangen höhere Zinsen, um das wahrgenommene Risiko abzudecken, dass sie ihr Geld nicht vollständig zurückbekommen könnten (Zahlungsausfall) – oder gar Peseten, Lira oder Escudo zurückbekommen. Dieser risikobedingte Zinsanstieg erhöht wiederum das Risiko eines Zahlungsausfalls, weil die Schuldnerländer dann einen höheren Primärüberschuss erwirtschaften müssen; sie müssen ja mehr arbeiten, um die höheren Zinsen zu bezahlen. Oder sparen. Diese Sparmaßnahmen dämpfen allerdings wiederum das Wachstum. Länder wie die USA, Großbritannien, Deutschland oder die Niederlande werden ihre Zinsen wohl mit hoher Wahrscheinlichkeit niedrig halten können. In Bezug auf die anderen Länder im Euroraum sehen wir ein beträchtliches Risiko, dass es nicht möglich sein wird, die Zinsen genügend zu senken, um finanzielle Repression wirken zu lassen – sofern die EZB nicht Anleihen dieser Länder kauft.
- *Stärkeres Wachstum:* Die beste Lösung wäre ein kräftigeres reales Wachstum der Wirtschaft. Unglücklicherweise gibt es wenig Hoffnung auf Wachstum, wie wir bereits diskutiert haben.
- *Höhere Inflation:* Eine erfolgreiche finanzielle Repression erfordert offensichtlich hohe Inflationsraten, bei denen die Nominalzinsraten unter dem nominalen Wachstum liegen. Dies funktioniert allerdings nur, wenn die Inflation überraschend kommt, ansonsten nehmen die Zinsen mit der Inflation zu. Je größer der Abstand

zwischen Zinsen und Wachstum, desto rascher wirkt die finanzielle Repression, wie wir gerade gezeigt haben.

- *Kapitalverkehrskontrollen/staatliche Interventionen:* Eine solche erhebliche Repression ist nur dann vorstellbar, wenn die Regierungen ernsthaft an den Finanzmärkten intervenieren. Dazu gehören u. a. ein Verbot von grenzüberschreitenden Kapitalströmen und strikte Vorschriften, wie das Ersparte anzulegen ist.

Grundvoraussetzung für erfolgreiche finanzielle Repression sind also höhere Inflationsraten. Doch von Inflation ist weit und breit nichts zu sehen. Das ist übrigens ein typisches Merkmal einer Bilanzrezession und der Entschuldungsprozesse wie von Irving Fisher beschrieben. So weisen Ben Bernanke und Mario Draghi zu Recht immer wieder darauf hin, dass Inflation nicht sichtbar sei, und leiten daraus – zu Unrecht – die Folgerung ab, dass man sich keine Sorgen machen müsse. Auch das ist Teil des Spieles: Um richtig zu wirken, müssen die Sparer und institutionellen Investoren in langlaufende, tief verzinsliche Papiere gelockt werden – und danach von der Inflation überrascht werden. Vergessen wir nicht, es geht um die Vernichtung von Schulden und Forderungen in historisch einmaligem Umfang.

Seit Beginn der Krise haben die Notenbanken die Geldschleusen geöffnet wie nie zuvor in der Geschichte. Zur Erinnerung: Die Bilanzsumme der EZB ist seit Beginn der Krise um 154 Prozent gewachsen, die der amerikanischen FED um 218 Prozent und die der Bank of England um atemberaubende 412 Prozent. Dem steht die als solide bekannte Schweizer Nationalbank nicht nach: Um eine weitere Aufwertung des Frankens zu verhindern, kauft sie unbeschränkt Euro, was zu einer Explosion der Bilanz um über 350 Prozent geführt hat.

Doch weshalb sehen wir noch keine Inflation? Dafür gibt es verschiedene Gründe:[231]

- *Messung von Inflation:* Die Inflationsrate wird von den Statistikämtern mittels eines sogenannten Warenkorbes ermittelt. Dieser beinhaltet verschiedene Güter des täglichen Bedarfs wie Brot und Butter, aber auch Dinge, die man sich nur von Zeit zu Zeit kauft. Dabei fließen Produkte wie Computer ein, die ständig leistungsfä-

---

231 Vgl. hierzu auch UBS: *Inflation: The return of a difficult relation*, Wealth Management Research, Juni 2011

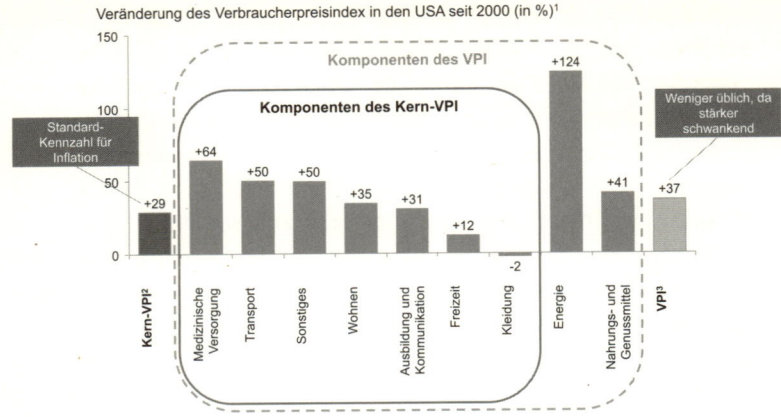

Veränderung des Verbraucherpreisindex in den USA seit 2000 (in %)¹

1. Januar 2000 bis Oktober 2012
2. Kern VPI = Verbraucherpreisindex ohne Nahrungs- und Genussmittel und Energie (Energie ist eine große Subkomponente von Transport und eine kleine Subkomponente von Wohnungswesen)
3. VPI = Verbraucherpreisindex (gesamt)
Quelle: Bureau of Labor Statisics (BLS)

Abbildung 20: Verbraucherpreisindex misst nicht die tatsächliche Inflation (Beispiel USA)

higer werden. Diese Leistungsverbesserung wird als *Preisrückgang* in der Statistik erfasst. Kritiker dieser Methode bevorzugen eine Berechnung, die stärker berücksichtigt, dass man diese langlebigen Güter seltener kauft und damit die Waren des täglichen Bedarfs höher gewichtet. Diese Berechnung zeigt deutlich höhere Inflationsraten, wie Abbildung 20 *Verbraucherpreisindex misst nicht die tatsächliche Inflation (Beispiel USA)* verdeutlicht.

- *Manipulation*: Nicht alle Regierungen sind so aggressiv wie die von Argentinien: Weil der alljährliche vom Wirtschaftsmagazin Economist berechnete »Big Mac Index«, der die Preisentwicklung anhand des beliebten Bulettenbrötchens auf weltweiter Ebene vergleicht, die Inflationsrate für das Land doppelt so hoch auswies wie die offizielle Inflationsrate, nötigte die argentinische Präsidentin Kirchner McDonald's, den Preis zu senken.²³² Das macht Argentinien zum einzigen Land auf der Welt, in dem der Big Mac zu einem tieferen Preis verkauft wird als der Whopper von Burger King. Die wirkliche Inflation ändert diese Maßnahme natürlich nicht.

232 Wirtschaftswoche: *Das argentinische Burger-Mysterium*,
    11. Juni 2012

- *Inflation ist mehr als Konsumentenpreise*: Man muss nur breiter schauen. Die Expansion der Zentralbankgeldmenge schlägt sich woanders nieder. Zum einen gibt es eine enge Korrelation zwischen der Entwicklung der Rohstoffpreise und der Bilanz der US-Notenbank. Je aufgeblähter die Bilanz der Notenbank, desto mehr steigen die Rohstoffpreise. Zum anderen führt das billige Geld zu einer Inflation der Vermögenspreise – einer der wesentlichen Ursachen der Krise überhaupt. Ohne das billige Geld würden Anleihen und Aktien sicherlich nicht zu derart hohen Kursen gehandelt werden.
- *Deflationärer Druck*: Der Hauptgrund für die verhaltene Preisentwicklung – bis jetzt! – liegt jedoch in dem aufgehäuften Schuldenberg. Inflation setzt eine *Mehr*nachfrage voraus. Das heißt, Staaten, Haushalte oder Unternehmen müssen das angebotene Geld leihen und ausgeben. Da diese jedoch eher damit beschäftigt sind, Schulden abzubauen und zu sparen, erreicht das viele Geld der Zentralbanken die Realwirtschaft nicht. Insofern haben Bernanke und Draghi vorerst sogar Recht, wenn sie eher vor Deflation als vor Inflation warnen.

Der letzte Punkt verdient eine tiefergehende Betrachtung. Die Zentralbanken bieten immer mehr Geld an und laut den Forschungen von Milton Friedman (später dafür mit dem Nobelpreis ausgezeichnet), Professor der Chicago University, führt eine steigende Geldmenge mittelfristig immer zu Inflation.[233] Warum bisher (noch) nicht?

Der Grund ist im anhaltenden Druck zur Entschuldung zu sehen. »Deleveraging« ist per definitionem deflationär, weil es zu weniger Nachfrage, mehr oder weniger tiefer Rezession und fallenden Preisen für Immobilien führt. Wir haben diese Entwicklung in Kapitel 4 im Abschnitt zu Irving Fisher und die *Debt Deflation Theory* bereits beschrieben. Auf der anderen Seite ist das Drucken von Geld inflationär, weil immer mehr Geld dem gleichen Angebot an Gütern, Dienstleistungen und vor allem Vermögenswerten gegenübersteht.

---

233 Siehe: The Economist: *A heavyweight champ, at five foot two, The legacy of Milton Friedman, a giant among economists*, 23. November 2006; und auch: Milton Friedman, Anna Jacobson Schwartz: *A Monetary History of the United States*, 1867–1960, Princeton University Press, Princeton 1963

Nicht wenige argumentieren, dass in der Tat alle Papiergeldwährungen in den letzten Jahren zur traditionellen – quasi nicht vermehrbaren – Hartwährung Gold abgewertet haben.

Also, warum haben wir noch keine Inflation? Die Volkswirte stellen einen einfachen Zusammenhang zwischen der vorhandenen Geldmenge (M), der Umlaufgeschwindigkeit (V), die misst, wie oft ein Euroschein im Jahr den Besitzer wechselt, und der Wirtschaftsleistung her. Letztere wird dann nochmal aufgeteilt in das reale Angebot an Waren und Dienstleistungen (Y) und das Preisniveau (P). Dann gilt:

Geldmenge mal Umlaufgeschwindigkeit = Warenmenge mal Preis

$$M \times V = Y \times P$$

Ein Wachstum der Geldmenge M muss sich dann in einem Anstieg entweder der realen Gütermenge Y oder des Preisniveaus P niederschlagen, sofern die Umlaufgeschwindigkeit V unverändert bleibt. Da die Gütermenge zumindest kurzfristig relativ unflexibel ist, gilt die Annahme, dass jeder schnellere Anstieg der Geldmenge inflationär ist. So war es in der Vergangenheit. Heute jedoch stehen zwei Faktoren dagegen.[234] Zum einen bestehen nach dem tiefen Einbruch der Wirtschaft nach 2007 noch Überkapazitäten in der Produktion (über deren Umfang die Experten allerdings heftig streiten). Auf der anderen Seite ist die Umlaufgeschwindigkeit deutlich gesunken. Der Taler wandert langsamer als früher. Bei Zinsen von nahe null neigt man dazu, das Geld nicht langfristig zu investieren, sondern eher als Bargeld zu halten und zu warten, bis sich bessere Anlagemöglichkeiten ergeben. Und so geht es vielen. Die Bereitschaft, Geld zu halten, ist so hoch wie noch nie. Stellt sich die Frage: Bleibt das so?

Charles I. Plosser, Vorsitzender und CEO der Federal Reserve Bank of Philadelphia, befürchtet beträchtliche Inflation, wenn die amerikanische Zentralbank ihre Bilanz nicht rechtzeitig durch den Verkauf von Vermögenswerten am Markt verkürzt.[235] Die Vorbedingungen

---

234 Vgl. hierzu: Hussmann Funds: *Sixteen Cents: Pushing the Unstable Limits of Monetary Policy*, Weekly Market Comment vom 24. Januar 2011

235 Charles I. Plosser: *Exit*, Rede vor dem Shadow Open Market Committee in New York am 25. März 2011

für hohe Inflationsraten sind vorhanden. Abbildung 21 *Inflationspotenzial in den USA* zeigt, welchen Drahtseilakt die Federal Reserve derzeit vollbringt. Eine Rücknahme der expansiven Geldpolitik könnte sich als sehr viel schwieriger als erwartet erweisen. Angesichts der Interventionen der Fed seit dem Jahr 2008 ist das Inflationspotenzial in den USA außerordentlich hoch. In Europa ist das nicht anders.

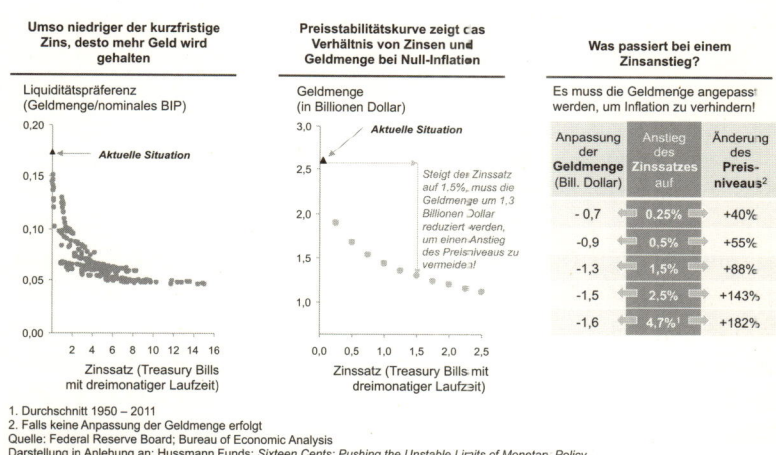

1. Durchschnitt 1950 – 2011
2. Falls keine Anpassung der Geldmenge erfolgt
Quelle: Federal Reserve Board; Bureau of Economic Analysis
Darstellung in Anlehnung an: Hussmann Funds: *Sixteen Cents: Pushing the Unstable Limits of Monetary Policy,*
Weekly Market Comment vom 24. Januar 2011

Abbildung 21: Inflationspotenzial in den USA

Die linke Grafik in Abbildung 21 zeigt die Beziehung zwischen dem kurzfristigen, risikofreien Zinssatz (Rendite von Treasury-Bills mit dreimonatiger Laufzeit) und der Neigung der Öffentlichkeit, Bargeld zu halten, gemessen als Geldbasis dividiert durch das BIP. Wenn die Zinsen hoch sind, wird tendenziell wenig Bargeld gehalten und stattdessen lieber in verzinsliche Vermögenswerte investiert; die Umlaufgeschwindigkeit des Geldes nimmt zu. Bei niedrigen Zinsen dagegen halten die Anleger sehr viel mehr Bargeld. Das schwarze Dreieck bezeichnet die aktuelle Lage: Das Verhältnis zwischen Geldbasis und BIP hat einen Allzeithöchststand erreicht.

Die Grafik in der Mitte stellt Szenarien dar, in denen die Geldbasis und die Zinsen nicht inflationär wirken. Wenn keine Inflation entstehen soll, muss ein Zinsanstieg – der zum Beispiel darauf beruhen kann, dass die Anleger unsicher über die künftigen Inflationsraten und/oder die Fähigkeit und Bereitschaft der USA zur Schuldenbedienung sind – mit einem Rückgang der Geldbasis einhergehen. Die Fed kann die Geldbasis nur dadurch reduzieren, dass sie Vermögenswerte verkauft, die sie während der Krise erworben hat. Dadurch sinkt die umlaufende Geldmenge und die Bilanz der Notenbank schrumpft. Derzeit machen die Notenbanken allerdings das Gegenteil und kaufen sowohl Staatsanleihen als auch Vermögensgegenstände in immer größerem Umfang. Dadurch wird die Bilanz der Notenbanken weiterhin größer anstatt kleiner.

Um Aufschluss über das erforderliche Volumen der Verkäufe zu geben, sind in der rechten Grafik in Abbildung 21 mögliche Kombinationen aus Zinsen und der notwendigen Bilanzverkürzung durch die Fed dargestellt – und dem impliziten Inflationspotenzial für den Fall, dass die Geldbasis nicht verringert wird. Bei einem Anstieg der Zinsen auf 1,5 Prozent – was angesichts des langfristigen Durchschnitts von 4,7 Prozent nicht hoch ist – müsste die Fed Vermögenswerte in Höhe von 1,3 Billionen US-Dollar am Markt verkaufen. Wenn sie dies nicht tut, würde sich das Preisniveau in den USA um 88 Prozent erhöhen – eine beträchtliche Inflation! Eine Rückkehr zum langfristigen Durchschnittswert der Umlaufgeschwindigkeit hätte übrigens einen Anstieg der Preise um fast 300 Prozent zur Folge, wenn die Fed nicht Vermögenswerte von 3 Billionen Dollar verkauft! Die Fed ist gefangen. Sie kann eigentlich nur hoffen, dass keine wirtschaftliche Erholung eintritt. Es würde 22 Jahre mit 2 Prozent Zins und 5 Prozent Nominalwachstum dauern, um über finanzielle Repression aus dieser Lage herauszuwachsen.[236]

Wir bezweifeln, dass die Fed und die EZB bei dem ersten Anzeichen einer wirtschaftlichen Erholung auf die Bremse steigen werden, zu groß ist der politische Druck. Damit sind wir übrigens nicht alleine. Selbst die Volkswirte der Fed wie Jeffrey Lacker, der Präsident der Fed-Außenstelle in Richmond, bezweifeln dies und sehen deshalb die Gefahr deutlicher Preissteigerungen.[237] Denn eines ist klar: Sobald die Inflation für alle sichtbar wird, wird es nicht bei einem kleinen Anstieg oder einer Rückkehr zur historischen Umlaufgeschwin-

---

236 Hussman Funds: *Roach Motel Monetary Policy*, Weekly Market Comment vom 17. Dezember 2012

237 Jeffrey M. Lacker: *Perspectives on Monetary and Credit Policy*, Rede vor dem Shadow Open Market Committee in New York, 20. November 2012

digkeit bleiben. Im Gegenteil, sie wird weit darüber hinausgehen. Denken Sie an die Geschichten der Hyperinflation in der Weimarer Republik. Gehälter wurden täglich ausgezahlt und die Frauen nahmen das Geld am Fabriktor entgegen, um rasch zum Bäcker zu laufen, bevor es wertlos war. Das ist Umlaufgeschwindigkeit!

Noch ist dies nur ein Szenario und es stellt sich die Frage: (Wie) kann es dazu kommen? Bis jetzt hat jede erneute Maßnahme des Gelddruckens, wie immer sie nun genannt wird, sei es »Quantitative Easing«, »Long Term Refinancing Operation« oder auch »Operation Twist«, nur die Kapital- und Rohstoffmärkte beflügelt. Die Umlaufgeschwindigkeit sank jedoch weiter.

Uns erinnert das an die typische Situation beim Familienessen: Das Kind schüttelt die Ketchupflasche, doch es kommt nichts raus. Es schüttelt und schüttelt und schüttelt – und platsch. Der Inhalt der Ketchupflasche landet nahezu vollständig auf dem Teller. Eine Riesensauerei statt einer kleinen Portion fürs Würstchen. Die Lebenserfahrung zeigt: Wenn der Ketchup kommt, dann nicht kontrolliert und wenig, sondern unkontrolliert und reichlich. Das Bild sollten Sie im Kopf haben, wenn Sie wieder einen Politiker von *etwas* mehr Inflation reden hören.

Was könnte einen Anstieg der Umlaufgeschwindigkeit auslösen? Aus unserer Sicht spielt das Vertrauen in Geld eine erhebliche Rolle. Letztlich akzeptiert man heute nur das als Geld, von dem man annimmt, dass es auch morgen noch einen Wert hat. Sobald man daran zweifelt, nimmt man es entweder nicht mehr an oder aber beeilt sich, es wieder loszuwerden. Bis jetzt gibt es nur wenige Anzeichen für einen solchen Vertrauensverlust: Die stark gestiegene Nachfrage nach Gold, Immobilien, Ackerland, Kunst, Oldtimern und auch Uhren ist ein solches Indiz.

Vielleicht steht ein weitergehender Verlust des Vertrauens kurz bevor? Zurzeit entspinnt sich eine Diskussion zur weiteren Politik der Zentralbanken. Vor allem in England wird dabei eine interessante Idee diskutiert: Die Zentralbanken sollen den Staaten die Schulden erlassen.[238] Der Vorschlag klingt verführerisch. Angesichts der Beziehung zwischen Staaten und Zentralbanken zahlt der Staat im Grunde sowieso nur Zinsen an sich selbst.

---

238 Siehe: Jo Owen: *Bank of England Should Retire QE Debt*, in:
Financial Times, 22. März 2012

Könnte es funktionieren? Die Befürworter dieses Vorschlags sehen das Inflationsrisiko als vernachlässigbar an, da das Drucken von Geld für den Kauf von Vermögenswerten bisher nicht zu Inflation geführt hat. Wenn dieser Weg allmählich und nicht in einem einzigen Schritt begangen würde, könne die Zentralbank außerdem die Geldbasis durch den Verkauf von Vermögenswerten reduzieren und so Inflation verhindern.

Ist dies also das Geheimrezept für eine Umschuldung, bei der niemand in Mitleidenschaft gezogen wird? Sieht so ein »Zurück nach Mesopotamien« im 21. Jahrhundert aus? Goethes *Faust* ist diesbezüglich bemerkenswert prophetisch.

Faust und die magische Geldvermehrung

Im zweiten Teil von Goethes *Faust* versucht Mephistopheles, die Finanzprobleme des Deutschen Reiches zu lösen. Goethe, selbst ökonomisch bewandert, war über zehn Jahre Wirtschafts- und Finanzminister am Weimarer Hof und hatte Kontakt zu den führenden Ökonomen der Zeit.[239]

So ist man, in *Faust II*, am Hofe nicht begeistert, dass besonders eines fehlt, nämlich Geld:

Welch Unheil muss ich auch erfahren!
Wir wollen alle Tage sparen
Und brauchen alle Tage mehr.[240]

Wo fehlt's nicht irgendwo auf dieser Welt?
Dem dies, dem das, hier aber fehlt das Geld.[241]

239 Siehe auch: Hans Christoph Binswanger: *Geld und Magie – Eine ökonomische Deutung des Faust*, Murmann Verlag, 4. Auflage, München 2009
240 Johann Wolfgang von Goethe: *Faust, Der Tragödie zweiter Teil*, 1. Akt, Trunz (Hrsg.), 1998, S. 153
241 Ebd., S. 154

Vom Sparen allerdings hält der Kaiser nicht viel. Er erwidert mürrisch:

Dadurch sind unsere Mängel nicht erledigt,
Was willst du jetzt mit deiner Fastenpredigt?
Ich habe satt das ewig Wie und Wenn;
Es fehlt an Geld, nun gut, so schaff es denn.[242]

Mephistopheles bringt den Kaiser auf die Idee, statt Gold Papiergeld zu verwenden. Faust weist ihn zwar darauf hin, dass dieses Geld erst durch Arbeit gedeckt werden muss, wenn es etwas wert sein soll. Wir wissen von unseren vorangegangenen Ausführungen, dass es durch verpfändbares Eigentum gedeckt sein muss, egal ob es Papiergeld ist oder Goldmünzen. Was Mephistopheles also macht, ist die Loslösung von dem zugrundeliegenden Eigentum, weil es bei Kaisers offenbar daran mangelt!

Mephistopheles unterbreitet dem Kaiser weiter die Vorzüge des Papiergeldes:

Ein solch Papier, an Gold und Perlen Satt,
Ist so bequem, man weiß doch, was man hat:
Man braucht nicht erst zu markten, noch zu tauschen,
Kann sich nach Lust in Lieb' und Wein berauschen.[243]

So ist *Faust* zweiter Teil im wahrster Sinne ein Spiel mit dem Teufel. So wie in der Alchemie aus Blei Gold gemacht wird, so wird hier Geld wirklich aus dem »Nichts« geschaffen. Mephistopheles, als »Teil von jener Kraft, die stets das Böse will und stets das Gute schafft«, ist sich des Risikos durchaus bewusst. Zunächst kann das Heilige Römische Reich deutscher Nationen all seine Schulden zurückzahlen. Doch am Ende kommt es zur Inflation, und das Reich versinkt im Chaos. Einzig der Hofnarr hat diesen neuen »Reichtum«, der schnell keiner mehr war, genutzt: Er kaufte Immobilien.

242 Ebd.
243 Ebd., S. 188

> Narr: Fünftausend Kronen wären mir zu Handen.
>
> Mephistopheles: Zweibeiniger Schlauch, bist wieder auferstanden?
>
> Narr: Geschieht mir oft, doch nicht so gut als jetzt.
>
> Mephistopheles: Du freust dich so, dass dich's in Schweiß versetzt.
>
> Narr: Da seht nur her, ist das wohl Geldes wert?
>
> Mephistopheles: Du hast dafür, was Schlund und Bauch begehrt.
>
> Narr: Und kaufen kann ich Acker, Haus und Vieh?
>
> Mephistopheles: Versteht sich! Biete nur, das fehlt dir nie.
>
> Narr: Und Schloss, mit Wald und Jagd und Fischbach?
>
> Mephistopheles: Traun! Ich möchte dich gestrengen Herrn wohl schaun!
>
> Narr: Heut abend wieg' ich mich im Grundbesitz! (Ab)
>
> Mephistopheles: Wer zweifelt noch an unsres Narren Witz.[244]

Können die Zentralbankbilanzen einen solch umfangreichen Schuldenerlass verkraften? Auf dem Papier ist die Fähigkeit der Fed zum Verkraften von Verlusten recht begrenzt. Durch eine Änderung der Rechnungslegungsvorschriften im Jahr 2011 wurden jedoch nahezu unbegrenzte Möglichkeiten zur Absorption von Verlusten geschaffen.[245] Es wurde eine neue Position auf der Passivseite eingeführt: Zinsen auf Federal Reserve-Notes, die an das US-Finanzministerium zu zahlen sind. Verluste – zum Beispiel aus dem Verkauf von Anleihen zu einem niedrigeren Kurs als dem Ankaufspreis – werden in der Bilanz der Fed nicht auf das Eigenkapital angerechnet, sondern als Kapitalbeteiligung des US-Finanzministeriums verbucht. Die Fed überweist in der Regel wöchentlich den Großteil ihrer Gewinne an das US-Finanzministerium. Wenn der neue Bilanzposten negativ wird, verschieben sie schlicht diese Überweisungen. Anders ausgedrückt: Die Fed rechnet potenzielle Verluste gegen künftige Geldschöpfungsgewinne auf und könnte so geschätzt Verluste in Höhe von 1,8 Billionen Dollar verkraften.[246] Dies aber würde natürlich bedeuten, dass das Finanzministerium keine Gewinne von

244 Ebd., S. 190
245 FT Alphaville: *The Fed Can't Go Bankrupt. Anymore*, 20. Januar 2011
246 Citigroup: *Global Economics View: Looking into the Deep Pockets of the ECB*, 27. Februar 2012

der Fed mehr bekommt, was die Einnahmen verschlechtern würde. Auch die EZB würde über beträchtliche Möglichkeiten zur Absorption von Verlusten verfügen. Ökonomen der Citibank schätzen den Wert der künftigen Geldschöpfungsgewinne für das Eurosystem auf mindestens 2,0 Billionen Euro – was ein Beitrag zur Lösung der Schuldenprobleme Europas wäre.[247]

Die Zinsen sind unverändert niedrig und die Zentralbanken setzen ihre Anleihekaufprogramme fort, es ist noch kein Ende in Sicht. Dabei steigt die Wahrscheinlichkeit, dass die Zentralbankbilanzen Zahlungsausfälle verkraften müssen, weil immer mehr Vermögenswerte von zweifelhaftem Wert aufgekauft werden. Die Fähigkeit zur Absorption von Verlusten erscheint zwar nahezu unbegrenzt, aber es ist wohl nicht davon auszugehen, dass ein solches Szenario eine schmerzlose Lösung darstellen würde. Im Gegenteil: Die Vertrauensfrage stellt sich vermutlich viel eher. Bundesbankpräsident Jens Weidmann sagte zu diesem Thema vor Kurzem: »Wenn eine Zentralbank potenziell unbegrenzt Geld aus dem Nichts schaffen kann, stellt sich die Frage, wie sie sicherstellen kann, dass Geld hinreichend rar sei, um seinen Wert zu behalten.«[248] Offensichtlich geht dies nur dann, wenn die Zentralbank ausschließlich gegen ausgezeichnete Sicherheiten Geld herausgibt. Genau das tun die EZB und die Fed und die anderen nicht mehr. Sie geben Geld gegen immer schlechtere Sicherheiten heraus. Wenn das Vertrauen in die Werthaltigkeit schwindet, kann eine Flucht in reale Vermögenswerte zu einer beträchtlichen Inflation führen.[249]

Es ist schwer zu bestimmen, wann eine Inflation entsteht und wann diese zu einem sich selbst verstärkenden Prozess wird. Hier hilft ein Blick in die Geschichte: In seinem Buch *Dying of Money* aus dem Jahre 1974 beschreibt Jens O. Parsson, wie die Inflation der Weimarer Republik entstand.[250] Damals war die Geldmenge schon mehrere Jahre deutlich gestiegen, was zu einer noch akzeptablen In-

247 Ebd.
248 The Telegraph: *Central Bank Action Is Work of the Devil, says Germany's Jens Weidmann*, 18. September 2012
249 Vgl. hierzu auch: Ludwig von Mises: *The Economic Consequences of Cheap Money*, in: *The Causes of the Economic Crisis, and Other Essays Before and After the Great Depression*, Ludwig von Mises Institute, Auburn 2006
250 Jens O. Parsson: *Dying of Money. Lessons of the Great German and American Inflations*, Wellspring Press, Boston 1974

flation führte. Doch sobald die Bevölkerung begann, am Wert des Geldes zu zweifeln, war das Desaster nicht mehr zu stoppen: »Das Verhängnis setzt dann ein, wenn die Besitzer von Geldvermögen rebellieren.« Ihre Rebellion drückt sich schlicht und einfach darin aus, dass sie sich ihres Geldes und Geldvermögens entledigen und sich auch in Zukunft so rasch wie irgend möglich davon trennen: »Wenn diese Flucht aus dem Geld sich verbreitet oder allgemein wird, kommt die latente Inflation in Gestalt eines Verhängnisses zum Vorschein. [...] Die Flucht der Inhaber von Geldvermögen aus dem Geld trägt viele Züge einer Panik, wie jede Flucht aus einem Kampfgetümmel. Im einen Augenblick mag alles geordnet sein, im nächsten Moment in voller Flucht.«[251]

Hyperinflation in der Weimarer Republik

Die Weimarer Republik kann als extreme Fallstudie für die Frage herangezogen werden, was passiert, wenn die Öffentlichkeit das Vertrauen in eine Währung verliert und die Inflation außer Kontrolle gerät. Zur Finanzierung des ersten Weltkriegs hatte Deutschland nicht nur den Goldstandard ausgesetzt, um Geld drucken zu können, sondern auch eine hohe inländische Verschuldung angehäuft, die 160 Prozent des BIP entsprach. Nach Kriegsende legten die Alliierten dem Land Reparationszahlungen in Höhe von 750 Prozent des BIP (!!) auf, die in Gold entrichtet werden mussten. Zeitgleich geriet Deutschland 1918 in eine tiefe Rezession. Um seine Schulden bedienen zu können, musste es entweder zu Sparmaßnahmen und Steuererhöhungen greifen und so die Rezession verschärfen oder weiter Geld drucken und dabei die Konjunktur stimulieren. Die Regierung versuchte beides gleichzeitig.[252]

Zahlreiche neue und komplizierte Steuergesetze wurden eingeführt, um Kapitalerträge und Immobilien zu besteuern. Dies

251 Aus: ebd., S. 127 f.
252 Vergleiche hierzu und im Folgenden, soweit nicht anders vermerkt: Ray Dalio: *Weimar Republic Deleveragings*, Bridgewater Associates, unveröffentlichtes Working Paper, 2012; Costantino Bresciani-Turroni: *Econo-mics of Inflation: A Study of Currency Depreciation in Post-War Germany*, Routledge, Abingdon 2003; sowie Jens O. Parsson: *Dying of Money. Lessons of the Great German and American Inflations*, Wellspring Press, Boston 1974

reichte jedoch nicht aus, und so verzeichnete Deutschland in den ersten beiden Jahren nach dem Krieg hohe Haushaltsdefizite. In den Kriegsjahren war das Defizit bereits auf 15 Prozent des BIP geklettert, und 1919 bzw. 1920 verharrte es auf diesem Niveau. (Die Regierung schob dies auf die Reparationszahlungen, die allerdings im Jahr 1920 »nur« acht Prozent des BIP ausmachten. In den Folgejahren sanken die Zahlungen rasch.) Das Defizit konnte nur durch kurzfristige Kreditaufnahme zu variablen Zinsen finanziert werden, da die Inflation im Jahr 1919 bereits hoch war. Außerdem wurde offen zugegeben, dass das Defizit und die bestehende Verschuldung so hoch waren, dass es unmöglich war, sie wie versprochen zurückzuzahlen und gleichzeitig den Wert der Währung zu erhalten. Die politischen Verantwortungsträger sprachen sich für eine höhere Inflationsrate aus, um so indirekt das Vermögen besteuern zu können, und sahen eine Abwertung der Reichsmark als Mittel zur Wiedergewinnung wirtschaftlicher Wettbewerbsfähigkeit an.

Abbildung 22 *Wirtschaftliche Entwicklung der Weimarer Republik* zeigt, dass sich die Konjunktur in Deutschland von 1920 bis 1922 belebte. Grund dafür waren ein Anstieg der Exporte und eine Ankurbelung der Binnennachfrage infolge der sinkenden Arbeitslosigkeit. Die Arbeitslosenzahlen sanken bis 1922 praktisch auf null. In dieser Zeit legte die Industrieproduktion in Deutschland stärker zu als in Ländern mit einer restriktiven Geldpolitik wie den USA oder Großbritannien. Das Nachbarland Frankreich steckte 1921 sogar in einer Rezession. Aber die Party war rasch vorbei, als Inflation und Währungsabwertung außer Kontrolle gerieten und eine Hyperinflation einsetzte. 1922 lag die Inflationsrate bei über 1 000 Prozent, und 1923 war die Reichsmark praktisch wertlos. Was war geschehen?

In den ersten Jahren der Weimarer Republik hatten sich die Menschen bereits an die chronische Inflation gewöhnt. Ihnen war klar, dass die Reichsmark nicht mehr als Wertaufbewahrungsmittel dienen konnte. Dies wirkte sich natürlich stark auf das Verhalten im Wirtschaftsleben aus:

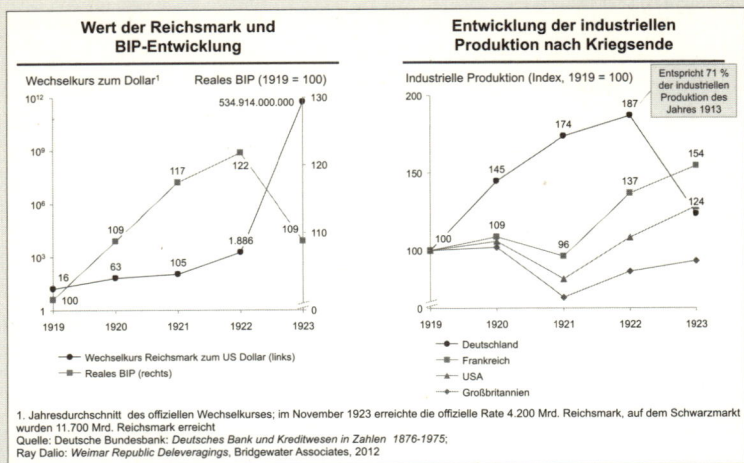

Abbildung 22: Wirtschaftliche Entwicklung der Weimarer Republik

- *Panikkäufe:* Die Menschen wollten das Geld, das sie verdient hatten, nicht behalten. Bis 1921 wertete die Reichsmark in Wellen ab. Auf kurze Phasen mit einer kräftigen Abwertung folgten Wochen und sogar Monate, in denen sich der Wert der Reichsmark stabilisierte oder sogar anstieg. Vor allem in den Phasen, in denen die Reichsmark an Wert gegenüber anderen Währungen verlor, waren die Verbraucher wegen einer Inflationsbeschleunigung besorgt. Die Läden waren in diesen Phasen sehr häufig komplett leergekauft.
- *Übermäßige Verschuldung:* Sowohl Privatpersonen als auch Unternehmen versuchten, so hohe Kredite wie irgend möglich aufzunehmen, da die Schulden nach einer Abwertung der Reichsmark problemlos mit Hilfe künftiger Erträge oder höherer Umsätze zurückgezahlt werden konnten.
- *Flucht in Sachwerte*: Die Ersparnisse und die aufgenommenen Kredite wurden in »reale« Vermögenswerte investiert. Vor allem Investitionsgüter waren sehr begehrt. Sie versprachen relativ stabile Erträge, die an die künftigen Preise gebunden waren (im Gegensatz zu Konsumgütern). Die »Flucht aus der Mark in Maschinen« führte zu einer übermäßigen Produktion von Anlagen und Ausrüstungsgütern.

- *Aktienspekulationen:* Aktien wurden zu einer beliebten Absicherung gegen Inflation. Die Anleger zogen dabei Bergbau- und Industrieunternehmen gegenüber Konsumgüterherstellern oder auch Finanzinstituten vor. Dies führte natürlich zu Blasen. Der Aktienmarkt spiegelte die Entwicklung der Realwirtschaft nicht mehr wider.

Die Regierung versuchte Anfang 1922, das Vertrauen in die Reichsmark wieder herzustellen, hatte damit aber keinen Erfolg. 1921 war die Aktienmarktblase geplatzt, und die Menschen erkannten, dass nicht einmal mehr Aktien eine sichere Investitionsmöglichkeit darstellten. Aktien wurden außerordentlich preiswert. So entsprach der Wert des Unternehmens Daimler Ende 1922 gerade mal dem Wert von 94 Autos aus eigener Produktion.[253] Das Vertrauen in die Regierung und das Finanzsystem waren verloren gegangen, und es war bereits zu spät, um den Albtraum der Hyperinflation der Jahre 1922/1923 abzuwenden.

Ein sich selbst verstärkender Inflationszyklus konnte nicht mehr aufgehalten werden. Die Regierung hatte Geld gedruckt, um die Staatsausgaben zu finanzieren und die ausstehende Verschuldung abzutragen. Dies führte zu einer Abwertung der Mark gegenüber anderen Währungen und zur Inflation. Als das Vertrauen vollständig verloren gegangen war, floss immer weniger Kapital in die Kreditmärkte, und die Regierung musste noch mehr Geld drucken, um das Finanzsystem am Leben zu erhalten. Anders ausgedrückt: Die Inflation wurde nicht mehr dadurch verursacht, dass Geld gedruckt wurde, sondern es musste Geld gedruckt werden, um mit der Inflation Schritt halten zu können!

Abbildung 23 *Preisentwicklung in der Weimarer Republik* zeigt, wie die Inflation in der zweiten Jahreshälfte 1922 plötzlich zu einer Hyperinflation wurde. Die Verbraucherpreise stiegen rascher an als die Geldmenge, was in Zeiten einer sich beschleunigenden Inflation oder einer Hyperinflation typisch ist. Möglich wird dies durch eine merkliche Erhöhung der Umlaufgeschwindigkeit des Geldes. In der Weimarer Republik wurde Bargeld im Jahr 1922 wie

253 Lyndon Moore: *What was the market value of Daimler during the German Hyperinflation?*, in: *Economic Enquiry*, Volume 49, No. 1, January 2011, Seiten 172–173

eine heiße Kartoffel weitergegeben. Wir erinnern uns an die Frauen, die schon am Werkstor den Lohn entgegennahmen, um damit sofort einkaufen zu gehen. Alle versuchten, Reichsmark-Banknoten so schnell wie möglich wieder loszuwerden.

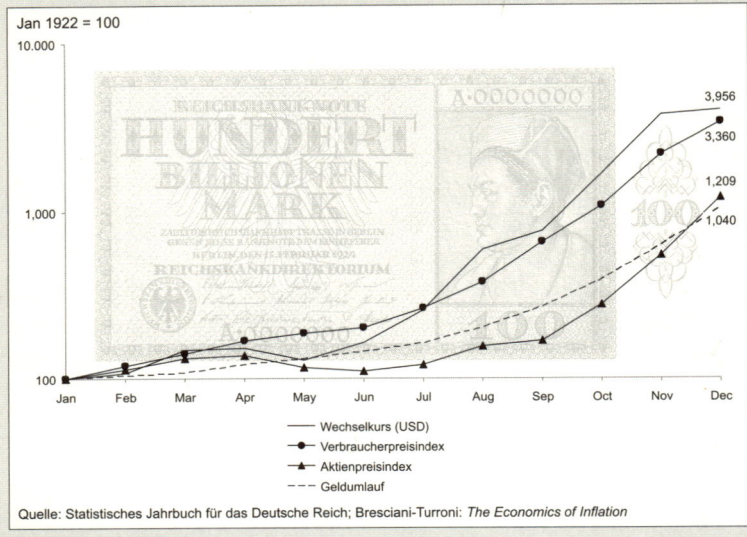

Abbildung 23: Preisentwicklung in der Weimarer Republik

In der Zeit der Hyperinflation, das heißt in der zweiten Jahreshälfte 1922 und im Jahr 1923, geriet die wirtschaftliche Aktivität in der Weimarer Republik zunehmend außer Kontrolle und schließlich bewegte sich wirtschaftlich fast gar nichts mehr:

- *Liquiditätskrise:* Die Bankeneinlagen gingen merklich zurück, weil die Menschen lieber Fremdwährungen zuhause aufbewahrten. Deutsche Industrielle ließen Einnahmen aus internationalen Geschäften lieber im Ausland. Gleichzeitig zogen ausländische Anleger ihr Kapital (mit beträchtlichen Verlusten) aus Deutschland ab. Den Banken ging das Bargeld aus. Sie verkürzten sogar ihre Öffnungszeiten, da die Tresore leer waren. Private Schecks wurden abgelehnt, weil es immer schwieriger wurde, sie ausbezahlt zu bekommen. Der Kreditmarkt trocknete aus.
- *Ersetzung der Reichsmark durch andere Währungen:* Die Reichsmark war nicht mehr als Wertaufbewahrungs- und Zahlungsmittel geeignet. Ausländische Währungen (vor allem der US-Dollar) ersetzten die Reichsmark nicht nur als Wertaufbewahrungsmittel,

sondern wurden zunehmend für umfangreiche Transaktionen verwendet. Wir kennen dies heute aus südamerikanischen und afrikanischen Staaten, in denen es in der heimischen Währung galoppierende Inflation gibt und zum Beispiel der Dollar die Rolle der »harten« Währung übernimmt. Große Unternehmen und Behörden begaben provisorisches Geld. Gezwungenermaßen wurden innovative Praktiken der Buchführung eingeführt, da es üblich wurde, Gegenstände in Gold zu bewerten.

- *Rückgang der Produktivität und Anstieg der Arbeitslosenzahlen:* 1923 verkauften zahlreiche Produzenten und Händler lieber gar nichts mehr, als Reichsmark für ihre Güter zu akzeptieren. Produktion und Handel kamen zum Erliegen. Die Arbeitslosenquote schnellte in die Höhe; im Sommer 1922 war ein Prozent der gewerkschaftlich organisierten Arbeitnehmer arbeitslos, Ende 1923 dagegen waren es 30 Prozent. Ironischerweise fiel die Zahl der Konkurse im selben Zeitraum auf null, da die Verschuldung leicht durch Papiergeld zurückgezahlt werden konnte.

Im Jahr 1923 wurde der Hyperinflations-Albtraum durch die Einführung einer neuen Währung beendet. Mit der Rentenmark kehrte Deutschland zur Bindung ans Gold zurück, und der Wert der neuen Währung war von Anfang an stabil. Die Staatsverschuldung war vollständig weg-inflationiert, und die Reparationszahlungen wurden ebenfalls mehrfach umgeschuldet und dann weitgehend erlassen.

Deutschland zahlte mit der harten Landung im Jahr 1923 jedoch einen hohen Preis. Erst 1927 wurde wieder das Produktionsniveau des Jahres 1913 erreicht. Viele Deutsche hatten einen großen Teil ihrer Ersparnisse in Staatsanleihen investiert, die zur Finanzierung des Ersten Weltkriegs ausgegeben worden waren. Ihr Vermögen war durch die Inflation vollständig verrichtet.[254] Wir können uns heute kaum vorstellen, welche katastrophalen Folgen dies für die Stimmung im Lande hatte. Politische Unruhen und Plünderungen waren im Jahr 1923 nicht selten. Im September 1923 musste der

---

254 Dylan Grice: *Popular Delusions: Some Useful Things I've Learned About Germany's Hyperinflation*, Société Générale, 28. Februar 2010

Notstand ausgerufen werden. Extremistische rechte und linke Parteien, die einfache und schmerzlose Lösungen versprachen, wurden sehr populär. Das Vertrauen in die Währung konnte nur durch eine Rückkehr zum Goldstandard wieder hergestellt werden. Und das Vertrauen in die Regierung war noch schwieriger wieder herzustellen.

Auf die heutige Situation übertragen bedeutet dies: Sollte die Bevölkerung das Vertrauen in die Geldwertstabilität verlieren, so könnte es zu einem sprunghaften Anstieg der Inflation kommen, dem die Notenbanken nur schwer begegnen können.

Die Vertreter der Schule der Eigentumsökonomik sehen es mit Blick auf die gegenwärtige Notenbankpolitik ganz genauso: »Die aufgeblähten, mit bloßen Zahlungsversprechen hinterlegten Aktiva der Geschäfts- und Notenbanken drohen, das Eigenkapital und die Vermögenswerte der Unternehmen und Haushalte zu zersetzen.«[255] Dem ist nichts hinzuzufügen.

Obwohl William White Inflation für die einzige gangbare Lösung hält, sieht er die erhebliche Gefahr, dass diese außer Kontrolle geraten könne bis hin zu einer Hyperinflation. Wir teilen seine Auffassung: Wenn der Ketchup kommt, wird er sich nur schwer dosieren lassen! Und die Gefahren, die damit verbunden sind, sind erheblich. Schon Lenin wusste: Der sicherste Weg, eine Gesellschaft zu zerstören, ist, ihre Währung zu zerstören.

6.6   Was wird passieren?

In den vergangenen Jahren gab es viel Aktivität. Rettungsschirme, Treffen der G8 oder G20 und andere globale Konferenzen. Aber geschehen ist nicht viel. Die Regierungen haben versucht, die übermäßige Verschuldung mit noch mehr Schulden zu bekämpfen, und darauf gehofft, wie durch ein Wunder gerettet zu werden. Sie haben auf Zeit gespielt und die Wurzeln der Krise nicht angepackt: nämlich globale Ungleichgewichte und eine nicht tragbare Verschuldung. Die

255 Justyna Schulz: *Wozu brauchen Notenbanken Sicherheiten?*, Universität Bremen, in Vorbereitung

Schuldenkrise in Europa ist bei Weitem nicht gelöst und dürfte uns alle noch auf Jahre hinaus begleiten. Jeder Tag, der weiter auf Zeit gespielt wird, erhöht nicht nur den Schaden, sondern auch die Wahrscheinlichkeit des GAUs, des größten anzunehmenden Unfalls. Wie lange glauben wir, halten die Demokratien Europas die Sparpolitik noch aus? Besser wäre es, rasch einen Kassensturz zu machen und das Unvermeidliche zu tun: die Schulden geordnet zu restrukturieren. So eindeutig es ist, dass wir alle – als Gläubiger – (viel) Geld verlieren werden, so haben wir noch die Wahl, *wie*!

Die offene Frage ist: Wird die Politik sich trauen, uns die Wahrheit zu sagen? Wir fürchten nein – mit allen damit verbundenen Konsequenzen.

Deshalb halten wir verschiedene Szenarien für denkbar:

Erfolgreiches Durchwursteln: Regierungen und Politiker lösen das Problem der globalen Ungleichgewichte zum Teil, bewirken eine moderate Inflation, schulden so weit nötig um und stabilisieren den Euroraum und das Finanzsystem. Eine weitere Rezession wird vermieden, die westlichen Länder treten in eine lange Phase mit niedrigem Wachstum und Schuldenabbau ein, und die Schwellenländer stellen ihre Volkswirtschaften verstärkt auf inländischen Konsum um und erzielen so anhaltend solide Wachstumsraten. Es wäre zu schön, um wahr zu sein. Die Politik hofft eindeutig darauf – und wir wären überglücklich, wenn es so käme – doch bezweifeln wir, dass dies gelingt. Die Probleme sind zu groß, als dass man sie einfach so lösen könnte.

Rezession mit Deflationsdruck (Stichwort »Japan«): Das Durchwursteln kann leicht scheitern. Dies würde den Druck auf die Schuldner erhöhen und zu einer noch niedrigeren Nachfrage und dementsprechend weiteren Sparmaßnahmen führen. In einem solchen Szenario könnte sich die Entwicklung wiederholen, die Japan in den vergangenen beiden Jahrzehnten durchgemacht hat. Dieses Mal wären jedoch 41 Prozent des weltweiten BIP betroffen!

Beträchtliche Inflation: Je länger die Wirtschaft in einer Rezession verharrt und je mehr die Zentralbanken versuchen, den Schuldenabbau durch eine aggressive Geldpolitik zu unterstützen, desto höher ist das Inflationsrisiko. Bisher hat sich die geldpolitische Lockerung indirekt (über höhere Rohstoffpreise) auf die Inflation ausgewirkt. Wenn sich die Konjunktur erholt oder die Öffentlichkeit das Vertrauen in die Geldwertstabilität verliert, könnte es zu einer plötzlichen Inflationsspitze kommen. Selbst eine relativ moderate Inflation

(5 bis 10 Prozent) hätte beträchtliche Auswirkungen auf den Wert von Ersparnissen.

In Europa macht der Euro es noch viel schwerer, die Schuldenbombe zu entschärfen.

7
Sorgenkind Eurozone

>>Wir wissen alle, was zu tun ist, aber wir wissen nicht, wie wir wieder gewählt werden sollen, nachdem wir es getan haben.<<[256]

Jean-Claude Juncker (Premierminister Luxemburgs und scheidender Vorsitzender der Euro-Gruppe)

>>Wenn es ernst wird, muss man lügen.<<

Jean-Claude Juncker[257]

7.1 Griechenland gehört dazu

Der Sage nach war Europa eine Tochter des phönizischen Königs Agenor. Als sie am Strand spazieren ging, verliebte sich der Göttervater Zeus in sie und entführte sie in Gestalt eines Stieres. Jenseits des Strandes, auf der anderen Seite des Meeres, begann ein anderer Erdteil der nach der Geliebten von Zeus benannt wurde: Europa.

Den Wunsch nach einer Vereinigung Europas gab es schon früh. So war das Heilige Römische Reich Deutscher Nationen, das mit der Krönung Karls des Großen im Jahre 800 seinen Anfang nahm, eine Art Allianz zwischen dem früheren Germanien, dem Frankenreich und Rom. Es umfasste so ziemlich genau die Gründungsländer der Römischen Verträge, die 1957 den Grundstein für die Europäische Wirtschaftsgemeinschaft legten: Deutschland, Frankreich, Italien, Luxemburg und die Niederlande. Sowohl Deutschland als auch Frankreich, die zwei Kernländer der Europäischen Union, führen die Anfänge ihrer Nationalgeschichte auf Karl den Großen zurück.

256 Im Original: >>We all know what to do, we just don't know how to get re-elected after we've done it.<< Siehe: The Economist: *The quest for prosperity*, 15. März 2007

257 Auf einer Abendveranstaltung in Brüssel im April 2011, vgl.: Spiegel Online: *Umstrittene Euro-Politik: Juncker gerät wegen Geheimtreffen unter Beschuss*, 9. Mai 2011

»Römisch« wurde das Reich genannt, da in der Prophezeiung des Propheten Daniel, von der wir schon im Prolog sprachen, von vier Reichen die Rede ist. Am Ende des vierten Reiches, so interpretierte man damals den Propheten, werde der Antichrist auf die Welt kommen. Um dessen Kommen so lange wie möglich hinauszuzögern, durfte das Römische Reich nicht untergehen. Und lebte im Heiligen Römischen Reich Deutscher Nationen weiter – der Wiege des heutigen Europa. Das römische Recht, aber auch das Christentum, das sich von Rom aus in Europa ausbreitete, sollte Europa für Jahrhunderte seine Prägung geben. In seiner größten Ausdehnung umfasste das Reich fast das gesamte Gebiet des heutigen Mittel- und Teile von Südeuropa.

Das Heilige Römische Reich Deutscher Nationen endete offiziell im Jahre 1806. Wirklich vereinigt war Europa in dieser gesamten Zeit nie gewesen, obwohl es Bestrebungen gegeben hatte, aus den vielen Staaten Europas eine einheitliche Union zu machen, schon lange vor den römischen Verträgen. So ist überliefert, dass der französische Geistliche Abbé de Saint-Pierre bereits vor 300 Jahren von der *Union Européene* sprach.[258]

Viele sind überzeugt, dass die Europäische Union und ihre Vorgänger, die EWG (Europäische Wirtschaftsgemeinschaft) und die EG (Europäische Gemeinschaft), dem Kontinent die längste Friedenszeit in seiner Geschichte verschafft haben. Schaut man sich allerdings die gegenwärtigen Umfragewerte für die gemeinsame europäische Idee an, so sieht man eher Frust als Begeisterung. Die Bundesbürger haben den Eindruck, ständig für alle anderen Mitgliedsländer der EU und Eurozone zahlen zu müssen, und trauen den Politikern nicht mehr zu, die Krise zu lösen.

Besonders groß ist der Frust in Griechenland, wo die Staatsschuldenkrise der Eurozone zuerst offensichtlich wurde.

Der Frust, der jetzt herrscht, war einmal Freude: Angeblich soll der damalige EZB-Chef Wim Duisenberg vor Freude herumgetänzelt sein, als er hörte, dass die Griechen in der Eurozone mitmachten. Der damalige Finanzminister Hans Eichel war freudig überrascht, als er hörte, dass die Griechen so schnell die Reformen umgesetzt hatten,

---

258 Die Zeit: *300 Jahre europäische Union*, 6. Dezember 2012,
  S. 23

die nötig waren, um der Eurozone beitreten zu können. Dass es diese Bemühungen nie gegeben hatte und dass es zahlreiche Warnungen davor gab, Griechenland aufzunehmen, war breit in der Presse zu lesen.[259]

Man mag sich fragen, warum Griechenland überhaupt in die Eurozone musste? Vielleicht lag es daran, dass die an Identität ohnehin arme Europäische Union einen Anker, einen Klebstoff brauchte, um ein Zusammengehörigkeitsgefühl zu entwickeln. Schließlich hat sich Europa vereinigt um der Vereinigung wegen. Die USA haben sich gegen etwas vereinigt, nämlich gegen das damals autoritäre British Empire, das seinem jungen Zögling immer neue Steuern aufdrücken wollte. Nun weiß jeder, dass es mehr zusammenschweißt, gegen etwas zu sein als für etwas. Was hält Europa zusammen? Europa, ähnlich wie Amerika, fußt auf den christlichen Werten und dem christlichen Menschenbild, und ohne das Christentum würde es kein Europa in der heutigen Form geben. Nun wird aber das Christentum in Europa, anders als in Amerika, nicht als Bindeglied oder Klammer gesehen. Es musste eine andere Identifikation herbei, was Europa Identität und so etwas wie eine »Marke« geben könnte. So hatte man mit Griechenland schon einmal den Markenkern »Europa und Demokratie« abgedeckt. Darüber hinaus einigte man sich dann noch auf den wirtschaftlichen Erfolg, den ein vereintes Europa künftig haben sollte.

»Eurozone«. Schon die Bezeichnung »Zone« ist unglücklich. »Das klingt nicht gut«, schreibt Henrik Müller in seinem Buch *Eurovision*.[260] Tatsächlich lässt dieser Begriff wenig Gemeinsamkeitsgefühl oder Patriotismus aufkommen.

Die Probleme, die wir gerade in der Eurozone beobachten, sind alle im Zusammenhang der Überschuldung der westlichen Welt zu sehen. Dennoch muss man einige Besonderheiten vertieft betrachten, wenn man verstehen möchte, was in der Eurozone passiert ist – und vor allem, was uns noch bevorsteht.

---

259 Frankfurter Allgemeine Zeitung: *Griechische Tragödie*, 11. Juni 2011
260 Henrik Müller: *Eurovision*, Campus, Frankfurt am Main 2012, S. 80

7.2 Wohlstand für (fast) alle auf Europäisch

Mit der Einführung des Euro sind die Zinsen für viele Länder der Eurozone deutlich gesunken, sollte doch die EZB genauso wie die Bundesbank auf Geldwertstabilität achten. Von dem guten Ruf der Bundesbank profitierten nun alle Staaten. Lagen die Zinsen für zehnjährige Staatsanleihen in Spanien Ende 1995 noch bei über 10 Prozent, was einem Aufschlag von 4 Prozentpunkten gegenüber deutschen Anleihen entsprach, so waren sie auf 5 Prozent im Jahre 2001 gesunken. Gleichzeitig ging die Inflation zurück, aber nicht im gleichen Masse. Die Folge war, dass die Zinsen teilweise gar unterhalb der Inflationsrate lagen. Und was macht man, wenn man Geld praktisch geschenkt bekommt? Man nimmt das Geschenk an und investiert, idealerweise in Immobilien, da diese ja bekanntlich nicht im Wert fallen können, sondern ständig teurer werden. Von dem Spekulationsgewinn kann man sich dann gleich ein neues Auto kaufen. Klingt verdächtig nach USA und Subprime? Richtig!

Und nicht nur, dass damit ein deutlicher Anstieg der Verschuldung einherging, sondern – dem Boom der Wirtschaft sei Dank – auch ein Anstieg der Löhne. Es lief doch alles so gut. Sogar der Staat freute sich und konnte dank hoher Steuereinnahmen, wie zum Beispiel in Spanien und Irland, Schulden tilgen.

Zur gleichen Zeit durchlief Deutschland eine heftige Anpassungskrise. Deutschland war der Eurozone zu einem überhöhten Wechselkurs beigetreten und musste zudem noch die Integration Ostdeutschlands verdauen. Die Folge: lange Jahre der Enthaltsamkeit und der mühsamen Diskussion und Umsetzung von Reformen, man denke nur an die Agenda 2010.

In den meisten Euro-Ländern wurde unterdessen munter konsumiert und auf Kredit gebaut. Und schließlich folgte das böse Erwachen. Wie in den USA kam es, wie es kommen musste. Die Blase platzte und der Immobilienboom war zu Ende. Verglichen mit den USA war der Überschwang in den Immobilienpreisen in Irland und Spanien sogar noch deutlich größer. Andere Länder wie Griechenland und Portugal erlebten zwar keinen ähnlichen Boom im Immobilienmarkt, haben aber dennoch weit über ihre Verhältnisse gelebt, was Handelsdefizite von über 10 Prozent des BIP pro Jahr eindrucksvoll unterstreichen. Das bedeutet, diese Länder haben sich bis zu 10 Prozent ihres Bruttoinlandsprodukts pro Jahr im Ausland geliehen ... und das 10 Jahre lang!

7.3 Die zwei Probleme der Eurozone

Abbildung 24 zeigt die heutige Situation: Die Länder der Eurozone leiden unter einer zu hohen Schuldenlast – von Staaten, aber auch von privaten Haushalten und Unternehmen – und zugleich sind die Lohnstückkosten, ein wichtiger Indikator für die Wettbewerbsfähigkeit, weit auseinandergelaufen. Während Deutschland diese stabil hielt – durch die bereits angesprochenen Reformen –, sind sie in allen anderen Ländern deutlich gestiegen.

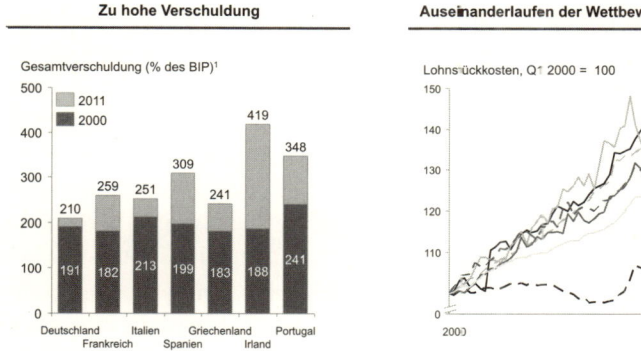

1. Summe der Schulden von privaten Haushalten, Unternehmen (Nichtfinanzunternehmen) und dem Staat; Daten basieren auf unkonsolidierten Verbindlichkeiten (für Unternehmen nur Kredite) zu Marktpreisen
Quellen: Eurostat; OECD

Abbildung 24: Die zwei Probleme der Eurozone

Vor der Einführung des Euros wäre die Lösung der zwei Probleme relativ einfach gewesen. Man hätte einfach die Währung abgewertet, um so die eigenen Produkte im Ausland billiger zu machen. In der derzeitigen Krise schränkt die Währungsunion den Reaktionsspielraum der Regierungen ein. Der Wechselkurs kann nicht abgewertet werden, wenn ein Land nicht wettbewerbsfähig ist, und es ist nicht möglich, das Zinsniveau anzupassen, um eine Überhitzung, wie wir sie in Irland und Spanien erlebt haben, zu dämpfen, ohne zugleich die Konjunktur in anderen Ländern zu dämpfen. Kritiker des Euro argumentierten bereits bei der Einführung der Gemeinschaftswährung, dass der Euroraum kein optimaler Währungsraum sei: Es mangelt ihm in der Praxis an einer hinreichenden Arbeitskräftemobilität, an einer koordinierten Wirtschaftspolitik und an fiskalischen Transfers. Im Gesamtzusammenhang der Überschuldung der westlichen Welt erschwert die fehlende Wechselkursflexibilität die erforderliche Anpassung.

Wie das Fehlen dieses Ventils wirkt, kann man an einem Vergleich von Spanien und Großbritannien illustrieren: Spanien weist eine niedrigere Staatsverschuldung und eine geringere Verschuldung der privaten Haushalte im Verhältnis zum Bruttoinlandsprodukt auf als Großbritannien, aber eine höhere Verschuldung des Nichtfinanzsektors im Verhältnis zum Bruttoinlandsprodukt. Insgesamt ist die Schuldenlast ähnlich, und in beiden Ländern kam es zu einer beträchtlichen Immobilienblase. Dennoch musste Spanien im Sommer 2012 deutlich höhere Zinsen für Staatsanleihen zahlen und die Preise für Kreditausfallversicherungen lagen deutlich höher als bei denen für Großbritannien. Im Juli 2012 war der Preis für Kreditausfallversicherungen für Spanien auf über 570 Basispunkte geklettert. Man musste also 5,70 Euro pro Jahr als »Versicherungsprämie« zahlen, um Staatsanleihen im Wert von 100 Euro gegen Ausfall zu versichern. Für Großbritannien lagen sie bei ungefähr 90 Basispunkten, was nur 90 Cent entspricht. Die spanische Regierung musste 2012 für zehnjährige Staatsanleihen teilweise Zinsen in Höhe von über 6 Prozent zahlen – fast dreimal so viel wie Großbritannien.

Den Zusammenhang von Zinsniveau, Nominalwachstum und erforderlichem Überschuss vor Zinszahlungen (Primärüberschuss) im Staatshaushalt zur Stabilisierung der Schuldenquote haben wir bereits in Kapitel 6 am Beispiel Italiens diskutiert. Obwohl die Länder fundamental gesehen gleich gut oder schlecht dastehen, bewirkt das unterschiedliche Zinsniveau eine ganz andere Anpassungsdynamik. Während die spanische Regierung einen Primärüberschuss von 2,4 Prozent des Bruttoinlandsprodukts erwirtschaften muss, um die Verschuldung zu stabilisieren, kann sich die britische Regierung ein Defizit in Höhe von 1,8 Prozent des Bruttoinlandsprodukts leisten. Was ist die Ursache? Die Finanzmärkte preisen den begrenzten politischen Spielraum Spaniens im Vergleich zu Großbritannien ein: Großbritannien kann seine Währung abwerten, eine Inflationspolitik verfolgen und sein eigenes Geld drucken. Spanien kann das nicht.

Zugleich fehlen die früheren Geldgeber. Die ausländischen Banken wollen in Spanien und den anderen Krisenländern keine Kredite mehr vergeben. Sie haben erkannt, dass die Schulden schon zu hoch sind, und zudem steigt die Befürchtung, eines Morgens aufzuwachen und zu sehen, dass das betreffende Land wieder eine eigene Währung hat, was ebenfalls zu erheblichen Verlusten führen würde. Dies treibt die Zinsen in die Höhe. Da diese Länder aber weiterhin auf ausländisches Kapital angewiesen sind und zugleich eine Kapitalflucht aus dem Inland eingesetzt hat, müssen die anderen Euroländer Rettungsschirme bereitstellen. Und da diese bei der Bevölkerung nicht besonders populär sind, wird immer mehr die EZB zum »Kreditgeber der letzten Instanz«. Ebenso wie die Bundesbank über die TARGET2-Salden, von denen im Folgenden noch die Rede sein wird.

7.4   EFSM, EFSF, ESM: Eine kleine Lehre der Schirme

Hört man das unglückliche Wort »Eurozone«, fällt auch schnell der Begriff »Rettungsschirm«, als würden diese beiden Begriffe mittlerweile untrennbar zusammengehören.

Was genau sind diese Rettungsschirme eigentlich? Die Politik hat in unzähligen Rettungsgipfeln versucht, die Lage in Europa zu stabilisieren. Nach den bilateralen Krediten der Euroländer und des Internationalen Währungsfonds, die in einem ersten Schritt Griechenland vor der Pleite retteten, war schnell klar, dass im Euroraum weitaus größere Risiken lauerten. Denn was im Dezember 2009 in Griechenland begann, hat sich zu einer Krise der Staatsfinanzen in Europa ausgeweitet. Um ein Übergreifen auf weitere Länder, namentlich Portugal, Irland und Spanien, zu verhindern, entschlossen sich die Regierungen der Eurozone und die EZB, eherne Grundsätze des Maastricht-Vertrages – so das Verbot von gegenseitigen »Bail-outs« – aufzugeben: Daraufhin brachte das gemeinschaftliche Unternehmen Euro-Rettung im Juni 2010 einige Maßnahmen hervor, die landläufig als Rettungsschirm bekannt wurden. Diese sollten in Schwierigkeiten geratenen Ländern helfen, Liquiditätsengpässe zu überwinden und die Kapitalmärkte zu beruhigen. Der Schirm bestand aus zwei Teilen: dem **Europäischen Finanzstabilisierungsmechanismus (EFSM)** und der **Europäischen Finanzstabilisierungsfazilität (EFSF)**.

Der **EFSM** ist eine EU-Verordnung und steuerte zum Rettungsschirm mit insgesamt 60 Milliarden Euro den kleineren Teil bei, von dem bereits 81 Prozent an Irland und Portugal gingen.[261] Die Mitgliedstaaten können bei der Europäischen Kommission Kredite beantragen, wobei der Rat der Europäischen Union über die Vergabe entscheidet. Für die Kredite begibt die Kommission Anleihen, nimmt also selber Kredite auf, die mit dem EU-Haushalt besichert sind. Durch den EFSM sind auch Nicht-Euroländer an den Rettungsmaßnahmen beteiligt, wie Großbritannien, das Teil der EU, aber nicht des Euro ist. Es überrascht daher wenig, dass der EFSM zumindest kurzfristig zu erheblichen Spannungen innerhalb der EU führte.

Die **EFSF** hingegen ist eine Zweckgesellschaft, also keine eigene EU-Institution wie der EFSM. Sie vergibt, gegen klar definierte Auflagen, Darlehen oder Kreditlinien in Höhe von bis zu 440 Milliarden Euro (plus 250 Milliarden, die vom IWF zur Verfügung gestellt werden) an angeschlagene Mitgliedsstaaten. Dafür leiht sich die EFSF Geld am Kapitalmarkt, ist aber im Gegensatz zum EFSM nicht besichert durch den EU-Haushalt, sondern durch Garantien der Euroländer, was heißt, dass Nicht-Euroländer wie Großbritannien nicht beteiligt sind. Die EFSF war bisher mit den besten Noten der Ratingagenturen ausgestattet, was eine günstige Kreditaufnahme ermöglichte. Von der Agentur Moody's wurde die EFSF aber herabgestuft, da die Länder zwar Garantien geben, aber selber zu tief im Schlamassel stecken, als dass diese wirklich viel nützen würden.[262] Auch wenn es bisher niemand wirklich zugeben wollte, zeigt der Rettungsschirm bereits erste Risse.

EFSM und EFSF sollen bis Mitte 2013 im **Europäischen Stabilisierungsmechanismus (ESM)** mit einem Gesamtvolumen von 700 Milliarden Euro vollständig aufgehen.[263] Im Gegensatz zur EFSF besteht das Stammkapital nicht nur aus Gewährleistungen der Euroländer (insgesamt 620 Milliarden Euro), sondern aus einem fixen Kapital-

---

261 Angaben der Europäischen Kommission, Stand Dezember 2012

262 Focus Online: *Euro-Rettungsschirm verliert sein Spitzenrating bei Moody's*, 1. Dezember 2012

263 EFSM, EFSF und ESM laufen dabei anfangs parallel. Die maximale Kreditsumme der Schirme sollte ursprünglich auf die €500 Milliarden des ESM beschränkt werden. Das wurde im März 2012 ausgehebelt, und die 200 Milliarden, die bereits an Irland, Portugal und Griechenland ausgezahlt wurden oder eingeplant sind, werden nicht angerechnet. Faktisch steigt damit das Maximum auf 700 Milliarden.

stock von 80 Milliarden Euro, den die Länder direkt einzahlen müssen. Beim ESM sind die Auflagen strenger als bei seinen Vorgängern, nur wer den europäischen Fiskalvertrag ratifiziert hat und eine nationale Schuldenbremse eingeführt hat, kommt in den Genuss des (relativ) billigen ESM-Geldes. Anders als die EFSF hat der ESM einen »präferierten Gläubigerstatus« und wird im Falle einer Staatsinsolvenz als Erster aus der Insolvenzmasse bedient. Vor ihm steht nur noch der IWF.[264]

Damit sieht der ESM auf den ersten Blick solide aus, dank ordentlicher Finanzierung, strenger Auflagen und bevorzugter Bedienung im Insolvenzfall. Inwieweit die strengen Auflagen durchgehalten werden, darf angesichts der Erfahrungen aus den Verträgen von Maastricht bezweifelt werden. Und was ist der tatsächliche Wert eines »präferierten Gläubigerstatus«? Werden die anderen Euroländer ihren Anteil aus der Insolvenzmasse einfordern können, wo doch bei Staatspleiten private Banken in der Regel hohe Abschreibungen vornehmen müssen? Wohl kaum.

Sobald tatsächlich ein Land als Geldgeber ausfällt, weil es zum Beispiel selber unter den Schirm schlüpfen muss, müssen die anderen Staaten das Geld dafür aufbringen. Wer am Ende übrig ist, zahlt. Wer bei der Reise nach Jerusalem keinen Stuhl bekommt, fliegt raus. Wer bei dieser »Reise nach Brüssel« hingegen als Letzter noch einen Stuhl hat, ist der Dumme. Und ob der Schirm überhaupt groß genug ist, um größere Kaliber als Irland und Portugal aufzufangen, muss bezweifelt werden. Der Schirm ist aufgespannt, aber ob er tatsächlich gegen die Risiken hilft, ob er dicht ist und ob er groß genug ist, wird zu Recht bezweifelt.

Im Kern ist der ESM lediglich der Versuch, das Problem von zu vielen Schulden durch noch mehr Schulden zu bekämpfen. Letztlich wird hiermit aber nur Zeit gekauft, die die betroffenen Länder zu Sanierungsmaßnahmen nutzen sollen – es bleibt abzuwarten, inwiefern dies gelingt.

---

264 Siehe dazu und zu den Rettungsschirmen allgemein
     auch: G-MonD Policy Papers: *Ending the Euro Area Crisis:*
     Crossing the River by Feeling the Stones, November 2012

7.5 SMP, LTRO, OMT: EZB, bitte übernehmen Sie!

Die Rettungsschirme haben nicht vermocht, die Märkte zu beruhigen, weshalb die EZB einspringen musste.

Schon zum Zeitpunkt der ersten Griechenland-»Rettung« begann die EZB im Mai 2010 das **Security Market Program (SMP)**, bei dem Staatsanleihen auf dem Sekundärmarkt gekauft wurden, um die Zinsen auf einem »vertretbaren« Niveau zu halten. Zuerst um griechische Anleihen zu kaufen, später kaufte die EZB auch spanische und italienische Schuldscheine unter dem SMP.[265] Das Programm lief im September 2012 aus und zu diesem Zeitpunkt hielt die EZB Anleihen im Wert von 209 Milliarden Euro in ihren Büchern.[266]

Eine der ersten Maßnahmen des neuen Präsidenten der EZB, Mario Draghi, war im Dezember 2011 eine deutliche Ausweitung der Finanzierung der Banken, die **Long Term Refinancing Operations (LTRO)**. Die EZB senkte den Refinanzierungssatz auf 1 Prozent und bot den Banken eine unlimitierte, langfristige Finanzierungsmöglichkeit an. Dies stellte ein Novum dar, bis dato offerierte die EZB ausschließlich kurzfristige Finanzierung. Darüber hinaus reduzierte sie die Reserveanforderungen und erweiterte die Palette an zulässigen Sicherheiten.[267] Konkret heißt das: Die EZB verlieh gegen Hinterlegung einer spanischen Staatsanleihe mehr Geld und akzeptierte von nun an auch spanische Immobilienkredite als Pfand. Und das alles zu sehr günstigen Zinsen. Damit folgt sie dem Vorbild der amerikanischen Fed und der Bank of England und verstößt grob gegen die Grundregel der Eigentumsökonomie, nur gegen gute Sicherheiten Geld herauszugeben. Ein zunehmend abschüssiger Weg.

Für die Banken war das ungemein attraktiv. Bereits Ende 2012 hatten sie sich über 1 000 Milliarden Euro bei der EZB geliehen.[268] Die Banken konnten nun ihre spanischen Staatsanleihen bei der EZB hinterlegen und erhielten dafür Geld zum Zinssatz von 1 Prozent.

265 Citigroup: *Global Economics View: Looking into the Deep Pockets of the ECB,* 27. Februar 2012

266 EZB: *Konsolidierter Ausweis des Eurosystems zum 7. September 2012,* Pressemitteilung vom 11. September 2012

267 Citigroup: *Global Economics View: Looking into the Deep Pockets of the ECB,* 27. Februar 2012

268 EZB: *Konsolidierter Ausweis des Eurosystems zum 30. November 2012,* Pressemitteilung vom 4. Dezember 2012

Mit dem Geld kauften die Banken gleich wieder Staatsanleihen, die deutlich höhere Zinsen erbrachten. Damit war beiden geholfen: Die Staaten bekamen wieder Kredit zu günstigeren Zinsen und die Banken konnte eine nette Zinsmarge verdienen und so ihre Bilanz sanieren. Nikolas Sarkozy fasste dies treffend zusammen: »Das bedeutet, dass jetzt jeder Staat zu seinen Banken gehen kann, die Liquidität zu ihrer Verfügung haben werden.« Diese Art von Geschäft wird daher auch als »Sarkozy-Trade« bezeichnet.[269]

Dabei blieb es allerdings nicht. Als sich im Herbst 2012 die Eurokrise wieder zuspitzte, kündigte Mario Draghi an, »alles zu tun, um den Euro zu retten«. Wenig später wurde entschieden (gegen die Stimme des deutschen Bundesbankpräsidenten Jens Weidmann), im Rahmen der **Outright Monetary Transaction (OMT)**, Anleihen der Krisenländer auf dem Sekundärmarkt (also nicht direkt von den Staaten, sondern von Banken oder an der Börse) zu kaufen. Am Outright-Programm sind zwei Aspekte besonders interessant. Erstens unterliegt es keinerlei Beschränkungen, weder in der Zeitdauer noch im Umfang. Dagegen sind die Rettungsschirme der Euroländer, bei aller finanziellen Feuerkraft, in ihrer Finanzstärke begrenzt. Wenn das Geld aufgebraucht ist, ist es weg. Zweitens müssen bei einer Aufstockung der Rettungsschirme ständig Regierungen befragt werden, Parlamente müssen zustimmen, und das Ganze steht unter dem Damoklesschwert von Verfassungsklagen. Im Gegensatz dazu kann die EZB nicht nur unendlich Staatsanleihen aufkaufen und das dafür benötigte Geld drucken, sie muss dabei nicht einmal um Genehmigung fragen.

Das Outright-Programm hätte man auch »Wir kaufen alles, was andere nicht mehr wollen« nennen können. Die Ankündigung alleine wirkte schon. Die Zinsen auf Staatsanleihen von Ländern wie Italien und Spanien fielen deutlich, was dazu führte, dass diese Länder gar keinen Rettungsantrag mehr stellen mussten. Doch das wird nicht so bleiben. Da die Probleme weiter bestehen, wird es irgendwann nötig werden, wirklich zu kaufen und es nicht nur zu versprechen. Denn die grundlegenden Probleme der Eurozone – divergierende

---

269 Financial Times Deutschland: *Euro-Krise – Mit dem Sarko-Trade zur Draghi-Blase*, 29. Februar 2012

Wettbewerbsfähigkeit und zu hohe Schulden – werden dadurch nicht gelöst.

Kritiker befürchten, dass mit den Eingriffen der EZB der Willkür Tür und Tor geöffnet ist. Die EZB hält dagegen, dass sie ja nur interveniert, wenn ein Land die strengen Auflagen akzeptiert. Doch wird sie wirklich aufhören zu intervenieren, wenn ein Land die Auflagen verletzt? Angesichts der dann zu erwartenden Turbulenzen an den Finanzmärkten sicherlich nicht!

Damit ist absehbar, dass die EZB – ähnlich wie die Fed in den USA – zum Haupteigentümer von Staatsanleihen der Krisenländer wird. Doch im Unterschied zu den USA besteht Europa aus mehreren Ländern. Durch die Hintertür werden so Schulden in Europa sozialisiert, denn Deutschland wird über die Deutsche Bundesbank als größter Aktionär der EZB auch die Hauptlast der Verluste aus den zu erwartenden Ausfällen tragen – zusätzlich zu den Risiken aus den TARGET2-Forderungen der Bundesbank, die wir im Folgenden detailliert diskutieren (siehe Box *Noch einmal 700 Milliarden – TARGET2*). Dabei dürften die deutschen Verluste weit über den 27-Prozent-Anteil hinausgehen, können doch Staaten, die ausfallen, nicht mehr ihrer Nachschusspflicht bei der EZB nachkommen. SPD-Fraktionschef Frank-Walter Steinmeier nannte das Kind schon im August 2012 beim Namen, indem er zugab, dass der ESM und das Urteil der deutschen Verfassungsrichter dazu gar nicht gebraucht würden. »Eine gemeinsame Haftung findet doch längst statt«, sagte Steinmeier der *Rheinischen Post*.[270] »Die EZB, die Deutschland wesentlich mit Kapital ausstattet, kauft Staatsanleihen südeuropäischer Krisenländer. Und wenn die ausfallen, haften wir unbegrenzt und ohne dass der Bundestag darüber auch nur einmal abgestimmt hat.«

EZB-Chef Draghi ist damit der neue »starke Mann« Europas. Die *Financial Times* erklärte Mario Draghi gar zur Person des Jahres 2012. Zu Recht, denn er hat den Kapitalmärkten mit seiner Geldpresse ein sehr gutes Jahr 2012 beschert!

Die EZB bewegt sich dabei auf dünnem Eis. Denn eine direkte Staatsfinanzierung durch die EZB ist laut Artikel 123 des Vertrages über die Arbeitsweise der Europäischen Union verboten. So steht es im selbigen Vertrag schwarz auf weiß:

270 Rheinische Post: *Gemeinsame Haftung findet längst statt,*
    9. August 2012

»Überziehungs- oder andere Kredit-Fazilitäten bei der Europäischen Zentralbank oder den Zentralbanken der Mitgliedstaaten (im Folgenden als »nationale Zentralbanken« bezeichnet) für Organe, Einrichtungen oder sonstige Stellen der Union, Zentralregierungen, regionale oder lokale Gebietskörperschaften oder andere öffentlich-rechtliche Körperschaften, sonstige Einrichtungen des öffentlichen Rechts oder öffentliche Unternehmen der Mitgliedstaaten sind ebenso verboten wie der unmittelbare Erwerb von Schuldtiteln von diesen durch die Europäische Zentralbank oder die nationalen Zentralbanken.«[271]

Zentralbankchef Mario Draghi betont, dass die EZB gar nicht direkt Anleihen kauft, sondern sekundär von den Banken, was nach Artikel 123 über die Arbeitsweise der Europäischen Union erlaubt sei. Dies ist so, als würden Sie Peter Geld leihen, aber nicht direkt, sondern Sie geben es Hans und der gibt es Peter. Was am Ergebnis nichts ändert. Außerdem, so Draghi, seien es nur kurzlaufende Staatsanleihen von 2–3 Jahren; das sei keine wirkliche Finanzierung.[272]

Forderungen, die EZB zu verklagen, wurden von der Bundesregierung abgelehnt. Insgeheim ist die Bundesregierung wahrscheinlich gar nicht so unglücklich über die Rolle der EZB, weil sie Druck von der Regierung nimmt, ständig im Bundestag nach neuem Geld für die Krisenländer zu fragen. Entsprechend äußerte sich der ehemalige EZB-Chefvolkswirt Jürgen Stark: Hinter den Anleihekäufen stehe politisches Kalkül der Bundesregierung, damit man nicht sofort in den Bundestag gehen und um zusätzliches Geld bitten muss.[273] Es werde aus opportunistischen Gründen der leichtere Weg unter Umgehung des Parlaments genommen.

Der größte Kritiker des EZB-Vorgehens ist inzwischen Bundesbankpräsident Jens Weidmann, der die Anleihekäufe und Stützungsmaßnahmen der EZB wiederholt geißelte. Jüngst warnte er davor, dass die Zentralbank nicht »Ausputzer für Politikversagen« werden dürfe.[274]

271 »Konsolidierte Fassung des Vertrags über die Arbeitsweise der Europäischen Union« vom 30. März 2010
272 Frankfurter Allgemeine Zeitung: *Die Macht des Mario Draghi*, 9. September 2012
273 Financial Times Deutschland: *Ex-Chefvolkswirt über die EZB: Stark rechnet mit Draghi ab*, 25. Oktober 2012
274 Handelsblatt: *Wir sind nicht Ausputzer für Politikversagen*, 4. Januar 2013

Sein Vorgänger Axel Weber wies darauf hin, dass die Notenbanken seit dem Zweiten Weltkrieg noch nie so stark an den Märkten eingegriffen hätten. Statt sich ihre Anleihen von der EZB kaufen zu lassen, müssten die Länder endlich darangehen, ihre Schulden einzudämmen. Leider, so Weber, stehe dies nicht auf der Tagesordnung der Politiker.[275]

Bundesfinanzminister Wolfgang Schäuble sagte am 7. September, einen Tag, nachdem Draghi die Stützungskäufe ankündigte: »Wenn wir einmal anfangen würden, Staatsverschuldung mit der Notenpresse zu finanzieren, kämen wir auf eine schiefe Ebene.«[276] Dazu ist es leider bereits gekommen.

Das Krisenmanagement der Staatsschuldenkrise ist mehr und mehr von den Regierungen der Eurozone zur EZB übergegangen, ein Zeichen, dass die Regierungen mit der Komplexität der Staatsschuldenkrise schlicht und einfach überfordert sind. Oder dass sie sich nicht trauen, ihren Bürgern die Wahrheit zu sagen.

Noch einmal 700 Milliarden – TARGET2

In Europa verkompliziert TARGET2 die Lage. »TARGET2« ist eine Abkürzung für die zweite Generation des *Trans-European Automated Real-time Gross Settlement Express Transfer System*. TARGET2, vom Münchener Professor Hans-Werner Sinn in die öffentliche Diskussion gebracht,[277] ist der Mechanismus, über den der Zahlungsverkehr zwischen den Zentralbanken Europas abgewickelt wird. Vereinfacht gesagt passiert Folgendes: Ein Unternehmer in Spanien kauft eine deutsche Maschine. Um diese zu bezahlen, nimmt er bei seiner Bank einen Kredit auf, die das Geld über die spanische Notenbank an die deutsche Bundesbank weiterleitet, die es dann der Bank des Exporteurs überweist. Diese wiederum schreibt es dann dem Exporteur auf dessen Konto gut. Das Konto,

275 Frankfurter Allgemeine Zeitung: *Weidmann: Notenbanker müssen sich öffentlich rechtfertigen*; 19. September 2012
276 Frankfurter Allgemeine Zeitung: *Schäuble täuscht*, 7. September 2012
277 Hans-Werner Sinn: *Die Target-Falle*, Hanser, München 2012

über das diese Transaktion bei der Bundesbank abgewickelt wird, ist das sogenannte TARGET2-Konto.

Da es in der globalisierten Wirtschaft zu vielen Transaktionen und Zahlungsströmen kommt, gleichen sich die Salden der Zentralbanken im Euroraum in der Regel aus – die Zahlungsbilanzen, die die Geldströme zwischen den Ländern messen, sind mehr oder weniger im Gleichgewicht. Die Bundesbank konnte also die Gutschrift tätigen, schließlich soll der Exporteur aus Deutschland sein Geld erhalten; wusste die Bundesbank doch, dass sie das Geld guten Gewissens »vorschießen« konnte, da das Geld aus Spanien kommen würde.

Doch mit dem Ausbruch der Krise hat sich das schlagartig geändert. Die Spanier, aber auch die Griechen, Italiener, Portugiesen und seit Neuestem die Franzosen lassen anschreiben! Wie kommt es dazu? Die Banken in Deutschland, Holland und den anderen starken Staaten der Eurozone trauen sich nicht mehr, Kredite an die Länder der Peripherie zu geben. Zu groß ist die Angst vor Zahlungsausfällen und einem Zerbrechen der Eurozone. Gleichzeitig verlässt das Kapital den Süden. Von August 2011 bis Juli 2012 wurden rund 300 Milliarden Euro von Bankkonten in Spanien, Portugal, Italien und Griechenland abgezogen.[278] Im selben Zeitraum wurde in den sieben Kernländern des Euroraums (darunter Deutschland) ein entsprechender Nettoanstieg der Mittel verzeichnet. Entweder ging das Geld unter das Kopfkissen oder in sichere Länder wie Deutschland oder die Schweiz. Eben dorthin, wo man noch morgen Euro, Schweizer Franken oder gar Deutsche Mark hat.

Es gab kein Geld im Süden, also wurde es geschaffen. Da der Süden Europas keine Kredite mehr bekommen hat, um sich zum Beispiel deutsche Autos zu kaufen, entstanden im TARGET2-System Forderungen gegenüber den Peripherieländern quasi aus dem Nichts. Die Gelder wurden nicht mehr zwischen den Ländern hin- und hergeschoben, sondern flossen nur noch in eine Richtung. Weil die Bilanz am Ende ausgeglichen sein muss, entstehen Verbindlichkeiten bei den südländischen Zentralbanken und

278 Bloomberg: *Deposit Flight from Europe Banks Eroding Common Currency*, 19. September 2012

Forderungen bei den Kern-Zentralbanken, zum Beispiel bei der Bundesbank. Bis 2007 war der TARGET2-Saldo unwichtig; seither ist er jedoch zu einem Vehikel geworden, über das die Bundesbank die Finanzsysteme der Peripherieländer finanziert.

Und die Summen sind beträchtlich: Mittlerweile sind mehr als 700 Milliarden Euro TARGET2-Salden alleine bei der Bundesbank aufgelaufen, die die Bundesbank als eine Art Dispokredit an die Südländer vergeben hat, damit diese deutsche Waren kaufen und ihre Ersparnisse außer Landes schaffen können. Obwohl sich die TARGET2-Salden seit Mitte 2012 stabilisiert haben, kann noch nicht von einer Entwarnung gesprochen werden.[279]

Das Problem dabei: Die Qualität der Sicherheiten, die die Bundesbank dafür bekommt, ist mehr als fraglich. Ohne jede Möglichkeit, auf die Qualität der Sicherheiten Einfluss zu nehmen, muss die Bundesbank dafür Kredit geben. Und es kann getrost davon ausgegangen werden, dass die Qualität dieser Papiere nicht gut ist – denn sonst würde eine Privatbank dafür Kredite geben. Zugleich sinkt der Anteil inländischer Forderungen der Bundesbank. Und so gilt, wie in jeder Gläubiger-Schuldner-Beziehung auch hier, ab einer bestimmten Höhe hat der Gläubiger ein Problem, nicht der Schuldner: »Mit dem Ausbau der TARGET2-Forderungen wird die Bundesbank immer mehr mit den Südländern verankert. Folgerichtig muss sie sich verstärkt an den Bedürfnissen der bei ihr verschuldeten Staaten orientieren. Da die TARGET2-Forderungen mit wertlosen Sicherheiten hinterlegt werden, wird die Bundesbank zugleich zur Gefangenen ihrer Schuldner.«[280]

Was heißt das für Deutschland? Heißt es, die Deutschen müssen sich auf Verluste von 700 Milliarden Euro oder mehr einstellen? Nicht unbedingt, denn wenn der Euro bestehen bleibt und sich die Qualität der Sicherheiten verbessert, hat die EZB Recht, wenn sie die offenen Forderungen der Bundesbank im Rahmen des TARGET2-Systems als »unproblematisch« bezeichnet. Kommt es zu einer Umschuldung oder gar einem Auseinanderbrechen

---

279 Focus Money Online: *Stabilisierung von TARGET2-Salden nicht überbewerten,* 19. November 2012

280 Justyna Schulz: *Wozu brauchen Notenbanken Sicherheiten?,* Universität Bremen, in Vorbereitung

des Euroraums, ergibt sich daraus ein erheblicher Schaden für den deutschen Steuerzahler. Die EZB wird es jedenfalls mit ihren nur 31 Milliarden Euro Eigenkapital nicht schaffen, die Verluste auszugleichen.[281]

7.6 Was nun?

Doch wie kann man die Eurozone retten? Jeder Versuch, die Eurozone zu retten, muss beide Probleme adressieren: den Schuldenüberhang und die unterschiedliche Wettbewerbsfähigkeit. Nur dann kann es funktionieren.

Wie schon bei der Diskussion des weltweiten Schuldenproblems gibt es einige klare Optionen:
- Sparen und wettbewerbsfähig werden,
- die Fiskalunion,
- dem Problem entwachsen,
- einen Schuldentilgungsfonds,
- die Inflationslösung,
- ein Ende mit Schrecken.

Schauen wir uns diese Optionen nun im Einzelnen an.

Die schwäbische Hausfrau: Sparen und wettbewerbsfähig werden

Deutschland als Gläubigerland fordert von den Krisenländern tiefgreifende Reformen und eine Rückzahlung der Schulden. Die Peripherieländer (und Frankreich) müssen ihre Wettbewerbsfähigkeit steigern, indem sie ihre Lohnstückkosten senken und ihre Arbeitsmärkte flexibilisieren. Die Fachleute nennen das »interne« Abwertung im Unterschied zur »externen« über eine Abwertung der eigenen Währung.

---

281 Siehe: Die Welt: *Interview mit Hans Werner Sinn: »Griechenland wird austreten – Wetten?«*, Die Welt, 7. Oktober 2012

Wie wir bereits erwähnt haben, müssten im Falle Spaniens die Lohnstückkosten um über 25 Prozent sinken, um die Wettbewerbsfähigkeit wieder herzustellen. Bei fixen Wechselkursen kann dies nur durch beträchtliche Produktivitätssteigerungen (das heißt eine Erhöhung der Wochenarbeitszeit ohne Lohnausgleich) und/oder Lohnkürzungen geschehen. Gleichzeitig wird es bei niedrigeren Einkommen schwieriger, die hohe Verschuldung zu bedienen und zu reduzieren, da einerseits die Steuereinnahmen sinken (mit deren Hilfe die staatliche Verschuldung zurückgeführt werden kann) und andererseits die Einkommen der privaten Haushalte zurückgehen, auf deren Grundlage das Wachstum angekurbelt bzw. die Verschuldung im privaten Sektor gesenkt werden kann. Sinkende Einkommen, niedrigere Steuereinnahmen und Sparprogramme dämpfen das Wachstum und verringern die Tragbarkeit der Verschuldung weiter, was zu höheren Risikoprämien an den Kapitalmärkten führt.

Ein Blick auf die Entwicklung von Arbeitslosenzahlen, Wirtschaftswachstum und Außenhandel der Krisenländer, die diesen Pfad bereits eingeschlagen haben, gibt ein klares Bild. Es gelingt zwar, die Leistungsbilanzen zum Teil deutlich zu verbessern, zumeist durch weniger Importe. Im Falle Spaniens und Irlands auch dank steigender Exporte. Dennoch sind diese Länder noch weit davon entfernt, nachhaltige Überschüsse zu erwirtschaften. Die sozialen Kosten dieser »internen« Abwertung sind hoch und dürften nur von wenigen Menschen akzeptiert werden.

In einem Artikel in der Zeitschrift *The Economist* wurden die notwendigen Korrekturen in den europäischen Peripherieländern mit der Entwicklung in den Dreißigerjahren im Vorfeld der Weltwirtschaftskrise verglichen.[282] Damals verhinderte das Festhalten am Goldstandard die erforderlichen Anpassungen, und Deutschland musste seine Wettbewerbsfähigkeit über eine interne Abwertung wieder herstellen – mit den bekannten Konsequenzen für die soziale und politische Stabilität. Zwar rechnen nur sehr wenige Beobachter damit, dass sich die Tragödie der Dreißigerjahre wiederholt, aber ganz offensichtlich haben wir noch nicht genug daraus gelernt. Wir können uns nicht aus der Krise heraussparen.

282 The Economist: *Lessons of the 1930s: There could be trouble ahead*, 10. Dezember 2011

Noch einen anderen Aspekt wollen wir in Erinnerung bringen: Wettbewerbsfähigkeit von Ländern wie denen Europas hat mit viel mehr zu tun als simplen Kosten. So kostengünstig kann man gar nicht sein, dass man auf Dauer mit den Wettbewerbern aus Asien und demnächst Afrika bestehen kann. Dazu bedarf es vielmehr auch Innovation. Innovation hat beträchtliche Auswirkungen auf die relative Entwicklung von Volkswirtschaften. In Europa ist die Innovationskraft sehr unterschiedlich. Im Jahr 2009 kamen von über 52 000 Patentanträgen in Europa nur 24 aus Portugal und Griechenland.[283] Neuere Daten der World Intellectual Property Organization aus dem Jahr 2011 klingen zwar weniger dramatisch,[284] aber die Innovationsfähigkeit ist in den europäischen Peripherieländern deutlich geringer als in anderen Ländern. In Deutschland werden pro eine Million Einwohner 230 Patente eingereicht. Portugal, Griechenland und Spanien sind dagegen mit 9, 10 bzw. 45 Patenten pro eine Million Einwohner sehr viel weniger innovativ. Wir erinnern uns: Wenn der Druck zunimmt, muss man entweder mehr arbeiten, oder besser, und damit innovativer werden.

In einer immer wettbewerbsorientierteren globalen Welt wird es daher für die weniger innovativen Länder sehr schwierig, ihre Position zu halten oder gar zu verbessern. Das geringe Ausbildungsniveau ist ein Handicap im internationalen Wettbewerb. Das Institut der deutschen Wirtschaft (IW) macht darauf aufmerksam, dass in Deutschland lediglich 14 Prozent der Arbeitnehmer keine Berufsausbildung haben, in Griechenland 35 Prozent, in Italien und Spanien 44 Prozent bzw. 46 Prozent, und in Portugal sogar 65 Prozent.[285]

Die jetzige – offizielle – Strategie der Bundesregierung, den Krisenländern harte Sparprogramme zu verordnen, wird demzufolge nicht funktionieren. Es ist nur eine Frage der Zeit, bis der soziale Druck zu groß wird und die Länder nicht mehr bereit sind, diesen Weg zu gehen. Griechenland sollte dabei eine Warnung sein (siehe Box »Die griechische Tragödie«). »Stets vergeben wir Kredite, von denen

---

283 Gunnar Heinsohn: *Europas Überlebenskampf,* in: Frankfurter Allgemeine Zeitung, 12. April 2012

284 Basierend auf den internationalen PCT-Anträgen im Jahr 2011 (WIPO IP Statistics Data Center) und der Einwohnerzahl in Millionen (nationale statistische Ämter)

285 Institut der deutschen Wirtschaft Köln: *Südeuropa kriselt auch bei der Bildung,* in: iwd Nr. 51, 20. Dezember 2012

wir von Anfang an wissen, dass sie nicht zurückgezahlt werden können, weswegen ständig neu umgeschuldet werden muss«, schreibt
die *Frankfurter Allgemeine Zeitung*. »Ein Perpetuum mobile der Insol-
venzverschleppung.«[286]

Nachdem es auf dem Weg des Sparens nicht gehen wird, wie sieht
es mit dem Weg der Fiskalunion aus, einer engeren Koordinierung
der Fiskalpolitik, um die Zukunft des Euroraums zu sichern?

Die griechische Tragödie

Es fing gut an mit Griechenland und dem Euro. Von 1998, dem
Jahr der Euro-Einführung, bis 2007 wuchs das griechische Bruttoinlandsprodukt um stolze 38 Prozent (vgl. Abbildung 25). Im Jahr
2007 wurde sogar noch eine viele höhere Wachstumsrate ausgewiesen, bevor die griechische Statistikbehörde die Zahlen mehrfach
korrigieren musste. Das BIP ging zurück, offiziellen Angaben zufolge um 18 Prozent. Alle Angaben sind natürlich ohne Gewähr.
Sicher ist nur, dass sich diese offiziellen Zahlen noch einmal ändern
werden.

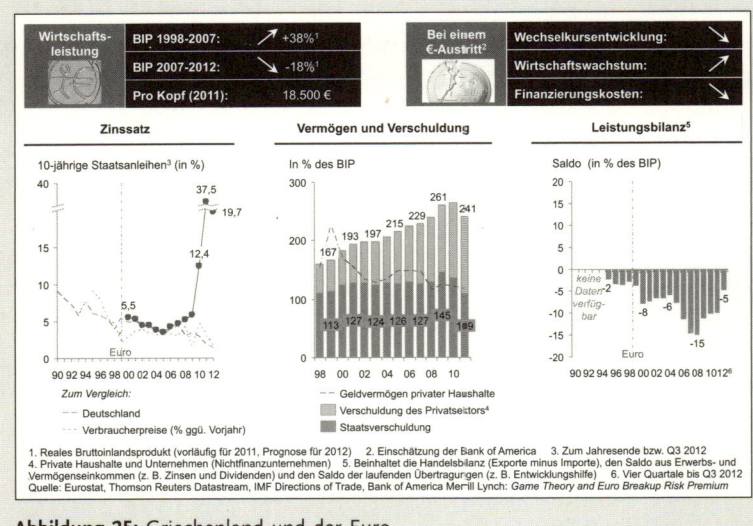

Abbildung 25: Griechenland und der Euro

286 Kommentar von Rainer Hank: *Nicht zu retten*, in: Frankfurter Allgemeine Sonntagszeitung, 14. Oktober 2012

Mit dem Beitritt zum Euro kamen die Griechen in den Genuss günstiger Zinssätze. Die Staatsverschuldung stieg von ca. 110 Prozent des BIP vor Euro-Einführung auf 145 Prozent im Jahr 2009. Der Privatsektor hat seine Schulden seit Beginn der Euroeinführung sogar mehr als verdoppelt, nämlich von ca. 50 Prozent des BIP auf über 130 Prozent im Jahr 2011. Der Schuldenstand ist deutlich höher als das Geldvermögen privater Haushalte, was die Rückzahlung der Schulden selbst über eine Vermögenssteuer schwierig macht. Mit den günstigen Schulden leistete sich Griechenland vor allem mehr Konsum, was sich in einer tiefroten Leistungsbilanz widerspiegelt.

Seit Beginn der Finanzkrise heißt es Sparen statt Konsumieren. Wie Abbildung 26 *Sparen in der Praxis* zeigt, ist jedoch der Versuch, aus der Misere raus zu sparen, auf ganzer Linie gescheitert. Die Tragödie nimmt ihren Lauf: Je mehr gespart wird, desto größer die Schuld. Mit immer härteren Sparmaßnahmen ist das nominale Bruttoinlandsprodukt in den letzten Jahren deutlich zurückgegangen. Die sinkende Wirtschaftsleistung macht es wiederum schwerer, die Schulden zu bedienen oder gar zurückzuzahlen. Daran änderten die bisherigen Schuldenschnitte wenig. Der defizitäre Staatshaushalt lässt ebenfalls keinerlei Hoffnungen aufkommen. Die Ausgaben können gar nicht so schnell reduziert werden, wie die Einnahmen aufgrund der schrumpfenden Wirtschaftsleistung sinken.

Immerhin hat Griechenland einen florierenden Schwarzmarkt, der circa 30 Prozent der offiziellen Wirtschaftskraft ausmacht. Was kann man tun? Um das notorische Haushaltsdefizit zu reduzieren, müsste eigentlich nur die Steuerdisziplin erhöht werden, könnte man denken. Die Griechen geben sich dabei keinen Illusionen hin. Sie bringen lieber ihre Ersparnisse in Sicherheit. In den 12 Monaten bis zum Juli 2012 verließen 42 Milliarden Euro von griechischen Bankkonten das Land.[287]

---

287 Bloomberg News: *Deposit Flight From Europe Banks Eroding Common Currency*, 19. September 2012

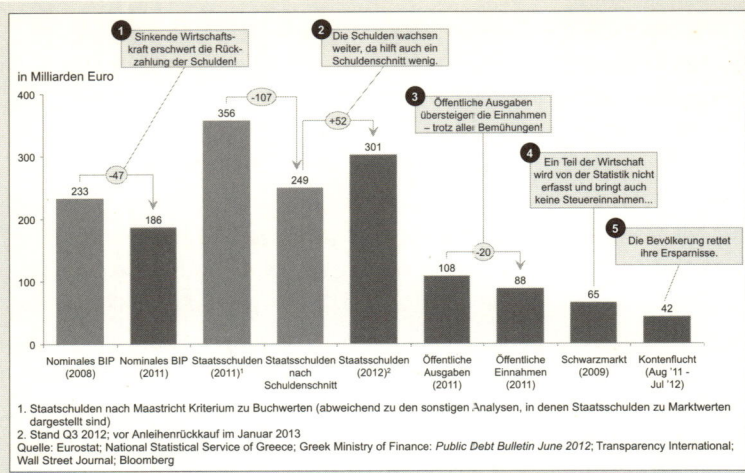

Abbildung 26: Sparen in der Praxis am Beispiel Griechenlands

Und für die Zukunft ist keine Verbesserung zu erwarten. Einige Beobachter rechnen mit einem Rückgang des griechischen BIP um gut 9 Prozent im Jahr 2013, insbesondere vor dem Hintergrund der gegenwärtigen Sparmaßnahmen. Die Rechnung ist einfach: In Griechenland liegt der fiskalische Multiplikator bei 1,4, was bedeutet, dass das Sparprogramm in Höhe von 5 Prozent des BIP zu einem Rückgang des Wirtschaftswachstums von 7 Prozent führen wird (1,4 * 5 = 7). Hinzu kommt die Arbeitsmarktreform von 2011, die mit einem Prozent des BIP negativ zu Buche schlägt; damit sind wir schon bei −8 Prozent. Die stärker ausfallende Rezession in 2012 sowie die Nachwirkungen der Sparprogramme der letzten Jahrzehnte bewirken weitere 2 Prozent. Insgesamt ein Minus von 10 Prozent. Das Ergebnis verbessert sich durch Zunahme von Exporten noch leicht auf −9 Prozent. Den Ökonomen ist klar: »Wenn Griechenland nächstes Jahr (also 2013) tatsächlich in dieser Größenordnung schrumpfen wird, dann führt an einem Totalbankrott kein Weg vorbei. Denn mit jedem Maßnahmenpaket schrumpft Griechenland um mehr, als es Schulden aufnehmen kann.«[288]

288 Wolfgang Münchau: *Das Drama in Athen ist noch nicht zu Ende,* in: Financial Times Deutschland, 7. November 2012

> »Wir vermuten, dass Griechenland nicht zu retten ist«, urteilten Deutschlands führende Wirtschaftsforschungsinstitute im Herbstgutachten 2012.[289]

Einer für alle, alle für Einen: Die Fiskalunion!

Aber vielleicht ist Verlangen nach mehr Anstrengungen nur Verhandlungsmasse auf dem Weg zum eigentlichen Ziel: zur Vervollständigung Europas als wirklicher Währungsunion mit einer sehr viel engeren wirtschaftspolitischen Zusammenarbeit, fiskalischen Transfers und zumindest einer teilweisen Vergemeinschaftung der Staatsverschuldung in Form von Eurobonds. Genau in dieser Hinsicht hat sich die Bundesregierung geäußert. Zwar wird betont, dass Eurobonds erst am Ende einer solchen Entwicklung stehen dürfen, aber die Stoßrichtung ist klar – und wird auch von der Opposition gefordert. Die Emission gemeinsamer Eurobonds würde die Peripherieländer in die Lage versetzen, hinter dem stärkeren Norden Schutz zu suchen. Dies könnte ein Eckstein für eine langfristige Lösung der Probleme im Euroraum sein.

Doch dürfen wir nicht vergessen: Die Probleme der gegenläufigen Entwicklung der Wettbewerbsfähigkeit und des Schuldenüberhangs werden dadurch nicht gelöst. Deutschland würde sich weitere Schulden aufbürden. Daher muss man sich die Frage stellen, ob Deutschland und andere Nordländer der Eurozone dazu bereit sein werden, den Süden dauerhaft zu finanzieren. Werden die deutschen Wähler höhere Steuern hinnehmen, um die südlichen Länder zu unterstützen? Wenn überhaupt, wäre eine Akzeptanz sicherlich nur über stärkere Mitspracherechte und Kontrollmöglichkeiten in den Krisenländern erreichbar. Und damit stellt sich wiederum die Frage, ob die Peripherieländer es hinnehmen werden, die Kontrolle über ihre Haushalte und über zentrale politische Entscheidungen zu verlieren. Die bisherigen Reaktionen aus Rom, Madrid und gerade auch Paris deuten nicht darauf hin. Im Gegenteil! Vielmehr ist mit zunehmen-

---

[289] Der Spiegel: *Herbstgutachten der Wirtschaftsforscher Griechenland ist nicht zu retten*, 11. Oktober 2012

den politischen Spannungen zu rechnen, wenn Brüssel – oder, noch schlimmer, Berlin – über sensible Themen wie das Renteneintrittsalter und die Rentenhöhe entscheidet.

Zwei historische Fallstudien, dass eine Transferunion Unterschiede in der Wettbewerbsfähigkeit kaum beseitigt bzw. sehr viel Geduld erfordert, gibt es in Italien und Deutschland. Italien hat vor mehr als 100 Jahren eine Währungsunion zwischen Nord und Süd eingeführt. Und trotz gigantischer Transfers ist und bleibt der Süden ein Versorgungsfall.[290] Ähnlich steht es – trotz einiger Erfolge – um die neuen Bundesländer.

Darüber hinaus kann aufgrund der hohen Schuldenlast und der demografischen Entwicklung kein Land diese Last auf Dauer stemmen. Auch Deutschland nicht. Einige Beobachter sahen die gescheiterte Auktion zehnjähriger Bundesanleihen Ende November 2011 als Frühwarnsignal an. Und der deutschen Wirtschaft geht es in der Tat nicht so gut wie allgemein angenommen. Bei Zinsen von 3 Prozent benötigt Deutschland nominale Wachstumsraten von annähernd 3 Prozent, um die Verschuldung stabil zu halten (sofern kein Primärüberschuss erzielt wird bzw. neue Schulden nur für Zinszahlungen aufgenommen werden), was angesichts der negativen Auswirkungen der demografischen Entwicklung auf das künftige Wachstum keine einfache Aufgabe darstellt. Außerdem hilft ein Deutschland, das sich übernimmt und zu einem Krisenland wird, niemandem weiter: Es kann niemanden mehr retten und es passt selbst unter keinen Rettungsschirm.

Wie Phönix aus der Asche: Lasst uns wachsen!

Diesen Vorschlag können wir – leider – kurz abhandeln. Natürlich gibt es einiges an Potenzial, das Wachstum in Europa zu fördern: geringere Staatsquoten, weniger regulierte Arbeitsmärkte, verbesserte Ausbildung, mehr Investitionen in private und öffentliche Infrastruktur, mehr Innovationen und gezielte Zuwanderung. Alles Themen, die man in weniger turbulenten Zeiten hätte angehen müssen. Jetzt

---

290 Frankfurter Allgemeine Zeitung: *Wie eine Währungsunion Italiens Süden verarmen ließ*, 22. September 2012

dominiert kurzfristiges Krisenmanagement. Und die Bereitschaft der Bevölkerungen, angesichts drastischer Sparmaßnahmen und tiefer Krise weitere Reformen anzugehen, erlahmt – und damit auch der Mut der Politiker.

In den Verträgen von Lissabon hatte sich die EU zum Ziel gesetzt, Europa zur wettbewerbsfähigsten Region der Welt zu machen. Leider kam die Politik über die Forderung nicht hinaus, wie der ehemalige englische Premier Tony Blair 2005 in einer aufrüttelnden Rede vor dem europäischen Parlament aufgezeigt hat.

»Es ist Zeit, einen Realitätscheck durchzuführen«, sagte er, »einen Weckruf. Die Spatzen pfeifen es draußen von den Dächern. Sind wir bereit, zuzuhören? Haben wir den politischen Willen, nach draußen zu gehen und den Menschen zuzuhören, sodass sie unsere Führung als Teil der Lösung und nicht des Problems begreifen?«[291]

Gegenüber dem europäischen Sozialmodell äußerte sich Blair kritisch: »Das europäische Sozialmodell sollte den Menschen helfen, im Wettbewerb zu bestehen, mit der Globalisierung umzugehen. [...] Natürlich brauchen wir ein soziales Europa. Aber es muss ein soziales Europa sein, das funktioniert.«[292]

Die Rede rief die zu erwartenden Reaktion hervor: Die Politik verwandte mehr Energie darauf, den Briten zu schelten, als sich mit der inhaltlichen Kritik auseinanderzusetzen, von Buh-Rufen während der Rede ganz zu schweigen.[293] Die bereits diskutierten Faktoren Demografie, abnehmende Innovation und fehlende Investitionen lassen die so wünschenswerte Option des Herauswachsens als eine schöne, aber unrealisierbare Illusion erscheinen.

Die EU-Kommission hat jüngst ein Strategiepapier vorgestellt, in dem der Industrie die zentrale Rolle zur nachhaltigen wirtschaftli-

---

291 Im Original: »It is time to give ourselves a reality check. To receive the wake-up call. The people are blowing the trumpets round the city walls. Are we listening? Have we the political will to go out and meet them so that they regard our leadership as part of the solution not the problem?«, The Guardian: *Tony Blair's speech to the European parliament*, 23. Juni 2005

292 Im Original: »The purpose of our social model should be to enhance our ability to compete, to help our people cope with globalisation, to let them embrace its opportunities and avoid its dangers. Of course we need a social Europe. But it must be a social Europe that works.«, ebd.

293 Focus Online: *Buh-Rufe während Blairs Rede*, 23. Juni 2005

chen Entwicklung der EU zugesprochen wird.[294] In Großbritannien und Frankreich macht das produzierende Gewerbe nur noch 17 bzw. 13 Prozent des Bruttoinlandsprodukts aus – im Vergleich zu 26 Prozent in Deutschland (siehe Abbildung 27 *Sinkende Industriequote in Europa*). Im EU-Durchschnitt beträgt die Industriedichte nur 19,5 Prozent.[295] Das zu ändern, dürfte schwer werden, gerade mit Blick auf die in Kapitel 5 diskutierten Probleme.

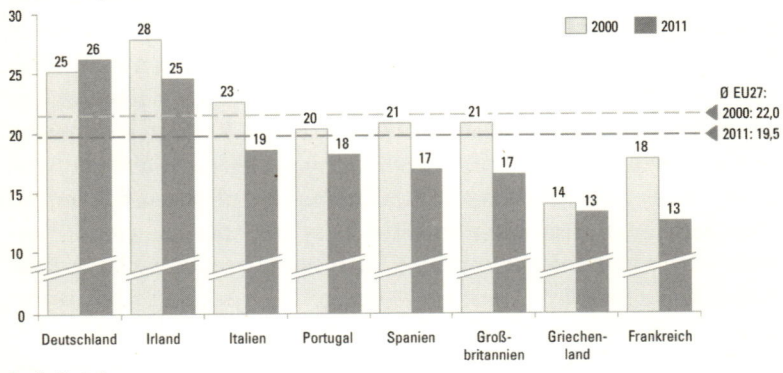

Quelle: Destatis

Abbildung 27: Sinkende Industriequote in Europa

Die Putzkolonne kommt: Der Schuldentilgungsfonds

Wir haben die Möglichkeit eines Schuldenschnitts bereits ausführlich diskutiert (siehe Kapitel 6). Da es erhebliche Schmerzen mit sich bringt, wenn alle Forderungen auf einen Schlag zumindest teilweise entwertet werden, bietet es sich an, die Schmerzen über die Zeit zu verteilen. Ein sanfter Schuldenschnitt sozusagen.

Eine Möglichkeit, innerhalb der EU einen solchen Schuldenschnitt zu bewirken, wäre ein Pooling des Schuldenüberhangs in einem

294 EU-Kommission: *Neue industrielle Revolution für eine Rückkehr der Industrie nach Europa*, Pressemitteilung vom 10. Oktober 2012

295 Frankfurter Allgemeine Zeitung: *Industrie bringt 26 Prozent der Wirtschaftsleistung*, 3. November 2012

Schuldentilgungsfonds mit gemeinsamer Refinanzierung durch alle Staaten der EU. Ein entsprechender Vorschlag wurde vom Sachverständigenrat der Bundesregierung zum gemeinsamen Abbau der Staatsschulden in die Diskussion gebracht. Wir denken jedoch, dass man über den Vorschlag noch hinausgehen muss und neben den Staatsschulden auch die untragbaren Schulden des Privatsektors mit einbeziehen sollte. Ebenso muss man eine gewisse Umverteilung von Gläubigern zu Schuldnern vornehmen.[296]

Was heißt das genau? Konkret müssten die Schulden in einem Tilgungsfonds für den Euroraum zusammengefasst werden, für den alle Staaten gemeinsam haften und der mit Eurobonds refinanziert wird. Dies hätte für Deutschland gegenüber Eurobonds zur Finanzierung neuer Schulden den Vorteil, dass die Haftung auf einen bestimmten Betrag beschränkt wird und kein Blankoscheck für die Zukunft ausgestellt wird. Diese Bonds würden Banken und Versicherungen zu günstigen Zinsen erwerben, um auf diesem Wege eine gewisse »finanzielle Repression« zu erreichen. Die unmittelbare Wirkung wäre eine Entlastung der Krisenstaaten durch niedrigere Zinssätze, wobei Deutschland sicherlich mehr Zinsen zahlen müsste als heute.

Die Staaten müssten sich dann darauf verständigen, gemeinsam diesen Schuldenberg abzutragen – darum auch »Tilgungsfonds«. Wenn man sich dafür einen Zeithorizont von 20 Jahren gibt, hält sich die Belastung in einem überschaubaren Rahmen. Einige Länder, wie Irland, Griechenland, Portugal und Spanien, wären dabei auf Unterstützung durch die anderen Staaten angewiesen, vor allem natürlich durch Deutschland. Abbildung 28 *Schuldentilgungsfonds* zeigt den Umfang der Schulden, die in diesem Schuldentilgungsfonds zusammengefasst sein würden. Nach unseren Berechnungen beliefen sich die Kosten einer solchen gemeinschaftlichen Strategie der Schuldenbewältigung auf 2,4 Prozent des Bruttoinlandsprodukts der Eurozone – und zwar jedes Jahr, zwanzig Jahre lang! Allein für den eigenen Schuldenüberhang müsste Deutschland 1,2% des BIP jedes Jahr bezahlen, 2012 wären dies fast 33 Milliarden Euro gewesen, was in etwa dem deutschen Verteidigungshaushalt entspricht. Für andere

---

296 Zu den detaillierten Ausführungen über den Schuldentilgungsfonds siehe auch: Daniel Stelter, Marc-Olivier
Lücke, Dirk Schilder: *Fixing the Eurozone*, The Boston
Consulting Group, März 2012

Länder wäre die Last deutlich höher. Spanien, Portugal und Irland müssten jährlich mehr als 3 Prozent des BIP beitragen. Wie diese drei Länder solch eine hohe Schuldenlast ansammeln konnten, diskutieren wir in der Box »Die drei Europameister im Schuldenmachen«. Bei einer Umverteilung der Schulden aller Euroländer fällt der deutsche Beitrag natürlich höher aus. Bei Aufteilung nach Anteil am BIP wäre die Belastung für Deutschland mit 70 Milliarden Euro pro Jahr sogar doppelt so hoch. Dies zeigt die enorme Größe des Schuldenproblems!

Gesamte Überschuldung
(in % des BIP)

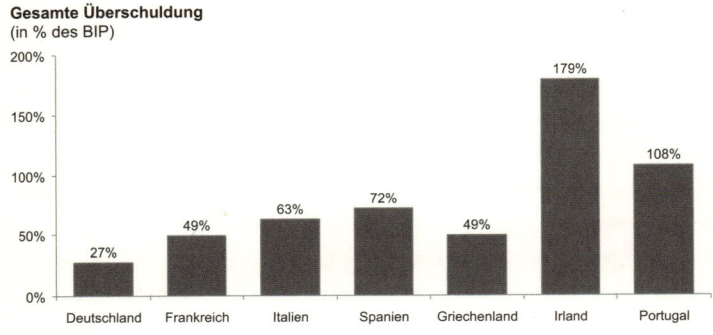

In den nächsten 20 Jahren zu tragende Kosten

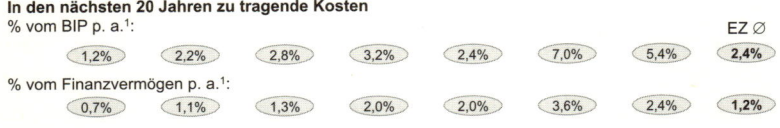

1. Kosten basieren auf einem 20-jährigen Zeithorizont; Zinsen für gemeinsame Schulden = 2,75%; Inflationserwartung = 2,1%; reales Wachstum = 1,7% plus zusätzliche 0,5% Wachstum aufgrund von strukturellen Reformen. Anmerkung; Überschuldung (individuell pro Sektor; Staat > 60%, private Sektoren > 90% des BIP) wird vergemeinschaftet und durch zusätzliche Steuern abbezahlt. Schulden sind die nicht konsolidierten gesamten Verbindlichkeiten (Unternehmen nur Kredite). Daten basieren auf 2011. Quelle: Eurostat; EZB; EIU

Abbildung 28: Schuldentilgungsfonds

Die Tilgung müsste durch die Erhebung zusätzlicher Steuern oder Einsparungen an anderer Stelle finanziert werden. Würde man analog zum diskutierten Schuldenschnittszenario eine Abgabe auf Finanzvermögen beschließen, so müsste diese 1,2 Prozent pro Jahr betragen. Der Satz wäre noch niedriger, wenn auch Nichtfinanzvermögenswerte erfasst würden. Höheres Wirtschaftswachstum und eine stärkere finanzielle Repression würden die Belastung verringern – und umgekehrt!

Unserer Meinung nach würde eine solche Schuldenrestrukturierung beide Probleme der Eurozone adressieren. Zum einen würde der Schuldenüberhang in einem geordneten Prozess abgebaut. Zum anderen könnten die Staaten in Ruhe und in einem weniger rezessiven Klima die grundlegenden Probleme von Wettbewerbsfähigkeit und Wachstum angehen, um dauerhaft in der Währungsunion zu bestehen.

Eine gemeinsame Bankenaufsicht mit einem gemeinschaftlichen Einlagenrettungsfonds, zusätzlich finanziert aus den Töpfen der bereits etablierten europäischen Rettungsfonds, wie sie derzeit diskutiert wird, wäre nichts anderes als ein solcher Tilgungsfonds durch die Hintertür – allerdings ohne wahre Entlastung der eigentlichen Schuldner, sondern nur der Banken und ohne Verhandlung zur Lastenteilung. Ohne etwas dafür zu bekommen, würde der deutsche Steuerzahler den Großteil der Kosten tragen. Da wäre es besser, proaktiv einen solchen Tilgungsfonds aufzusetzen.

Kritiker eines solchen Vorschlages wenden zumeist ein, dass dieser Tilgungsfonds eine Umverteilung von den reichen Ländern zu den armen Ländern bedeutet und mit erheblichen Kosten verbunden ist. Zudem kann man eine Wiederholung der Schuldenkrise in Zukunft nicht ausschließen. Welche Handhabe haben wir, Staaten in Zukunft zur Solidität zu zwingen? Die Maastricht-Regeln wurden schließlich auch konsequent missachtet.

Zu Punkt eins erwidern wir, dass es leider zutreffend ist, dass aber wir – die Gläubiger – so oder so Geld verlieren werden. Dann doch lieber in einer geordneten Art und Weise, die den Schaden minimiert und – im optimistischen Fall – auch die langfristigen Strukturprobleme Europas angeht. Zum zweiten Kritikpunkt fällt uns kein Gegenargument ein. Doch wenn wir nicht mehr daran glauben, besser in Europa zusammenzuarbeiten, dann wäre es ohnehin besser, das Drama jetzt zu beenden, als das unvermeidliche Ende durch immer neue Programme immer weiter aufzuschieben und das Problem dadurch eher größer als kleiner zu machen.

Interessant ist es, die Reaktionen auf die Idee des Tilgungsfonds regional zu unterteilen. Während wir in Deutschland – nach einigem Nachdenken und vor allem dem Verständnis für die Dimensionen des Schuldenproblems – Zustimmung zu dem Gedanken finden und durchaus die Bereitschaft, einen eigenen (Steuer-)Beitrag zu leisten, so ist es in den südlichen Ländern selbst auf allerhöchster Ebene anders: Dort wird die Möglichkeit der Inflation deutlich bevorzugt!

Die drei Europameister im Schuldenmachen

Irland, Portugal und Spanien sind die drei Euromitglieder, die es geschafft haben, seit Einführung der Gemeinschaftswährung die meisten Schulden anzuhäufen. Die Gesamtverschuldung über alle Sektoren beträgt heute in Spanien und Portugal über 300 Prozent (Abbildungen 29 und 30). Eindeutiger Spitzenreiter ist jedoch Irland, welches innerhalb von nur 10 Jahren seinen Schuldenberg auf über 400 Prozent mehr als verdoppelte (Abbildung 31). Wie konnten diese Länder in diesem rasanten Tempo einen solchen Schuldenberg aufbauen? Es waren die günstigen Zinsen nach der Euro-Einführung, welche einen Immobilienboom auslösten und vorher ungeahnte Konsummöglichkeiten auf Pump ermöglichten.

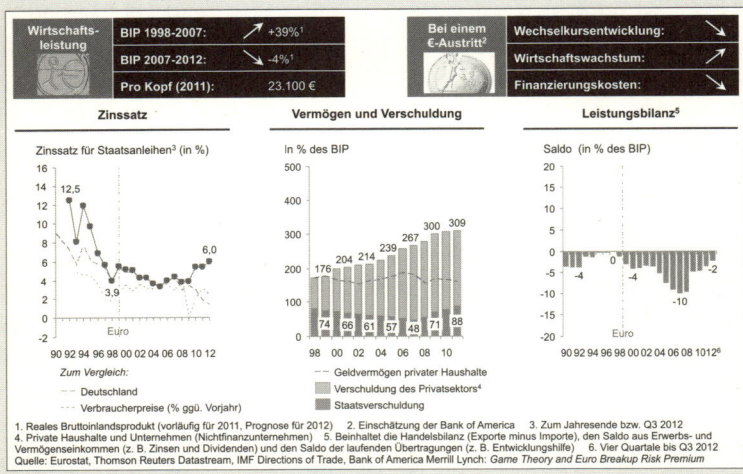

Abbildung 29: 3. Platz im Schuldenmachen: Spanien

Mitte der 2000er Jahre galt **Spanien** noch als Vorbild für Deutschland. Die Wirtschaft brummte dank eines dynamischen Immobilienmarktes. Das BIP wuchs zwischen 1998 und 2007 um stolze 39 Prozent. Wobei niemandem auffiel, dass der spanische Bausektor so groß war wie der von England, Frankreich und Deutschland zusammen! Im gleichen Zeitraum hat sich die Verschuldung des Privatsektors mehr als verdoppelt und übersteigt inzwischen deutlich das Geldvermögen privater Haushalte.

Heute steckt das Land in einer tiefen Depression. Spanische Banken müssen regelmäßig Abschreibungen für Immobilienkredite vornehmen und die Regierung zu deren Rekapitalisierung Ende 2012 Hilfsmittel in Milliardenhöhe aus dem Europäischen Stabilitätsmechanismus (ESM) beantragen.[297] Während Premierminister Rajoy einen generellen Hilfsantrag lange Zeit ausschloss, ist Spanien damit praktisch schon unter einen Rettungsschirm geschlüpft.

Seit Ausbruch der Krise sank das reale BIP um 4 Prozent. Wie besorgniserregend es tatsächlich um die Realwirtschaft bestellt ist, zeigen die Arbeitslosenzahlen. Sie erreichten Ende 2012 den Rekordstand von 25 Prozent.[298] Noch dramatischer ist die Jugendarbeitslosigkeit, über 56 Prozent der unter 24-Jährigen haben keinen Job. So ist es wenig verwunderlich, dass die Eurokrise auch zu einem Erstarken der Separatismusbewegungen in Katalonien und im Baskenland geführt hat.[299]

Spanien könnte zwar theoretisch durch einen Austritt aus der Eurozone und die Wiedereinführung der Peseta die Wettbewerbsfähigkeit der Industrie wiederherstellen. Allerdings kommt die Bank of America in einer Studie zu der Einschätzung, dass das Land unter allen Eurostaaten die größten Schwierigkeiten hätte, einen geordneten Austritt zu bewerkstelligen. Die Gründe hierfür sind eine negative Leistungsbilanz und vor allem das hohe Staatsdefizit, welche das Land bei einem Austritt kaum selbst finanzieren könnte.[300]

Die Spanier scheinen inzwischen nicht mehr so richtig an einen Verbleib in der Eurozone zu glauben und bringen ihr Geld in Sicherheit. Im Juli 2012 erreichte die Kontenflucht mit 5 Prozent des Anlagevolumens bei spanischen Banken ihren bisherigen

297 Spiegel Online: *Rettungsfonds ESM: Spanien beantragt Milliardenhilfen für Banken*, 3. Dezember 2012; Spiegel Online: *Euro-Krise: EU-Kommission gibt Milliarden für spanische Banken frei*, 20. Dezember 2012

298 Eurostat: *Arbeitslosenquote des Euroraums bei 11,7 Prozent*, Pressemitteilung vom 30. November 2012

299 Manager Magazin online: *Schlappe für katalanische Nationalisten*, 26. November 2012

300 Bank of America Merrill Lynch: *Game Theory and Euro Breakup Risk Premium*, FX and Rates Report vom 10. Juli 2012

Höhepunkt.[301] Und statt Immobilien an der Costa Brava stehen inzwischen Berlin und andere deutsche Großstädte hoch im Kurs. Immobilienmakler berichten von verstärktem Interesse aus Südeuropa und glänzenden Geschäften mit Käufern aus Spanien.[302]

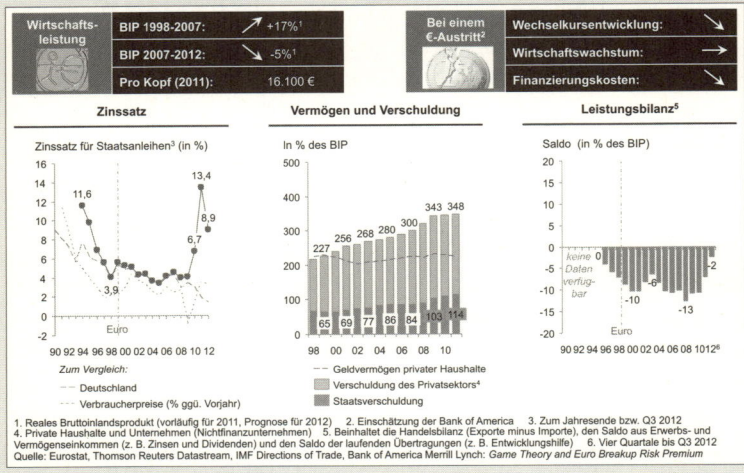

Abbildung 30: 2. Platz im Schuldenmachen: Portugal

Auch das Nachbarland **Portugal** erlebt gerade den Kater nach der großen Party. Es hängt am Tropf der Rettungsprogramme und der EZB. Und der Frust sitzt tief. Die Facebook-Initiative »Zum Teufel mit der Troika« (gemeint ist die Kontrollinstanz aus IWF, EZB und Europäischer Kommission) schaffte es, im September 2012 eine Million Menschen zu einer Protestdemonstration gegen die Sparpolitik zu mobilisieren – was einem Zehntel der Bevölkerung Portugals entspricht![303]

Gemessen am BIP pro Kopf ist Portugal das ärmste Land unter den Euro-Gründungsmitgliedern, ärmer noch als Griechenland. Die monatlichen Einkommen von jungen Rechtsanwälten und Lehrern

301 Bloomberg News: *Deposit Flight From Europe Banks Eroding Common Currency*, 19. September 2012; ZeroHedge: *Spanish Bank Deposit Outflow Surge Continues in August*, 27. September 2012

302 Spiegel Online: *Euro-Krise: Griechen und Spanier kaufen massenhaft deutsche Immobilien*, 17. Dezember 2012

303 Spiegel Online: *Merkel umschmeichelt Portugiesen*, 12. November 2012

sind mit bestenfalls rund 1 000 Euro im europäischen Vergleich sehr niedrig. Hinzu kommt, dass es praktisch keinen Mietwohnungsmarkt in Portugal gibt, die Mittelschicht sich daher nur Wohnungen kaufen kann und sich für diesen Kauf, aufgrund der geringen Einkommen, hoch verschulden muss. Das war allerdings aufgrund des geringen Zinsniveaus, das nach der Euro-Einführung herrschte, nicht allzu schwierig. Die Situation war ähnlich wie in den USA. Appartements und Häuser wurden dank günstiger Zinsen auf Kredit gekauft. Banken haben den Bürgern lange Zeit das Geld hinterhergeworfen. Für Immobilien, für Autos und für den allgemeinen Konsum. Eine Portugiesin berichtete gegenüber dem Deutschlandradio: »Die Verführung, immer mehr Geld für Konsumgüter auszugeben, war groß. Alle haben früher oder später ganz unbürokratisch einen Kredit aufgenommen. Manche sogar für den Urlaub. Ich musste es wegen einer Wohnungsreparatur tun.«[304]

Neben Griechenland ist Portugal das Land, für welches viele Experten keine Zukunft in der Eurozone sehen. Einen Austritt könnte das Land ohne fremde Hilfe jedoch nicht schaffen. Unmittelbare Folge eines Austritts wäre, dass Portugal vom Kapitalmarkt praktisch abgeschnitten wäre.[305] Die Staatsfinanzierung ist dabei gar nicht das große Problem, denn Portugal erwirtschaftet eine nahezu ausgeglichene Primärbilanz (Haushaltssaldo vor Finanzierungskosten). Portugal könnte bei einem Austritt allerdings dringend benötigte Importe nicht mehr bezahlen, denn seine Leistungsbilanz ist negativ. Auch die Exportwirtschaft könnte im Austrittsfall kaum die benötigten Impulse geben. Eine Abwertung des wiedereingeführten Escudos würde die Wettbewerbsfähigkeit der Industrie zwar verbessern, allerdings ist die industrielle Basis des Landes einfach zu klein, um die Importe zu finanzieren.

304 Deutschlandradio: *Portugals Mittelschicht in der Kreditfalle*, Sendung Europa heute vom 11. November 2008 (abrufbar unter: http://www.dradio.de/dlf/sendungen/europaheute/873889/)

305 Bank of America Merrill Lynch: *Game Theory and Euro Breakup Risk Premium, FX and Rates Report* vom 10. Juli 2012

Unter den Krisenstaaten wird **Irland** (Abbildung 31) schon eher ein Comeback mit dem Euro im Rucksack zugetraut. Das Land könnte wieder zum »Keltischen Tiger« werden, als der es vor der Schuldenkrise galt. Das starke Wirtschaftswachstum – stolze 75 Prozent von 1998 bis 2007 – war getrieben von Direktinvestitionen insbesondere amerikanischer Unternehmen, die das Land aufgrund sprachlicher und räumlicher Nähe zu ihrer Europabasis machten. Ein weiteres Argument für die Ansiedelung ausländischer Unternehmen war ein unschlagbar günstiger Steuersatz. Für Unternehmen wurde er von 40 Prozent (1993) auf 12,5 Prozent (2003) gesenkt.[306] Trotzdem sprudelten die Steuereinnahmen, da Unternehmen natürlich ihre Gewinne gern in dem kleinen Land im Atlantik verbuchten.[307] Die Staatsverschuldung halbierte sich von 63 Prozent auf 32 Prozent.

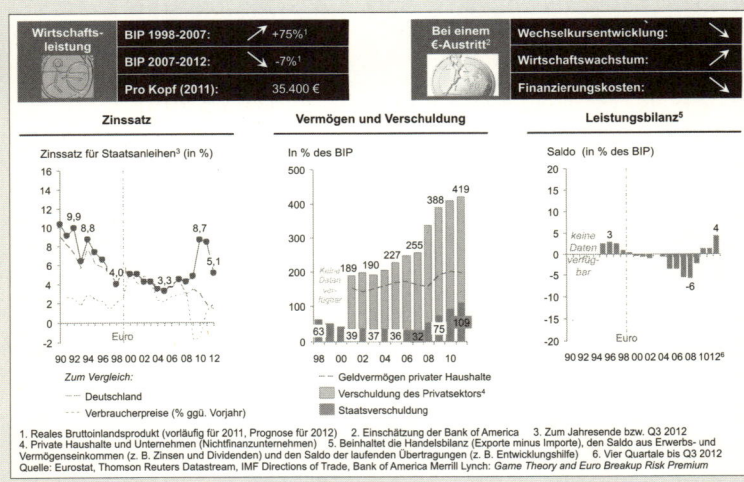

Abbildung 31: 1. Platz im Schuldenmachen: Irland

Im Privatsektor wuchsen dagegen die Schulden. Vom Wirtschaftswachstum wurde der Immobilienmarkt befeuert, an dessen

306 Niamh Hardiman: *Taxing the Poor: The Politics of Income Taxation in Ireland*, in: *Policy Studies Journal*, Vol. 28-4 (2000), S. 826 und 828–829

307 Michael Dauderstädt: *Irland, der »keltische Tiger«: Vorbild oder Warnung für ein wachsendes Europa?*, in: *Ifo Schnelldienst*, 2001, vol. 54, issue 06, Seiten 34–41

Entwicklung die irische Bevölkerung natürlich teilhaben wollte. Mit dem Ausbruch der Finanzkrise sind dann die Immobilienpreise in den Keller gerutscht, allein 2009 um 21 Prozent, in Dublin sogar um 30 Prozent.[308] Was dazu führte, dass viele Iren heute überschuldet sind.

Mit Beginn der Krise mussten erst einmal Banken gerettet werden.[309] Ende 2010 kontrollierte die Regierung praktisch den Bankensektor, fast alle irischen Banken waren verstaatlicht. Und die Steuereinnahmen hörten auf zu sprudeln. 2010 brachte unterm Strich ein Rekord-Haushaltsdefizit von 32 Prozent des Bruttoinlandsprodukts.[310]

Seit 2011 keimt wieder Hoffnung. Das reale Bruttoinlandsprodukt wuchs um 1,4 Prozent. Die Kapitalmärkte sehen Irland auf dem Weg der Erholung. Nachdem das Land 2010 unter den Rettungsschirm schlüpfen musste, weil es am Kapitalmarkt kein Geld mehr erhielt, gelang es im Sommer 2012 wieder, Staatsanleihen zu moderaten Zinsen am Markt zu platzieren.[311] Dieses Jahr (2013) möchte das Land gar aus dem Euro-Rettungsprogramm aussteigen.[312] Allerdings hat der stellvertretende Finanzminister schon den Wunsch geäußert, dass die EZB diesen Schritt im Ernstfall durch Anleihekäufe unterstützt.

Wir halten es für völlig überzogenen Optimismus. Irland wird niemals die Schulden von mehr als 400 Prozent des Bruttoinlandsprodukts ordentlich bedienen. Würden Sie in Irland wohnen bleiben mit der Aussicht, die nächsten 80 Jahre die Schulden anderer abzuarbeiten? Noch dazu, wenn die Gläubiger im Ausland sitzen? Die Jugend Irlands hat entschieden, zu gehen, wie die Auswanderungswelle nachhaltig unterstreicht.[313]

308 An Roinn Airgeadais Department of Finance: *Monthly Bulletin June 2010*, 2010
309 Zeit Online: *Bankenrettung: Irland verstaatlicht die Allied Irish Bank*, 23. Dezember 2010
310 Focus Online: *Hoffnungsschimmer am Rande Europas*, 26. September 2011
311 Financial Times Deutschland: *Irland hat wieder Kredit*, 5. Juli 2012
312 Financial Times Deutschland: *Irland plant milliardenschweren Risikopuffer*, 25. Oktober 2012
313 Financial Times: *Ireland's emigration highest for 25 years*, 30. September 2012

Mach's mit Mephisto: Inflation als Lösung!

Die Unterstützer des Lösungsansatzes »Inflation« stellen sich das so vor: Die EZB fördert Inflation mit dem Ziel, die reale Verschuldung zu verringern und das Auseinanderlaufen der Lohnstückkosten zu verhindern und den Konsum in den nördlichen Ländern anzukurbeln. Die Beschäftigten in Italien, Spanien und Portugal sowie Frankreich müssen akzeptieren, dass die Lohnsteigerungen unter der Inflationsrate liegen, wohingegen die Beschäftigten in Deutschland und den anderen »Nordländern« reale Lohnerhöhungen bekommen würden. Dies war historisch übrigens immer umgekehrt und es wird sehr schwer sein, diese Tradition umzukehren.

Zusätzlich müssten die Politiker in den nördlichen Ländern die Steuern senken und Konjunkturprogramme auflegen, um den inländischen Konsum zu stützen. Das Ergebnis wäre eine ausgeglichene Wettbewerbsfähigkeit, Handelsüberschüsse der heutigen Defizitländer und eine stabile Eurozone.

Auf den ersten Blick erscheint das eine gute Lösung – auf den zweiten schon nicht mehr. Die Wirklichkeit der Wirtschaft ist deutlich komplizierter als man glaubt. Zum einen ist die Inflation ein zweischneidiges Schwert: Sie lässt sich sehr schwer kontrollieren, wie das Ketchupflaschen-Beispiel zeigt.

Zum anderen geht das Modell davon aus, dass die Nordländer ihre größere Kaufkraft tatsächlich ausgeben und das für Importe aus Portugal, Spanien und Griechenland. Doch was ist, wenn gespart wird oder lieber ein neuer Fernseher aus Korea gekauft wird? Dann wird argumentiert, es würde ja schon genügen, die deutschen Exporte zu verteuern, damit wieder mehr Autos aus spanischer, italienischer und französischer Produktion verkauft werden. Dabei wird jedoch vergessen, dass deutsche Produkte auf dem Weltmarkt nachgefragt werden und dort weniger mit Produkten aus den besagten Ländern konkurrieren, sondern eher mit Waren aus Korea, Japan und zunehmend China. So richtig es ist, dass Deutschland gerade mit den Ländern der Eurozone einen Handelsüberschuss erzielt, so muss man sich jedoch vergegenwärtigen, dass dieser Anteil relativ zu den gesamten Exporten rückläufig ist und stattdessen der sogenannte »Rest der Welt« einen wachsenden Anteil an den Exporten hat, wie Abbildung 32 *Die Bedeutung der Eurozone für deutsche Exporte ist rückläufig* verdeutlicht.

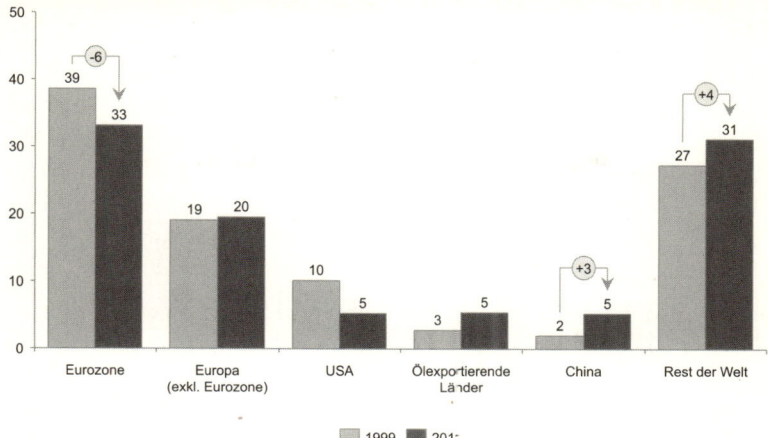

Anteil an deutschen Exporten[1] (in %)

1. Exklusive Exporte und Importe an bzw. aus den Niederlanden (verzerrt durch Rotterdam-Importe/Exporte)
Quelle: Thomson Reuters Datastream; IMF Directions of Trade

Abbildung 32: Die Bedeutung der Eurozone für deutsche Exporte ist rückläufig

Zugleich haben die Krisenländer Europas und Frankreich ein globales Wettbewerbsproblem, welches wir auch in der Box »Euro-Skepsis in Frankreich« diskutieren. Im Unterschied zu Deutschland weisen sie erhebliche Defizite im Handel mit zum Beispiel China und den ölexportierenden Staaten auf. Eine Schwächung Deutschlands im globalen Wettbewerb nutzt ihnen letztlich nichts. Im Gegenteil würde Deutschland dann noch weniger aus der Eurozone importieren und sich damit nicht nur die Gesamt-Handelsbilanz der EU, sondern auch die Exporte der Krisenländer eher verschlechtern als verbessern!

Einige Beobachter sind der Auffassung, Deutschland werde eine solche Strategie ohnehin aufgrund von Inflationsbefürchtungen und des »Moral Hazard« ablehnen, da übermäßig verschuldete Länder von einer breiteren Lastenteilung im Euroraum profitieren würden. Wir glauben, dass die deutsche Politik stillschweigend den Versuch einer Inflationierung unterstützt, weil die anderen diskutierten Optionen entweder nicht funktionieren werden oder aber der Bevölkerung nicht zu vermitteln sind. So passt auch die Unterstützung der aktuellen Politik der EZB – die Ankündigung, Staatspapiere der Krisenländer unbegrenzt aufzukaufen, sofern sie sich zu Reformen bekennen – trotz der Kritik der Bundesbank in das Bild. Wenn die Inflation kommen sollte, ist es schließlich die EZB, die versagt hat, nicht die Politik.

Und bei der Gelegenheit wird man gleich noch die eigenen Schulden los.

Europa-Skepsis in Frankreich

Frankreich hat in den Jahren nach der Euro-Einführung höhere Wachstumsraten als Deutschland erlebt. Das französische Bruttoinlandsprodukt ist von 1998 bis 2007 um 22 Prozent gestiegen (siehe Abbildung 33), das deutsche dagegen nur um 16 Prozent. Und Frankreich konnte seine Wirtschaftsleistung in den vergangenen Krisenjahren immerhin konstant halten.

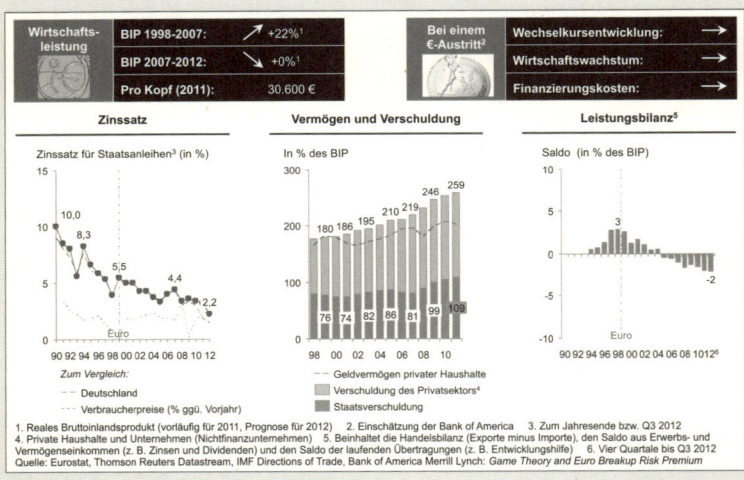

Abbildung 33: Frankreich und der Euro

Anders die Schuldensituation: Während bis 2004 die Verschuldung Frankreichs noch mit der Deutschlands vergleichbar war, öffnete sich seit 2005 die Schere. Die Verschuldung von privaten Haushalten und Unternehmen wuchs deutlich, nämlich von circa 100 auf 150 Prozent des Bruttoinlandsprodukts. Auch die Staatsverschuldung stieg von knapp 80 Prozent im Jahr 1998 auf fast 110 Prozent des Bruttoinlandsprodukts 2011. Bemerkenswert ist dabei, dass es der französischen Regierung seit 1974 nicht gelang, nur ein Jahr ein ausgeglichenes Budget zu erwirtschaften.[314] Der

314 The Economist: *The time bomb at the heart of Europe,*
17. November 2012

IWF warnte schon die Regierung von Präsident Nicolas Sarkozy, dass sie ohne weitere Sparmaßnahmen ihr Schlüsselziel verfehlen werde, das Defizit bis 2013 mit der im Euroraum gestatteten Obergrenze von 3 Prozent des Bruttoinlandsprodukts in Einklang zu bringen.

Schaut man auf die Erfolge von Schröders »Agenda 2010«, sollte man denken, dass es linken Regierungen besser gelingen sollte als rechten, die notwendigen Reformen durchzuführen, und einige Politikbeobachter erwarteten das auch von François Hollande, nachdem sein Vorgänger Sarkozy eher durch Ankündigungen als durch Taten aufgefallen ist. Die sozialen Wohltaten der Ära Mitterand wird Hollande kaum wiederholen können. Damals, 1981, lag der Schuldenstand Frankreichs bei 22 Prozent des Bruttoinlandsprodukts. Heute liegen die Schulden bei 109 Prozent. Die Spatzen pfeifen es von den Dächern. Mit François Hollande sind alle unzufrieden. Die, die seinen Wahlversprechen geglaubt haben und jetzt enttäuscht werden, und die Unternehmen sowieso. »Manchmal wirkt er, als habe er noch gar nicht verstanden, dass er jetzt die Macht hat ... Das Ansehen der Chaostruppe im Elysée ist rekordverdächtig schnell ins Bodenlose gefallen«, schreibt der Spiegel über den Fehlstart und die vielen nicht-haltbaren Versprechungen des Präsidenten.[315]

Aber nicht nur die Staatsfinanzen sind eine große Herausforderung für die Grande Nation. Die geringe Wettbewerbsfähigkeit der französischen Industrie ist ein weiteres Problem. In der letzten Dekade fand eine regelrechte De-Industrialisierung statt und spiegelt sich in einem wachsenden Handelsdefizit wider. Wir erwähnten bereits, dass der Anteil des produzierenden Gewerbes an der Wirtschaftsleistung nur noch 13 Prozent beträgt, im Gegensatz zu 26 Prozent in Deutschland.[316] Der Industrieanteil in Frankreich wird innerhalb der EU nur von Luxemburg und Zypern unterboten! Und während in Deutschland vor allem forschungsintensive Industriezweige für das Wachstum verantwortlich sind, verlieren diese in Frankreich immer mehr an Bedeutung.[317]

315 Der Spiegel: Der Zauderer, 5. November 2012
316 Frankfurter Allgemeine Zeitung: Industrie bringt 26 Prozent der Wirtschaftsleistung, 03. November 2012

317 Karl Brenke: Industrielle Entwicklung: Deutschland und Frankreich driften auseinander, in: DIW Wochenbericht, Nr. 48/2012

Wie die Länder der Peripherie leidet Frankreich unter dem Korsett des Euro. Seit seiner Einführung hat die Lohnentwicklung das Produktivitätswachstum deutlich abgehängt. Mit der Gemeinschaftswährung im Gepäck kann Frankreich dies nur durch jahrelangen Lohnverzicht korrigieren. Im streikfreudigen Frankreich stellt das eine besondere Herausforderung dar.

Und so macht sich in Frankreich Europa-Skepsis breit, wie eine Umfrage der Tageszeitung *Le Monde* aufdeckt.[318] Zwei Drittel der Franzosen sprechen sich für eine Begrenzung der Entscheidungskompetenzen Europas und den Rücktransfer von Aufgaben nach Frankreich aus. Nur ein Viertel glaubt, dass mit »mehr Europa« die Probleme Frankreichs besser gelöst werden können. Überhaupt sehen die Franzosen die wirtschaftliche Zukunft pessimistisch. 95 Prozent sehen ihr Land im ökonomischen Niedergang, mehr als 60 Prozent empfinden die Globalisierung als Bedrohung, und 50 Prozent glauben sogar, dass der weitere wirtschaftliche Niedergang nicht mehr aufgehalten werden kann. Immerhin: 72 Prozent der Befragten sprechen sich für einen Verbleib in der Europäischen Währungsunion aus.

Ein Austritt aus der Eurozone wäre auch kein Allheilmittel für Frankreich. Die Bank of America kommt zu der Einschätzung, dass sich die Finanzierungsmöglichkeiten für das Land bei einem Ausstieg aus dem Euro sogar verschlechtern könnten.[319] Zum einen ist dies der negativen Leistungsbilanz geschuldet, zum anderen durch ein hohes Haushaltsdefizit begründet, durch welches die Staatsverschuldung und der Finanzierungsbedarf weiterhin kontinuierlich anwachsen. Es wird zudem nur eine leichte Abwertung des Franc gegenüber dem Euro erwartet, sodass ein Euro-Austritt der Exportwirtschaft keinen Schub an Wettbewerbsfähigkeit bescheren würde. Für Frankreich gibt es daher keinen anderen Weg, als die Wettbewerbsfähigkeit der Industrie durch konsequente Strukturmaßnahmen wiederherzustellen.

---

318 Frankfurter Allgemeine Zeitung: *Frankreich sieht Schwarz*, 26. Januar 2013; Frankfurter Allgemeine Zeitung: *Umfrage: Mehrheit der Franzosen ist europaskeptisch*, 26. Januar 2013

319 Bank of America Merrill Lynch: *Game Theory and Euro Breakup Risk Premium, FX and Rates Report* vom 10. Juli 2012

»Il faut donner du temps au temps«, pflegte François Mitterand zu sagen.[320] »Die Zeit muss Zeit haben, um ihr Werk zu vollbringen«, doch sehr viel Zeit hat Frankreich nicht mehr. Im Jahr 2012 verlor Frankreich sein AAA-Rating der beiden Ratingagenturen Standard & Poor's und Moodys. Bemerkenswert ist, dass es sich nach wie vor historisch niedriger Finanzierungskosten erfreut. Günstiger als im Herbst 2012 konnte sich Frankreich in den letzten 300 Jahren noch nie finanzieren.[321] Das Land gilt nach wie vor als relativ sicherer Hafen für Investoren und kann von der Kapitalflucht aus Südeuropa profitieren. Wenn es aber die beiden strukturellen Themen Staatsfinanzen und internationale Wettbewerbsfähigkeit nicht bald entschlossen adressiert, droht Frankreich die Zeit auszugehen. Und mit Frankreich der Eurozone.

Das Ende mit Schrecken

Vielleicht ist es besser, einfach alles hinzuschmeißen und das Experiment »Eurozone« für gescheitert zu erklären? Dem Bürger und den Abgeordneten des Deutschen Bundestages schwirrt vor all den Rettungsschirmen der Kopf, und der Rückhalt in der Bevölkerung für das Krisenmanagement der Politik schwindet. Die Deutschen stellen den Politikern ein verheerendes Zeugnis aus. So glaubten 46 Prozent der Befragten, dass die Politiker nur auf die Krise reagieren, statt souverän zu agieren. Ebenso erscheint die gesamte EU immer intransparenter. Während 75 Prozent glauben, dass sie auf der Ebene der Lokalpolitik Einfluss haben, glauben das nur 14 Prozent auf europäischer Ebene.[322]

Der Konflikt ist deutlich: Auf der einen Seite profitieren die Überschussländer vom festen Wechselkurs und finanzieren den Konsum

320 The Economist: *The time bomb at the heart of Europe,*
17. November 2012
321 Grant Williams: *Le Grand Plan,* Mauldin Economics, 4.
Dezember 2012
322 Frankfurter Allgemeine Zeitung: *Entspannter Fatalismus,*
17. Oktober 2012

der Defizitländer mit Krediten. Auf der anderen Seite bekommen die Schuldner nur über schmerzhafte Anpassungen die Möglichkeit, ihre Schulden abzubauen. Eine lange Periode der Rezession in den Krisenstaaten der Peripherie wird jenen politischen Kräften Auftrieb verleihen, die für einen Austritt aus dem Euro plädieren. Viele Beobachter – vor allem außerhalb der Eurozone, aber auch in den Krisenstaaten selbst – sehen daher schon jetzt den Bruch mit der bisherigen Währungsunion als den besten Weg, um eine lange Periode von Deflation und geringem Wachstum zu vermeiden.

Dass bisher nur wenige populistische Parteien auf den Anti-Euro-Zug aufgesprungen sind, verwundert. Nur in Österreich gründete der Milliardär Frank Stronach eine eurokritische Partei und kritisierte parallel Angela Merkel scharf: »Entweder ist sie so dumm, oder sie spielt bei den Banken mit«, so Stronach. 40 Prozent möchte er bei der nächsten Wahl anpeilen.[323]

Was also würde passieren, wenn man wirklich ernst macht und die Eurozone auseinanderbricht? Die Kosten eines Auseinanderfallens sind, wie bei all diesen ökonomischen Analysen, nicht einfach zu beziffern. Natürlich sind die Dimensionen, um die es geht, erheblich. So schätzte die UBS bereits im Jahre 2011, dass je nachdem, ob ein »schwaches« oder ein »starkes« Land die EU verließe, die Kosten für jeden Bürger der Eurozone bei 3 500 bis 11 500 Euro pro Kopf lägen.[324] Die Bertelsmann Stiftung beziffert in einer neuen Studie den zu erwartenden Einbruch der Wirtschaft in Deutschland: Im schlimmsten Fall würden bis 2020 circa 1,7 Billionen Euro Wachstumseinbußen zu erwarten sein sowie 455 Milliarden Euro an Forderungen abgeschrieben werden.[325] Neben diesen Implikationen für die Länder des Euroraums wäre auch die Weltwirtschaft ernsthaft betroffen; es käme zu negativen Folgen für die USA, die den dort bestehenden Rezessi-

323 Frankfurter Allgemeine Zeitung: *Milliardär gründet eurokritische Partei in Österreich*, 28. September 2012

324 UBS: *Euro Break Up: The Consequences*, UBS Investment Research, 6. September 2011; vgl. auch: Willem Buiter, Ebrahim Rahbari: *The Future of the Euro Area: Fiscal Union, Break-up, or Blundering Towards a 'You Break It You Own It' Europe*, Citigroup Global

Economics View, 9. September 2011; und: Willem Buiter: *A Greek Exit from the Euro Area: A Disaster for Greece, a Crisis for the World*, Citigroup Global Economics View, 13. September 2011

325 Bertelsmann Stiftung: *Wirtschaftliche Folgen eines Euro-Austritts der südeuropäischen Mitgliedsstaaten*, in: *Zukunft Soziale Marktwirtschaft Policy Brief 06/2012*, Juni 2012

onsdruck verstärken würden, sowie für die Schwellenländer, die von Exporten in die westlichen Industrieländer abhängig sind.

Wir haben keinen Anlass, diese Analysen zu bezweifeln. Zu einer abschließenden Beurteilung muss man jedoch weitere Aspekte betrachten:

- Wie hoch sind die Kosten der Beibehaltung des Status quo?
- Wie ließe sich der Schaden begrenzen?
- Was würde die Alternative kosten, beispielsweise die Kombination aus einem geordneten Schuldenschnitt und einem klaren Bekenntnis zu vermehrter Integration in der Rest-Eurozone, hin zu einer wirklichen Währungs- und politischen Union?

Diese Fragen sollte man sich stellen. Es darf nicht vergessen werden, dass die Schadenszahlen die ohnehin notwendigen Abschreibungen auf uneinbringliche Forderungen beinhalten. Doch diese Verluste sind bereits entstanden, nur noch nicht realisiert. Sie werden auch auf uns zukommen, wenn die Eurozone weiter bestehen bleibt. Der andere Teil der Kosten ist auf das zu erwartende Chaos zurückzuführen. Hier wäre es jedoch möglich, durch einen klaren Prozess die Kosten zu begrenzen.

Dass eine solche Auflösung der Eurozone organisiert werden kann, zeigen die Vorschläge, die im Sommer 2012 erarbeitet wurden. Der Engländer Lord David Wolfson hatte einen Preis für den besten Vorschlag ausgesetzt, wie man einen geordneten Ausstieg aus der Währungsunion vollziehen könnte.[326] Mehr als 400 Vorschläge gingen ein, und der Gewinner vom Wirtschaftsforschungsinstitut Capital Economics hat nicht nur gezeigt, dass es funktioniert, sondern auch eine Blaupause für den Prozess geliefert. Es geht also.

Ein Land, das den Euroraum verließe, müsste Folgendes tun:[327]

1. Es müsste sofort Kapitalverkehrskontrollen ankündigen und unverzüglich umsetzen. Kapital ist wie ein scheues Reh. Schon aus Griechenland wurden, bereits ohne Austritt aus der Eurozone, Milliarden außer Landes geschafft. Würde es bekannt werden, dass ein Land austritt, würde jeder versuchen, sein Geld in ein Hart-

326 Financial Times: *Capital Economics wins Wolfson prize,*
5. Juli 2012
327 Roger Bootle: *Leaving the Euro: A Practical Guide,* Capital
Economics, Submission to the Wolfson Economics Prize
2012, 2012

währungsland zu verschieben. Ebenso müssten Handelskontrollen verhängt werden, weil die Unternehmen ansonsten ihre Importvolumina falsch angeben würden, um Geld aus dem Land zu bringen.

2. Auch wenn dies nach einem Aufguss des Kalten Krieges klingt: Es müssten unverzüglich Grenzkontrollen eingeführt werden, um eine Bargeldflucht zu verhindern. Die Banken müssten vorübergehend geschlossen werden, um die Bürger davon abzuhalten, vor einer Abwertung ihr Geld abzuheben und ins Ausland zu schaffen, und jede Euro-Banknote im Land müsste gestempelt und auf diese Weise in die Landeswährung konvertiert werden.

3. Das Land müsste dann einen neuen Wechselkurs bekanntgeben, der wahrscheinlich zunächst wegen der Kapital- und Devisenverkehrskontrollen nicht frei schwanken würde, damit der Handel weitergeführt werden kann.

4. Eine wichtige Frage wäre, wie mit der bestehenden Verschuldung in Euro umzugehen ist. Wahrscheinlich käme es zu einer umfangreichen Umschuldung im öffentlichen und privaten Sektor, das heißt einem Zahlungsausfall. Dies wäre für die Staatsverschuldung einfacher, die in der Regel inländischem Recht unterliegt, als für die Schulden großer Unternehmen, die in der Regel britischem Recht unterliegen. Es ist allerdings davon auszugehen, dass Gesetze erlassen würden, die auch für diese Schulden einen Schuldenschnitt vorsähen. Es wäre nicht das erste Gesetz, das im Rahmen der Krise gebrochen oder neu definiert würde.

5. Internationale Banken müssten damit hohe Abschreibungen auf die Anleihen der Krisenstaaten vornehmen. Für Unternehmen würde ein Auseinanderbrechen der Eurozone bedeuten, dass Wechselkursdifferenzen, die mit dem Euro lange für totgeglaubt wurden, plötzlich wieder an Bedeutung gewinnen. Internationale Lieferketten können auseinandergerissen werden, ebenso wie internationale Verträge, die sich jetzt neuen Jurisdiktionen anpassen müssen. Exporte oder Importe können einbrechen, gleichzeitig wäre mit protektionistischen Reaktionen zu rechnen.

Man sollte nichts romantisieren: Ein Auseinanderbrechen des Euroraums würde zu beträchtlichen Turbulenzen an den Finanzmärkten und einer weltweiten Rezession führen. Die OECD hat gewarnt, dass ein Auseinanderbrechen des Euroraums in hohen Vermögensverlusten, Konkursen und einem Zusammenbruch des Vertrauens in die europäische Integration und Kooperation resultieren würde, was eine tiefe Rezession in den bestehenden und verbleibenden Ländern des Euroraums und weltweit auslösen könnte.[328] Aber gerade deshalb muss man die Optionen sauber gegeneinander abwägen. Wenn die Neuordnung der Eurozone, zum Beispiel durch eine Reduktion auf ihre Kernländer, die beste Option darstellt, muss man diese in einem geordneten, den Schaden minimierenden Weg umsetzen. Die Tabuisierung dieser Option führt letztlich nur dazu, dass ein tatsächlicher Austritt aus der Eurozone chaotisch erfolgte.

Für einige Kommentatoren lautet die Frage nicht, ob der Euroraum auseinanderbricht, sondern wie und wann. Zweifellos ist das Risiko gestiegen, dass es zumindest zu einigen Brüchen im Euroraum kommt.

Fazit: Auf jeden Fall wird es teuer

Wie die Diskussion der Optionen zeigt, setzt eine wirkliche Rettung voraus, dass man sich nicht nur die Dimensionen des Problems eingesteht, sondern auch die Notwendigkeit, Schulden in erheblichem Umfang »zu restrukturieren«. Abbildung 34 *Keine einfachen Lösungen* fasst nochmals die sechs Optionen der weiteren Entwicklung der Eurozone zusammen. Die ersten drei Lösungsansätze werden nicht zum Erfolg führen. Den Ansatz der schwäbischen Hausfrau »Sparen und wettbewerbsfähig werden« wird die Bevölkerung in der Peripherie nicht mehr lange mitmachen. Die Schlagzeilen des Jahres 2012 waren geprägt von Generalstreiks in Griechenland und zunehmendem Separatismus in Spanien. Eine Fiskalunion mit permanenten Nord-Süd-Transfers (»Einer für alle, alle für einen!«) wird die Bevölkerung in Zentral- und Nordeuropa nicht akzeptieren, und selbst wenn sie es täte, blieben die Probleme ungelöst. Die Option, dem Problem wie Phönix aus der Asche zu entwachsen, scheidet leider aus. Zu hohe Schulden und der demografische Trend sprechen dagegen.

328 OECD: *General Assessment of the Macroeconomic Situation*, in: *World Economic Outlook 2011/12*, Preliminary Version (abrufbar unter: http://www.oecd.org/economy/economicoutlook analysisandforecasts/49113623.pdf)

Sechs mögliche Lösungen	Schuldenüberhang adressieren	Wettbewerbsfähigkeit wiederherstellen
1 Sparen und wettbewerbsfähig werden! • Schmerzhafte Strukturreformen in der Peripherie • Weg der Deflation, Depression	✗	✗
2 Die Fiskalunion • Permanente Nord-Süd-Transfers • Gemeinsamer Schuldenabbau	✗	✗
3 Dem Problem entwachsen • Schulden/Demografie machen dies unmöglich	✗	✗
4 Ein Schuldentilgungsfonds • Organisierte Schuldenrestrukturierung • Problem der Wettbewerbsfähigkeit adressieren	✓	✓
5 Die Inflationslösung • Geldpolitische Lockerung, schwacher Euro • Steuerpolitische Lockerung im Kern	✓	✓
6 Umschuldung und Austritte aus der Eurozone	✓	✓

Abbildung 34: Keine einfachen Lösungen

Wir sind der Meinung, dass die letzten drei Optionen zum Ziel führen können. Die Idee des Schuldentilgungsfonds könnte sowohl in den Krisenstaaten als auch in den Überschussländern die erforderliche Unterstützung der Bevölkerung erreichen. Die notwendige Zeit für Strukturreformen lässt sich damit erkaufen, um das Problem der Wettbewerbsfähigkeit in den Griff zu bekommen.

Über die Inflationslösung lassen sich ebenfalls beide Probleme bewältigen. Wir sind jedoch der Meinung, dass diese Lösung zu riskant ist. Zum einen ist es fraglich, ob die steuerpolitische Lockerung im Kern wirklich zu einem erhöhten Konsum führt, von dem die Staaten der Peripherie profitieren. Darüber hinaus zeigen viele historische Beispiele, dass sich Inflation kaum kontrollieren lässt – wie beim Schütteln einer Ketchupflasche.

Alle Varianten haben eins gemeinsam: Sie werden teuer! Statt Heilung ist Schadensbegrenzung angesagt. Je eher die Politik sich dem Problem stellt und mit der erforderlichen Konsequenz eine der beiden erfolgversprechenden Optionen Schuldentilgungsfonds und/oder den organisierten Austritt einzelner Mitgliedsstaaten angeht, desto niedriger wird die Rechnung am Ende ausfallen. Und desto schneller kann Europa die Krise hinter sich lassen.

Deutschland – wirklich der Euro-Gewinner?

Während sich die Staaten der Peripherie in den Jahren nach der Euro-Einführung über ein starkes Wirtschaftswachstum freuten, musste sich Deutschland an niedrige einstellige Wachstumsraten gewöhnen. Das reale Bruttoinlandsprodukt wuchs von 1998 bis 2007 um lediglich 16 Prozent (vgl. Abbildung 35). Mit dem Ausbruch der Finanzkrise änderte sich diese Dynamik. Die deutsche Wirtschaft verzeichnet unterm Strich seit 2007 ein leichtes Wachstum, wohingegen in der Peripherie die Rezession kein Ende nimmt.

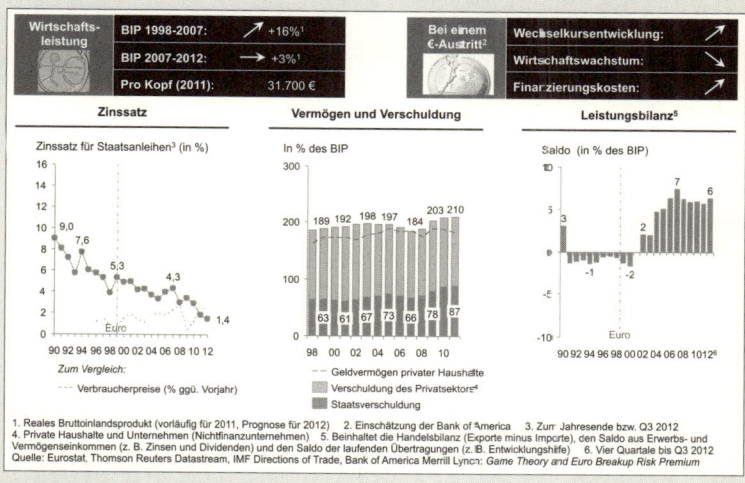

Abbildung 35: Deutschland und der Euro

Der Grund dieser Entwicklung ist die Hypothek, mit der Deutschland in die Eurozone gestartet ist, nämlich dem im internationalen Vergleich hohen Lohnniveau. Dieser Wettbewerbsnachteil musste mit der Euro-Einführung durch die bittere Medizin einer internen Abwertung korrigiert werden. Lohnsteigerungen fielen über Jahre hinweg sehr moderat aus. Und für den Mann auf der Straße ist der früher so günstige Italienurlaub deutlich teurer geworden. Davon profitiert heute die Wirtschaft. In den 2000er Jahren wuchsen die Exporte und es konnten hohe positive Salden in der Leistungsbilanz erzielt werden.

Der Export von Waren ist jedoch nur die eine Seite des deutschen Geschäftsmodells. Darin ist Deutschland zweifelsohne Weltklasse. Die andere Seite der Medaille ist der mit dem Warenexport verbundene Import von Forderungen. Darin ist Deutschland leider weniger gut! Aufgrund der hohen Handelsüberschüsse hat Deutschland ein Auslandsvermögen von 6 555 Milliarden Euro angehäuft (mehr als das Doppelte des deutschen Bruttoinlandsprodukts!).[329] Neben den Auslandsvermögen von Privatpersonen, Unternehmen, Banken und dem Staat ist in dieser Summe auch das Auslandsvermögen der Bundesbank enthalten, welches in den letzten Jahren aufgrund der TARGET2-Forderungen ebenfalls regelrecht explodiert ist.

Im Falle eines Euro-Austritts würde dieses hohe Auslandsvermögen zu erheblichen Verlusten führen. Das Vermögen bliebe zwar bestehen und die Wahrscheinlichkeit einer Rückzahlung der Mittel aus den Euro-Rettungspaketen würde sogar steigen. Der Knackpunkt ist jedoch, dass durch die zu erwartende Aufwertung der wiedereingeführten D-Mark das deutsche Auslandsvermögen mit einem Schlag an Wert verlieren würde! So schätzt die Bank of America, dass Deutschland durch den Austritt aus der Währungsunion einen Vermögensverlust von 30 Prozent des Bruttoinlandsprodukts hinnehmen müsste.[330]

Mit der Aufwertung der D-Mark würde zudem das deutsche Exportwachstum empfindlich gebremst werden. Deutsche Waren würden sich auf dem Weltmarkt deutlich verteuern. Vor der Euro-Einführung musste die deutsche Industrie ihre harte Währung durch Produktivitätszuwächse kompensieren. So ist das Land Weltmeister der Automatisierung geworden. Bei einem Euro-Austritt wäre es auf einmal in einer vergleichbaren Situation wie die Schweiz, deren Wirtschaft mehr denn je unter dem starken Franken leidet. Und im Gegensatz zur Zeit vor der Euro-Einführung, als deutsche Unternehmen diesen Produktivitätsdruck gewohnt waren, würde er nun bei einer Wiedereinführung der D-Mark mit voller Wucht zuschlagen. Schließlich ist der Euro gegenwärtig weniger wert als es eine D-Mark wäre, was es Deutschland erlaubt, günstiger seine Waren auf dem Weltmarkt anzubieten.[331]

329 Deutsche Bundesbank: *Das deutsche Auslandsvermögen Ende 2011*, Pressenotiz vom 28. September 2012
330 Bank of America Merrill Lynch: *Game Theory and Euro Breakup Risk Premium*, FX and Rates Report vom 10. Juli 2012

331 The Telegraph: *Europe drawn into global currency wars as slump deepens*, 16. Januar 2013

Deutschland gilt heute an den internationalen Finanzmärkten als sicherer Hafen der Eurozone und erfreut sich daher extrem niedriger Zinssätze für Staatsanleihen. Bei einem Euro-Austritt würde es diesen Status jedoch verlieren, und so schätzt die Bank of America, dass sich die Finanzierungskosten erhöhen würden, wenn auch nur leicht.

Ein Euro-Austritt hätte einen hohen Preis. Trotzdem vertreten immer mehr Ökonomen die Auffassung, dass Deutschland diesen Preis in Kauf nehmen sollte.[332] Getreu dem Motto: Lieber ein Ende mit Schrecken als ein Schrecken ohne Ende. Sie argumentieren, dass eine Anpassung unvermeidbar ist. Die Alternative zu einem Euro-Austritt sind jahrelange Konflikte um Rettungsmaßnahmen, Umschuldungen, Strukturreformen und Anpassungen der Wettbewerbsfähigkeit. Diese Konflikte könnten die deutsche Politik und die Wirtschaft über Jahre lähmen. Und am Ende dieser Entwicklung könnte eine Transferunion stehen.

7.7   Was wird passieren?

Der politische Wille ist groß, den Euro in der bestehenden Form zu erhalten. Ohne gemeinsame Währung hätte die D-Mark gegenüber dem Franc, der Lira und Peseta, aber auch dem US-Dollar in der Krise aufgewertet – siehe Schweizer Franken! –, sodass die Exporte stark eingebrochen wären. Die gemeinsame Währung bietet somit durch fixe Wechselkurse innerhalb der Währungsunion einen Schutz gegen externe Schocks. Auf der anderen Seite behindert die Gemeinschaftswährung derzeit eine einfache Anpassung bzw. Umkehrung der internen Handelsungleichgewichte.

Wie schon beschrieben, kann die Wettbewerbsfähigkeit der Defizit- und Schuldnerländer am einfachsten über niedrigere Preise wiederhergestellt werden. Da eine Abwertung in den Krisenländern der Eurozone nicht möglich ist, setzt diese Anpassung voraus, dass die Schuldnerländer über mehrere Jahre eine Politik der Deflation ver-

332 Siehe zum Beispiel: Martin Wolf: *Why Exit Is an Option for Germany*, in: Financial Times, 25. September 2012

folgen, also der Senkung von Kosten (= Löhnen) und Preisen. Im Ergebnis würde der Realwert der ohnehin schon hohen Schulden der Privathaushalte deutlich ansteigen, schließlich erhöht sich in einer Deflation der Wert des Geldes und damit der Schulden. Der Schuldenabbau wäre also umso schwerer und hätte eine starke Konsumzurückhaltung und damit eine anhaltende Rezession zur Folge. Zusätzlich erschwert wird der Prozess durch die restriktive Haushaltspolitik und die hohe Sparquote des Privatsektors in Deutschland.

Ob es der Politik gelingt, die Eurozone durch diese schwierige Phase zu führen, lässt sich zurzeit unmöglich vorhersagen. Gelänge es, ein gewisses Maß an Inflation zu generieren, so ließen sich die Anpassungen leichter bewältigen, was die Wahrscheinlichkeit, dass die Eurozone in ihrer heutigen Ausdehnung bestehen bleibt, deutlich erhöht. Je geringer jedoch die Inflationsrate, desto mehr muss die Anpassung über nominell fallende Löhne erfolgen und desto höher ist die Gefahr eines Auseinanderfallens.

Die Schuldenkrise in Europa ist bei Weitem noch nicht gelöst und dürfte uns alle noch auf Jahre hinaus begleiten. Jeder Tag, der weiter auf Zeit gespielt wird, erhöht nicht nur den Schaden, sondern auch die Wahrscheinlichkeit des plötzlichen Auseinanderbrechens. Es muss nur zu einem politischen Umbruch kommen und eine neue Regierung entscheidet sich, aus dem Euro auszutreten. In Italien, einem Land, das noch nicht zu den akuten Krisenstaaten zählt, nimmt die Diskussion um den Euro-Austritt aktuell an Fahrt auf. Für Italien könnte ein Austritt tatsächlich Sinn machen, wie wir in der Box »Warum Italien als erstes Land die Eurozone verlassen könnte« diskutieren. Eine Kettenreaktion wäre die Folge.

Anders ist dies, wenn der Austritt geordnet abläuft. Wenn im Rahmen eines solchen Schrittes einzelne Länder ihre Zukunft außerhalb der Eurozone sehen, kann dies relativ schmerzfrei und vor allem geordnet organisiert werden. Klare Kandidaten für einen solchen Austritt sind Griechenland und Portugal, deren Wettbewerbsschwäche innerhalb der Eurozone nicht behoben werden kann. Zu groß sind letztlich die wirtschaftlichen Unterschiede zwischen ihnen und den Kernländern der Eurozone. Irland wäre wettbewerbsfähig und bedarf lediglich eines Schuldenschnittes. Spanien, Italien, aber auch Frankreich stünden vor der Wahl: drinnen oder draußen. Wobei klar ist, dass ein Euro ohne Italien und Frankreich nicht sinnvoll ist.

Zurück zur Lira: Warum Italien als erstes Land die Eurozone verlassen könnte

Italien hat von der Euro-Einführung vor allem durch niedrige Zinssätze profitiert. Abbildung 36 zeigt, dass die Zinsen für 10-jährige Staatsanleihen in den 1990er Jahren deutlich sanken. In den 2000er Jahren nutzte Italien die neu gewonnene Möglichkeit zur günstigen Verschuldung. Die Schulden des Privatsektors verdoppelten sich nahezu von 73 Prozent des Bruttoinlandsprodukts 1998 auf 128 Prozent im Jahr 2009. Die reale Wirtschaftsleistung des Landes kletterte in den 10 Jahren nach der Euro-Einführung um 15 Prozent.

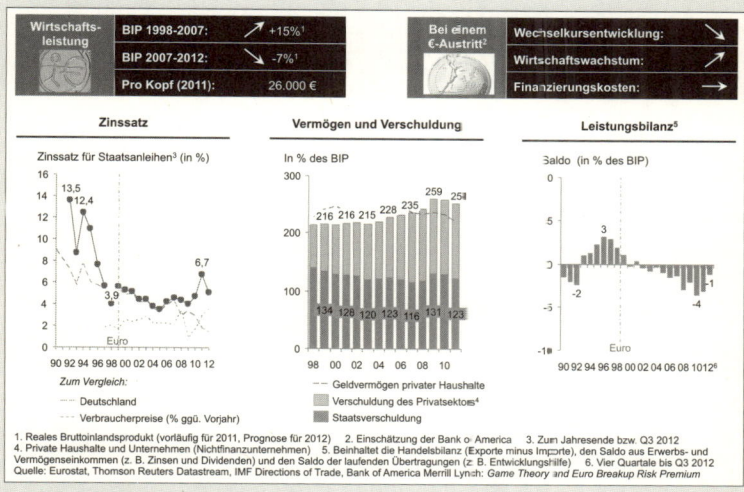

Abbildung 36: Italien und der Euro

Seit Ausbruch der Krise ist die Wirtschaftsleistung um 7 Prozent geschrumpft, die Finanzierungskosten haben jedoch nicht die schwindelerregende Höhe anderer Länder der Peripherie erreicht. Mit einer Gesamtverschuldung von 251 Prozent des Bruttoinlandsprodukts ist Italien deutlich geringer verschuldet als Irland, Portugal oder Spanien und sogar etwas geringer als Frankreich. Das Geldvermögen privater Haushalte ist deutlich höher als in Deutschland, und das Land verfügt über einen lebendigen Exportsektor, der in den ersten Jahren nach der Euro-Einführung noch zu einer ausgeglichenen Leistungsbilanz führte.

Zahlreiche Experten sind der Meinung, dass Italien das Land ist, für das es sich am meisten lohnen würde, die Eurozone zu verlassen.[333] Italien hängt nicht am Tropf der EZB. Es erwirtschaftet einen deutlich positiven Primärüberschuss (Haushaltssaldo vor Finanzierungskosten) und kann daher im Gegensatz zu den anderen südeuropäischen Staaten die Eurozone verlassen, ohne in Finanzierungsschwierigkeiten zu geraten. Die Wettbewerbsfähigkeit des Landes würde von diesem Schritt profitieren, denn eine Abwertung der Lira gegenüber dem Euro würde die italienische Exportwirtschaft beflügeln. Einige Beobachter erwarten sogar, dass sich bei einem Euro-Ausstieg die Finanzierungskosten für Italien eher verringern (nachdem der zu erwartende große Knall an den Finanzmärkten vorüber ist), und zwar aus zwei Gründen. Zum einen ist in den aktuellen Zinssätzen für italienische Staatsanleihen das Risiko einer Abwertung bei einem Austritt aus dem Euro eingepreist. Diese Prämie würde bei einem tatsächlichen Austritt entfallen. Zum anderen würde mit der Wiedererlangung der Souveränität über die Geldpolitik – statt der EZB wäre wieder die italienische Notenbank zuständig – die Wahrscheinlichkeit eines Zahlungsausfalls sinken. Genau wie Großbritannien könnte die Notenbank Geld drucken, die Währung abwerten und damit die Exportstärke Italiens noch weiter erhöhen. Italien könnte dadurch tatsächlich aus der Krise herauswachsen.

In einem Gedankenspiel demonstriert die Bank of America, warum es unter Anwendung der modernen Spieltheorie sogar rational wäre, wenn Italien die Eurozone freiwillig verlässt.[334] Wie diskutiert, würde Italien von einem Austritt aus der Eurozone durch sinkende Finanzierungskosten und steigende Exporte profitieren. Für Deutschland hätte ein Austritt Italiens dagegen negative Auswirkungen. Deutsche Exporte nach Italien würden sich verteuern und die deutsche Wirtschaft unter der gestiegenen internationalen

---

333 Siehe: The Telegraph: *Mario Monti's exit is only way to save Italy*, 10. Dezember 2012
334 Bank of America Merrill Lynch: *Game Theory and Euro Breakup Risk Premium*, FX and Rates Report vom 10. Juli 2012

Wettbewerbsfähigkeit italienischer Konkurrenten leiden. Gleichzeitig wäre mit einem Anstieg der Finanzierungskosten zu rechnen, da Deutschland seinen Status als »sicherer Hafen« für Investoren verlieren würde. Der Spielverlauf ist in Abbildung 37 dargestellt.

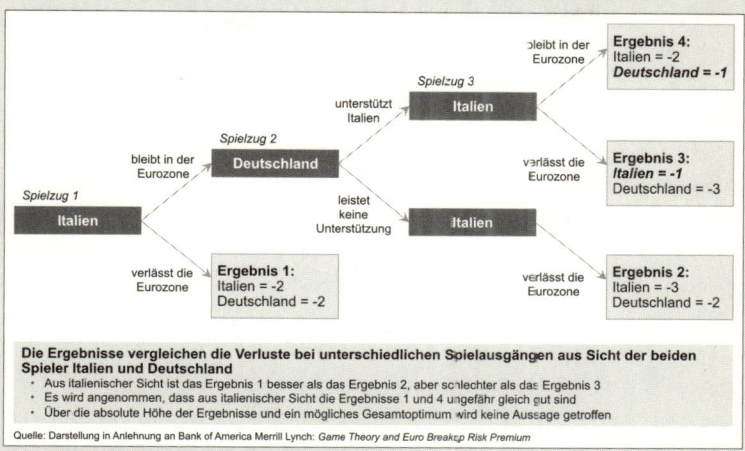

Die Ergebnisse vergleichen die Verluste bei unterschiedlichen Spielausgängen aus Sicht der beiden Spieler Italien und Deutschland
- Aus italienischer Sicht ist das Ergebnis 1 besser als das Ergebnis 2, aber schlechter als das Ergebnis 3
- Es wird angenommen, dass aus italienischer Sicht die Ergebnisse 1 und 4 ungefähr gleich gut sind
- Über die absolute Höhe der Ergebnisse und ein mögliches Gesamtoptimum wird keine Aussage getroffen

Quelle: Darstellung in Anlehnung an Bank of America Merrill Lynch: *Game Theory and Euro Breakup Risk Premium*

Abbildung 37: Italien vs. Deutschland – Das Spiel um den Verbleib in der Eurozone

- *Spielzug 1:* Italien beginnt das Spiel und könnte sich schon im ersten Spielzug für den Austritt entscheiden. Deutschland und Italien müssten jeweils einen Verlust hinnehmen.[335] Die Gläubiger Italiens (darunter auch deutsche Banken) erleiden ebenfalls einen Verlust, da ihre Forderungen durch die Wiedereinführung der Lira an Wert einbüßen.
- *Spielzug 2:* Bleibt Italien in der Eurozone, ist zu erwarten, dass es früher oder später in eine ähnliche Lage kommt, in der Griechenland bereits heute steckt. In der italienischen Wirtschaft herrscht seit 2012 Krisenstimmung. Wie in anderen Ländern der Peripherie leidet die Exportwirtschaft unter dem starken Anstieg der Lohn-

---

335 Dieser Verlust könnte aus den unmittelbaren Kosten des Ausstiegs (verbunden mit der Wiedereinführung der Lira) und den zu erwartenden temporären Turbulenzen an den Finanzmärkten entstehen. Eine genaue Definition des Verlustes spielt für das Gedankenspiel jedoch keine Rolle.

stückkosten seit der Euro-Einführung, welche sich ohne eine Wechselkursanpassung nur mühsam durch jahrelange Lohnstagnation korrigieren lässt. Zudem verordnete Premierminister Monti dem italienischen Staat einen rigiden Sparkurs, welcher das Schuldenwachstum zwar gestoppt hat, aber kurzfristig zu einem schrumpfenden Bruttoinlandsprodukt führt. Das italienische Bruttoinlandsprodukt schrumpfte 2012 um ca. 2 Prozent, für 2013 wird ebenfalls ein Minus erwartet. Setzt sich dieser Trend fort, ist Deutschland am Zug und könnte sich entscheiden, Italien (im Gegensatz zu Griechenland) nicht zu unterstützen. Italien müsste die Eurozone verlassen. Für Italien wären die Kosten des Ausstiegs allerdings höher als bei einem freiwilligen Ausstieg zu einem früheren Zeitpunkt (in Spielzug 1), da es in der Zeit des Abwartens weiter an Wirtschaftskraft einbüßen wird.

- *Spielzug 3, Italien verlässt den Euro:* Leistet dagegen Deutschland Unterstützung, ist die Gefahr durchaus real, dass Italien die Eurozone trotzdem verlässt. Die italienische Bevölkerung könnte sich gegen die empfindlichen Sparmaßnahmen aussprechen, die zur Rückzahlung der Unterstützung erforderlich wären (Griechenland lässt grüßen.) Im Ergebnis würde Deutschland hohe Verluste erleiden, zu den Kosten eines Austritts Italiens aus der Eurozone würden die Verluste aus den Rettungsmaßnahmen hinzukommen. Italien erleidet dagegen geringere Verluste als bei anderen Spielverläufen, aufgrund der erhaltenen Hilfeleistungen.
- *Spielzug 3, Italien behält den Euro:* Bleiben die Italiener in der Eurozone und zahlen die deutsche Unterstützung zurück, würde davon vor allem Deutschland profitieren.

Was lehrt uns die moderne Spieltheorie über den zu erwartenden Ausgang dieses Spiels? Ein Ergebnis ist (Pareto-)optimal, wenn es kein anderes Ergebnis gibt, bei dem keiner der Spieler schlechter gestellt ist und mindestens einer der Spieler besser gestellt ist als bei allen anderen Ergebnissen. Solch ein Ergebnis gibt es bei dem Spiel zwischen Italien und Deutschland um den Verbleib in der Eurozone jedoch nicht. Italien ist am besten gestellt, wenn es Unterstützung annimmt und dann die Eurozone verlässt (Ergebnis 3). Deutschland ist am besten gestellt bei einem Verbleib der Italiener in der Eurozone (Ergebnis 4).

Gibt es keinen optimalen Ausgang, so endet das Spiel im Nash-Gleichgewicht. Keiner der Spieler weiß, wie sich der andere Spieler im nächsten Zug entscheiden wird. Daher wird kein Spielzug riskiert, bei dem ein Spieler durch den nächsten Zug des anderen schlechter gestellt werden könnte. Bei unserem Spiel sollte daher Italien im ersten Spielzug die Eurozone verlassen. Warum? Würde Italien sich für einen Verbleib entscheiden, könnte sich Deutschland im nächsten Spielzug gegen eine Unterstützung Italiens aussprechen. Dies wäre rational, denn Deutschland möchte natürlich ausschließen, dass Italien nach Annahme der Unterstützung die Eurozone verlässt und damit das für Italien bestmögliche (und für Deutschland schlechtmöglichste) Ergebnis erzielt. Das zu erwartende Ergebnis wäre also, dass Italien die Eurozone freiwillig verlässt.

Natürlich ist dies nur ein Gedankenspiel. Aber die Stimmen für einen Euro-Austritts Italiens sind inzwischen nicht mehr zu überhören. Silvio Berlusconi verkündete bereits im Sommer 2012, dass es »keine Blasphemie ist, von einem Euroausstieg zu sprechen«, und bei den Parlamentswahlen 2013 stimmte die Mehrheit gegen die Sparpolitik.[336] Aufgrund einer relativ komfortablen Ausgangssituation hält Italien heute noch alle Trümpfe in der Hand, um zu verhindern, dass es in ein paar Jahren in einer ähnlich misslichen Situation wie andere Länder der Peripherie endet. Und ob Deutschland in der Lage wäre, einem Schwergewicht wie Italien beizustehen, ist ebenfalls mehr als fraglich.

336 Reuters: *Berlusconi says Italy euro exit 'not blasphemy'*, 20. Juni 2012; Spiegel Online: *Politisches Patt in Rom: Italiens Chaos wird zur Gefahr für Europa*, 26. Februar 2013

8
Wenn wir dürften ...

>»Sein Jahrhundert kann man nicht
verändern, aber man kann sich
dagegenstellen und glückliche Wirkungen
vorbereiten.«
>
> *Johann Wolfgang von Goethe, Brief an
> Schiller im Juli 1798*[337]

>»Damit das Mögliche entsteht, muss
immer wieder das Unmögliche versucht
werden.«
>
> *Hermann Hesse, Brief an Wilhelm Gunder
> im September 1960*[338]

Wenn wir dürften, würden wir der westlichen Welt eine wahre Rosskur verpassen. Nicht nur die Schulden müssen reduziert werden, auch die fundamentalen Probleme, die wir im Kapitel 5 dargelegt haben, müssen angegangen werden, um das größte Ponzi-Schema der Geschichte zu beenden. Wir schlagen zehn Maßnahmen vor, wobei unsere Liste sicherlich nicht vollständig ist. Viele erfordern Opfer der verschiedenen Interessengruppen. Andere stellen soziale Investitionen dar, sowohl durch die öffentliche Hand als auch durch den Privatsektor, um die Eurozone und die USA auf einen nachhaltigen Wachstumspfad zurückzuführen.

Die Herausforderungen sind bekannt, es ist Zeit zu handeln. Nicht alle Maßnahmen passen auf jedes Land und jede Situation, und es wird die Aufgabe der Politik sein, diese zu gestalten und vor allem dem Wähler zu erklären. Die Maßnahmen sind zum Teil unpopulär und werden auf Widerstand stoßen. Wenn wir diese Probleme nicht bekämpfen, sind die Folgen noch gravierender. Wir als Gemeinschaft

---

337 o. V.: *Briefwechsel zwischen Schiller und Goethe in den
Jahren 1794 bis 1805*, Goldmann Verlag, München 2005
338 Zu finden in: Udo Lindenberg (Hrsg.): *Mein Hermann
Hesse: Ein Lesebuch*, Suhrkamp Verlag, Frankfurt am
Main 2008, S. 26

und alle wichtigen Gruppen unserer Gesellschaft müssen die Politik bei der Umsetzung unterstützen. Jeder muss bereit sein, seinen Teil beizutragen.

8.1 Großreinemachen: Die ungedeckten Verbindlichkeiten einkassieren

Die westliche Welt ist mit riesigen ungedeckten Verbindlichkeiten für die alternde Gesellschaft konfrontiert. Nach der Beseitigung des »offiziellen« Schuldenüberhangs, wie in den Kapiteln 6 und 7 diskutiert, sollte es einfacher sein, die notwendigen und schmerzhaften Korrekturen der ungedeckten Verbindlichkeiten vorzunehmen. Die Öffentlichkeit würde sehen, dass alle Interessengruppen – einschließlich der Gläubiger und der Eigentümer von Finanzvermögenswerten – bei den notwendigen Aufräumarbeiten nach dem Schuldenboom mitgeholfen haben. Was eine langwierige und emotionsgeladene Neid- und Verteilungsdiskussion entschärfen würde.

Nur durch einen Mix aus verschiedenen Maßnahmen können die nicht gedeckten Zusagen unter Kontrolle gebracht werden:

- *Das Renteneintrittsalter anheben*: So unpopulär diese Maßnahme ist – sie ist der wichtigste Hebel, um die künftigen Kosten zu reduzieren. Keine Generation zuvor konnte bei einer insgesamt so langen Lebenserwartung von einem so kurzen Arbeitsleben profitieren wie die Bürger der westlichen Länder. Angesichts der ständig schrumpfenden Erwerbsbevölkerung kann eine immer kleinere Zahl von Einzahlern die immer größere Zahl von Versorgten nicht mehr finanzieren. Je früher die Öffentlichkeit weiß, womit zu rechnen ist, desto besser kann sie sich darauf vorbereiten. In diesem Zusammenhang sind die jüngsten Vorstöße Frankreichs, das Renteneintrittsalter herabzusetzen, äußerst kritisch zu betrachten.[339]

- *Das Rentenniveau reduzieren*: Selbst bei einem höheren Renteneintrittsalter wird es in einigen Ländern notwendig sein, die zu erwartenden künftigen Auszahlungen zu senken. Je eher die Menschen

---

[339] The Telegraph: *French President François Hollande Cuts Retirement Age*, 6. Juni 2012, oder Wall Street Journal: *France Gives Workers More Benefits*, 6. Juni 2012

wissen, dass die künftigen Auszahlungen niedriger ausfallen werden, desto mehr Zeit haben sie, um ihre Ersparnisse zu erhöhen und sich darauf vorzubereiten.

- *Gesundheitssysteme effizient gestalten:* Höhere Gesundheitsausgaben bringen nicht unbedingt bessere Ergebnisse, wie das Beispiel USA zeigt. Die Gesundheitsausgaben belaufen sich in den USA auf 17,6 Prozent des Bruttoinlandsprodukts, verglichen mit 9,6 Prozent in Großbritannien und 11,6 Prozent in Frankreich und Deutschland.[340] Dennoch ist die Lebenserwartung der US-Bürger um 1,7 bis 3,0 Jahre geringer als in den anderen genannten Ländern.[341] Die Effizienz der Gesundheitssysteme in den westlichen Ländern – nicht nur den USA – kann beträchtlich gesteigert werden, ohne dass dies negative Folgen für die Ergebnisse hat. Weniger ist manchmal mehr!

8.2 Die Effizienz des Staates erhöhen

Neben einer Verringerung der Ausgaben für das Sozialversicherungssystem ist die Verbesserung der Effizienz des öffentlichen Sektors ein wichtiger Schritt, um den Anteil des Staates an der Gesamtwirtschaftsleistung zu senken und Wachstumspotenziale freizusetzen. Ein kleinerer staatlicher Sektor ist nicht unbedingt mit einem schwächeren Staat gleichzusetzen. Wenn die Regierung Leitplanken für die Wirtschaft und den Wettbewerb festlegt, kann sie den Ton und die Prioritäten für die Entwicklung einer Gesellschaft wirksam vorgeben.

- *Die Effizienz des Sozialversicherungssystems verbessern:* Die Verwaltungskosten des Sozialversicherungssystems in den westlichen Ländern bieten erhebliche Sparpotenziale. Man könnte zum Beispiel in Betracht ziehen, jedem Bürger ohne Prüfung des Bedarfs ein Grundeinkommen auszuzahlen. Was auf den ersten Blick wie eine Belohnung für das Nichtstun aussieht, würde erhebliche Ressourcen freisetzen, die derzeit für die bürokratische Verteilung des

---

340 Daten der OECD (Health Data 2012)
341 CIA World Factbook (Life expectancy at birth 2012
Estimates Stand, Stand: Oktober 2012)

Geldes benötigt werden. Diese Idee ist keinesfalls neu. In der Vergangenheit fand sie Unterstützung sowohl bei amerikanischen Liberalen wie Martin Luther King und John Kenneth Galbraith als auch bei konservativen US-Politikern und Ökonomen wie Friedrich Hayek, Richard Nixon oder Milton Friedman. In Deutschland läuft die Diskussion um ein »bedingungsloses Grundeinkommen« seit mehreren Jahren, besonders vorangetrieben vom DM-Drogeriemarkt-Gründer Götz Werner.[342] Mit einem garantierten Mindesteinkommen wird der Verwaltungsaufwand erheblich reduziert, der derzeit durch aufwendige Prozeduren zur Bedarfsermittlung und Verteilung der Leistung sowie zur Kontrolle etwaiger Leistungserschleicher betrieben wird. Zugleich dürfte es einen Anreiz zu Firmengründungen geben, ist man doch abgesichert.

- *Arbeitskräfte für produktive Nutzung freisetzen:* Angesichts des zukünftig zu erwartenden Mangels an qualifizierten Arbeitskräften ist es sinnvoll, die Zahl der staatlichen Angestellten im Vergleich zur Gesamtbevölkerung zu reduzieren. Dann stünden mehr Menschen zur Erzeugung des Bruttoinlandsprodukts zur Verfügung, statt zum Verbrauch und zur Umverteilung. Dies soll nicht heißen, dass öffentliche Bedienstete keinen Beitrag zum Wohlstand einer Gesellschaft leisten – es gibt aber an vielen Stellen sinnvollere Wege, dies zu tun. Studien zufolge ließen sich vor allem in europäischen Ländern beträchtliche Leistungssteigerungen im staatlichen Sektor erzielen.[343]

- *Strukturreformen umsetzen:* Neben einer Reform der Sozialversicherungs- und Rentensysteme ist es wichtig, das wirtschaftliche Potenzial der Volkswirtschaft freizusetzen. Dafür sind rasche Maßnahmen erforderlich, die den Wettbewerb steigern, um die Arbeitsmärkte zu flexibilisieren und Regeln abzuschaffen, die den Markteintritt neuer Teilnehmer blockieren. Laut einer Studie des Internationalen Währungsfonds (IWF) kann das Wachstumspo-

---

342 Siehe: Götz W. Werner: *Einkommen für alle*, Bastei Verlag, 6. Auflage, Köln 2011; und: http://www.unternimm-die-zukunft.de/

343 António Afonso, Ludger Schuknecht, Vito Tanzi: *Public sector efficiency: An international comparison*, in: *Public Choice*, Juni 2005, S. 321–347

tenzial der westeuropäischen Volkswirtschaften durch solche Maßnahmen um 4,5 Prozent gesteigert werden.[344]

8.3 Das Arbeitskräftepotenzial mobilisieren

Die westlichen Volkswirtschaften müssen sich auf einen zunehmenden Mangel an qualifizierten Arbeitskräften vorbereiten. Um
dies abzufedern, sind dringend Maßnahmen erforderlich, die den
Rückgang der erwerbstätigen Bevölkerung in den westlichen Ländern aufhalten. Das Potenzial der bereits existierenden Erwerbstätigen muss daher besser ausgenutzt werden. Es müsste Folgendes
geschehen:

- *Mehr arbeiten:* Ein naheliegender Hebel ist es, mehr zu arbeiten.
Deutschland hat hier enormes Potenzial, vergleicht man die Jah-
resarbeitszeit mit anderen Ländern. Arbeitet der durchschnittliche
Deutsche 1413 Stunden im Jahr, so liegt die Arbeitszeit der US-
Amerikaner bei 1787 Stunden pro Jahr.[345] Goldman Sachs schätzt,
dass sich so zumindest bis 2020 ein Rückgang der Erwerbsbevölkerung in Deutschland auffangen ließe.[346] Das wiederum ist erforderlich, wenn das Bruttoinlandsprodukt nicht durch eine sinkende
Anzahl Erwerbstätiger gedrückt werden soll.
- *Länger arbeiten:* Es muss nicht nur mehr, sondern auch länger gearbeitet werden. Es ist falsch, auf die Erfahrung und das Wissen
älterer Arbeitnehmer zu verzichten, insbesondere angesichts des
drohenden Fachkräftemangels. Kritiker eines höheren Renteneintrittsalters weisen darauf hin, dass die Erwerbsquote bei älteren
Erwerbstätigen im Vergleich zur übrigen Bevölkerung gering ist.
Eine Erhöhung des Renteneintrittsalters wäre daher nur ein Weg,
um die Auszahlungen zu verringern. Dies ändert sich aber. In den
USA hat sich die Erwerbsquote der über 65-Jährigen von unter elf
Prozent Mitte der Achtzigerjahre deutlich auf circa 17 Prozent im

344 International Monetary Fund: *G-20
Mutual Assessment Process – Alternative
Policy Scenarios,* Juni 2010
345 Daten der OECD (Average annual
hours actually worked per worker)

346 Goldman Sachs: *German demogra-
phics and crisis-related immigration,*
Dezember 2012; siehe auch: Zero-
Hedge: *Who Will Keep The German,
And Thus Europe's, Economy Running?,*
19. Dezember 2012

Jahr 2011 erhöht.[347] Seit der Talsohle der Rezession im Jahr 2009 wurden die meisten neu geschaffenen Stellen – rund 3,5 Millionen von insgesamt 4,2 Millionen – von über 55 Jahre alten Erwerbstätigen besetzt.[348] Dennoch sind anhaltende Investitionen in Aus- und Weiterbildung notwendig, und die Unternehmen müssen sich auf die Bedürfnisse älterer Arbeitnehmer einstellen.

- *Die Erwerbsquote von Frauen erhöhen:* In den meisten westlichen Ländern ist der Anteil von Frauen an den Erwerbstätigen immer noch niedriger als in Ländern wie der Schweiz, Schweden oder Norwegen, wo zwischen 77 und 82 Prozent der Frauen arbeiten.[349] Frauen müssen dieselben Karrierechancen haben wie Männer, damit es auch für sie attraktiv ist, Vollzeit zu arbeiten. Dies ist möglich, wenn qualitativ hochwertige Kinderbetreuung angeboten wird und der Staat beispielsweise durch die steuerliche Absetzbarkeit von Haushaltshilfen den Familien das Leben erleichtert. Gerade für berufstätige Mütter sind die Karrierechancen besonders schlecht. Da wir aber sowohl *mehr* Kinder und *mehr* Erwerbsbeteiligung von Frauen anstreben, sollte die Idee einer »Mütterquote« statt einer generellen Frauenquote ernsthafter diskutiert werden.[350] Gleichzeitig müssen dafür mehr Frauen wirtschaftlich wichtige Fächer wie Natur- oder Ingenieurwissenschaften studieren.

- *Die Familiengründung fördern:* Parallel dazu ist es notwendig, die Familiengründung zu fördern und junge Paare zu ermutigen, Kinder zu bekommen. Derzeit ist es so, dass junge Menschen um die 30 Jahre alles auf einmal tun müssen: Erfolgreich im ersten Job sein, Kinder bekommen, ein Haus bauen und fürs Alter vorsorgen. Dass dies viele überfordert und von der Familiengründung abschreckt, liegt auf der Hand. Deshalb sollten die Risiken der Famili-

347 Bureau of Labor Statistics (BLS): *Labor force participation of seniors 1948–2007*, 29. Juli 2008; und Daten des BLS (Employment status of the civilian noninstitutional population by age, sex, and race, 2011)

348 ZeroHedge: *Chart Of The Day: 55 And Under? No Job For You*, 24. Oktober 2012

349 Daten der OECD (Civilian labour force females % of pop 15–64)

350 Erneut angestoßen hat die Debatte die Bremer Soziologie-Professorin Hilke Brockmann in: Bild: *Die Professorin fordert: Mütter-Quote für Deutschland*, 5. Januar 2013. Schon früher gab es ähnliche Überlegungen, z. B. in: Focus Online: *Wir brauchen eine Mütterquote statt eine Frauenquote*, 17. Oktober 2011

engründung verringert werden, beispielsweise durch ein Familien- oder Haushaltssplitting, bei dem das zu versteuernde Einkommen durch die Anzahl der Köpfe in einem Haushalt geteilt wird. Letzteres hätte den weiteren Vorteil, die Sozialsysteme zu entlasten, wenn Angehörige zuhause statt in teuren Einrichtungen betreut werden. Allerdings erfuhr schon der römische Kaiser Augustus, wie schwierig es ist, die Geburtenraten zu steigern. Er senkte die Steuern für Familien mit Kindern und erhöhte sie für Alleinstehende – ohne Erfolg.[351]

Eine Erhöhung der Erwerbsquote von Älteren und Frauen und die Förderung der Familiengründung sind wichtige Maßnahmen. Allerdings kann dies die zu erwartende Knappheit an qualifizierten Fachkräften in den westlichen Industrienationen lediglich mildern. Einer Studie zufolge können eine Milliarde Frauen potenziell einen größeren Beitrag zu ihrer jeweiligen Volkswirtschaft leisten, aber nur sechs Prozent davon kommen aus den Industrieländern.[352] Das geschätzte zusätzliche Wachstum des Bruttoinlandsprodukts beläuft sich dementsprechend in den meisten Industrieländern mit Ausnahme Japans und Italiens[353] auf weniger als zehn Prozent. Wenn man davon ausgeht, dass eine beträchtliche Zahl der neuen Erwerbstätigen in Teilzeit arbeiten würde, läge der Effekt sogar nur bei rund fünf Prozent oder darunter. Selbst wenn die westlichen Industrieländer all diese Maßnahmen ergreifen, wird das nicht ausreichen, um den demografischen Trend umzukehren.

351 Günther Klein: *Kampf um Rom: Das langsame Sterben einer Weltmacht*, in: Hans-Christian Huf (Hrsg.): *Imperium: Vom Aufstieg und Fall großer Reiche*, List, Berlin 2004

352 Booz & Company: *Empowering the Third Billion Women and the World of Work in 2012*, Oktober 2012

353 So ist es kein Wunder, dass der italienische Ministerpräsident Monti die Erhöhung der Erwerbsquote der Frauen als wichtigen Baustein zur Sanierung seines Landes sieht. Siehe: Neue Zürcher Zeitung: *Monti setzt auf Frauen*, 7. Januar 2013

8.4 Eine kluge Einwanderungspolitik verfolgen

Um den demografischen Trend umzukehren, müssen sich die westlichen Industrienationen stärker für Einwanderer öffnen. Japan ist in dieser Hinsicht mit den größten Herausforderungen konfrontiert, da es die älteste einheimische Bevölkerung aufweist und zudem die Zahl der Zuwanderer nahe Null liegt.[354] Deutschland fällt es traditionell schwer, gut ausgebildete Einwanderer anzuziehen, was unter anderem an der Schwierigkeit der deutschen Sprache liegt. Hinzu kommt die erhebliche Belastung mit Steuern und Abgaben. Für qualifizierte Auswanderer waren deshalb die USA und auch Großbritannien bevorzugte Ziele.

Seit Ausbruch der Schuldenkrise hat Deutschland an Attraktivität als Einwanderungsland gewonnen. Die Deutschkurse sind an den Goethe-Instituten der Krisenländer ausgebucht. Einige sehen einen wahren Einwanderungsboom auf Deutschland zukommen. Gemäß der Wanderungsstatistik des Statistischen Bundesamtes wurde 2011 ein Anstieg der Zuwanderung um 20 Prozent im Vergleich zum Vorjahr und in der ersten Jahreshälfte 2012 um weitere 15 Prozent verzeichnet.[355] Die meisten neuen Einwanderer kommen aus südeuropäischen Ländern wie Griechenland, Portugal oder Spanien. Während diese Wanderungsbewegung wegen der dortigen Jugendarbeitslosigkeit entlastend erscheint, schwächt sie mittelfristig die Volkswirtschaften der Peripherieländer weiter. Die wirtschaftlichen Vorteile, die Deutschland durch die zusätzliche Zuwanderung entstehen, werden wahrscheinlich durch höhere Transferzahlungen zunichte gemacht, die erforderlich sind, um den Kollaps der schwachen Volkswirtschaften zu verhindern. Wenn ein Portugiese in Deutschland produktiv ist, muss Deutschland Transferzahlungen nach Portugal leisten, da die Arbeitskraft dieses Portugiesen, auch wenn sie in Portugal gerade nicht bezahlt werden kann, dort fehlt. Aus ge-

---

354 Im Jahr 2006 belief sich der Anteil von Einwanderern an der japanischen Bevölkerung lediglich auf 1,6 Prozent. Vgl. United Nations Department of Economic and Social Affairs: *International Immigration 2006*, Oktober 2006

355 Destatis: *Zuwanderung nach Deutschland steigt im 1. Halbjahr 2012 um 15 %*, Pressemitteilung vom 15. November 2012

samteuropäischer Sicht muss das Ziel daher lauten, Einwanderer aus **außereuropäischen** Ländern anzuziehen.

Selbst das Einwanderungsland USA muss seine Einwanderungspolitik überprüfen. Seit dem Zweiten Weltkrieg zieht das US-Universitätssystem die besten Studenten aus aller Welt an, und die USA haben wirtschaftlich enorm davon profitiert. Dies ist sogar statistisch belegt: Für jeden Prozentpunkt, um den sich die Zahl der ausländischen Studenten in den USA erhöhte, ist die Zahl der eingereichten Patente um 9 bis 18 Prozent angestiegen.[356] Netzwerke aus eingewanderten Studenten waren oft die treibende Kraft hinter technologischen Innovationen in den USA. Dies gilt vor allem für das Silicon Valley, in dem mehr als die Hälfte der neuen Unternehmen von indisch- oder chinesischstämmigen Unternehmern gegründet oder mitgegründet werden, die zuvor in den USA studiert haben. Seit die USA jedoch nach den Anschlägen vom 11. September deutlich restriktiver bei der Erteilung von Arbeits- und Aufenthaltsbewilligungen – auch bei qualifizierten Einwanderern – vorgehen und gleichzeitig die Schwellenländer an Attraktivität gewonnen haben, kehrt ein sehr viel höherer Anteil der ausländischen Studenten in die jeweiligen Heimatländer zurück. Einer Umfrage unter ausländischen Universitätsabsolventen zufolge wollen weniger als zehn Prozent der Inder und Chinesen sehr gern in den USA bleiben.[357]

Die westlichen Industrieländer konkurrieren untereinander und mit den Schwellenländern um denselben, begrenzten Talentpool. Mit steigendem Wohlstand werden die Schwellenländer für ihre ehemaligen Auswanderer wieder attraktiv, was den Wettbewerb zwischen den westlichen Industrieländern und der aufstrebenden Nationen weiter verschärft.[358]

Eine kluge Einwanderungspolitik sollte sich darauf konzentrieren, gut ausgebildete und hoch motivierte Menschen anzulocken, die sich in ihrem neuen Heimatland ein Leben aufbauen wollen und damit zum Wirtschaftswachstum beitragen. Kanada ist ein gutes Vorbild:

356 Financial Times: *U.S. Immigration Policy is Killing Innovation*, 22. Oktober 2012

357 Ebd.

358 Irene Bloemraad: *Understanding ›Canadian Exceptionalism‹*, in: *Immigration and Pluralism Policy, Migration Policy Institute*, Juli 2012

Ein Fünftel der Einwohner des Landes wurden im Ausland geboren, und die öffentliche Meinung unterstützt ganz klar die Zuwanderung.[359] Der Grund dafür ist einfach: Der typische Kanada-Einwanderer ist qualifiziert und motiviert und damit gut für Kanada. Kanada verfolgt in der Einwanderungspolitik einen sehr selektiven Ansatz, der als Vorbild für andere Industrienationen herangezogen werden kann:[360]

- *Wirtschaftliche Aspekte berücksichtigen:* Ziel ist es, qualifizierte Fachkräfte anzuziehen, die das Humankapital einer alternden Erwerbsbevölkerung verbessern. Kanada hat dazu ein Punktesystem entwickelt, welches potenzielle Einwanderer anhand deren Ausbildung und wirtschaftlich-relevanten Fähigkeiten auswählt.

- *Effektive Integration sicherstellen:* Integration ist durch Programme zu fördern, die den Zugang zum Arbeitsmarkt und das Erlernen der Landessprache erleichtern. Auch die gesellschaftliche Integration ist wichtig, was nicht mit einem Aufzwingen kultureller Normen und Werte verwechselt werden sollte! In Kanada sind kulturelle Vielfalt und Chancengleichheit wichtige Prinzipien der Integrationspolitik. Konkrete Maßnahmen zur Integration von Neuankömmlingen werden auf regionaler Ebene organisiert, was die soziale Integration erleichtert.

- *Dauerhafte Zuwanderung anstreben:* Die Einwanderer und das Einwanderungsland sollen es als einen Lebensentscheid sehen. Im Gegensatz zu befristeten Zuwanderern haben Zuwanderer, die ohne zeitliche Befristung aufgenommen werden, einen stärkeren Anreiz zur Integration in die neue Heimat. Gleichzeitig ist eine lebens-

---

359 Im Jahr 2006 belief sich der Anteil der Zuwanderer an der Gesamtbevölkerung in Kanada auf 19 Prozent, verglichen mit 13 Prozent in den USA, 12 Prozent in Deutschland, 11 Prozent in Spanien und Frankreich und 9 Prozent in Großbritannien. Einer Umfrage aus dem Jahr 2010 zufolge sehen nur 27 Prozent der Kanadier die Zuwanderung eher als Problem denn als Chance an, verglichen mit 52 Prozent der Befragten aus den USA bzw. 42 bis 65 Prozent der Befragten

in Frankreich, Deutschland, Italien und Großbritannien. United Nations Department of Economic and Social Affairs: *International Immigration 2006*; German Marshall Fund of the United States: *Transatlantic Trends: Immigration, Key Findings 2010*

360 Vgl. zu den Besonderheiten der kanadischen Einwanderungspolitik: Irene Bloemraad: *Understanding ›Canadian Exceptionalism‹ in Immigration and Pluralism Policy, Migration Policy Institute,* Juli 2012

lange Aufenthaltsgenehmigung ein enormer Vertrauensvorschuss für den Neuankömmling, der selbstbewusst macht. Im Falle einer befristeten Aufnahme ist das Interesse der aufnehmenden Gesellschaft an einer erfolgreichen Integration aus nachvollziehbaren Gründen deutlich geringer.

Gerade Deutschland ist mit seiner selbst im europäischen Vergleich sehr geringen Geburtenrate dringend auf qualifizierte Zuwanderung angewiesen.[361] Der momentane Einwanderungsboom löst das Problem nicht, verschafft uns aber, wenn wir ihn richtig nutzen, Zeit, gezielte Einwanderungspolitik zu betreiben. Mehr als in der Vergangenheit muss dabei das Ziel im Vordergrund stehen, qualifizierte Einwanderer zu gewinnen. Sobald es gelungen ist, erfolgreiche Integration zu praktizieren, wird die Bereitschaft zunehmen, nach Deutschland einzuwandern.

8.5 In Bildung investieren

Bildung spielt eine wichtige Rolle, wenn es darum geht, das Wachstumspotenzial der Industrieländer zu verbessern. Von einem guten Ausbildungsniveau hängt es ab, ob das Bruttoinlandsprodukt pro Kopf gesteigert werden kann. Bildung dient außerdem als Grundlage für gesellschaftliche Mobilität und ist eine Voraussetzung dafür, dass die innovativen Fähigkeiten und das unternehmerische Talent aller Menschen in einer Gesellschaft in vollem Umfang genutzt werden können. Aus diesen beiden Gründen ist der Bildungssektor ein zentraler Bereich, in den soziale Investitionen gelenkt werden sollten.

- *Das durchschnittliche Bildungsniveau verbessern:* Die Industrieländer können es sich nicht mehr leisten, dass ein beträchtlicher Anteil ihrer Jugendlichen keinen Zugang zu qualitativ hochwertiger Bildung hat. Natürlich können nicht alle zu den besten Studenten gehören – aber wenn das durchschnittliche Bildungsniveau ansteigt (vor allem bei den Grundfertigkeiten Lesen, Schreiben und

---

361 Wie bereits in Kapitel 5 diskutiert, liegt die Geburtenrate in Deutschland mit 1,4 deutlich unter der natürlichen Reproduktionsrate von 2,1. Deutlich höhere Geburtenraten habe in Europa insbesondere Frankreich (2,1) und Großbritannien (1,9), aber auch die BeNeLux-Staaten und die skandinavischen Länder ´1,7 bis 1,8). Vgl. CIA: *The World Factbook* 2012.

Rechnen, aber auch bei den Sekundärtugenden wie Pünktlichkeit, Leistungsbereitschaft und Höflichkeit), verbessert sich der Zugang zum Arbeitsmarkt und die Belastung für den Sozialstaat verringert sich entsprechend. Berufliche Bildungssysteme wie in Deutschland, wo schulische und praktische Ausbildung eng verzahnt sind, sollten auch in anderen Ländern eingeführt werden.[362]

- *Die Qualität der Lehre verbessern:* Mehr Geld für Bildung verbessert nicht automatisch die Bildungsqualität, ähnlich wie die schon erwähnten hohen Kosten im Gesundheitswesen nicht automatisch die medizinische Versorgung verbessern. So verdreifachte die US-Regierung von 1970 bis 2007 real die Bildungsausgaben, ohne dass dies insgesamt nennenswerte Auswirkungen hatte.[363] Gezielte Investitionen – nämlich in die Ausbildung, Schulung und Bezahlung hoch qualifizierter Lehrkräfte – hat nachweislich positive Effekte. Finnlands gutes Bildungssystem hat gezeigt, dass Investitionen in die Qualität der Lehre und in die Aus- und Weiterbildung von Lehrern von entscheidender Bedeutung für die Leistungen der Schüler sind.[364]

- *Die Spitze fördern, um Innovation und Unternehmertum zu stärken:* Parallel zur Verbesserung des allgemeinen Bildungsniveaus müssen die westlichen Industrieländer ihre Methoden zur Ermittlung und Förderung der begabtesten Studenten verbessern. Innovationen und Unternehmergeist finden sich vor allem in der Spitzengruppe, weshalb das Bildungssystem sicherstellen muss, dass diese Studenten ihr Potenzial bestmöglich nutzen.[365] Die Schwellenländer investieren viel Geld in die Gründung neuer Universitäten; bereits jetzt werden 15 der 100 besten MBA-Programme weltweit in den Schwellenländern angeboten, Tendenz steigend.[366]

---

362 Die deutsche Berufsausbildung sehen wir international als »Best-Practice« – allerdings gilt dies nicht für das deutsche Schulsystem, wo die Abbruchquote vergleichsweise hoch ist und von dessen Absolventen viele wegen eines Mangels an grundlegenden Fertigkeiten wie Lesen, Schreiben und Rechnen keinen Ausbildungsplatz finden.

363 CATO Institute: *Has Federal Involvement Improved America's Schools?*, 5. November 2009

364 Vgl. zum Beispiel: Linda Darling-Hammond: *What we can learn from Finland's successful school reform*, National Education Association, 2010

365 Gregory Park, David Lubinski, Camilla P. Benbow: *Ability differences among people who have commensurate degrees matter for scientific creativity*, Psychological Science, 2008

Die Industrieländer müssen rasch handeln, damit sie auch künftig attraktiv für die besten Studenten sind.

- *Zum Studium von wirtschaftlich relevanten Fächern ermutigen:* Zuletzt wird es wichtig sein, Studenten in Fächer zu lenken, die von größerer Bedeutung für die künftige wirtschaftliche Entwicklung sind, wie Natur- und Ingenieurwissenschaften. Die Grundlagen dafür werden schon in den Schulen und Kindergärten gelegt. Die mathematisch-naturwissenschaftliche Ausbildung muss deutlich gestärkt werden und auch das Fach »Wirtschaft« sollte allgemeinverbindlich sein.

8.6 In den Kapitalstock investieren

Seit über einem Jahrzehnt haben die westlichen Länder ihre Investitionen in die öffentliche Infrastruktur und in produktive Vermögenswerte zurückgefahren. Da die Qualität des Kapitalstocks von hoher Bedeutung für die Produktivität und das Wirtschaftswachstum ist, müssen wir diesen Trend umkehren.

- *Öffentliche Infrastruktur modernisieren:* Wie bereits an anderer Stelle erläutert, haben die Schwellenländer den Westen in punkto Qualität und Effizienz der öffentlichen Infrastruktur an vielen Stellen überholt. Ihnen ist klar geworden, dass eine den globalen Standards entsprechende Infrastruktur eine wichtige Vorbedingung für ihre wirtschaftliche Entwicklung ist. Auch für die Industrieländer ist eine Infrastruktur auf dem neuesten Stand der Technik ein nicht zu unterschätzender Wettbewerbsfaktor. Flughäfen sowie Eisenbahn- und Autobahnnetze müssen modernisiert und an den künftigen Bedarf angepasst werden. Um zu vermeiden, dass die ohnehin hohe Verschuldung noch stärker ansteigt, sollte die öffentliche Infrastruktur in Zusammenarbeit mit dem privaten Sektor modernisiert werden. Dazu sollte der öffentliche Sektor den privaten Sektor nicht nur zur Finanzierung, sondern auch zur Effizienzsteigerung öffentlicher Projekte einbinden. Mithilfe der Erfahrungen aus dem privaten Sektor kann die Wirtschaftlichkeit auf verschiedene Arten gesteigert werden: verbesserte strategische

---

366 Financial Times Global MBA Rankings (abrufbar unter: http://rankings.ft.com/businessschoolrankings/global-mba-rankings-2012)

Planung und Steuerung, Verringerung der Dauer und Komplexität von Genehmigungsverfahren, geschicktere Prioritätensetzung und bedarfsorientierte Projektauswahl. Jüngste Fehlkalkulationen wie beim Berliner Großflughafen, der ursprünglich 2010 fertiggestellt sein sollte, und beim Bahnhofsprojekt Stuttgart 21 zeigen, dass gerade in punkto Budget- und Projektplanung deutlicher Handlungsbedarf besteht.

- *Investitionen des privaten Sektors ankurbeln:* In den vergangenen Jahrzehnten haben die westlichen Unternehmen den auf dem Heimatmarkt erwirtschafteten Ertrag für Investitionen in den Schwellenländern genutzt. In Deutschland wurde verdient, in China investiert. Nachdem sich diese Investitionen inzwischen rentieren, ist es Zeit, wieder in die Effizienz von Produktionsstätten im Westen zu investieren. Die Regierungen der westlichen Länder sollten diese privaten Investitionen zur Verbesserung der internationalen Wettbewerbsfähigkeit fördern. Denn die Unternehmensgewinne erreichen momentan ein Rekordniveau. Die Steuerpolitik sollte es attraktiv machen, Anlageinvestitionen und Investitionen in Forschung und Entwicklung zu tätigen, anstatt Geld anzuhäufen oder die Gewinne an die Anteilseigner auszuschütten. Oft ist es aber so, dass Investitionen eher behindert werden und Unternehmen Geld in ausländischen Tochtergesellschaften horten.

- *Strukturreformen umsetzen:* Außerdem ist es erforderlich, die Arbeitsmärkte weiter zu deregulieren. Nur so wird die Investitionsbereitschaft von Unternehmen steigen. Prominentes Beispiel ist Italien, wo viele Unternehmer es scheuen, ihre Mitarbeiterzahl über 15 hinauswachsen zu lassen, da die Mitarbeiter bei einer größeren Belegschaft quasi unkündbar sind. Ein gutes Beispiel dafür, dass das Gegenteil von gut, gut gemeint ist.

8.7 Den Ressourceneinsatz verbessern

Das Zeitalter der billigen Ressourcen könnte endgültig zu Ende sein. Die westlichen Länder müssen sich zunehmend darum bemühen, die wirtschaftliche Entwicklung vom Ressourcenverbrauch abzukoppeln. Vor allem Länder, die nicht über die natürlichen Rohstoffe verfügen, die ihre Volkswirtschaften benötigen (wie Deutschland und die meisten anderen Länder Europas), müssen bei der schonenden

Nutzung von Ressourcen mit gutem Beispiel vorangehen. Die USA, die den jüngsten Prognosen zufolge in zwei Jahrzehnten bei der Energieversorgung autonom sein könnten (siehe dazu auch Box »Retten ›Shale Gas‹ und ›Tight Oil‹ den USA die billige Energie?«),[367] dürfen in ihren Bemühungen nicht nachlassen. Da der zusätzliche Konsum vor allem aus den Schwellenländern kommen wird, müssen die westlichen Länder mit gutem Beispiel vorangehen, um Wirtschaftswachstum vom Ressourcenverbrauch abzukoppeln.

- *Den Anteil erneuerbarer Energien erhöhen:* Obwohl im Jahr 2011 knapp die Hälfte der neuen Kraftwerkskapazitäten weltweit auf die Nutzung erneuerbarer Energien abstellte, beläuft sich der Anteil fossiler Brennstoffe an der gesamten Stromerzeugung immer noch auf rund 80 Prozent.[368] Für innovative Projekte wie Desertec, welches die Energie aus Solarkraftwerken in Nordafrika nach Europa liefern soll, oder Masdar, einer Stadt für 40 000 Einwohner in den Vereinigten Arabischen Emiraten, die keine CO2-Emissionen und Abgase erzeugen soll, sind aufgrund langer Investitionszeiträume und hoher technologischer Risiken auch zukünftig staatliche Finanzmittel erforderlich. Solche Pilotprojekte sind wichtig, um neue Technologien anzuwenden und die technologischen Grenzen zu verschieben.

- *Rohstoffschonende Produktion und Produkte:* Bei weltweit steigenden Energie- und Rohstoffpreisen besteht eine strategische Priorität für die Unternehmen darin, die Effizienz ihrer Produktion und ihrer Lieferketten stetig zu verbessern.[369] Außerdem müssen die Unternehmen in ressourcenschonende Produkte investieren, um die sich wandelnde Verbrauchernachfrage zu befriedigen. Die Politik muss dies regulierend unterstützen, sodass entsprechende Technologien von Unternehmen entwickelt und von Konsumenten auch tatsächlich nachgefragt werden.[370]

367 BP: *Energy Outlook 2030,* Januar 2012; Financial Times: *US on path to energy self-sufficiency,* 12. Januar 2012

368 REN21: *Renewables 2012 Global Status Report,* 2012

369 World Economic Forum: *More with Less: Scaling Sustainable Consumption and Resource Efficiency,* Januar 2012

370 Vgl. United Nations Environment Programme: *Global Outlook on sustainable consumption and production policies – Taking actions together,* 2012

Retten »Shale Gas« und »Tight Oil« den USA die billige Energie?

Die USA erleben momentan einen regelrechten Erdöl- und Erdgasboom. Der Grund dafür ist die Förderung von »Tight Oil« und »Shale Gas«, also unkonventionellen Ölvorkommen und Schiefergas. Öl wird hierbei nicht klassisch mit Bohrplattformen abgebaut, sondern zum Beispiel aus ölhaltigem Sand – »Ölsand« – gewonnen. Bis vor wenigen Jahren galten diese Vorkommen als schwer erschließbar. Der Abbau war ökonomisch nicht sinnvoll. Dank neuer Technologien lassen sich diese Vorkommen nun günstiger fördern.[371] Nach den aktuellen Prognosen der International Energy Agency (IEA) werden die USA im Jahr 2015 Russland als größten Gasproduzenten und bis 2017 sogar Saudi-Arabien als größten Erdölproduzenten ablösen.[372] Die USA werden damit zunehmend unabhängig von Importen. Zudem hat Präsident Obama verbindliche Verbrauchsziele für Pkw eingeführt, und es wird erwartet, dass der Ölverbrauch in den kommenden Jahrzehnten sinkt. Die IEA prognostiziert daher sogar, dass die USA bis 2030 zum Ölexporteur werden.

Diese Entwicklung bringt wichtige Impulse für die US-Ökonomie. Der Transport von Erdgas ist kostenaufwendig. Deshalb sind die Preise für amerikanisches Erdgas in den USA deutlich geringer als in Europa oder Japan. Dies ist ein Wettbewerbsvorteil für Chemieunternehmen, für die Erdgas einen wichtigen Rohstoff darstellt. Energieintensive Branchen profitieren ebenfalls vom billigen Gas. Die IEA prognostiziert, dass Energiepreise im Jahr 2035 in den USA rund 25 Prozent günstiger sein werden als in Europa. Darüber hinaus wird der Öl-Boom das chronische Handelsdefizit der USA reduzieren. Einige Beobachter rechnen sogar mit einem Handelsüberschuss innerhalb der nächsten zehn Jahre.[373] Ein Handelsüberschuss wiederum würde den dringend notwendigen Schuldenabbau in den USA deutlich vereinfachen.

371 John Mauldin: *Thoughts from the Frontline: Peak Oil or Peak Energy – A Happy Solution?*, Mauldin Economics, 10. Dezember 2012

372 International Energy Agency: *World Energy Outlook 2012*, November 2012

373 The Telegraph: *Gas Fracking Will Revolutionize the US Economy*, 25. März 2012

Bringt also der Öl-Boom die wirtschaftliche Wende in den USA? Es gibt Experten, die bezweifeln, dass unkonventionelle Ölvorkommen und Schiefergas die hohen Erwartungen erfüllen können.[374] Doch selbst wenn die aktuellen Prognosen nicht vollumfänglich eintreffen, werden die USA dank ihrer aktuellen Energiepolitik zukünftig weniger auf Importe von fossilen Brennstoffen angewiesen sein. Der Rohstoffboom ist die Chance, die Industrie zu revitalisieren und einen neuen Aufschwung zu entfachen.[375]

In Europa fehlt momentan die Fantasie, wie die Wirtschaft aus der Abwärtsspirale ausbrechen kann. Was durch Initiativen wie die Energiewende in Deutschland, die die Energiepreise deutlich verteuern wird, nicht gerade vereinfacht wird.

8.8 Globale Zusammenarbeit

Zweifelsohne wird sich der Wettbewerb zwischen den westlichen Industrienationen und zwischen Industrienationen und Schwellenländern in den kommenden Jahren verstärken. Alle werden versuchen, ihre Exporte zu erhöhen, alle werden versuchen, die besten Einwanderer anzuziehen, und alle werden versuchen, sich knappe Ressourcen – von Wasser über Öl bis hin zu Rohstoffen – zu sichern. So gut der Wettbewerb für die Entwicklung neuer und innovativer Produkte ist – die Probleme der westlichen Länder können nur kooperativ auf globaler Ebene gelöst werden. Insgesamt besteht das größte Risiko für den Anpassungsprozess darin, dass in geringerem Maße kooperiert wird. Dies würde zu einem Teufelskreis führen, der in einem sehr viel schwächeren Wachstum und einer schrittweisen Absenkung des Lebensstandards weltweit resultiert.

374 Siehe z. B.: Artur E. Berman: *Oilprone Shale Plays: The Illusion of Energy Independence*, Labyrinth Consulting Services, Vortrag beim Houston SIPES Continuous Education Seminar, 19. Oktober 2012 (abrufbar unter:

http://www.sipeshouston.org/Presentations.sa.sem.10.2012/8%20Oil%20Shale.pdf).

375 GMO *On the road to zero growth*, GMO Quarterly Letter, November 2012

Globalisierung und globaler Handel bedeuten nun einmal, dass alle voneinander abhängig sind. Denn die Schwellenländer sind nicht immun gegenüber den Problemen der westlichen Länder. Dafür sind die Märkte im Westen für diese exportabhängigen Volkswirtschaften schlicht zu groß, selbst wenn man von einem auf längere Sicht schwachen Wachstum ausgeht. Außerdem haben sich die Schwellenländer in den vergangenen Jahrzehnten zu wichtigen Gläubigern der westlichen Länder entwickelt. Laut dem amerikanischen Finanzministerium ist China mit über 1,2 Billionen Dollar der größte Gläubiger der US-Regierung und hielt im Jahr 2011 Schätzungen zufolge europäische Staatsanleihen im Wert von 500–600 Milliarden Euro.[376] Die Schwellenländer mögen zwar wirtschaftlich besser dastehen als der Westen, aber sie können sich nicht von unseren Problemen abnabeln. Was kann man tun?

- *Die Schwellenländer müssen den Anpassungskurs im Westen unterstützen:* Die Gläubiger müssen den Schuldnern helfen, indem sie ihnen gestatten, ihre Schulden zurückzuzahlen. Dafür müssen die Defizitländer einen Handelsbilanzüberschuss und die ehemaligen Überschussländer ein Defizit verzeichnen. Die Schwellenländer müssen ihr Geschäftsmodell anpassen und sich weniger auf ein exportbasiertes Wachstum konzentrieren, den inländischen Konsum stärken und Handelsbilanzdefizite zulassen. Unter Umständen heißt dies, dass die Schwellenländer sich an dem Tilgungsfonds beteiligen müssen, den wir für die Eurozone vorgeschlagen haben.
- *Die Schwellenländer sollten zur Verringerung des globalen Energie- und Rohstoffverbrauchs beitragen:* In globalen Initiativen zur Verringerung des CO_2-Ausstoßes, wie zum Beispiel dem Kyoto-Protokoll, sprechen sich die Schwellenländer insgesamt gegen restriktive Regelungen aus, da diese, so wird argumentiert, ihre wirtschaftliche Entwicklung hemmen würden. Das Argument ist nachvollziehbar: Während der Westen über viele Jahrzehnte hinweg von billigen Ressourcen profitiert hat, um seine Volkswirtschaften aufzubauen, wird das den Schwellenländern von genau dem gleichen Westen verboten. Nach dem Motto: »Wir haben die Nacht durchgefeiert,

---

376 Deutsche Bank: China – *Nicht der erhoffte weiße Ritter*, 16. September 2011

aber ihr müsst um 10 ins Bett.« Dennoch sind die Schwellenländer hier gefordert.

Denn ganz abgesehen von den Auswirkungen auf die Klimaveränderung führt der hohe Energieverbrauch in den aufstrebenden Wirtschaften direkt zu einem globalen Anstieg der Rohstoffpreise. Dies würde die Probleme in den westlichen Ländern verschärfen. Und damit auch die Schwellenländer schwächen. Handelt man gemeinsam, würden im Gegenzug alle Bemühungen zur effizienteren Nutzung von Energie und Rohstoffen den Preisanstieg dämpfen und den Anpassungsprozess in den westlichen Ländern unterstützen. Gemäß Berechnungen der International Energy Agency (IEA) kann das Wachstum des globalen Energiebedarfs bis 2035 halbiert werden, wenn die bereits heute bekannten ökonomisch sinnvollen Effizienzmaßnahmen durch effektive Regulierung weltweit konsequent zum Einsatz kämen. Von diesem »Efficient World Scenario« würde nicht nur der Westen profitieren, sondern auch die Schwellenländer. Die globale Wirtschaftsleistung wächst in diesem Szenario bis 2035 kumuliert um zusätzliche 18 Billionen US-Dollar.[377]

8.9   Die nächste Kondratjew-Welle anschieben

Die westlichen Staaten müssen beweisen, dass Professor Gordon, dessen Thesen wir in Kapitel 5 besprochen haben, falschliegt! Er selbst zitiert berühmte Äußerungen aus der Vergangenheit, bei der die Zukunft falsch vorausgesagt wurde. So meinte Thomas Watson, CEO von IBM, 1943, weltweit würden vielleicht fünf Computer benötigt, und Charles H. Duell, Leiter des US-Patentamts, soll 1899 gesagt haben, dass alles, was erfunden werden könne, bereits erfunden worden sei.

Innovationen können und werden eine wichtige Rolle für die nächste wirtschaftliche Entwicklungswelle spielen, wie dies in der Theorie der Kondratjew-Wellen beschrieben wird. Um im Wettlauf um globale Innovationen zu bestehen, müssen die westlichen Länder jedoch nicht nur die Bildungs- und Einwanderungsthemen angehen,

---

[377] International Energy Agency (IEA), *World Economic Outlook*, October 2012

sondern auch Forschung und Existenzgründungen fördern und die gesellschaftliche Offenheit und Akzeptanz Innovationen gegenüber erhöhen:

- *Innovationshürden abbauen:* Häufig ziehen es die Politiker vor, den Status quo zu schützen und alte Industrien zum Beispiel durch Subventionen oder Regulierungen zu verteidigen. Unseres Erachtens wird dadurch nicht nur der unvermeidliche Niedergang alter Industrien für die Wirtschaft insgesamt teurer, sondern es gehen neue Technologien und Industrien verloren. So hart es ist, Einkommen und Arbeitsplätze in alten Industrien zu verlieren – in der Vergangenheit sind Bemühungen um eine Verschiebung des Unvermeidlichen immer gescheitert. In der »neuen Welt«, der Welt während und nach der Krise, verfügen die Regierungen weder über das Geld noch über die Zeit, alte Industrien vor dem Wandel zu schützen. Das bedeutet auch, dass es in Zukunft noch wichtiger wird, gegen Kartelle vorzugehen. Die hohe Rentabilität zahlreicher Industrien heute kann ein Anzeichen für einen mangelnden Wettbewerb sein, der quasi schon einer Monopolstellung mancher Unternehmen gleichkommt.
- *Risikobereitschaft fördern:* Innovationen werden tendenziell von jungen Menschen erdacht. Viele der innovativsten Firmen des Informationszeitalters – wie zum Beispiel Apple, Microsoft, Google und Facebook– wurden von Universitätsstudenten gegründet, die kaum älter als 20 Jahre alt waren. Es ist daher wichtig, dass die Gesellschaft Risikobereitschaft in jungen Jahren unterstützt. Ebenso ist es wichtig, dass das Unternehmertum als attraktiv und lukrativ angesehen wird, und nicht als, im Vergleich zur Arbeit in anderen Wirtschaftszweigen, riskant und unseriös. Ein erster Schritt wäre zum Beispiel in Deutschland wirtschaftliches Verständnis schon im Schulunterricht zu fördern und vor allem Unternehmertum und Marktwirtschaft in einem objektiveren Licht und in einem weniger negativen Grundtenor darzustellen, als dies gegenwärtig in den meisten Schulbüchern geschieht.[378]
- *Gesellschaftliche Akzeptanz erhöhen:* In vielen westlichen Ländern ist die Gesellschaft in Bezug auf Innovation und neue Technolo-

---

[378] Frankfurter Allgemeine Zeitung: *Schlechte Noten für die Schulbücher,* 10. April 2010

gien skeptisch. Dies zeigt sich zum Beispiel bei der Biotechnologie und Gentechnik und ihrer Anwendung bei der Lebensmittelproduktion oder in bestimmten Bereichen der medizinischen Forschung. Einige Länder sind für solche Forschungen sehr offen, andere tendenziell weniger. Unseres Erachtens hat die Akzeptanz neuer Technologien auch etwas mit dem Alter einer Gesellschaft zu tun. Je älter die Bevölkerung, desto stärker scheint sie den Status quo bewahren zu wollen und misstrauisch gegenüber neuen Technologien zu sein, wie eine Studie des Instituts für Demokratieforschung unterstreicht. Der typische »Wutbürger« ist demnach »grauhaarig, gut gebildet, bestens versorgt«, und zumeist kinderlos.[379] Die führenden Köpfe müssen der Gesellschaft erläutern, dass nur mehr Innovationen dabei helfen können, mit den Kosten des demografischen Wandels umzugehen, wenn der Wohlstand insgesamt bewahrt werden soll.

Wie schon in der Vergangenheit wird Innovation einer der entscheidenden Hebel sein, um zukünftiges Wirtschaftswachstum zu erzielen. Wir sind da optimistisch. Die Theorie der Kondratjew-Wellen passt gut zu den Prozessen, wie wir sie in der Vergangenheit in Schuldenökonomien erlebt haben. Sobald der Wettbewerb wieder entfacht ist, wird auch die Geschwindigkeit der Innovationen zunehmen.

8.10 Aus der Krise lernen!

Stellen die bisherigen Punkte schon eine enorme Herausforderung für die Gesellschaften des Westens dar, so ist unsere letzte Forderung sicherlich am schwersten zu realisieren: die Regulierung unserer Wirtschaft, um eine Wiederholung dieser Krise zu verhindern. Gerade jene, deren Vermögen und Ersparnisse durch die erforderliche Bereinigung des Schuldenüberhangs reduziert werden – egal auf welchem Wege –, werden zu Recht verlangen, dass eine Wiederholung vermieden wird. Kein anderer Beweggrund stand hinter

379 Institut für Demokratieforschung: *Bürgerproteste in Deutschland: Ergebnisse der BP-Gesellschaftsstudie*, Januar 2013; siehe auch: Spiegel Online: *Studie über neue Protestbewegungen: Was treibt die Wutbürger?*, 30. Januar 2012, sowie: Frankfurter Allgemeine Zeitung: *Männlich, gut situiert, konfessionslos und viel Zeit*, 31. Januar 2012

den Regulierungsbemühungen zu Zeiten der Großen Depression, welche unter anderem zur scharfen Trennung von Investment- und gewöhnlichen Geschäftsbanken geführt hat. Dies setzt jedoch voraus, dass man sich überhaupt eingesteht, einen Fehler gemacht zu haben, und dass die Politik akzeptiert, dass sie nicht mehr so viele Wohltaten verteilen kann wie bisher. Dass also der »Druck«, von dem wir schon in Kapitel 1 gesprochen haben, als Bestandteil des Kapitalismus offen akzeptiert und nicht durch übermäßige Verschuldung auf Kosten der kommenden Generation für ein paar Jahre kaschiert wird. Da dies unangenehm ist, steht zu befürchten, dass am Ende doch nur die Symptome adressiert werden, um von dem eigentlichen Problem abzulenken. Bestes Beispiel dafür ist die beliebte Finanzmarkttransaktionssteuer, die weder eine Krise verhindert hätte noch verhindern wird und deren eigentliches Ziel, nämlich Geld für klamme Staaten aufzutreiben, nicht erreicht wird. Zu leicht können die großen Investoren auf andere, steuerfreie Märkte ausweichen, und die paar verbleibenden Privatinvestoren ergeben keine nennenswerten Einnahmen. Ähnlich verhält es sich mit anderen Scheingefechten, so zum Beispiel dem Verbot von Leerverkäufen.

Was wäre stattdessen zu tun? Wir sehen – ohne jeglichen Anspruch auf Vollständigkeit – folgende vier Punkte:

1. *Ökonomische Freiheit sichern*: Für uns ist das bestehende Wirtschafts- und Gesellschaftssystem den Alternativen deutlich vorzuziehen. Nur in unserem demokratischen System ist es möglich, individuelle Freiheit und Wohlstand mit der erforderlichen sozialen Komponente zu verbinden. Dies setzt in einem ersten Schritt voraus, dass wir erkennen, wie unser Wirtschaftssystem eigentlich funktioniert. Dass wir den Zusammenhang von Eigentum, Zins, Schulden und Geld verstehen und daraus abgeleitet als Grundvoraussetzung einen rechtlichen Rahmen bieten, der die Funktionsfähigkeit dieses Systems sicherstellt. Da sind besonders die Schulen und die Universitäten gefragt. Dazu gehört auch die Sicherung ökonomischer Freiheit: Die Eigentümer sollen möglichst uneingeschränkt mit ihrem Eigentum wirtschaften können. Der sich daraus ergebende Druck steigert das künftige Wachstum durch Produktivitätsverbesserung und Innovation.

2. *Korrigierende Eingriffe des Staates*: Da die Eigentums- bzw. Schuldenökonomie, wie die Geschichte zeigt, zu zunehmender Ungleichverteilung über Zeit führt, muss der Staat korrigierend ein-

greifen. Dies geschieht durch Sozialsysteme, progressive Besteuerung, aber auch Besteuerung der Vermögen, vor allem beim Übergang zwischen den Generationen. Wie gut eine solche Politik der kontinuierlichen Umverteilung funktionieren kann, sieht man an den skandinavischen Ländern, aber auch in Deutschland, wo – allen kritischen Stimmen zum Trotz – immer noch eine im internationalen Vergleich recht gleichmäßige Vermögensverteilung vorliegt. In den USA, aber auch in China und vielen anderen westeuropäischen Staaten ist das Vermögen weitaus ungleicher verteilt.[380] Wir wissen, dass dieses Argument und die Idee einer Vermögensteuer und höherer Erbschaftsteuern sehr gerne von der politischen Linken aufgegriffen und mit klassenkämpferischer Rhetorik vertreten wird. Deshalb weisen wir ausdrücklich darauf hin, dass unser Motiv hier nicht der Neid auf die Erfolgreichen ist, sondern die Suche nach einem geordneten Weg. die Vermögenskonzentration auf einem nachhaltig stabilen Niveau zu halten. Aus diesem Grunde sind wir zudem für eine deutlich geringere Besteuerung von Löhnen und Gehältern. Eine sehr hohe Einkommensteuer schwächt die Dynamik des Wirtschaftssystems. Sie würgt nicht nur den Konsum und die Binnennachfrage ab, sondern untergräbt die Motivation. Der wichtigste Hebel des Staates, übermäßige Vermögenskonzentration zu verhindern, ist die gute Ausbildung der nachfolgenden Generation. Durch nichts wird der Ungleichverteilung und damit auch Ungleichbehandlung mehr Vorschub geleistet als durch die Verweigerung guter Bildung.

3. *Schulden nur für produktive Zwecke*: Schulden sind gut, soweit sie einen Ansporn liefern, mehr zu leisten. Deshalb ist es entscheidend, jegliche Schuldenaufnahme zu unterbinden, bei der von Anfang an nicht die Absicht besteht, mit dem Geld Investitionen zu tätigen. Offensichtlich fällt gerade die Staatsverschuldung in diese Kategorie. Der überwiegende Teil der heutigen Verschuldung entstand bei der Finanzierung von Konsum, vor allem im Sozialbereich, und die wenigen Investitionen, die getätigt wurden, haben offensichtlich nicht den prognostizierten Ertrag gebracht. Am besten wäre es, wenn der Staat keine Schulden machen dürfte, außer in außergewöhnlichen Krisenzeiten, wobei die dann gemachten

---

380 The Economist: *For richer, for poorer*, 13. Oktober 2012

Schulden umgehend wieder abgebaut werden müssten. Da auch im Privatsektor die Gefahr einer ausufernden Verschuldung besteht, besonders wenn wieder der Glaube herrscht, Immobilien könnten nur noch im Wert steigen, oder wenn eine neue Internetblase beginnt, muss auch hier das Kreditwachstum begrenzt werden. Wie schon im Altertum erreicht man dies mit der Erhöhung von Eigenkapitalanforderungen und durch höhere Zinsen. Wobei wir uns heute an einem Zielwert von 60–90 Prozent des BIP je Sektor der Privatwirtschaft orientieren sollten. »Gute« Schulden hingegen, die nicht dem Konsum dienen, erlauben einen Anstieg des Bruttoinlandsprodukts und ermöglichen damit wieder neues Kreditwachstum, das auf Sicherheiten basiert. Dies kann ewig so weitergehen, wobei wir nicht so naiv sind anzunehmen, dass es dann nicht mehr zu Rezessionen oder Krisen käme. Allerdings nicht auf dem Niveau, das wir gegenwärtig sehen.

4. *Monopol der Zentralbank hinterfragen*: Zu guter Letzt werfen wir noch die Frage auf, ob es wirklich eines Monopols der Zentralbanken bedarf. Letztlich zeigt die Geschichte, dass die Zentralbanken, allen Bekundungen der Unabhängigkeit zum Trotz, immer wieder dem Druck der Staaten ausgeliefert sind, diesen aus der Patsche zu helfen. Dies endet erfahrungsgemäß mit einer Entwertung des Geldes. Hier würde Wettbewerb guttun: Früher war es durchaus üblich, dass es mehrere Banken gab, die Geld ausgegeben haben. Wie am Beispiel Mesopotamiens gezeigt, haben früher die Banken miteinander konkurriert und die Tempelbank hat lediglich über längere Zeit dank der Verbindung zur Religion Marktanteile gewonnen. Später wurden dann staatliche Monopole vergeben – siehe zum Beispiel die Bank of England –, die letztlich den Durchgriff des Staates sicherten und die Gewinne aus Geldschöpfung monopolisierten. Eine Privatisierung des Geldsystems würde diese Monopole abschaffen und zugleich gäbe es kein »gesetzliches Zahlungsmittel« mehr. Jeder kann frei entscheiden, ob er das Geld einer bestimmten Bank zur Tilgung von Krediten oder zum Kauf von Waren akzeptiert. Diese Idee wurde von der sogenannten »österreichischen Schule« der Volkswirtschaftslehre, namentlich von Ludwig von Mises und dem späteren Nobelpreisträger Friedrich von Hayek, propagiert. Zwar setzten diese Vorschläge eine Goldbindung voraus, die aber nicht erforderlich ist. Es gibt nur eine unumstößliche Regel: Geld gibt es

nur gegen gute Sicherheiten. Die Vorteile einer Privatisierung des Geldes wären vielfältig. Nicht nur hätte der Staat keine Möglichkeit mehr, die Grundregel des Wirtschaftssystems, wonach jede Geldschöpfung eine ordentliche Sicherheit voraussetzt, zu verletzen. Die Banken hätten einen nachhaltigen Anreiz, solide zu wirtschaften und nur gegen ordentliche Sicherheiten Geld herauszugeben.[381] Ihre Schulden, das umlaufende Geld, würden ständig zueinander bewertet, und ein Verlust an Vertrauen in die Qualität der Bank als Schuldner würde sofort zu einem Abschlag dieses Geldes gegenüber den Schulden anderer Banken führen. Aus heutiger Sicht ein abenteuerlicher Vorschlag. Zu groß sind schließlich die Vorteile, wenn es möglichst wenig verschiedene Währungen gibt. Jeder weiß aus eigener Erfahrung, wie praktisch es ist, wenn man überall mit Euro bezahlen kann. Auf der anderen Seite kann man davon ausgehen, dass es nur eine beschränkte Zahl von Anbietern geben wird, die sich durchsetzen werden. Und zwar jene, die die beste Qualität der Vermögen bieten, die hinter dem Geld stehen.

Wir wollen unser gegenwärtiges System nicht schlechtreden. Im Gegenteil: Wir können uns kein besseres Wirtschaftssystem vorstellen als das unsere und sind besorgt, dass infolge der Krise genau jene Kräfte an Einfluss gewinnen, die eigentlich Schuld an dem Desaster haben oder die das gegenwärtige System kippen wollen. Um unangenehme Nachrichten zu vermeiden, macht die Politik lieber Schulden und druckt Geld. In den USA scheute man sich, offen zu sagen, dass man wegen der neuen Konkurrenz aus Asien für einen geringeren Lohn mehr arbeiten und darüber hinaus mehr in Ausbildung investieren muss. In Europa verheimlichte man zu lange die nicht tragbaren Kosten einer sozialen Rundumversorgung. Nicht »mehr Staat« ist die Lösung unserer Probleme, ebenso wenig ein »Laissezfaire« mit noch weniger Regulierung, sondern ein besserer Staat, der Regeln setzt, der aber nicht zugunsten der Wählerstimmen von heute die Zukunft verpfändet.

---

381 Siehe dazu zum Beispiel: Thorsten Polleit, Michael von Prollius: *Geldreform: Vom schlechten Staatsgeld zum guten Marktgeld*, Lichtschlag Buchverlag, Düsseldorf 2010

9
Bis hierhin – und wie weiter?

»Sie sagen zu den Sehern: Seht nichts!
und zu den Propheten: Erschaut für uns ja
nicht, was wahr ist, sondern sagt, was uns
schmeichelt, erschaut für uns das, was uns
täuscht!.«

Jesaja (30,10)

»Der Mensch akzeptiert die Veränderungen
nur unter dem Druck der
Notwendigkeit.«[382]

*Jean Mornet (Französischer Unternehmer
und Wegbereiter der europäischen
Einigungsbestrebungen, 1888–1979)*

Zeit und Nichtstun können das Problem offensichtlich nicht lösen; es wird nur größer. Je länger die notwendigen Abschreibungen auf Schulden verschoben werden, desto größer wird die Unsicherheit und desto umfangreicher müssen die Zentralbanken eingreifen. Mit immer schlechteren Papieren, die als Sicherheiten akzeptiert werden, werden sie nach und nach zu Zombiezentralbanken.

Die Politiker geben nur ungern zu, dass ein Zahlungsausfall und eine Umschuldung unvermeidlich sind. Deshalb spielen sie weiter auf Zeit. Doch »die Schulden verschwinden nicht davon, dass man sie in immer neue Gebilde mit lustigen Namen verschiebt«.[383] Das Ergebnis – eine Abwertung der Schulden – kann verschoben werden, ist aber nicht abzuwenden.

Wie lange geht dies noch so weiter? Wir wissen es nicht. Es wird jedoch immer schwieriger, die wirtschaftliche Lage zu stabilisieren

---

382 Im Original: »L'homme n'accepte le changement que
dans la nécessité et il ne voit la nécessité que dans la
crise«; zu finden in: Eric Roussel: *Jean Monnet*, Fayard.
Paris 1996
383 Patrick Bernau: *Es geht an die Substanz*, in: Frankfurter Allgemeine Zeitung, 15. Oktober 2011

und sanft zu landen. Die Finanzmärkte werden begreifen, dass die Staaten und Zentralbanken nur auf Zeit spielen. Auch die Bundesbürger werden allmählich unruhig. Schon 2011 ist laut einer Forsa-Umfrage die Schuldenkrise zur Sorge Nummer eins der Deutschen geworden. Mehr als 70 Prozent haben große Angst, dass die Politiker mit den Problemen überfordert sind.[384]

Die Frage, wie man jetzt sein Geld am sichersten anlegt, hat mittlerweile auch die Stammtische erreicht, und auch wir werden regelmäßig nach Anlageempfehlungen gefragt. Um ehrlich zu sein: Wir glauben nicht daran, dass es möglich sein wird, der vor uns liegenden gigantischen Forderungsvernichtung zu entkommen. Gibt es eine Welle von Pleiten, so wird man diese über Besteuerung bezahlen müssen. Kommt es zur Inflation, so wird auch in diesem Fall der Staat die vermeintlichen Inflationsgewinner zur Kasse bitten. Oder es erfolgt geordnet, wie von uns in diesem Buch beschrieben und eindeutig präferiert. Doch auch das wird über Steuern bezahlt.

Wir halten es mit Nobelpreisträger Milton Friedman, der schon vor fast 40 Jahren den entscheidenden Tipp gegeben hat: »High living is perhaps the best, and certainly the surest shelter available to the wealthy against both taxes and inflation.«[385] Ein schönes Leben zu führen, ist der beste Weg, Steuern zu sparen. Ein schönes Leben, das man geführt hat, kann einem im Nachhinein niemand mehr wegbesteuern.

In Fatalismus verfallen sollte man trotzdem nicht. Und deshalb sollte man für alle Szenarien vorbereitet sein, sowohl die langjährige Stagnation mit deflationären Tendenzen wie auch das Ketchup-Szenario deutlich höherer Inflation. Für Unternehmen haben wir an anderer Stelle geeignete Maßnahmen dargelegt.[386] Für Privatleute wird es ebenfalls nicht einfach sein.

Gerade die Flucht in die vermeintlich sicheren Sachwerte ist schon voll im Gange. Viele kaufen Gold, und Gold scheint tatsächlich über die Jahrhunderte und gar Jahrtausende hinweg niemals richtig an Wert verloren zu haben. Im alten Rom kostete eine sehr gute Toga

384 Ebd.

385 Milton Friedman: *High Living as a Tax Shelter*, in: Newsweek, 8. November 1976

386 Daniel Stelter, David Rhodes: *Nach der Krise ist vor dem Aufschwung: Wie Unternehmen die stagnierende Wirtschaft für Überholmanöver nutzen*, FinanzBuch Verlag, München 2010

eine Unze Gold. Heute liegt eine Unze bei ca. 1700 Dollar, dafür bekommt man einen sehr guten Anzug. Damit ist und bleibt Gold eine klassische Krisenwährung, deren absoluter Wert über die Jahrhunderte in etwa ähnlich geblieben ist. Was aber auch bedeutet, dass man keinen echten Ertrag erwirtschaftet. Gold ist nun mal ein Wertaufbewahrungsmittel – dafür aber ein recht gutes. Allerdings vergessen viele Goldanleger, dass in Deutschland während des 20. Jahrhunderts mehrfach – in der Weimarer Republik, während des NS-Regimes und nach dem zweiten Weltkrieg – der Besitz von Gold verboten und sogar Bankschließfächer durchsucht wurden. Ebenso geschah dies in der sonst so marktfreundlichen und Freiheit liebenden USA, wo Franklin Roosevelt 1933 im Zuge der Großen Depression den Besitz von Gold verbot.[387]

Hört man sich im Freundeskreis um, werden häufig Immobilien als Wertanlage genannt. Sind diese in guter Lage, könne man doch, vor allem bei den niedrigen Baufinanzierungszinsen, eigentlich nichts falsch machen und gut durch die Krise kommen. Auch der Kauf von Immobilien ist keine Lösung. Man kommt damit zwar gut durch die Inflation – so diese eintritt –, aber hinterher holt sich der Staat über höhere Steuern auf die Immobilien einen Teil des »Inflationsgewinns« wieder zurück. »Hauszinssteuer« nannte man das in der Weimarer Republik, »Lastenausgleich« nach der Währungsreform von 1948.

Aktien sind ebenfalls eine Möglichkeit, sich vor dem Kaufkraftverlust durch Inflation zu schützen. Dabei muss man sich allerdings in Erinnerung rufen, dass Inflation auch für Aktien nicht unbedingt ein gutes Umfeld darstellt, wie man an der schlechten Börsenentwicklung der 1970er Jahre studieren kann. Bei starker Inflation hat man natürlich einen gewissen Schutz – was für Aktien spricht.[388]

Alle drei klassischen Sachwerte sind übrigens nicht mehr billig. Zu viele versuchen, ihr Geld zu retten. Und zu viel Geld wird gedruckt. Die Bank für internationalen Zahlungsausgleich (BIZ) warnt bereits

---

387 Mehr dazu in: Frankfurter Allgemeine Zeitung: *Enteignung: So haben die Staaten sich früher Geld vom Bürger geholt*, 9. September 2012

388 Siehe dazu auch: Ulrich Pidun, Daniel Stelter und Katrin van Dyken, *Why Companies Should Prepare for Inflation*, The Boston Consulting Group, November 2010

vor neuen Blasen, die durch die massive Erhöhung der Geldmenge praktisch unvermeidbar sind.[389]

Großen Handlungsspielraum hat man als Bürger also nicht, wenn man nicht auswandern will. Und da müsste man schon ziemlich weit wegziehen.

Wie König Belsazar sehen wir heute die Schrift an der Wand und müssen uns überlegen, ob wir auf die Signale reagieren oder versuchen, weiter auf Zeit zu spielen.

Die vorgestellten Lösungen zur Bewältigung der Krise sind nicht einfach. Um das Problem des Ponzi-Schemas in den westlichen Industrienationen zu bewältigen, müssen Schuldenabbau und die vorgestellten zehn Maßnahmen konsequent umgesetzt werden. Alles hängt von einer raschen und entschiedenen Lösung der Schuldenkrise ab. Je nachdem, wie die führenden Köpfe in den westlichen Ländern handeln werden, sehen wir vier mögliche Zukunftsszenarien (siehe Abbildung 38).

Sollten die Industrieländer weder ihre Schuldenprobleme noch die längerfristigen Strukturprobleme angehen, werden sie in eine lang anhaltende Krise geraten, in der die sozialen Unruhen sowie die Risiken für Demokratie und freie Wirtschaft zunehmen. Es wird zu einem langsamen, aber stetigen Niedergang kommen. Dieses Szenario könnte man, in Anlehnung an den Untergang des römischen Weltreiches, mit dem Schlagwort »Rom« bezeichnen. Die *Eigentumsgesellschaft der Freien* wäre am Ende.

Wenn die Industrieländer sich mit ihren langfristigen Problemen befassen, aber das drängende Schuldenproblem nicht lösen, wird die Verschuldung das Wachstum dauerhaft belasten und die Wirtschaftsleistung pro Kopf dämpfen. In diesem Szenario käme es zu einer langfristigen wirtschaftlichen »Stagnation«.

Falls die Industrieländer den Schuldenüberhang in nächster Zeit abbauen, aber die langfristigen Strukturprobleme nicht lösen, verpassen sie eine wichtige Chance. In diesem Szenario »Verpasste Chance" kommt es ebenfalls zu einer nur langsamen Erholung, stärkeren sozialen Spannungen und einer geringeren Wirtschaftsleistung pro Kopf.

---

389 Vgl. Reuters: *BIS chief says too much pressure on central banks for growth*, 24. Januar 2013

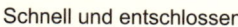

Schnell und entschlossen	"Verpasste Chance"	"Rückkehr auf den Wachstumspfad"
Schuldenproblem bewältigt		
Langsam und passiv	"Rom"	"Stagnation"

Nein   Ja

Strukturelle Herausforderungen adressiert

Bildnachweis: © Andres Rodriguez - Fotolia.com; © coramax - Fotolia.com; © 3drenderings - Fotolia.com; © bolin1978 - Fotolia.com

Abbildung 38: Woran glauben Sie?

Nur wenn die Industrieländer die Schuldenkrise rasch lösen und grundlegende strukturelle Korrekturen durchführen, werden sie wieder ein nachhaltiges Wachstum und soziale Stabilität verzeichnen. Woran glauben Sie?

Entschlossenes Handeln ist dringend erforderlich, um die westlichen Gesellschaften zurück auf den richtigen Pfad zu bringen. Und dabei sind wir alle gefordert. Es ist leicht, auf die Politiker zu zeigen und zu schimpfen, dass sie nicht handeln. Politiker werden jedoch die Schuldenkrise und die Probleme der Eurozone nicht allein lösen können. Die erforderlichen Maßnahmen sind unpopulär, denn alle gesellschaftlichen Schichten und Interessengruppen müssen dafür Opfer bringen. Politiker werden die von uns vorgeschlagenen Maßnahmen instinktiv ablehnen, denn sie sind nicht wahlkampftauglich. Die Gesellschaft muss sich daher zunächst der Tatsache bewusst werden, dass ein »Weiter so« keine Option ist. Nur dann können Politiker die erforderlichen Maßnahmen auch angehen.

Eine breitere öffentliche Diskussion der in diesem Buch beschriebenen Probleme ist daher wünschenswert. Interessenvertreter aus allen Bereichen der Gesellschaft sollten sich daran beteiligen und zur Lösungsfindung beitragen. Nur so ist eine weitgehende Akzeptanz möglich. Wirtschaftsvertreter, Gewerkschaften und Sozialverbände müssen begreifen, dass es besser ist, aktiv an der Lösung mitzuwirken, anstatt zuzusehen, wie der Handlungsspielraum zunehmend enger wird. Und dass die Probleme so groß und akut sind, dass wirklich alle zur Lösung beitragen müssen. Für Unternehmen ist es besser, in die eigenen Produktionsanlagen zu investieren, anstatt auf Investitionen durch den öffentlichen Sektor nach dem Gießkannen-Prinzip zu vertrauen. Auch die erforderlichen Steuererhöhungen zur Finanzierung öffentlicher Investitionen sind nicht im Interesse der Wirtschaft. Arbeitnehmer werden erkennen, dass eine Beibehaltung des Renteneintrittsalters und der Rentenhöhe zu einem Kollaps des Sozialsystems führt. Berufseinsteiger und jüngere Arbeitnehmer haben noch ausreichend Zeit, sich auf eine eigenverantwortliche Altersversorgung einzustellen. Für ältere Arbeitnehmer und die heutigen Rentenbezieher muss der Übergang sozialverträglich gestaltet werden. Aber auch die Vermögenden und Besserverdienenden müssen einen Beitrag leisten, nicht nur, weil sie von den kostspieligen Maßnahmen zur Rettung der Banken und des Euro profitiert haben, sondern auch, um den sozialen Frieden zu wahren.

Die Ausgestaltung der von uns beschriebenen Lösungen wird die Frage aufwerfen, wer welchen Anteil beisteuern kann und muss. Zweifelsohne wird dies eine kontroverse Diskussion. Keiner der Beteiligten wird die aus seiner Sicht ideale Lösung erreichen. Hier ist die Politik gefordert, Transparenz zu schaffen, um eine sachliche Diskussion zu ermöglichen und zwischen den verschiedenen Gesellschaftsschichten und Interessengruppen zu vermitteln. Sie muss einen tragfähigen Kompromiss entwickeln. Wir sind überzeugt, dass ein Kompromiss möglich ist, der uns alle gegenüber einem »Weiter so« besser stellt.

Das amerikanische Center for Collaborative Democracy (CCD) liefert einen interessanten Ansatz zur Entwicklung einer Kompromisslösung der akuten Probleme der USA. Es hat ein Projekt ins Leben gerufen, um die amerikanische Politik aus der Lethargie zu befreien und den Systemkollaps zu verhindern.[390] Anlass für die Initiative ist die Tatsache, dass sich Demokraten und Republikaner seit Jahren nicht über die dringend erforderliche Sanierung der Staatsfinanzen verständigen können. Beide Parteien haben vorangegangene Wahlen für sich entschieden, indem sie dogmatische Positionen eingenommen haben. Die einen haben kostspielige Verbesserungen im Gesundheitssystem versprochen, die anderen Steuererhöhungen zur Verbesserung der Infrastruktur und des Bildungssystems kategorisch ausgeschlossen. Politiker beider Parteien blockieren nun jeden noch so sinnvollen Vorschlag des anderen Lagers, um ihre Wiederwahl nicht zu gefährden. Sie sitzen in der Falle ihrer eigenen einzeiligen Wahlslogans.

Ziel des CCD ist es, aus diesem politischen Stillstand auszubrechen. 25 öffentliche Meinungsträger sollen aus allen Gesellschaftsschichten und Interessengruppen gewonnen werden. Ein einfaches Auswahlverfahren durch Abstimmung im Internet soll sicherstellen, dass sich möglichst viele Amerikaner gut vertreten fühlen. Alle öffentlichen Personen können sich zur Wahl stellen, die zu den ökonomischen Problemen der USA Stellung bezogen haben.

Die 25 Repräsentanten sollen dann im »Forum to Save America's Future« einen wirtschaftlichen Plan verhandeln, der die Probleme anpackt und das Land voranbringt. Die Kosten und der Nutzen der Maßnahmen werden von ihnen auf die einzelnen Interessengruppen so verteilt, dass alle von diesem Plan langfristig profitieren. Sobald ein tragfähiger Kompromiss entwickelt ist, treten die 25 an die Öffentlichkeit, um diese von den Vorteilen des gemeinsamen Plans zu überzeugen. Findet dieser breite Unterstützung in der Bevölkerung, werden auch Politiker von ihren dogmatischen Positionen abrücken können – so die Hoffnung der Initiatoren.

Kann diese Vorgehensweise funktionieren? Wir glauben ja. Er kann eine neue Dynamik in die für uns Europäer unbegreiflich festgefahrene Diskussion in den USA über Ausgaben- und Steuersenkungen bringen. Er kann dabei helfen, die öffentliche Diskussion wegzuführen von den Slogans der Politiker. Entscheidend wird sein, glaubwürdige Repräsentanten zu gewinnen, die im Gegensatz zu Po-

390 Center for Collaborative Democracy: *A Project to Overcome Political Gridlock and Restore American Prosperity*, 2012 (abrufbar unter: www.genuinerepresentation.org/future)

litikern ausschließlich an einer sinnvollen Lösung interessiert sind und nicht gleichzeitig an ihre Wiederwahl denken müssen. Sie müssen auch fähig sein, die Öffentlichkeit zu mobilisieren.

Wir glauben sogar, dass es sich lohnt, über einen solchen Ansatz in der Eurozone nachzudenken. Es ist unbestritten, dass Europa an einer zu geringen öffentlichen Beteiligung leidet. Wichtige Entscheidungen werden über die Köpfe der Bevölkerung hinweg gefällt. Angesichts der akuten Probleme des Euros und kostspieliger Rettungsmaßnahmen könnte dieser Vorschlag mehr Transparenz sowie neuen Schwung in die Diskussion um die Zukunft der Eurozone bringen. Griechen und Deutsche, Wirtschaft und Gewerkschaften, Ökonomen und Politiker, Wissenschaft und Medien könnten so an einen Tisch kommen, um ein Zukunftskonzept zu entwickeln, welches Kosten und Nutzen der notwendigen Veränderungen sinnvoll verteilt.

Wir haben in unserem Buch das Entstehen und den bisherigen Verlauf der Schuldenkrise und die erforderlichen schmerzhaften Lösungsmöglichkeiten erörtert. Nun sind Sie an der Reihe! Sie können sich um unsere Zukunft und die künftiger Generationen kümmern! Sagen Sie jetzt nicht: »Ich kann doch gegen Bilanzschieflagen ganzer Staaten nichts unternehmen.« Doch, können Sie! Erinnern Sie sich an die riesigen Anti-Atomkraft-Demonstrationen Anfang der achtziger Jahre? An die »Atomkraft-nein-Danke«-Aufkleber und -Sticker, die jeder, der etwas auf sich hielt, am Auto oder am Pullover trug? Fordern Sie die Politiker heraus! Fragen Sie Ihren Bundestagsabgeordneten, ob er glaubt, die Milliarden für die Rettung der Euro-Krisenstaaten je wiederzusehen. Fragen Sie ihn, wie Ihre Rente aussehen wird. Fragen Sie, ob er noch wie weiland Norbert Blüm sagen würde: »Die Rente ist sicher.« Fragen Sie, wer Sie im Alter pflegen soll, angesichts der demografischen Entwicklung. Fragen Sie, welche deutschen Ingenieure künftige Innovationen erfinden, wenn unsere Schulen zu Schmutzlöchern verkommen, an denen nicht mehr richtig rechnen gelernt wird. Wenn Sie das nicht glauben, besichtigen Sie doch einmal die Toiletten der nächstgelegenen öffentlichen Bildungseinrichtung. Fragen Sie die Politiker, ob wir wirklich nur ein Kinderbetreuungsproblem haben und ob sie ihre eigenen Kinder auch bis 18 Uhr gerne in Massenkrippen lassen, um dann den Haushalt zu schmeißen. Vor allem aber fragen Sie sie, wie genau die Schuldenkrise gelöst werden soll – durch Inflation, durch Schuldenschnitt oder durch Sparmaßnahmen? Oder wie sich die Regierung auf den Austritt von anderen Mitgliedern aus dem Euroraum vorbereitet? Schreiben Sie Leserbriefe an Zeitungen, organisieren Sie Demonstrationen, Flashmobs, fahren Sie nach Berlin und lassen Sie sich nicht länger für dumm verkaufen. Zumindest müssen Sie sich dann später nicht vorwerfen (lassen), Sie wussten von einem irrsinnigen Problem und haben nichts unternommen.

Denn die Gesellschaft sind wir. Genauso, wie wir die Märkte sind. Wir müssen bereit sein, Opfer zu bringen. Wir müssen bereit sein, das Gemeinwohl vor die eigenen Interessen zu stellen – im eigenen Interesse.

Danksagung

Seit Ausbruch der Finanz- und Wirtschaftskrise habe ich mich intensiv mit den Ursachen und dem Verlauf der Krise beschäftigt und gemeinsam mit Kollegen von The Boston Consulting Group dazu eine Aufsatzreihe unter dem Titel *Collateral Damage* geschrieben. Dieses Buch baut auf diesen Aufsätzen auf und berücksichtigt die neueste Entwicklung in einem Schuldendrama, welches uns noch auf Jahre hinaus beschäftigen wird. Es wäre nicht möglich gewesen ohne die tatkräftige Mithilfe und Unterstützung einiger hochgeschätzter Personen:

- *Veit Etzold*, der auf mich zukam mit der Idee, ein einfach verständliches und trotzdem schonungslos ehrliches Buch über die Krise zu schreiben, und aus diesem Blickwinkel immer auf das Manuskript geschaut hat.
- *Ralf Berger* und *Dirk Schilder*, Kollegen von The Boston Consulting Group, für ihre Unterstützung bei Analysen, Quellen- und Datenaufbereitung und der Strukturierung des Buches.
- *Lizzie Collins* von The Boston Consulting Group für ihre Fähigkeit, aus unseren Skizzen lesbare Grafiken zu machen.
- Ein besonderer Dank geht an meine Frau, *Brunhild Stelter*, die als Wirtschaftsjournalistin das Buch über die Weihnachtstage deutlich lesbarer gemacht hat.

Ein letzter Dank geht an das Team von Wiley, insbesondere an unsere Lektorin *Jutta Hörnlein* für die wunderbare Zusammenarbeit und an *Markus Wester, Hartmut Gante* und *Friedhelm Linke*, für den Mut, „noch ein Buch zur Finanzkrise zu schreiben".

Berlin, im Januar 2013   *Daniel Stelter*

Literaturverzeichnis

António Afonso, Ludger Schuknecht, Vito Tanzi: *Public sector efficiency: An international comparison*, in: *Public Choice*, Juni 2005, S. 321–347

Jamie Anderson, Martin Kupp: *Hirst: The Shark is Dead – How to build yourself a market*, in: *The Fine Art of Success: How Learning Great Art Can Create Great Business*, Wiley, New York 2010

Eric Arentsen et al.: *Subprime Mortgage Defaults and Credit Default Swaps*, Working Paper (TCW Group, University of Texas), Januar 2012

Scott Baker, Nick Bloom, Steven J. Davis: *Measuring Economic Policy Uncertainty*, Working Paper (Standford University, University of Chicago), Juni 2012

Bank of America Merrill Lynch: *Game Theory and Euro Breakup Risk Premium*, FX and Rates Report vom 10. Juli 2012

Klaus Berge, Ralf Berger, Hermann Locarek-Junge: *Deutsche Landesbanken: Status quo und Strategien vor dem Hintergrund des Wegfalls der Staatsgarantien*, in: *Zukunft des deutschen Bankensektors*, Vierteljahreshefte zur Wirtschaftsforschung, Deutsches Institut für Wirtschaftsforschung (DIW), Heft 4/2006

Ben S. Bernanke: *Fostering Sustainable Homeownership*, Rede bei der Jahresversammlung der National Community Reinvestment Coalition am 14. März 2008 in Washington D. C.

Ben S. Bernanke: *Deflation: Making Sure 'It' Doesn't Happen Here*, Rede vor dem National Economists Club in Washington, D.C. am 21. November 2002

Bertelsmann Stiftung: *Wirtschaftliche Folgen eines Euro-Austritts der südeuropäischen Mitgliedsstaaten*, in: *Zukunft Soziale Marktwirtschaft Policy Brief 06/2012*, Juni 2012

Hans Christoph Binswanger: *Geld und Magie – Eine ökonomische Deutung des Faust*, Murmann Verlag, 4. Auflage, München 2009

Irene Bloemraad: *Understanding ›Canadian Exceptionalism‹*, in: *Immigration and Pluralism Policy*, Migration Policy Institute, Juli 2012

Roger Bootle: *Leaving the Euro: A Practical Guide*, Capital Economics, Submission to the Wolfson Economics Prize 2012, 2012

Claudio Borilo, William R. White: *Whiter monetary and financial stability? The implications of evolving policy regimes*, BIS Working Paper No. 147, Februar 2004

BP: *Energy Outlook 2030*, Januar 2012

Karl Brenke: *Industrielle Entwicklung: Deutschland und Frankreich driften auseinander*, in: *DIW Wochenbericht*, Nr. 48/2012

Costantino Bresciani-Turroni: *Economics of Inflation: A Study of Currency Depreciation in Post-War Germany*, Routledge, Abingdon 2003

Willem Buiter: *A Greek Exit from the Euro Area: A Disaster for Greece, a Crisis for the World*, Citigroup Global Economics View, 13. September 2011

Willem Buiter, Ebrahim Rahbari: *Looking into the Deep Pockets of the ECB*, Citigroup Glocal Economics View, 27. Februar 2002

Willem Buiter, Ebrahim Rahbari: *The Future of the Euro Area: Fiscal Union, Break-up, or Blundering Towards a 'You Break It You Own It' Europe*, Citigroup Global Economics View, 9. September 2011

Bureau of Labor Statistics (BLS): *Labor force participation of seniors 1948–2007*, 29. Juli 2008

CATO Institute: *Has Federal Involvement Improved America's Schools?*, 5. November 2009

Stephen G. Cecchetti, Madhusudan Mohanty, Fabrizio Zampolli: *The real effects of debt*, BIS Working Paper No. 352, September 2011

Edward Chancellor, Mike Monelly: *Feeding the Dragon: Why China's Credit System Looks Vulnerable*, GMO White Paper, Januar 2013

Ray Dalio: *Weimar Republic Deleveragings*, Bridgewater Associates, unveröffentlichtes Working Paper, 2012

Linda Darling-Hammond: *What we can learn from Finland's successful school reform*, National Education Association, 2010

Michael Dauderstädt: *Irland, der "keltische Tiger": Vorbild oder Warnung für ein wachsendes Europa?*, in: Ifo Schnelldienst, 2001, vol. 54, issue 06, Seiten 34–41

Deutsche Bank: *Global Economic Perspectives: Welcome to the CBM Economy*, 14. März 2012

Barry Eichengreen, Kevin H. O'Rourke: *A Tale of Two Depressions*, Artikel zuerst erschienen auf voxeu.org, April 2009

Marc Faber: *No Rational Thought will have a Rational Effect on a Man who has no Rational Attitude*, in: *The Monthly Market Commentary Report* auf http://www.gloomboomdoom.com, 1. November 2012

Irving Fisher: *The Debt-Deflation Theory of Great Depressions*, in: Econometria, 1/1933

Fitch Ratings: *Chinese Banks – Issuance of Wealth Management Products Heats up as Year-End Approaches*, 5. Dezember 2012

Bert Flossbach, Philipp Vorndran: *Die Schuldenlawine*, FinanzBuch Verlag, München 2012

Milton Friedman, Anna Jacobson Schwartz: *A Monetary History of the United States, 1867–1960*, Princeton University Press, Princeton 1963

Francis Fukuyama: *The End of History and the Last Man*, Avon Books, New York 2002

G-MonD Policy Papers: *Ending the Euro Area Crisis: Crossing the River by Feeling the Stones*, November 2012

German Marshall Fund of the United States: *Transatlantic Trends: Immigration, Key Findings 2010*

GMO: *On the road to zero growth*, GMO Quarterly Letter, November 2012

Jagadeesh Gokhale: *Measuring the unfunded obligations of European countries*, National Center for Policy Analysis, Policy Report No. 319, Januar 2009

Goldman Sachs: *German demographics and crisis-related immigration*, Dezember 2012

Ian A. Gordon: *This is it*, in: Longwave Analyst, August bis November 2007

Robert Gordon: *Is U.S. economic growth over? Faltering innovation confronts the six headwinds*, NBER Working Paper No. 18315, August 2012

David Graeber: *Schulden: Die ersten 5000 Jahre*, Klett-Cotta, Stuttgart 2012

Jeremy Grantham: *Time to wake up: Days of abundant resources and falling prices are over forever*, in: Jeremy's Quarterly Letters, 25. April 2011

Dylan Grice: *Popular Delusions: Some Useful Things I've Learned About Germany's Hyperinflation*, Société Générale, 28. Februar 2010

Dylan Grice: *Popular Delusions: Commodities for the long run? Not on your Nellie – I'd rather eat coal!*, Société Générale, 15. Dezember 2010

Andrew Haldane, Simon Brennan, Vasileios Madouros: *What is the contribution of the financial sector: Miracle or mirrage?*, in: Adair Turner et al.: *The Future of Finance. And the theory that underpins it*, LSE Report. London 2010

Hayman Capital Management: *The Central Banker's Potemkin Village*, 15. November 2012

Gunnar Heinsohn, Otto Steiger: *Privateigentum, Patriarchat und Geldwirtschaft, Eine sozialtheoretische Rekonstruktion zur Antike*, Suhrkamp, Frankfurt am Main 1984

Gunnar Heinsohn, Otto Steiger: *Eigentum, Zins und Geld*, Metropolis Verlag, Reinbek bei Hamburg 1996

Gunnar Heinsohn, Otto Steiger: *Eigentumsökonomik*, Metropolis Verlag, Marburg 2006

Takeo Hoshi, Takatoshi Ito: *Defying Gravity: How long will Japanese Government Bond Prices Remain High?*, NBER Working Paper No. 18827. August 2012

Michael Hudson: *The Lost Tradition of Biblical Debt Cancellations*, New York 1993

Andre Hülsbömer: *Die Abschaffung der Zinsen*, in: Finance. Januar 2012

Hussmann Funds: *Sixteen Cents: Pushing the Unstable Limits of Monetary Policy*, Weekly Market Comment vom 24. Januar 2011

Hussman Funds: *Roach Motel Monetary Policy*, Weekly Market Comment vom 17. Dezember 2012

Institut der deutschen Wirtschaft Köln: *Südeuropa kriselt auch bei der Bildung*, in: iwd Nr. 51, 20. Dezember 2012

Institut für Demokratieforschung: *Bürgerproteste in Deutschland: Ergebnisse der BP-Gesellschaftsstudie*, Januar 2013

Institute of International Finance: *Capital Flows to Emerging Market Economies*, IIF Research Note, 01. Juni 2011

International Energy Agency: *World Energy Outlook 2012*, November 2012

International Monetary Fund: *G-20 Mutual Assessment Process – Alternative Policy Scenarios*, Juni 2010

International Monetary Fund: *World Economic Outlook: Coping with High Debt and Sluggish Growth*, Oktober 2012

Mogens K. Justesen: *The effect of economic freedom on growth revisited: New evidence on causality from a panel of countries 1970–1999*, in: European Journal of Political Economy, Volume 24, Issue 3, September 2008

Richard C. Koo: *U.S. Economy in Balance Sheet Recession: What the U.S. Can Learn from Japan's Experience in 1990–2005*, Working Paper (Nomura Research Institue), 10. Februar 2010

Jeffrey M. Lacker: *Perspectives on Monetary and Credit Policy*, Rede vor dem Shadow Open Market Committee in New York, 20. November 2012

Michael Lewis: *Liar's Poker: Rising through the Wreckage on Wall Street*, W. W. Norton, New York 1989

Michael Lewis: *The Big Short: Inside the Doomsday Machine*, Penguin, New York 2011

Michael Lewis: *Boomerang: Travels in the New Third World*, W.W. Norton, New York 2011

Paul C. Martin, Walter Lüftl: *Der Kapitalismus – ein System, das funktioniert*, Langen-Müller/Herbig, München 1986

John Mauldin, Jonathan Tepper: *Endgame: The End of the Debt SuperCycle and How It Changes Everything*, John Wiley & Sons, Hoboken 2011

John Mauldin: *Thoughts from the Frontline: Peak Oil or Peak Energy – A Happy Solution?*, Mauldin Economics, 10. Dezember 2012

Hyman P. Minsky, *The Financial Instability Hypothesis*, in: Philip Arestis & Malcolm Sawyer: *Handbook of Radical Political Economy*, 1993

Lyndon Moore: *What was the market value of Daimler during the German Hyperinflation?*, in: *Economic Enquiry*, Volume 49, No. 1, January 2011, Seiten 172–173

Henrik Müller: *Eurovision*, Campus, Frankfurt am Main 2012

Wolfgang Münchau: *Vorbeben: Was die globale Finanzkrise für uns bedeutet und wie wir uns retten können*, Hanser, München 2008, S. 31

Robert Novy-Marx, Joshua Rauh: *Public Pension promises: How big are they and what are they worth?*, in: *Journal of Finance*, Volume 66, Issue 4, August 2011, Seiten 1211–1249

Gregory Park, David Lubinski, Camilla P. Benbow: *Ability differences among people who have commensurate degrees matter for scientific creativity*, in: *Psychological Science*, Volume 19, Number 10, 2008

Jens O. Parsson: *Dying of Money. Lessons of the Great German and American Inflations*, Wellspring Press, Boston 1974

Hank Paulson: *On the Brink: Inside the Race to Stop the Collapse of the Global Financial System*, Headline Publishing, London 2010

Ulrich Pidun, Daniel Stelter und Katrin van Dyken: *Why Companies Should Prepare for Inflation*, The Boston Consulting Group, November 2010

Thomas Piketty; Gabriel Zucman: *Capital Is Back: Wealth-Income Ratios in Capital-Rich Countries 1870–2010*, Präsentation an der Paris School of Economics im Oktober 2012 (abrufbar unter http://www.parisschoolofeconomics.eu/docs/zucman-gabriel/pikettyzucman2012slidesoctober.pdf)

Charles I. Plosser: *Exit*, Rede vor dem Shadow Open Market Committee in New York am 25. März 2011

Thorsten Polleit, Michael von Prollius: *Geldreform: Vom schlechten Staatsgeld zum guten Marktgeld*, Lichtschlag Buchverlag, Düsseldorf 2010

Raghuram G. Rajan: *Fault Lines*, Princeton University Press, Princeton 2010

Raguram G. Rajan: *Has Financial Development Made the World Riskier?*, NBER Working Paper No. 11728, November 2005

Carmen M. Reinhart, Jacob F. Kirkegaard, M. Belen Sbrancia: *Financial Repression Redux*, in: *Finance & Development*, June 2011, S. 22–26

Carmen M. Reinhart, Kenneth S. Rogoff: *The Aftermath of Financial Crisis*, NBER Working Paper No. 14656, Januar 2009

Carmen M. Reinhart, Kenneth S. Rogoff: *Growth in a Time of Debt*, NBER Working Paper No. 15639, Januar 2010

Carmen M. Reinhart, Kenneth S. Rogoff: *This Time Is Different: Eight Centuries of Financial Folly*, Princeton University Press, 2011

Carmen M. Reinhart, M. Belen Sbrancia: *The Liquidation of Government Debt*, NBER Working Paper No. 16893, März 2011

REN21: *Renewables 2012 Global Status Report*, 2012

Justyna Schulz: *Wozu brauchen Notenbanken Sicherheiten?*, Universität Bremen, in Vorbereitung

Joseph A. Schumpeter: *Konjunkturzyklen. Eine theoretische, historische und statistische Analyse des kapitalistischen Prozesses*, Vandenhoeck & Ruprecht, Göttingen 1961

Robert J. Shiller: *Irrational Exuberance*, Princeton University Press, Princeton 2006

Hans-Werner Sinn: *Kasino Kapitalismus: Wie es zur Finanzkrise kam, und was jetzt zu tun ist*, Econ, Berlin 2009

Hans Werner Sinn: *Die Target Falle*, Hanser, München 2012

Adam Smith: *Untersuchungen über die Natur und die Ursachen des Nationalreichthums*, Zweyter Band, Breslau 1794

Andrew Ross Sorkin: *Too Big to Fail: The Inside Story of How Wall Street and Washington Fought to Save the Financial System—and Themselves*, Viking Press, New York 2009

Daniel Stelter: *Deflationäre Depression*, Deutscher Universitätsverlag, Berlin 1991

Daniel Stelter, David Rhodes: *Nach der Krise ist vor dem Aufschwung: Wie Unternehmen die stagnierende Wirtschaft für Überholmanöver nutzen*, FinanzBuch Verlag, München 2010

Daniel Stelter, David Rhodes: *Collateral Damage, Part 1: What the Crisis in the Credit Market means for Everyone Else*, The Boston Consulting Group, Oktober 2008, abrufbar unter www.bcgperspectives.com

Daniel Stelter, David Rhodes: *Collateral Damage Part 3: Asia, Advantage and Action*, The Boston Consulting Group, November 2008, abrufbar unter www.bcgperspectives.com

Daniel Stelter, David Rhodes: *Collateral Damage Part 5: Confronting the New Realities of a World in Crisis*, The Boston Consulting Group, März 2009, abrufbar unter www.bcgperspectives.com

Daniel Stelter, David Rhodes: *Collateral Damage: Stop Kicking the Can Down the Road, The Price of Not Addressing the Root Causes of the Crisis*, The Boston Consulting Group, August 2011, abrufbar unter www.bcgperspectives.com

Daniel Stelter, David Rhodes: *Collateral Damage: Back to Mesopotamia, The Looming Threat of Debt Restructuring*, The Boston Consulting Group, September 2011, abrufbar unter www.bcgperspectives.com

Daniel Stelter, David Rhodes: *Collateral Damage: Reasons to Be Cheerful, How Companies Can Rise Above Faustian Economics*, The Boston Consulting Group, Oktober 2012, abrufbar unter www.bcgperspectives.com

Daniel Stelter, Lars-Uwe Luther: *Taking deflation seriously*, The Boston Consulting Group, 2003, abrufbar unter www.bcgperspectives.com

Daniel Stelter, Marc-Olivier Lücke, Dirk Schilder: *Fixing the Eurozone*, The Boston Consulting Group, März 2012, abrufbar unter www.bcgperspectives.com

Daniel Stelter, Ralf Berger, Jendrik Odewald, Dirk Schilder: *Collateral Damage: Ending the Era of Ponzi Finance, Ten Steps Developed Economics Must Take*, The Boston Consulting Group, Januar 2013, abrufbar unter www.bcgperspectives.com

Bryan Taylor: *Paying Off Government Debt: Two Centuries of Global Experience*, Global Financial Data (GFD), 2010

Alan M. Taylor: *The Great Leveraging*, Working Paper (University of Virginia), Juli 2012

UBS: *Inflation: The Return of a Difficult Relation*, Wealth Management Research, Juni 2011

UBS: *Euro Break Up: The Consequences*, UBS Investment Research, 6. September 2011

UBS Investment Research: *Asia: Is the Miracle Over?* 12. September 2012

United Nations Environment Programme: *Global Outlook on sustainable consumption and production policies – Taking actions together*, 2012

Götz W. Werner: *Einkommen für alle*, Bastei Verlag, 6. Auflage, Köln 2011

William R. White: *Modern Macroeconomics is on the wrong track*, in: *Finance & Development*, December 2009

William R. White: *Ultra Easy Monetary Policy and the Law of Unintended Consequences*, Federal Reserve Bank of Dallas, Working Paper No. 126, August 2012

Grant Williams: *Le Grand Plan*, in: *Things That Make You Go Hmmm...*, Mauldin Economics, 4. Dezember 2012

World Economic Forum: *More with Less: Scaling Sustainable Consumption and Resource Efficiency*, Januar 2012

Die Autoren

Dr. Daniel Stelter ist Senior Partner und Managing Director der Boston Consulting Group (BCG) in Berlin und Mitglied des weltweiten BCG Executive Committee. Sein Beratungsschwerpunkt liegt auf den Bereichen Corporate Finance und Unternehmensstrategie.

Dr. Daniel Stelter ist ein Experte zur Finanz- und Schuldenkrise, einem Thema, mit dem er sich schon seit seiner Promotion 1990 beschäftigt. Seit 2006 berät er Kunden bei der Vorbereitung auf die ökonomischen Herausforderungen vor dem Hintergrund der fortschreitenden Finanzkrise. Seit 2008 schreibt er regelmäßig in der BCG-Publikationsreihe ›Collateral Damage‹ zum Fortgang der Krise. Zusammen mit David Rhodes verfasste er das Buch ›Vor der Krise ist nach dem Aufschwung‹ (2010). Dafür erhielten sie den getAbstract International Book Award 2010.

Vor seinem Eintritt in die Boston Consulting Group 1990 promovierte Dr. Stelter an der Hochschule St. Gallen zum Doktor der Wirtschaftswissenschaften und erwarb dort auch seine ersten praktischen Erfahrungen im Bereich Banking und Consulting (Management Zentrum St. Gallen).

Der Literatur- und Medienwissenschaftler Dr. Veit Etzold ist ein bekannter Bestseller-Autor. Mit seinem aktuellen Thriller »Final Cut«, der 2013 auch in fünf weiteren europäischen Ländern erscheint, war er 14 Wochen auf der Spiegel-Bestsellerliste.

Nach einer Tätigkeit als Manager bei Allianz und Dresdner Bank war er Berater bei der Boston Consulting Group im Bereich Financial Services und Mitglied des globalen Strategieinstituts. Ebenso arbeitete er als Dozent für Führungskräfteentwicklung an der IESE Business School und der ESMT in Berlin. Heute berät er Unternehmen in Fragen der strategischen Positionierung. Er ist Verfasser zahlreicher Essays zu strategischen Themen und zur Zukunft des Banking. Veit

Etzold promovierte in Medienwissenschaft und hält einen MBA der IESE Business School.

Dr. Ralf Berger ist Strategieberater bei der Boston Consulting Group (BCG) in Berlin und berät internationale Unternehmen zur Finanz- und Wirtschaftskrise. Er promovierte am Institut für Unternehmensführung des Karlsruher Instituts für Technologie (KIT). In seiner Dissertation untersuchte er das Finanzmanagement börsennotierter Unternehmen.

Dr. Dirk Schilder leitet als Senior Analyst die makroökonomische Analyse bei der Boston Consulting Group (BCG) in München. Vor seiner Tätigkeit in der Strategieberatung arbeitete er an der TU Bergakademie Freiberg und untersuchte in seiner Promotion die Finanzierung von Unternehmensgründungen.

Index

Anleihe, 38, 45, 48, 54–56, 69, 70, 72, 78, 83, 93–95, 114, 116, 118–120, 171, 176, 179, 186, 187, 200, 204, 206, 207, 209, 210, 231, 240

Bilanzrezession, 158, 159, 177
Bildung, 35, 37, 134, 140, 141, 161, 215, 263, 264, 271, 275, 285, 286
Bonität, 38, 51, 52, 66, 69, 93, 96, 176

China, 31, 42, 83, 86, 88, 89, 100, 105, 111–114, 132, 134, 140, 141, 147, 158, 160, 232, 233, 266, 270, 275

Deflation, 19, 24, 102–104, 106, 117, 155, 156, 179, 195, 238, 245, 246
Deleveraging, 68, 69, 102, 159, 179, 188
Demografie, 32, 127, 161, 221
Deutschland, 33, 35, 36, 45, 49, 50, 53, 62, 64, 77, 80, 82, 84, 86, 88, 89, 93, 99, 105–107, 109, 127–129, 132, 134, 140–142, 146, 147, 156, 157, 160, 162, 163, 175, 176, 188, 189, 192, 193, 197, 200, 201, 207–209, 211–215, 218–220, 222–226, 229, 231–235, 238, 243–251, 255–258, 260, 262–264, 266, 269, 272, 273, 275, 281

Eigentum, 17, 19–29, 31, 35, 37, 38, 42, 46, 47, 51, 68, 99, 104, 118, 137, 152, 159, 164, 165, 185, 194, 206, 274, 282
Eigentumsökonomik, 19
Einwanderung, 132, 260–263, 271

Europäische Zentralbank (EZB), 27, 209

Federal Reserve (Fed), 27, 33, 39, 41, 46, 67, 73, 79, 97, 99, 118, 120, 123, 128, 146, 176, 180, 181, 186
Finanzielle Repression, 174
Fiskalunion, 213, 216, 219, 241
Frankreich, 88, 90, 107, 127, 140, 163, 189, 197, 213, 222, 226, 232–237, 246, 247, 254, 255, 262, 263

Geld, 17, 19–23, 25–31, 33, 34, 37–42, 44, 45, 47, 50–53, 55, 56, 60, 61, 65, 66, 68–71, 77, 80, 82, 83, 86, 88, 93, 94, 96, 97, 100, 103, 104, 106, 107, 114, 116, 118, 119, 121–126, 129, 142, 145, 151–154, 156, 158, 160, 164, 168, 172, 173, 175–177, 179–191, 193–195, 200, 202, 204–211, 217, 225–227, 229, 231, 239, 240, 246–248, 256, 264, 266, 272, 274–277, 280–282
Gold, 26, 27, 49, 50, 72–75, 79, 80, 118, 119, 142, 180, 183, 185, 188, 193, 194, 214, 253, 257, 276, 280, 281
Griechenland, 18, 20, 22, 28, 93–95, 105, 107, 116, 119, 120, 155, 157, 161, 162, 167, 171, 172, 197–200, 203, 204, 206, 211, 213, 215–219, 223, 228, 229, 232, 239, 241, 245, 249, 250, 260
Großbritannien, 70, 82, 86, 95
Große Depression, 19, 24, 29, 32, 38, 48, 84, 85, 90, 94, 102, 104, 105,

107, 155, 156, 158, 159, 172, 187, 227, 281

Haushaltsdefizit, 189, 217, 231, 236
Hypothek, 22, 45, 48, 51–54, 59–61, 63, 64, 68, 70, 77–79, 81, 86, 96, 98, 102, 113, 118, 119, 170, 243

Inflation, 32, 41, 103, 104, 106, 107, 110, 116, 125, 136, 152, 154, 172, 173, 176–185, 187–191, 193–195, 200, 202, 213, 225, 232, 233, 242, 246, 280, 281, 286
Innovation, 23, 27, 28, 30, 36, 134–141, 215, 220, 221, 261, 264, 271–274, 286
Investition, 32, 34, 37, 40, 69, 83, 113, 142, 143, 148, 161, 174, 190, 191, 220, 221, 253, 258, 263–267, 275, 284
Irland, 25, 95, 101, 105, 107, 119, 160, 161, 168, 171, 172, 175, 200, 201, 203–205, 214, 223, 224, 226, 230, 231, 246, 247
Irving Fisher, 102–104, 107, 108, 118, 155, 156, 177, 179
Italien, 95, 107, 109, 119, 120, 125, 127, 129, 163, 169, 176, 197, 202, 207, 211, 215, 220, 232, 243, 246–251, 259, 262, 266

Japan, 95, 102, 112, 114–117, 122–124, 126, 128, 132, 134, 140, 158, 159, 171, 172, 195, 232, 259, 260, 268

Kondratjew, 135–138, 271, 273
Konjunkturprogramm, 85, 86, 88, 92, 107, 124, 175, 232
Konsument, 43, 83, 109, 144, 179, 267

Mesopotamien, 22, 23, 45, 164–167, 172, 175, 184, 276

Ponzi-Schema, 149, 253, 282
Portugal, 94, 95, 101, 105, 107, 119, 156, 157, 160, 161, 171, 172, 176, 200, 203–205, 211, 215, 223, 224, 226, 228, 229, 232, 246, 247, 260

Rettungsschirm, 95, 194, 203–207, 220, 227, 231, 237

Rom, 18–20, 22, 33, 143, 146, 197, 198, 219, 259, 280, 282

Schuldenschnitt, 95, 165–167, 169, 170, 172, 217, 222, 224, 239, 240, 246, 287
Schuldentilgungsfonds, 213, 222–224, 242
Schuldenüberhang, 102, 110, 123, 152, 168, 169, 171, 213, 219, 222, 223, 225, 254, 273, 282
Sozialversicherung, 30, 127, 128, 255
Spanien, 25, 95, 101, 104–107, 110, 119, 120, 132, 157–161, 168, 171, 172, 176, 200–203, 207, 210, 211, 214, 215, 223, 224, 226–228, 232, 241, 246, 247, 260, 262
Sparen, 154, 155, 158, 161, 185, 213, 216–218, 241
Subprime, 39, 64, 65, 82, 200

TARGET2, 203, 208, 210–212, 244

Ungleichheit, 145, 146
USA, 24, 25, 32, 33, 36, 37, 41–44, 46, 53, 54, 61, 63, 67, 70, 76, 78, 82–84, 86, 89–92, 95, 98, 99, 102–107, 109–114, 117, 121, 124–129, 131, 132, 134, 139–141, 144, 147, 155, 157–160, 168, 169, 172, 173, 176, 178, 181, 182, 189, 199, 200, 208, 229, 238, 253, 255, 257, 260–262, 267–269, 275, 277, 281, 284, 285

Wachstum, 17, 24, 27, 28, 31, 34, 39, 44, 47, 48, 67, 84, 100–102, 105, 109, 111, 112, 115, 117, 118, 122, 129, 132, 134–140, 143–146, 149, 152, 155, 161, 162, 164, 170, 173–177, 180, 195, 214, 216, 220, 225, 234, 235, 238, 243, 253, 255, 256, 259, 263, 269–271, 274, 282, 283
Weimar, 183, 184, 187–192, 281

Zentralbank, 27, 30, 41, 42, 45, 71, 75, 99, 104, 106, 114, 115, 117–124, 131, 146, 176, 179, 180, 183, 184, 186, 187, 195, 209–212, 276, 279, 280

Zins, 17, 19, 20, 22–25, 28–31, 34, 35, 39–42, 44–47, 50, 52, 53, 56, 64, 66–71, 75, 101, 104, 107, 115, 116, 118, 119, 121–124, 131, 136, 149, 152, 153, 155, 158, 163–168, 173–177, 180–183, 186, 187, 189, 200–203, 206, 207, 217, 220, 223, 226, 229, 231, 245, 247, 248, 274, 276